Goethes Erzählwerk

Interpretationen

Herausgegeben von
Paul Michael Lützeler
und
James E. McLeod

Philipp Reclam jun. Stuttgart

Universal-Bibliothek Nr. 8081 [6]

Gesamtherstellung: Reclam, Ditzingen. Printed in Germany 1991

ISBN 3-15-008081-9

Inhalt

Vorwort

Im Frühjahr 1932 wurde in zahlreichen kulturellen Veranstaltungen, Feuilletonartikeln, Aufsätzen, Radiosendungen und Buchpublikationen des hundertsten Todestages von Goethe gedacht. Davon, daß zur gleichen Zeit James Joyce seinen fünfzigsten Geburtstag feierte, nahmen nur wenige Notiz. Zu ihnen gehörte Hermann Broch, der aus diesem Anlaß in Wien den Vortrag »James Joyce und die Gegenwart« hielt. Seine Studie könnte genausogut den Titel »Joyce und Goethe« tragen, was als erster Brochs Verleger feststellte, der seinen Autor nach Lektüre der Rede scherzhaft mit James Wolfgang Broch ansprach. Broch sieht in Goethes *Wilhelm Meisters Wanderjahren* den Vorläufer des modernen Romans, wie er in Joyces *Ulysses* seine prototypische Gestalt gefunden habe. In beiden Werken gehe es um die Erfassung der modernen Welt im Kunstwerk. Die durch die politische und die industrielle Revolution herbeigeführten Umbrüche und Bewußtseinsveränderungen finden nach Broch in den *Wanderjahren* ihre ästhetische Entsprechung durch die Desintegration traditioneller romanhafter Erzählformen. Goethe habe vorausschauend den Zerfall der überlieferten europäischen Werthaltungen diagnostiziert. Der Prozeß dieses Zerfalls gerate in der Gegenwart in sein Endstadium, und dies werde in der revolutionären Erzähltechnik des *Ulysses* von Joyce reflektiert. Brochs aufschlußreiche Studie, die von der Interdependenz von Geschichtsphilosophie, Erkenntnistheorie und Ästhetik ausgeht, wurde in den dreißiger Jahren ignoriert oder – etwa von Walter Benjamin – mißverstanden. Ihre Langzeitwirkung ist aber nicht zu übersehen, und einer Reihe von Beiträgern dieses Bandes hat sie den Blick geschärft für die Modernität der Goetheschen Dichtungen.
Ende März 1984 trafen sich die Autorinnen und Autoren der vorliegenden Arbeiten auf meine Einladung hin in Saint Louis. Das siebte internationale Symposium der Deutschen

Abteilung an der Washington University war dem Thema Goethe als Erzähler gewidmet, und die Beiträge dieses Bandes sind das Ergebnis der dortigen Vorträge und Diskussionen. Goethes Dichtungen sind heute keine Lieblings-, Volks- und Schulbücher mehr, wie sie es dem deutschen Bürgertum vergangener Generationen waren. Die Zeiten, in denen Goethe-Zitate wie Trostmittel zur Heilung wunder Seelen verabreicht wurden, in denen seine Werke die Funktion unmittelbarer Lebenshilfe oder des Religionsersatzes übernahmen, sind vorbei. Als wir in Saint Louis zusammenkamen, hatten wir weder vor, Goethe aus einem äußeren Anlaß zu feiern, ihn künstlich zu aktualisieren, noch – was im sogenannten Jubiläumsjahr 1982 des öfteren geschah – seine Leistungen zu schmälern, ihn von imaginären Podesten zu stürzen, ihn einzusargen, zu mumifizieren. Mit kritischer Unvoreingenommenheit, Neugier und Entdeckerlust ließe sich die Einstellung der Beiträger kennzeichnen. Wie in Brochs Joyce-Rede stehen im Zentrum der Aufsätze die Zusammenhänge von neuer Poetik und sich wandelnder historischer Realität. Das wird deutlich bei der Erörterung des Dilettantismusproblems im *Werther* und in der *Theatralischen Sendung*; bei der Diskussion über Adel und Bürgertum einerseits wie andererseits über den Reise-, Theater-, Bildungs-, Sozial- und Archiv-Roman in den *Wilhelm-Meister*-Dichtungen; bei den Ausführungen über die Entsprechung der Desorganisation symbolischer Ordnungen und historischer Mächte in den *Wahlverwandtschaften*; bei der Analyse der Zusammenhänge von Idylle und Geschichte in *Hermann und Dorothea*; bei der Interpretation der Parallelen, die in der *Italienischen Reise* zwischen der Unausgeglichenheit der Form und dem Bericht über beängstigende Erlebnisse bestehen. Besondere Aufmerksamkeit galt auch dem literarhistorischen Umfeld und den dichterischen Vorbildern, von deren Folie sich z. B. *Reineke Fuchs*, die *Unterhaltungen deutscher Ausgewanderten*, *Dichtung und Wahrheit* sowie die *Novelle* in ihrer Originalität abheben. In diesem Kontext seien auch die zahlreichen neuen gattungspoetischen Aspekte erwähnt, die in einer Anzahl von Beiträgen zu konstatieren sind. Goethes (explizit nicht vorliegende) Romantheorie – wie sie eher aus seinem Werk als von den Selbstkommentaren her zu erschließen ist – war uns wichtig genug, durch einen kompetenten Kenner deutscher Romantheorien eingangs darstellen zu lassen. Deutlich wird vor allem die Kompliziertheit, Verwickeltheit, das Paradoxe, Widersprüchliche, Ironische, Abgründige und Rätselhafte in Goethes Romanen, Epen und Erzählungen. Um den Blick auf die Dichtungen selbst wieder freizumachen, mußte man sich zuweilen durch ganze Halden ideologisierter Forschungs-, Pädagogik- und Verehrerliteratur arbeiten, was – verkürzt oder ausführlicher beschrieben – etwa bei den Arbeiten zu *Werther*, *Wilhelm Meister*, *Hermann und Dorothea*, den *Wahlverwandtschaften* oder der *Italienischen Reise* der Fall war. Mit diesen Werken lagen die unterschiedlichsten Identifikationsmodelle für das deutsche Bürgertum in seinen verschiedenen Entwicklungsphasen vor, Muster, die es sich auf Kosten der komplexen Aussage von Goethes Dichtungen schuf.

Der Deutschen Forschungsgemeinschaft, dem Goethe Institut und dem Missouri Committee for the Humanities sei für die Unterstützung des Goethe-Symposiums gedankt.

P. M. L.

EBERHARD LÄMMERT

Goethes empirischer Beitrag zur Romantheorie

> Der Roman ist eine subjektive Epopöe, in welcher der Verfasser sich die Erlaubnis ausbittet, die Welt nach seiner Weise zu behandeln. Es fragt sich also nur, ob er eine Weise habe; das andere wird sich schon finden.
>
> Goethe: *Maximen und Reflexionen*

Schöpfungsästhetik versus Regelpoetik

Zwischen der aufklärerisch-pragmatischen Romantheorie, die sich im Erscheinungsjahr des *Werther* noch einmal unverhofft belebt, und der romantischen Romantheorie, die wenige Jahre vor dem Ende des Jahrhunderts förmlich ausbricht, klafft eine Lücke von etwa zwei Jahrzehnten. Jeder, der sich um eine Sammlung historischer Zeugnisse zur Romantheorie in Deutschland bemüht, wird einige Mühe haben, mit dieser Lücke fertig zu werden, denn außer Lichtenbergs launiger Klage über die Unbilden, denen ein Romanschreiber in Deutschland ausgesetzt ist, und Mercks Sottise *Über den Mangel des Epischen Geistes in unserm lieben Vaterland* wird er kaum einen Text antreffen, der eine Theorie des Romans entscheidend bereicherte. Fast verloren nimmt sich darunter die Vorrede zu *Herrmann und Ulrike* aus, in der Wezel eine Fusion von Biographie und Lustspiel zur Herbeiführung einer »wahren bürgerlichen Epopee« empfiehlt. Auch dort spukt noch die alte Ständeklausel nach mitsamt der Annahme, der Abstand zwischen Epos und Roman sei vergleichbar dem Gefälle zwischen Tragödie und Komödie. Gerade diese Vorbedingung für eine relativ niedrige Einschätzung des Romans in der Hierarchie der literarischen Gattungen hatte aber Blanckenburg mit seiner epocha-

len Gleichsetzung von antikem Epos und modernem Roman schon hinter sich gelassen.[1]
Reinhold Grimm hat dieser Lücke Rechnung getragen und ihre Überwindung gleichwohl anzubahnen versucht, nachdem er 1968 seinen Band *Deutsche Romantheorien* vorgelegt hatte. Auch dort folgte auf Kurt Wölffels Studie über Blanckenburgs *Versuch über den Roman* von 1774 unvermittelt Helmut Schanzes Beitrag über Friedrich Schlegel. Er hat darum Joachim Müller veranlaßt, für die Neubearbeitung des Bandes von 1974 eine Abhandlung über *Goethes Romantheorie* zu liefern.[2] Joachim Müller hat die bewundernswerte Anstrengung unternommen, aus Goethes Briefwechsel mit Schiller, aus den gemeinsamen Äußerungen der beiden über die epische und dramatische Dichtkunst und aus den Gelegenheitsäußerungen Goethes anläßlich seiner Romanrezensionen Prinzipien einer Romantheorie zusammenzustellen und dafür sogar eine Kollektion von Kategorien zu liefern. Mustert man diese Kategorien, deren hervorstechendes Merkmal in einer durchwaltenden Vermittlung von Gegensätzen besteht, so enthalten sie allerdings zu einem guten Teil Grundsätze, die für Goethes ästhetisches und poetisches Verhalten in allen seinen Werken Gültigkeit besitzen, und zum andern Teil Charakteristika der Erzählkunst, wie sie in dieser Epoche weder für die Gattung Roman noch auch für den Autor Goethe spezifisch sind. So schafft auch Müllers Versuch, Goethes verstreute Äußerungen zu ordnen, weder die

1 Textausschnitte und Quellennachweise zu Lichtenberg, Merck und Wezel in: *Romantheorie. Dokumentation ihrer Geschichte in Deutschland 1620–1880*, hrsg. von Eberhard Lämmert und Hartmut Eggert, Karl-Heinz Hartmann, Gerhard Hinzmann, Dietrich Scheunemann, Fritz Wahrenburg, Köln/Berlin 1971, S. 151 ff., 156 ff., 160 ff.

2 *Deutsche Romantheorien*, hrsg. von Reinhold Grimm, Frankfurt a. M. 1968, bearb. Neuaufl. Bd. 1, Frankfurt a. M. 1974. Darin Joachim Müller, »Goethes Romantheorie«, S. 61–104. – Zur Beurteilung des Versuchs von Joachim Müller vgl. auch Ernst Ribbat, »Goethe, der Erzähler. Varianten eines Themas«, in: *Literatur und Sprache im historischen Prozeß*, Tübingen 1983, S. 240 f.

Lücke aus der Welt noch bildet er gar eine Brücke, auf der man etwa den Weg von Garve oder Blanckenburg oder Engel zur Theorie der Romantiker abstecken könnte.
Flankiert wird diese Periode der Stagnation theoretischer Erörterungen über den Roman immerhin von zwei epochemachenden Romanen Goethes, dem *Werther*, der eine wahre Springflut von Rezensionen, Nachahmungen und Parodien, aber auch eine Welle von empfindsamen Romanen auslöste, und den *Lehrjahren*, in deren Abfassungszeit Goethe mit Schiller intensive briefliche Werkstattgespräche führte. Man wird jedoch selbst bei gutem Willen nicht behaupten können, daß jene flammende Aufregung über den Zankapfel *Werther* oder auch Goethes und Schillers Erörterungen über die *Lehrjahre* und sodann ihre lakonische Bestimmung von Gattungseigentümlichkeiten der Epik und Dramatik zusammenhängenden Erörterungen zu vergleichen wären, wie sie etwa Wieland 1773 der zweiten Auflage seines *Agathon* beifügte oder Blanckenburg ein Jahr später in seinem dickleibigen *Versuch* ausbreitete, und ebensowenig lassen die brieflichen Erörterungen Goethes und Schillers sich den Deklarationen des Romans zur höchsten Kunstform vergleichen, wie sie unmittelbar nach dem Erscheinen der *Lehrjahre* bei Novalis, Friedrich Schlegel, Schelling und Jean Paul hervortreten. Auch die berühmte Seite im V. Buch der *Lehrjahre*, die den Roman dem Drama entgegensetzt und sodann dem *Hamlet* bescheinigt, daß er etwas vom Roman an sich habe, reicht gewiß nicht hin, Goethe einen Theoretiker des Romans zu nennen. Wägt man dagegen ab, wie sehr die beiden Romane Goethes in Deutschland und weit darüber hinaus tatsächlich die Romanliteratur der Folgezeit mit geprägt haben, so muß, was an neuer Theorie, das heißt an gewandelten Bestimmungen und Funktionen des Romans in sie ein- und von ihnen ausging, von Goethe unmittelbar in ihrer Erzählweise angelegt worden sein. Die spätere Maxime »Bilde Künstler! Rede nicht!« hat Goethe jedenfalls, was den Roman angeht, schon früh und so gründlich praktiziert, daß es lohnt, die Frage

nach den persönlichen und den historischen Gründen für diese Haltung zu stellen, bevor wir seine tatsächlich entscheidenden Vorgaben für die Romantheorie des folgenden Jahrhunderts ins Auge fassen.

Es mag sein – und Schiller wie Wilhelm von Humboldt mögen ihn darin noch bestärkt haben –, daß Goethe trotz seines Erfolges mit dem *Werther* und trotz der jahrelangen Arbeit an der *Theatralischen Sendung* den Roman noch zur Zeit der Abfassung der *Lehrjahre* als eine Gattung minderen Ranges angesehen hat; darauf deuten jedenfalls manche der entschuldigenden und nachgiebigen Äußerungen hin, mit denen er einzelne Ausstellungen Schillers beantwortet. Derselbe Autor aber, der jedes Buch seiner *Lehrjahre* unter die Augen Schillers bringt und sich um dessen praktisches und ästhetisches Urteil so anhaltend bemüht, hat sich nicht nur dieser intensiven Bemühung Schillers schließlich entzogen und die »Vollendung des Ganzen [. . .] einem gewissen realistischen Tick« überantwortet;[3] er hat auch auffallend wenig Gebrauch gemacht von der Gelegenheit, sich in seinem Werk selbst zu seiner Erzählweise raisonierend zu äußern. Auch das versteht sich keineswegs von selbst; denn die Autoren, denen Goethe als Prosaerzähler eingestandenermaßen das meiste verdankte – Fielding, Sterne und auch Wieland –, hatten immerhin in ihren Romanen die ausdrückliche Reflexion auf die eigene Erzählweise schon außerordentlich kultiviert. Wo also ist der Grund zu suchen für dieses auffällige Verhalten Goethes, und gibt dieses Verhalten uns am Ende auch eine Erklärung dafür, warum jenseits der spätaufklärerischen Romanpoetik eine allgemeine Abstinenz an theoretischer Denkarbeit anzutreffen ist, bis der neue Musterroman *Wilhelm Meisters Lehrjahre* bei der nachfolgenden Generation jäh diesen Bann löst?

»In das Genie dieses Dichterpatriarchen einzudringen, können uns weder Aristoteles noch Bossu Dienste leisten.« Mit

3 Goethe an Schiller am 9. 7. 1796.

diesem Verdikt kanzelt Goethe zwei Jahre vor dem Erscheinen seines *Werther* in einer Rezension von Robert Wood's *Versuch über das Originalgenie des Homers* alle vormaligen Ausleger Homers ab und fährt dann fort: »Wenn man das *Originelle* des Homer bewundern will, so muß man sich lebhaft überzeugen, wie er sich und der Mutter Natur alles zu danken habe.« Mit »Regelkram«, wie man ihn zur Erläuterung oder auch zur Apologie von Dichtungen gemeinhin noch verwendet, sei dem Homer nicht beizukommen.[4] Unschwer erkennt man die Maximen der Genieästhetik in dieser Charakterisierung des Homer und der Ohnmacht seiner bisherigen Kunstrichter wieder, und deutlich genug gibt Homer hier das Modell des schöpferischen Künstlers ab, das Goethe schon im folgenden Jahr in seinem *Prometheus*-Fragment selbstbildnerisch aufrichtet. Goethes Hohn auf die Halbgenies, die von sich reden machen, indem sie über ihre Kunst reden, ergießt sich schon bald darauf über die Regelpoeten und selbst über Wieland, und noch bis zu Fausts Auslegung des ersten Bibelverses macht die »Tat« dem »Wort« rigoros genug den Vorrang streitig. Der Schöpfer drückt sich aus in seinem Werk, und so auch der Künstler.

Nicht nur zum Beweggrund, sondern auch zum Generalthema eines wahrhaft schöpferischen Kunstwerks wird deshalb das eigene Ich des Künstlers. Wir wissen heute, daß in dem vehementen Drang nach Selbstdarstellung unter den deutschen Schriftstellern der zweiten Jahrhunderthälfte ein bürgerliches Emanzipationsstreben seinen Ausdruck suchte. Dieses neue Selbstbewußtsein konnte sich auf deutschem Boden bei der Vielzahl der engräumigen Territorien mit ihrer scheckigen Koloratur ständischer Verfassungen nicht auf politischem oder wirtschaftlichem Felde, sondern nahezu ausschließlich in der ästhetischen oder philosophischen Sphäre Spielraum verschaffen. Der ersehnte »tätig-freie« Bürger realisiert sich deshalb hier noch lange nicht in der

4 *Goethes Sämtliche Werke*, Jubiläums-Ausgabe, Stuttgart/Berlin 1902 ff., Bd. 36, S. 15.

Gestalt des selbstbewußten Citoyen, sondern im Ideal einer sich selbst bestimmenden Individualität, und eben die scheint im schöpferischen Künstler vollkommener angenähert als in jeder anderen menschlichen Verfassung. Während der philosophische Kopf Schiller dieses Ideal in das Konzept einer »ästhetischen Erziehung« umsetzt, schreibt der »realistische« Goethe ein solches Postulat seinen poetischen Werken ein und enthält sich konsequent – eine Ausnahme macht allenfalls sein Aufsatz über den *Literarischen Sansculottismus* am Ende dieser Periode – aller Reflexionen auf diese Verhältnisse. Was an poetischen Regeln zu ermitteln ist, sagen für ihn nach einer tiefverwurzelten Überzeugung allein die Produkte aus, und wenn es auch nur die scheinbar paradoxe Aussage ist, daß »vom eigentlich Produktiven [. .] niemand Herr« sei, weil eben die künstlerische Produktivkraft fortwährend jener Indeterminiertheit bedarf, um die postulierte Vormacht des schöpferischen Individuums auf diesem Felde zu bestätigen. Friedrich Schlegel, der souveräne Kritiker der *Lehrjahre*, hat den Autor Goethe gerade in diesem Punkte bestätigt: »Denn dieses schlechthin neue und einzige Buch, welches man nur aus sich selbst verstehen lernen kann, nach einem aus Gewohnheit und Glauben, aus zufälligen Erfahrungen und willkürlichen Forderungen zusammengesetzten und entstandenen Gattungsbegriff beurteilen: das ist, als wenn ein Kind Mond und Gestirne mit der Hand greifen und in sein Schächtelchen packen will.«[5] Schlegel selbst war, um dennoch seine Arbeit als Kritiker zu rechtfertigen, klug genug, die Kritik gleich auch als eine Fortsetzung des schöpferischen Umgangs mit dem Kunstwerk auszugeben. Von daher zieht sich, wie wir heute wissen, bis hin zu Benedetto Croce und weit ins 20. Jahrhundert ein Traditionsstrang der Literaturästhetik, der ein Werk nur dann als ein vollendetes gelten lassen will, wenn es seine Gattung transzendiert. Auch diese resolute

5 Friedrich Schlegel, »Über Goethes Meister« (*Athenäum*, Ersten Bandes Zweites Stück, 1798), in: *Kritische Friedrich-Schlegel-Ausgabe*, Bd. 2, Abt. 1, München/Paderborn [u. a.] 1967, S. 133.

Verachtung einer ausdrücklichen Gattungstheorie gehört zum Erbe der Schöpfungsästhetik, die für eine ganze Epoche die Kunstausübung des »freien Schriftstellers« geprägt hat.
Schon gleichzeitig mit Schlegels *Meister*-Kritik hat Goethe allerdings im Verein mit Schiller begonnen, seine Ansichten über die Musterhaftigkeit bedeutender Einzelschöpfungen für ganze Literaturgattungen zu revidieren. Als Muster aber sollten gute Beispiele viel eher als Theoreme gelten; darum haben Homer für die Epik und der gerade entstehende *Wallenstein* Schillers für die Dramatik auch in allen Erörterungen jener Jahre die Oberhand. An einem tiefgewurzelten Mißtrauen gegen alles abstrakte Theoretisieren hält Goethe gleichwohl bis in seine letzten Jahrzehnte fest. Noch in den »Betrachtungen im Sinne der Wanderer« in den *Wanderjahren* findet sich die nicht eben freundliche Invektive: »Am widerwärtigsten sind die kricklichen Beobachter und grilligen Theoristen; ihre Versuche sind kleinlich und kompliziert, ihre Hypothesen abstrus und wunderlich.« Und gleich davor steht der Satz, der schon im Beharren Goethes auf seinem »realistischen Tick« bei der Verteidigung seiner Schreibart in den *Lehrjahren* gegenüber Schiller seinen Vorläufer hat und der späterhin für Herman Meyer in Anlehnung an Goethe zum Leitwort für seinen interpretierenden Umgang mit der Literatur der Goethezeit und der Moderne geworden ist: »Es gibt eine zarte Empirie, die sich mit dem Gegenstand innigst identisch macht und dadurch zur eigentlichen Theorie wird.«[6]
Wer sich bei Goethe auf die Suche nach einer literarischen Theorie begibt, dem geben Goethes schöpfungsästhetische Grundsätze und seine schriftstellerische Praxis gleichermaßen vor, sie aus seinem poetischen Œuvre selbst abzuleiten.

6 *Wilhelm Meisters Wanderjahre oder Die Entsagenden*, II. Buch, »Betrachtungen im Sinne der Wanderer«. *Goethes Werke*, Hamburger Ausgabe (im folgenden zitiert als: HA) 8,302. – Desgl. hrsg. von Ehrhard Bahr, Stuttgart 1982, S. 329. – *Zarte Empirie* ist der Titel von Herman Meyers Studien zur Literaturgeschichte (Stuttgart 1963).

Darüber hinaus läßt sich nun auch der Mangel an vorwärtsdrängenden Theorien zum Roman bei Goethe und allgemein in der Zeit nach 1775 begreifen als ein angemessener Ausdruck des gerade sich durchsetzenden, neuen Kunstverständnisses. Der Literarhistoriker hat also allen Anlaß, sich einen festen Stand in der bis 1774 ausformulierten Romantheorie zu sichern, um von dort aus die energischen Vorstöße und die Wendungen, die Goethe tatsächlich der Romantheorie gibt, in seinen Werken auszumachen.

Das Erzählen subjektiver Erfahrung

Lange Zeit, und so noch in der Vorrede Wielands zur zweiten Auflage des *Agathon*, war das Verhältnis des Romans zur Historie ein bevorzugter Streitgegenstand. Ebenbürtig behaupten konnte sich die Romankunst in diesem Streit allerdings erst, nachdem die pragmatische Geschichtsschreibung sich auf das Konsistenzgebot, das heißt auf die Forderung nach einem inneren Kausalzusammenhang der erzählten Historie festgelegt hatte und der Roman seinerseits in der kausalgenetischen Darstellung der inneren Geschichte seiner Hauptfiguren sein Generalthema fand. Blanckenburg hatte diesem Generalthema bereits die für die deutschen Verhältnisse spezifische Wendung gegeben mit der Forderung, daß diese innere Geschichte nicht wie im alten Epos auf einen Bürger »als Glied eines gewissen Staates«, sondern auf einen Menschen schlechthin sich beziehen solle.[7] Der entschiedene Schritt, den Goethe mit seinem *Werther* vollzog, bestand darin, die Geschichte eines sich selber innewerdenden Menschen der eigenen Lebensgeschichte anzunähern und damit von sich zu reden, während er seine Figuren reden und handeln läßt.

7 Friedrich von Blanckenburg, *Versuch über den Roman.* Faksimiledruck der Originalausgabe von 1774, mit einem Nachw. hrsg. von Eberhard Lämmert, Stuttgart 1965, S. XV; vgl. bereits S. XIII ff. sowie S. 17 und 32.

Das schon konventionelle Modell des Briefromans bot die beste Gelegenheit, die neue Identität zwischen Erzählung und Selbstdarstellung des erzählenden Ich zu erproben. Mit der Reduktion der brieflichen Äußerung auf einen einzigen Schreiber, der obendrein vor allem anderen sich selbst zum Thema hat, zieht Goethe im *Werther* bereits die äußerste Konsequenz aus dieser vorgegebenen Ausdrucksform.

Es ist eine Binsenwahrheit, daß einer nicht gleichzeitig schreiben und außerdem handeln kann. Bei Richardsons edelmütigen Briefschreiberinnen wundert man sich geradezu, wie in ihrem Leben unter so viel unablässigem Schreibeifer die beklagten Verführungen überhaupt noch Platz greifen konnten. Werthers Leben spielt sich schon in weit höherem Maße in seiner Einbildungskraft als in den tatsächlichen Begegnungen und Vorkommnissen seines äußeren Lebensganges ab, und in dem Maße, in dem ein Heldenleben sich so in seinen Schwergewichten verschiebt, muß der Held notwendig ein leidender werden, wenn seine innere Beschäftigung mit sich selbst mit äußeren Erfahrungen überhaupt noch verknüpft bleiben soll. Mit der Forderung, daß der Roman in seinem Zusammenhang die innere Geschichte eines Menschen zu erzählen habe, gewinnen die erzählten Vorgänge ihren Anstoß aus den Empfindungen und den Gesinnungen dieses Menschen. Sie werden das eigentlich aktive Moment der Historie und bestimmen deshalb fortschreitend die Abfolge der erzählten Begebenheit und das ihnen zukommende Gewicht.[8]

Während der Roman also die Formbestimmungen der pragmatischen Geschichtsschreibung über die Konsistenz des erzählten Geschehens im Zuge seines Anerkennungsstrebens geradezu geflissentlich beibehält und sich damit auch der gerade von Lessing neuerlich bekräftigten Maxime des Ari-

8 Norbert Miller bringt diesen Sachverhalt auf die schöne Formel, der *Werther* versetze seinen Leser »mediam in personam« (N. M., *Der empfindsame Erzähler. Untersuchungen an Romananfängen des 18. Jahrhunderts*, München 1968, S. 247).

stoteles von der Einheit der dramatischen Handlung nähert, erhält er doch zugleich damit – anders als Geschichtsschreibung und Dramatik – eine entschieden neue, die eigentlich moderne Inhaltsvorgabe: Er soll erzählen von der subjektiven Erfahrung menschlicher Konstellationen, die äußerlich erlitten werden und damit innere Aktivitäten neu entbinden. Goethe hat dies im *Werther* in Etappen gesteigert und dann konsequent bis zum stummen Exzeß ausgeführt; in den *Lehrjahren* hat er Wilhelm einer Reihe solcher Erfahrungen ausgesetzt und sie dann in jenen berühmten vergleichenden Betrachtungen mit dem *Hamlet* dem Roman selbst als Regel vorgegeben.

Setzt sich in einer literarischen Gattung eine neue Inhaltsvorgabe resolut durch, so zieht sie allerdings eine Änderung der hergebrachten Formbestimmungen schließlich zwingend nach sich. So verliert schon auf dem Wege vom *Werther* zu den *Lehrjahren* der Roman bei Goethe ein entscheidendes Moment der dramatischen Form, nämlich die Intrige. Nur andeutungsweise kommt sie am Anfang der *Lehrjahre* noch einmal in Gestalt der Kupplerin bei Mariane ins Spiel, doch wird diese Abkehr von der Intrige bis hin zu den *Wanderjahren* bald eines der Hauptkennzeichen Goethescher Erzählkunst. Bis auf geringe Spuren – etwa die kurze Schilderung von Aureliens Tante in den *Lehrjahren* – verschwindet damit auch der Bösewicht und weitgehend sogar der beharrliche Gegenspieler aus Goethes Erzählrepertoire. Selbst in den *Wahlverwandtschaften*, wo alles zu einer solchen Konstellation drängen könnte, gewinnen die Personen aus dieser Abkehr vom handlungssteuernden Spiel und Gegenspiel unendlich mehr, als sie an berechneter Aktivität verlieren: aus bloß gegensätzlichen werden so in vollem Sinne verschiedene Menschen, die auch in der gegenseitigen Berührung oder Verletzung noch die Würde einer unverwechselbaren Personalität behalten. Was an Intrige – oder besser: an notwendigem Spiel und Gegenspiel – übrig bleibt, um wenigstens einigermaßen die Erzählspannung zu erhalten, das wird als Wider-

streit zwischen Empfindungen in die Figuren selbst verlegt. Dieser Befund bietet einen Schlüssel zur Entwicklung von Goethes selbständiger Romankunst.
In Wielands *Agathon* sind es noch deutlich die den Helden geleitenden Figuren, die dessen Empfindungen und Gesinnungen modellieren. Demgegenüber fällt an Werther und noch am Wilhelm der *Theatralischen Sendung* eher die Beharrlichkeit auf, mit der ihre eigene Natur die äußeren Schritte und das gewählte Lebensmilieu bestimmt. Bei aller neuartig sich durchsetzenden Selbstbestimmung des Helden, die im *Werther* dessen Freitod einschließt, ist jedoch der ›plot‹ des *Werther*, der *Theatralischen Sendung* und auch der ihr entsprechenden Bücher der *Lehrjahre* von der älteren Idee des strikten Kausalnexus zwischen innerem und äußerem Geschehen noch durchaus beherrscht. Der penible Blanckenburg hat in seinem eigenen Roman von 1775 ein musterhaftes Seitenstück für diesen Erzählduktus präsentiert, indem er – nicht ohne Witz, aber kaum mit der nötigen Ironie – beinahe ein Dutzend Seiten auf die Vorgeschichte, das zwingende Zustandekommen und die innere Verarbeitung einer einzigen Ohrfeige verwendet. Dazu paßt es durchaus, daß der gesamte erste Teil seines *Versuchs*, der über die Materien des Romans handelt, nicht etwa Handlungstypen oder Umweltbereiche klassifiziert, sondern Empfindungen und Gesinnungen als die Materien des Romans aufreiht: Zorn und Verzweiflung, Freundschaft und Liebe – Eigenschaften und Haltungen, die der Roman im Zuge der Vervollkommnung seiner Personen zu entfalten oder einzudämmen habe. Goethe hat – noch ziemlich getreu diesen Mustern folgend – in Notizen zu den *Lehrjahren* für Wilhelm, für Lothario, für Laertes, für den Abbé, für Philine, für Aurelie und für Mignon mit der Bezeichnung bestimmter Leidenschaften und Charaktereigenschaften deren Rolle im Roman festlegen wollen.[9] Und noch im Briefwechsel mit Schiller spielt die Erörterung

9 Notizbuch von 1793. *Werke*, hrsg. im Auftrage der Großherzogin Sophie von Sachsen, Weimar 1887 ff., Abt. 1, Bd. 21, S. 332.

der Charaktere und der daraus folgenden Handlungsmotivationen bei der Kritik der vorliegenden Bücher die Hauptrolle.

Tatsächlich aber ändern in den *Lehrjahren* die einmal festgelegten Neigungen und Gesinnungen im Laufe der Erzählung ihren Habitus, und zwar durchaus nicht nur bei der Hauptfigur. Allerdings gibt es sprechende Ausnahmen wie Aurelie, Mignon und den Harfner, von denen noch zu reden sein wird. Dieser Wechsel der Einstellung Goethes zu seinen eigenen vorgefaßten Schemata kündigt sich an im Widerstreit der Gefühle, in den Wilhelm regelmäßig seinen Geliebten gegenüber, selbst noch unmittelbar vor der Verbindung mit Natalie gerät; ein solcher Widerstreit beherrscht aber auch sein Verhältnis zu den Schauspielern, zu den Adelspersonen und selbst gegenüber der Turmgesellschaft und sorgt für den Vortrieb der Romanhandlung.

Der »mittlere Held« Wilhelm ist auf diese Weise viel weniger ein ›leidender‹, als es Agathon zwanzig Jahre vorher oder auch Anton Reiser noch in den neunziger Jahren sind; dies aber nicht etwa, weil er mehr als sie ein »Täter« wäre, sondern weil die Entschlüsse zur Wahl seiner Umgebung selbständiger sind und weil jeweils eine Verlagerung seiner Neigungen die neuen Konstellationen hervortreibt und ihm neue Lebenskreise erschließt. Entsprechend erscheinen auch zahlreiche andere Figuren im Laufe des Romans in wechselndem Licht. Schon an Werthers Beziehung zu den ihn umgebenden und ihn angehenden Menschen fällt auf, daß sie ihr Erscheinungsbild aus seiner jeweiligen Empfindung ihnen gegenüber gewinnen. Allein dadurch bewegt sich die Handlung und gewinnt ihre Dramatik bei den im übrigen feststehenden Verhältnissen. In den *Lehrjahren* bildet Goethe mit dem Wechsel der Situationen eine Technik der Gegenbeleuchtung aus, die nun auch Wilhelm einbezieht, nicht zuletzt durch die Einschätzung, die er und andere aus dem Blickwinkel verschiedener Mitglieder der Turmgesellschaft erfahren. Aber solche Urteile, wie sie etwa Jarno gern und ungebeten ausspricht, führen kaum je zu einem widerspruchsfreien oder gar abgerundeten Personenbild, eher geben gerade die so fixierten Widersprüche dem Erzähler Raum zu einer gelassen ironischen Behandlung seiner Figuren.

Die Bevorzugung »gemischter Charaktere« war dem Roman wie dem Drama von der aufklärerischen Poetik längst vorgegeben, und sie wurde eine Vorbedingung dafür, daß die Entwicklung oder die Herausbildung von Gesinnungen eines Menschen überhaupt zum Thema werden konnte. Auch hatten Sterne und Wieland diese Vorgabe bereits zur Entfaltung ihrer Erzählerironie gehörig genutzt. Aber gerade als die überlegenen Erzähler hatten sie keinen Zweifel daran gelassen, wie letzten Endes ihre Helden und die sie flankierenden Figuren: Uncle Toby, Hippias oder Danae, ihrerseits charakterlich einzuschätzen waren.

Goethes Romanen gegenüber geraten gerade sorgsame Leser immer wieder in Verlegenheit, ein rundes Charakterbild von den Figuren zu gewinnen, und nicht selten wird Goethe deshalb eine gewisse Blässe oder auch verhaltene Allgemeinheit in der Personendarstellung vorgehalten. Der Grund für die mangelnde Greifbarkeit vieler Charaktere liegt jedoch eher in Goethes Vorsatz, seinen Figuren mit sprechenden Ausnahmen eine weitgehende Offenheit zu wahren und sie deshalb erzählerisch nie vollends, aber auch nie ganz widerspruchsfrei auszuführen. Das entspricht weitgehend den Feststellungen, die Peter von Matt über die Porträtierungsgewohnheiten Goethes in *Dichtung und Wahrheit* trifft, und so kennzeichnet diese Eigenart seiner Erzählweise womöglich mehr seine generelle Auffassung vom situationsgebundenen Eindruck, den Menschen auf ihren jeweiligen Beobachter machen, als daß sie ein spezielles Kunstmittel seiner Romanprosa darstellen.[10] Dennoch wird aus dieser Regel der immer nur teilweisen Ausleuchtung seiner Figuren auch ein wichtiges Element seiner Romanpoetik.

10 Dazu Peter von Matt, ... *fertig ist das Angesicht. Zur Literaturgeschichte des menschlichen Gesichts*, München/Wien 1983, S. 64 ff.

Laurence Sterne war unter der genußvollen Ausbreitung seiner eigenen Meinungen über die Umstände von Tristram Shandy's Vorbereitung zum Leben mit dessen Lebensbegebenheiten nicht sehr weit gediehen. Goethe verzichtet demgegenüber weitgehend auf die Artistik des Perspektivenwechsels und setzt sich auch keineswegs als Raisonneur über seine Figuren in Szene. Mit der jeweils situationsbedingten und damit bruchstückhaften Auszeichnung ihrer Gesinnungen gewinnt er jedoch die Möglichkeit, den strengen – und von Sterne mit allem Witz letzten Endes doch immer wieder gesicherten – Kausalnexus zwischen Gemütsverfassung und Begebenheiten aufzuheben und in viel weiterem Umfang auch unverhoffte Begebenheiten eintreten und walten zu lassen. Entsprechend richtet die verbleibende Erzählspannung sich darauf, ob die Personen im Zuge der Begebenheiten an den einmal an ihnen hervorgetretenen Neigungen und Gesinnungen festhalten oder ihnen in einer späteren Situation unerwartet – entsagen. Solche Entsagungen werden, entgegen der Vorstellung, die man gemeinhin mit »Entsagung« verbindet, für viele Figuren Goethes zu einem Lebensvorbehalt gegen Zwänge, die sie zu unterjochen und damit endgültig festzulegen drohen.

Damit hat Goethe sich allerdings in den *Lehrjahren* und erst recht in den *Wanderjahren* vom »dramatischen Roman«, den die Theorie der siebziger Jahre ihm noch vorgab und der dem Autor gebot, die Charaktere seiner Helden festzulegen und ihre äußeren Lebenswendungen darum in kausaler Strenge als Verhängnis darzustellen, denkbar weit entfernt. Dieselbe Freiheit, die er seinen Figuren einräumt, nimmt nun aber auch der Erzähler für sich in Anspruch, indem er nicht nur sie, sondern auch sich selbst aus dem Kausalnexus einer einsinnigen Erzählhandlung löst. Gerade wenn Handlungskonflikte die Beugung einer Figur unter ihre Neigungen oder aber einen gewaltsamen Entzug fordern, läßt Goethe sie gern für einige Zeit aus der Erzählung verschwinden und später – wie Lenardo oder Odoard – bruchstückweise von ihrer widerspruchsvollen Vergangenheit berichten. Anders als noch Laurence Sterne, der eine solche Entfernung aus dem kausalen Erzählnexus mit all seiner witzigen Umständlichkeit doch nur vortäuscht, praktiziert Goethe in den *Lehrjahren* und in den *Wanderjahren* diese Lösung aus einem dramatischen Erzählnexus in seinem Vortragston so gut wie in der Gestaltung des Lebensweges derjenigen Personen, die sich um den Preis einer Abkehr von bisher beherrschenden Neigungen in neuen Verhältnissen zunehmend sicher zu bewegen wissen.

Anders verfährt Goethe jedoch mit den Personen, die er in seinen Romanen zu Tode bringt. Werther, Mariane und Aurelie, Mignon und der Harfner, Ottilie und Eduard haben, ganz ungeachtet ihrer sehr unterschiedlichen sittlichen Substanz, Gemeinsamkeiten, die nicht zu übersehen sind. Allesamt sind sie Muster einer konsequenten Selbstverwirklichung ihrer naturgegebenen Anlagen oder ihrer Willensvorsätze, und wenn sie der Realisierung ihrer Anlagen und Neigungen entsagen, so tun sie es so vollständig und ohne jede Transformation ihrer Gesinnungen, daß ihr Tod – ob als freier Entschluß oder durch eine endlich sie überwältigende Krankheit – unabwendbar wird. Dabei spart Goethe bei ihnen weder an Gelegenheit, dem Leser ihren Charakter voll auszuleuchten, noch an abenteuerlichen und heftigen Begebenheiten, um diese Charaktere immer neuen Erschütterungsproben auszusetzen. Gemessen an dem emanzipatorischen Ideal der Selbstverwirklichung, das sich in Goethes poetischen Selbstbekenntnissen zur Zeit seiner frühen Homer- und Shakespeare-Huldigung und seines *Prometheus* ausspricht, nimmt sich dieses angelegentlich wiederholte und stets besonders teilnahmsvolle Lebensgericht über seine rein nach ihren Empfindungen lebenden Romanfiguren befremdlich genug aus. Schlägt hier doch die alte Tragödientheorie in den Roman durch? Und wenn ja, warum gerade an Figuren, die in ihrem Leben der Kunstauffassung Goethes am nächsten kommen?

Es fällt auf, daß dort, wo der Erzähler im *Werther* das Heft an sich nimmt und dessen Entschluß zum Tode nicht mehr ihm selbst zu beschreiben überläßt, zu allererst und in einer förmlichen Aufstauung des Vokabulars von den Empfindungen die Rede ist, die Werthers Seele ausfüllen, und zwar, wie es einleitend heißt, um »die eigensten wahren Triebfedern auch nur einer einzelnen Handlung zu entdecken, wenn sie unter Menschen vorgeht, die nicht gemeiner Art sind«.[11] Das ist – so ist man versucht zu sagen – die damals herrschende Romantheorie in einer Nuß, und sie gilt wohlgemerkt für den neuen, nicht den gemeinen Menschen seiner Zeit, nämlich für die vom eigenen Innern gesteuerte Individualität. Aber aus dieser Steuerkraft wird bis hin zu Ottilie, wenn sie sich nicht in der Begegnung mit anderen Menschen oder auch gesellschaftlichen Instanzen wohltätig modelt, eine Lenkung zum Tode, den die poetische Gerechtigkeit des Erzählers in den Augen der Fortlebenden allenfalls zum Opfer verklärt, wiewohl er auch aus sich heraus unvermeidlich wird.

Werther und Eduard sind die einfacheren Fälle, weil bei ihnen nur das Streben nach dem Besitz der Geliebten absolut geworden ist; Ottilie ist der weitaus kompliziertere Fall, weil ihre Disposition zu »Wahlverwandtschaften« sich ihrer Natur nach keineswegs an Eduard allein, sondern gerade im Widerstreit mit dieser einsinnigen Realisierung auf nahezu alle Menschen ihrer Umgebung, voran Charlotte, aber auch auf deren Sohn, auf den Hauptmann, auf den Gehülfen, den Architekten und sogar auf das fremde, verunglückte Kind erstreckt und weil sie diese ihre magische Naturanlage im Leben nicht austragen, aber auch nicht verändern kann.

Es ist bezeichnend genug, daß Goethe in seinen nach 1790 verfaßten Novellen, zu denen auch die eingelagerten Erzählungen in den großen Romanen gehören, keine Person mehr zu Tode bringt, und es ist nicht zuviel behauptet, wenn man

11 *Die Leiden des jungen Werthers*, II. Buch, »Der Herausgeber an den Leser«. HA 6,93. – Desgl. mit einem Nachw. von Ernst Beutler, Stuttgart 1948 [u. ö.], S. 109 (2. Buch, »Der Herausgeber an den Leser«).

allein die markante Abweichung von dieser Regel in der Erzählung von den Wahlverwandtschaften dafür verantwortlich macht, daß sie in die *Wanderjahre* nicht mehr eingehen konnte. Goethe nimmt damit, anders als Kleist und in seiner Novellistik noch früher als in seinen Romanen, Abstand auch von jenem entscheidenden Postulat der Tragödientheorie, das die Katharsis mit dem Tod des oder der Protagonisten verknüpft.

Goethe gibt den eingelagerten Geschichten in den *Wanderjahren* eine andere Funktion. Ihre Einschaltung oder auch ihr Abbruch, deren Ort souverän vom Erzähler oder auch von einer geselligen Runde bestimmt wird, ergänzt von anderer Seite her die Tätigkeit der Turmgesellschaft, in deren Archiven sie denn auch großenteils aufbewahrt werden. Dieser »Bund der Entsagenden« sammelt nicht nur Leute, »die nicht gemeiner Art sind«, er bildet sie auch, unter Wahrung ihrer Individualität, zur Lebenstüchtigkeit.

Der neue Romanheld: Geselliger Bund statt Einzelfigur

Mit der Frage nach der Rolle der Turmgesellschaft und nach der episodenreichen und »stückweisen« Erzählform der *Wanderjahre*,[12] die auch in die letzten Bücher der *Lehrjahre* schon vordringt, sind wir an einen Drehpunkt unserer Ermittlungen gelangt. Wieviel an Goethes Romanpoetik sich

12 Eine »stückweise« Unterhaltung, wie sie der Gewöhnung »des werten Publikums« entspräche, weist Goethe ironisch genug in der Vorrede zur Erzählung über den *Mann von fünfzig Jahren* für diese Novelle eigens zurück, um den »inneren Zusammenhang« der dort vorgestellten »Gesinnungen, Empfindungen und Ereignisse« und ihre »innigste« Verflechtung mit anderen Begebenheiten des Romans deutlich zu machen; in der Gesamtkomposition des Romans aber ist der Einschub der Novelle selbst ein Paradigma für seine Praxis stückweisen Erzählens. – Auf diesen Befund gründet Heidi Gidion die Hauptthesen ihrer Untersuchung: *Zur Darstellungsweise von Goethes »Wilhelm Meisters Wanderjahre«*, Göttingen 1969; vgl. bes. Kap. 2: Das »stückhafte« Erzählen; Kap. 4: Die Kontinuität im stückhaft Erzählten.

bisher aus den avanciertesten Positionen der Romantheorie und der Romanautoren vor 1774 ableiten oder auch als Überschreitung ihrer Vorgaben begreifen ließ – für die souveräne Mischung der Darbietungsarten und für den regulierenden Einfluß auf die Gesinnung und die Handlungen der Personen, den in den *Lehrjahren* zunehmend und vollends in den *Wanderjahren* die Gesellschaft vom Turm ausübt, gibt uns die Romantheorie des 18. Jahrhunderts keinen Anhalt mehr.

Zwar haben Geheimbünde im Roman des 18. Jahrhunderts als mysteriöses Moment des Intrigenspiels eine breite Tradition, doch war die insgeheim lenkende Macht eines Deus ex machina ebenso wie die willkürliche Anreicherung von Episoden allein dem Epos noch verstattet; der modernen Erzählung wie auch dem Drama hatten schon Batteux und nach ihm alle späteren Präzeptoren der Literaturästhetik solche Mittel der abenteuerlichen Handlungsverkettung und -erweiterung untersagt. Auch unter den »Motiven« und den »Welten«, die Goethe und Schiller 1797 für die epische und dramatische Dichtung aufreihen, sind diese beiden Formen der Digression und der geheimen Lenkung des Geschehens eher zurückgewiesen.[13] Selbst die romantische Romantheorie, die dem Roman als einem metapoetischen Spielraum aller literarischen Gattungen jede Freiheit erlaubt und ihm abfordert, ein umfassender Spiegel der Zeitgeschichte zu sein, reicht allenfalls hin, um zu erklären, warum Goethe am Ende seiner Niederschrift der letzten Fassung der *Wanderjahre* seinem Adlatus Eckermann noch alle Freiheiten einräumen kann, mit herbeigerafften Sprüchen und Versatzstücken aus dem vorhandenen Manuskriptenschatz den sonst zu schmal geratenen dritten Band zu füllen.[14] Zur Einschätzung einer Romankomposition aber, in der Episoden und Haupthandlung, ob

13 Vgl. *Über epische und dramatische Dichtung*. HA 12,250 f.

14 Dazu ausführlich Johann Peter Eckermann, *Gespräche mit Goethe*, 15. Mai 1831. Vgl. auch Goethes Briefe an Reichel im Februar und März 1829 sowie den knappen Bericht im Kommentar von Erich Trunz (HA 8,577.682).

nachträglich verwoben oder nicht, nach ihrem Gewicht nicht mehr zu unterscheiden sind und in der das Zusammenlaufen der Fäden gleichwohl einer Gesellschaft überantwortet wird, die sich – wie vorher die lebenskräftigen Einzelfiguren – an keiner Stelle in ihren Absichten vollständig und widerspruchsfrei auslegt, müßte man schon auf Balzacs nie vollendetes Generalmuster einer *Comédie humaine* oder mindestens auf den Schematismus der Gutzkowschen *Ritter vom Geiste* und jedenfalls bis zu den Theorien des Gesellschaftsromans im 19. Jahrhundert vorausgreifen, um die gehörigen Widerlager zu finden. Einmal mehr macht eine solche Spannweite uns bewußt, daß Goethes künstlerischer Lebensgang tatsächlich von der Zeit der stürmischen Rezeption Richardsons bis in die Epoche der meisterlichen Romane Balzacs reicht.

Die erste große und selbständige Geschichte, die Goethe der Erzählung von Wilhelm Meisters Theaterleben entgegenlaufen läßt, behandelt nicht dessen Eindringen in andere Verhältnisse, sondern die von Wilhelm ganz unabhängigen »Bekenntnisse einer schönen Seele«. Schon von zeitgenössischen Lesern ist dieses Buch der *Lehrjahre* mit Beifall, was die unerwartet fromme Wendung des Autors angeht, aber auch mit Verblüffung darüber begrüßt worden, warum es in einen Roman geraten sei, der doch den Bildungsgang Wilhelm Meisters zum Thema habe. Erst Albert Berger hat mit gehörigem Nachdruck herausgearbeitet, daß dieses Buch eine Gelenkstelle erster Ordnung im Roman darstellt, weil von nun an Wilhelm nicht mehr als der alles vermittelnde Held des Buches gelten kann.[15] Goethe erzählt hier eine Geschichte, die auf eigene Lebenserfahrungen zurückgeht, die aber in keinem Betracht mehr die seine ist. Die Geschichte der nach der Lebensweise der Herrnhuter sich wandelnden und tätigen »schönen Seele« endet in Verhältnissen, an deren Zustande-

15 Albert Berger, *Ästhetik und Bildungsroman. Goethes »Wilhelm Meisters Lehrjahre«*, Wien 1977, bes. S. 137 ff.

kommen auch Personen beteiligt sind, die auf Wilhelms Lebensweg Einfluß nehmen. Sie weist jedoch zum erstenmal auf einen von Wilhelm ganz unabhängigen und auch keineswegs erstrebten Weg der Selbstfindung hin, der dennoch von den gleichen Lenkern mitverantwortet wird, denen auch Wilhelms Weg anvertraut ist.

Von diesem VI. Buch an haben die *Lehrjahre* nicht mehr einen individuellen Helden. Mit dem VII. Buch beginnt der Erzähler eine mehrsträngig sich überkreuzende Geschichte von sehr unterschiedlichen Menschen, die die Turmgesellschaft als Mitglieder eines Bundes aufgenommen oder vorgesehen hat. Der Bund selbst läßt dabei, indem der Erzähler seine Eigenart allmählich enthüllt, eine Verfassung erkennen, die in wichtigen Zügen den Eigenschaften eines »mittleren Helden« entspricht. Es ist ein Bund, der seine Gesetze von keiner übergeordneten Instanz empfangen, sondern aus sich selbst entwickelt hat. Weder ein fürstliches Edikt noch eine kirchliche oder ständische Instanz haben ihn privilegiert, über andere Menschen eine Lebensordnung zu verhängen. Unvermögend ist er allerdings offensichtlich nicht. Ein zu Reformen bereiter Adliger, ein Weltgeistlicher, Wissenschaftler und Kaufleute und selbstbewußte Frauen haben in ihm ihren Platz. Ihr Zusammenschluß zu einer freiwilligen Genossenschaft, die allerdings nicht Hinz und Kunz, sondern nur Menschen zuläßt, deren Besonderheit geprüft und ausgemacht ist, trägt dieselben Züge der Selbstbestimmung, die das bürgerliche Ideal der emanzipierten Privatperson – des neuen Menschen gegenüber dem bloßen »Glied eines gewissen Staates« – auszeichnen. Eben diese persönliche Qualität hatte der Erzähler schon an Werther eigens hervorgehoben. Der Bund dieser Menschen belegt aber nun, daß dieses Ideal wohl auch, jedoch keineswegs einzig, im tätigen Künstler angelegt ist. Jedes Mitglied hat gemäß seinen besonderen und genutzten Fähigkeiten »sein eigen Glück unter den Händen, wie der Künstler eine rohe Materie, die er zu einer Gestalt umbilden will« – so wie es Wilhelm früh und noch uneinsichtig von dem Fremden erfahren hat.[16] Daß der Bund alles in allem eine *geheime* Gesellschaft ist, hat angesichts der politischen Zeitverhältnisse, die er nicht verändern kann und will, mehr als einen guten Grund. Die Verfassung eines solchen freiwilligen Bundes, in dem jeder auf eine subjektive Totalität und damit auf eine notwendig dilettantisch bleibende Lebensaktivität verzichtet,[17] muß aber auch deshalb geheim bleiben, weil die vollständige Deklaration seiner Gesetze seine Mitglieder zu einer ferneren Modellierung ihrer Fähigkeiten unfähig und damit für Erfordernisse eines arbeitsteiligen Lebens in der Zukunft oder in anderen Lebensgegenden untauglich machen würde. Ein völlig offengelegtes Statut schlösse also paradoxerweise Weiterexistenz des Bundes nach seinen Lebensmaximen aus. Neben wiederholten Einblicken in die praktischen Einrichtungen seiner »pädagogischen Provinz« bedarf es deshalb einer erheblichen Zahl unterschiedlicher Lebensgeschichten, um den Bund erzählerisch auszulegen. Diese Rolle übernehmen zu ihrem Teil die eingelagerten Novellen, zum anderen die stückweise enthüllten Lebensgeschichten einiger Protagonisten.

Der Doppeltitel, den Goethe den *Wanderjahren* als dem einzigen seiner Werke gegeben hat, erstreckt die Wanderjahre also mit gutem Grund auf alle »Entsagenden«. Was Gutzkow hellsichtig, aber mit einiger Krampfhaftigkeit als »Roman des Nebeneinander« ankündigen wird, ereignet sich hier bereits, dargeboten jedoch in einer Erzählkultur, die in ihrer Betonung der freiwilligen Geselligkeit deutlich noch dem 18. Jahrhundert verbunden bleibt. Goethe erzählt die Geschichte vom »Bund der Entsagenden«, die schon mit dem VI. Buch der *Lehrjahre* beginnt, nicht als die Geschichte einer »organisierten Gesellschaft« – hier ist Berger zu wider-

16 *Wilhelm Meisters Lehrjahre* I,17. HA 7,72. – Desgl. hrsg. von Ehrhard Bahr, Stuttgart 1982 [u. ö.], S. 71.

17 Hier folge ich gerne Hans Vaget, »Goethe the Novelist. On the Coherence of His Fiction«, in: *Goethe's Narrative Fiction. The Irvine Goethe Symposium*, hrsg. von William J. Lillyman, Berlin / New York 1983, bes. S. 11 ff.

sprechen[18] –, wohl aber als die Bildungsgeschichte eines freiwilligen Sozialverbandes, und er erzählt damit eine Bürgerutopie im besten Sinne, denn Freizügigkeit der eigenen Lebensgestaltung und arbeitsteiliger Leistungswille scheinen hier ohne Erdenrest versöhnt. Auch die Arbeiter, die eher in Kolonnen als in freier Reisetätigkeit ihre Beweglichkeit finden, dürfen immerhin harmonisch singen und so auch der Kunst eine soziale Wirksamkeit eröffnen.

Wenn Goethes Romankunst vorher durchaus auf die Sozialisierung eines einzelnen gerichtet war und wenn sein erzählerisches Richteramt zuvor und hernach in den *Wahlverwandtschaften* mit großer Teilnahme die zum Tode bestimmte, die eine solche Sozialisation im Zuge ihres Selbstverwirklichungsdranges nicht erreichen, so erzählt er von dem Wendepunkt der *Lehrjahre* an in einem Bündel vieler Geschichten den Sozialroman derer, die der puren Selbstverwirklichung entsagten, um sie unter den Bedingungen einer Genossenschaft, die sie selbst konstituieren, als deren freie Bürger neu zu praktizieren. In diesem Punkte ist der Einzelgänger Faust in seiner letzten Selbsttäuschung über den Gewinn eines »freien Grundes« durch sein vermeintliches Kolonisationswerk bis zu seiner gnädigen Erlösung dem Heldentypus der frühen Goetheschen Romane noch näher als dem der *Wanderjahre*.

Der Verschiebung des Romanhelden von der Einzelfigur auf einen geselligen Bund entspricht nun auch die vordringende Entpersönlichung der Goetheschen Erzählprosa, die man häufig genug und doch unzulänglich seinem »Altersstil« zugeschrieben hat. Selbst über die »gegensätzlichsten Empfindungen« einzelner Personen hinweg – schon die Erzählung vom *Mann von fünfzig Jahren* bietet dafür reichliche Belege – und bis zur Schilderung unglücklicher Liebesaffären, wie

18 Berger überschreibt so einen Abschnitt seines Kapitels »Wilhelm und die Gesellschaft vom Turm«. Es entspräche, will man beim Wort bleiben, den Textbefunden und auch Bergers eigener einsichtsvollen Charakteristik des Bundes S. 137 ff. besser, von einer »organisierenden Gesellschaft« zu reden.

Lenardo sie auf sich zieht, verbindet ein gleichmäßiger Ton überlegen wissender Berichterstattung die unterschiedlichen Geschicke der Figuren zu einem Gewebe, in das zur Belebung nach dem Muster von Zettel und Einschlag die Schilderung »abgesonderter Begebenheiten«, überlieferter Novellen und Märchen oder auch zeitgenössischer Lebensverhältnisse wie die der Schweizer Weber und schließlich ganze Aphorismensammlungen eingestreut werden. Der Roman rückt so von dem früheren Vorsatz Goethes, den inneren Zusammenhang einer Bildungs- und Lebensgeschichte auszuleuchten, ab zur Darstellung eines Lebensgefüges, in dem im Mit- und Gegeneinanderwirken der eine Lebensgang den anderen und die eine Lebensansicht die andere mit trägt und ergänzt. Bis in die stereotypen Epitheta seiner szenischen Schilderungen hinein begünstigt dieser Erzählstil alle Vorgänge, die gemeinsame Unternehmungen und Vorhaben seiner Personen fördern – gerade dort häufen sich die positiv wertenden und konfliktüberbrückenden Beiwörter –, und allein die durchwaltende, wenn auch nie ostentativ distanzierende Ironie des Erzähltons hebt den Romanautor Goethe darüber hinweg, den nun erreichten Typus des Gesellschaftsromans etwa zu einem sozialpolitischen Zeitroman zu verengen. Dennoch hat Erich Trunz recht mit seiner Bemerkung, daß der späte Goethe allein im Roman dahin gelangte, einen »neuen Typ des sozialen Menschen« als utopische Lebensform vorzustellen.[19] Mit dem bedeutsam ironischen Einschluß der »Bekenntnisse einer schönen Seele« in die *Lehrjahre* hat Goethe um die Mitte seines Lebens seiner Romankunst diese neue Dimension erschlossen.

Natürlich ist die Zäsur im VI. Buch der *Lehrjahre* ein idealer Einschnitt. Wie die Übereignung der Protagonistenrolle auf

19 Erich Trunz im Kommentar zu den *Wanderjahren*, HA 8,605. – Die beiden Erzählarten Goethes, die Ribbat (Anm. 2) einsichtig auseinanderlegt, lassen sich nicht nur mit den unterschiedlichen Gattungen seiner Erzählkunst, sondern ebenso mit dieser Erweiterung des erzählerischen Telos seiner Romane in Verbindung bringen.

die Turmgesellschaft sich in den *Lehrjahren* weit früher schon ankündigt, so nehmen die *Wahlverwandtschaften* nach zwei Jahrzehnten frühere und unerledigte Konfliktmuster der Goetheschen Romankunst wieder auf. Man sollte allerdings bemerken, daß hier Charlotte, anders als Lotte dort, ungeachtet ihrer eigenen, übergänglichen Verwirrung zu einer Instanz wird, die mehr und mehr die Geschicke der anderen lenkt und sie endlich »beschließt«, indem sie den Hauptmann in sein Leben entläßt und den anderen »Ottonen« des Romans die Gräber ordnet. In gewissem Sinne ist Charlotte am Ende der »Turm« der *Wahlverwandtschaften*.

Die Vorwegnahme des Gesellschaftsromans

Die Geschichte der Deutschen, und also auch die des deutschen Romans, hat es dahin gebracht, daß der epochemachenden Goetheschen Romankunst vor allem die Züge abgewonnen wurden, die der Sehnsucht nach einer am Künstlertum orientierten Autonomie des bürgerlichen Individuums entsprachen. So ist Goethe nicht als der Inaugurator eines deutschen Gesellschaftsromans, sondern als der Schöpfer einer Romangattung in die Geschichte eingegangen, die den Bildungs- und Erziehungsweg eines einzelnen, und vorzugsweise einer Künstlernatur, zum vielfach variierten Gegenstand hat. Thomas Mann hat dies in vornehmer Selbstbespiegelung den hauptsächlichen deutschen Beitrag zur europäischen Romangeschichte genannt,[20] und viele Interpreten sind

20 Thomas Mann, *Gesammelte Werke*, Frankfurt a. M. 1960, Bd. 10, S. 357 u. ö. – Allerdings hat Thomas Mann in der zunehmenden Abschnürung des deutschen »Bildungs-, Kultur- und Humanitätsbegriffs« von der politisch-sozialen Sphäre den Grund für den Abstieg der deutschen Romanliteratur gegenüber der europäischen Romankunst des 19. Jh.s gesehen; so Bd. 10, S. 360 f.; Bd. 11, S. 854 ff. Vgl. dazu: Eberhard Lämmert, »Thomas Mann. Buddenbrooks«, in: *Der deutsche Roman*, hrsg. von Benno von Wiese, Bd. 2, Düsseldorf 1963, S. 191 ff. – Dies hindert Thomas Mann nicht, in einem Brief an Hermann Hesse vom 8. April 1945 Goethes *Wanderjahre* ein

ihm darin unbedenklich gefolgt, obwohl in Wahrheit nicht einmal die *Lehrjahre* im ganzen diesem Typus entsprechen.

Die bedeutendsten Romane dieser Gattung haben allerdings die erzählerische Kritik an diesem einzelgängerischen Modus der Selbstverwirklichung nicht ausgespart: In der ersten Fassung des *Grünen Heinrich* läßt Gottfried Keller seinen Helden schonungslos scheitern, in der zweiten Fassung fängt er ihn in einer freilich viel starrer organisierten Gesellschaftsordnung und entsprechend auch viel melancholischer auf. Thomas Mann läßt, nachdem er den Bildungsgang der *Buddenbrooks* auf vier Generationen gestreckt und mit Verfallsprozessen kontrapunktiert hat, seinen Hanno mit allen Zeichen der erzählerischen Bewegtheit unerbittlich sterben, und Günter Grass macht seinen Oskar Matzerath unter regressiven Zeitumständen zu einem Verweigerer des elementarsten, nämlich des physischen Bildungstriebes in einer sozialen Umwelt, in die hineinzuwachsen nur eine Teilnahme an ihren Schludrigkeiten und ihren Verbrechen nach sich zöge.

Auch die Bestimmung der modernen »subjektiven Epopöe« zur Darstellung eines Sozialgefüges, wie Goethe sie von den letzten Büchern der *Lehrjahre* an vornahm, hat später, wo nicht im deutschen Roman, so doch in der Romantheorie eine ernsthafte Verfestigung erfahren und zwar in Hegels *Ästhetik*. Hegels knappe Ableitung des Romans mündet nach einer Abkanzelung der romanhaften Allüren romantischer Ausprägung in der Feststellung, daß der »Roman im modernen Sinne« den »zunächst widerstrebenden Charakteren« die Anerkennung der objektiven, »bereits zur Prosa geordneten« Weltverhältnisse aufzwinge, sie anderseits aber instand setze, von dem, was sie wirken und vollbringen, »die prosaische Gestalt« abzustreifen und »dadurch eine der Schönheit und der Kunst befreundete Wirklichkeit an die Stelle der vorge-

»hochmüdes, würdevoll sklerotisches Sammelsurium« zu nennen, um Hesses *Glasperlenspiel* ins rechte Licht zu rücken. Th. M., *Briefe 1937–1945*, hrsg. von Erika Mann, Frankfurt a. M. 1963, S. 424.

fundenen Prosa« zu setzen. Zu beachten ist der Plural, in dem Hegel hier im Gegensatz zu dem Helden, der sich bloß die Hörner abzulaufen habe, von den Charakteren eines modernen Romans spricht.[21] Das ist nicht weniger als das ernstgenommene Konzept der *Wanderjahre*.

Goethe selbst hat dagegen auch dieses Konzept schließlich so ironisiert, daß wir bei ihm getrost von einer lebenslangen Verweigerung einer bündigen Romantheorie sprechen können. Die letzte Begebenheit, von der die *Wanderjahre* erzählen, handelt von Felix, der zum Entsagen bisher weder Gelegenheit gefunden noch irgend den Willen geäußert hat. Im Gegenteil: Er hat sich nach einem amourösen Überfall auf Hersilie von der Abwehrenden mit der Wertherhaften Versicherung verabschiedet, er reite nun in die Welt, bis er umkomme. So stürzt er, samt Pferd, in einen Fluß. Herausgezogen, abgetrocknet und zur Ader gelassen von dem unvermutet hier navigierenden Vater und seinen Gesellen, vergißt er prompt seine enttäuschte Neigung, verspricht, mit dem Vater zu leben, und die tätigen Männer tun zu guter Letzt das Gehörige: Sie trocknen seine Kleider, »um ihn beim Erwachen sogleich wieder in den gesellig anständigsten Zustand zu versetzen«. – So ohne Verdienst hat im ganzen Roman keiner die Ordination zum Gesellen der Wanderer erreicht, und darum sind am Ende doch wohl auch die *Wanderjahre* eine der »uncalculabelsten Produktionen«[22] zur Anleitung einer übergreifenden Gesetzmäßigkeit – sei es nun eine Gesellschafts- oder auch nur eine Romantheorie.

Die historische Wendung von Goethes Erzählkunst ist greifbar. Sie ist datierbar auf die Jahre nach dem Abbruch der

21 Georg Friedrich Wilhelm Hegel, *Vorlesungen über die Ästhetik*, hrsg. von Friedrich Bassenge, Berlin/Weimar (1955), 2. Aufl. o. J., Bd. 2, S. 452; über das »Subjekt«, das sich am Ende der »Lehrjahre [. . .] die Hörner abläuft«, Bd. 1, S. 568. – Desgl. hrsg. von Rüdiger Bubner, Stuttgart 1971 [u. ö.], T. 3, S. 177; T. 2, S. 659.

22 So urteilt der späte Goethe selbst über seine Ausarbeitung der *Lehrjahre* von der Konzeption bis zur Drucklegung: 1824 in den *Tag- und Jahresheften* und 1825 (18. Januar) im Gespräch mit Eckermann. Vgl. HA 8,520.

Theatralischen Sendung und betrifft nicht nur die *Lehrjahre*, *in* denen sie als epochaler Einschnitt erscheint, sondern das gesamte Romanwerk, Überschneidungen eingeschlossen. Was der Zäsur voraufgeht, vollzieht sich als Eigenbewegung noch im Ausstrahlungsbereich der aufklärerischen Romantheorie, was ihr folgt, nimmt für die deutsche Romantheorie den bis zu Fontane hin nicht ausgebildeten Gesellschaftsroman vorweg.

Goethe selbst hat also in der fruchtbarsten Phase der deutschen Schöpfungsästhetik zwar auf eigene Hand dem Roman eine neue Sendung gegeben, aber eine Theorie daraus zu gewinnen hat er – getreu seiner eigenen Produktionsmaxime – seinen Lesern überlassen. Denjenigen, die in seinen Romanen tatsächlich Charakterzüge der Epoche wiederfinden oder auch sich selbst, gibt auf alle weiteren Fragen sein liebenswürdigstes und launigstes Geschöpf, Philine, die lakonische Antwort: »Ich weiß, was ich sage, und wenn ihr mich nicht begreift, so laßt's gut sein. Ich werde nicht am Ende noch gar meine Worte auslegen sollen.«[23]

23 *Wilhelm Meisters Lehrjahre* II,10. HA 6,123. – Desgl. hrsg. von Ehrhard Bahr, Stuttgart 1982 [u. ö.], S. 125.

Literaturhinweise

Becker, Eva D.: Der deutsche Roman um 1780. Stuttgart 1963.

Berger, Albert: Ästhetik und Bildungsroman. Goethes »Wilhelm Meisters Lehrjahre«. Wien 1977. (Wiener Arbeiten zur deutschen Literatur. 7.)

Blackall, Eric A.: Goethe and the Novel. Ithaca/London 1976.

Blessin, Stefan: Die Romane Goethes. Königstein (Taunus) 1979.

Gidion, Heidi: Zur Darstellungsweise von Goethes »Wilhelm Meisters Wanderjahre«. Göttingen 1969. (Palaestra. 256.)

Goethe's Narrative Fiction. The Irvine Goethe Symposium. Hrsg. von William J. Lillyman. Berlin / New York 1983.

Matt, Peter von: ... fertig ist das Angesicht. Zur Literaturgeschichte des menschlichen Gesichts. München/Wien 1983.

Miller, Norbert: Der empfindsame Erzähler. Untersuchungen an Romananfängen des 18. Jahrhunderts. München 1968.

Müller, Joachim: Goethes Romantheorie. In: Deutsche Romantheorien. Hrsg. von Reinhold Grimm. Bearb. Neuaufl. Bd. 1. Frankfurt a. M. 1974. (Fischer Athenäum Taschenbücher Literaturwissenschaft.) S. 61–104.

Reiss, Hans: Goethes Romane. Bern/München 1963.

Ribbat, Ernst: Goethe, der Erzähler. Varianten eines Themas. In: Literatur und Sprache im historischen Prozeß. Vorträge des deutschen Germanistentages 1982. Hrsg. von Thomas Cramer. Tübingen 1983. Bd. 1. S. 237–249.

Riemann, Robert: Goethes Romantechnik. Leipzig 1902.

Romantheorie. Dokumentation ihrer Geschichte in Deutschland 1620–1880. Hrsg. von Eberhard Lämmert und Hartmut Eggert, Karl-Heinz Hartmann, Gerhard Hinzmann, Dietrich Scheunemann, Fritz Wahrenburg. Köln/Berlin 1971. (Neue Wissenschaftliche Bibliothek. 41.)

Scherpe, Klaus R.: Werther und Wertherwirkung. Zum Syndrom bürgerlicher Gesellschaftsordnung im 18. Jahrhundert. Wiesbaden 1975.

Schmidt, Erich: Richardson, Rousseau und Goethe. Ein Beitrag zur Geschichte des Romans im 18. Jahrhundert. Jena 1875. Obraldruck Jena 1924.

HANS RUDOLF VAGET

Die Leiden des jungen Werthers (1774)

›Die Leiden des jungen Werthers‹ und seine Leser

Bei keinem anderen Werk ist es in dem Maße geboten, von der Wirkung auszugehen wie bei den *Leiden des jungen Werthers.*[1] Die Wirkung dieses »Büchleins« auf das »ganze lesende Deutschland«[2] markiert ein unerhörtes Ereignis in den Annalen der deutschen Literatur, denn nie zuvor, so scheint es, war mit solcher Teilnahme und Ergriffenheit gelesen worden. Das »Büchlein« hat auch im Leben seines Autors Epoche gemacht. Dieser Text stellt gleichsam die Gründungsurkunde des Goetheschen Ruhmes dar, und als solche hat der Jugendroman Goethes Laufbahn als Schriftsteller und als Repräsentant des »bürgerlichen Zeitalters« auf nachhaltige Weise mit geprägt. Für eine intimere Kenntnis dieser Schriftstellerschaft ist deshalb ein Verständnis der *Werther*-Wirkung samt ihrer Rückwirkung auf den Autor unerläßlich. Unerläßlich ist der Rekurs auf die Wirkung aber auch für jeden Versuch, den Text selbst zu erhellen. Gerade die Wirkung bietet dem heutigen Leser den verläßlichsten und aufschlußreichsten Indikator jenes stets neu zu messenden Kräftespiels zwischen Autor, Text und Leser, auf das sich das literaturwissenschaftliche Erkenntnisinteresse immer schärfer einzustellen gelernt hat.

1 Der Roman wird, mit bloßen Seitenverweisen im Text, nach der von Ernst Beutler besorgten Reclam-Ausgabe (Stuttgart 1948 [u. ö.], Reclams Universal-Bibliothek, Nr. 67[2]) der zweiten Fassung zitiert. Die Stellen, an denen die Erstfassung herangezogen wird, sind in den Fußnoten besonders angemerkt. Vgl. auch: *Erläuterungen und Dokumente zu: Johann Wolfgang Goethe. Die Leiden des jungen Werthers*, hrsg. von Kurt Rothmann, Stuttgart 1971 [u. ö.] (Reclams Universal-Bibliothek, Nr. 8113[2]).

2 Aus einer anonymen Rezension, zitiert von Erich Trunz in den Anmerkungen zum *Werther* in: *Goethes Werke*, Hamburger Ausgabe, Bd. 6, München [10]1981 (im folgenden zit. als: HA), S. 531.

Die vielberufene *Werther*-Wirkung ist schon oft untersucht worden.[3] Gleichwohl scheint das in der frühen *Werther*-Rezeption verborgene Erkenntnispotential noch keineswegs ausgeschöpft. Dies gilt vor allem für den grundlegenden Vorgang jeder Art von Textkonkretisation: den Akt des Lesens. Wir wissen heute relativ viel über die *Werther*-Rezeption, soweit sie sich in schriftlichen Zeugnissen niedergeschlagen hat. Sehr wenig wissen wir hingegen über die intimen Voraussetzungen der *Werther*-Lektüre; nur indirekt können wir erschließen, wie gelesen wurde und welche Reaktionen privater und öffentlicher Natur von diesem Text ausgelöst wurden. Dies betrifft in erster Linie den mit dem Etikett »Wertherfieber« versehenen Rezeptionstypus, d. h. jene Schicht junger bürgerlicher Leser, die sich das »Büchlein« mit vorbehaltloser, schwärmerischer Bewunderung aneigneten. Georg Jäger hat diesen Typus als »erbauliche Konkretisation« gekennzeichnet zum Unterschied von der vornehmlich didaktischen Konkretisation der älteren, dem Geist der Spätaufklärung verpflichteten Leser.[4] Sowenig das »Wertherfieber« sich aber in der bloß passiven, aus der Kontemplation erwachsenen Erbauung erschöpft, so erhellend ist jedoch Jägers Hinweis auf die Herkunft dieses Leseverhaltens aus der religiösen Erbauungsliteratur, dem noch bis ins 19. Jahrhundert zahlenmäßig vorherrschenden Buchtypus.[5] Der Roman Goethes – und das ist ein entscheidender Faktor seiner Wirkung – vermochte einen Großteil jenes Identifika-

3 Vgl. dazu die neueren Arbeiten von Peter Müller, *Der junge Goethe im zeitgenössischen Urteil*, Berlin [Ost] 1969; Klaus Scherpe, *Werther und Wertherwirkung*, Bad Homburg 1970; Hartmut Schmidt, »Goethes *Werther* als Schule der Leidenschaften. Werther-Rezensionen im Horizont der Popularästhetik um 1775«, in: *Insel Almanach auf das Jahr 1973*, Frankfurt a. M. 1973, S. 70–122; Georg Jäger, »Die Wertherwirkung. Ein rezeptionsästhetischer Modellfall«, in: *Historizität in Sprach- und Literaturwissenschaft*, hrsg. von Walter Müller-Seidel, München 1974, S. 389–409; Karl Robert Mandelkow, *Goethe in Deutschland. Rezeptionsgeschichte eines Klassikers*, Bd. 1: *1773–1918*, München 1980, S. 35 ff.

4 Jäger (Anm. 3) S. 401 ff.

5 Ebd. S. 401 f.; dort auch weitere Literatur.

tionspotentials auf sich zu lenken, das mit der schrittweisen Emanzipation von der Devotionalliteratur frei verfügbar geworden war und das seit der Mitte des 18. Jahrhunderts immer mehr von der Fiktionalliteratur, zumal den Romanen, absorbiert wurde. Zweifellos stammen die entscheidenden Merkmale des im »Wertherfieber« manifesten Leseverhaltens aus dieser Lesetradition: die Wiederholungslektüre, die Versenkung in den Text, die Unfähigkeit oder Unwilligkeit zur kritischen Abstandnahme, das Bedürfnis nach Identifikation, ja Imitation sowie das Mit- und In-dem-Buch-Leben, das in zahlreichen Zeugnissen, fiktiven und nichtfiktiven, belegt ist.[6]

Auf die Frage, welche Textvorgaben das Bedürfnis der jungen bürgerlichen Leser nach Identifikation zu aktivieren vermochten, hat die Goethe-Forschung sehr unterschiedliche und keine völlig überzeugenden Antworten gegeben. Übrigens war sich auch Goethe selbst über die tieferen Gründe jenes stürmischen Zusammenwirkens von Text und Leser keineswegs im klaren, wiewohl sie ihn bis zum Ende seines Lebens beunruhigten. Die diesbezüglichen Erklärungsversuche in *Dichtung und Wahrheit*, wo Goethe auf den epidemisch gewordenen Lebensüberdruß als Alters- und Zeiterscheinung verweist, sind schon von Wolfgang Kayser mit Recht eingeschränkt worden.[7] Allerdings vermag auch sein Erklärungsversuch nicht ganz zu überzeugen. Gewiß lieferte Werthers Fähigkeit, einer ganzen Generation vorzuempfinden und vorzufühlen, ein willkommenes Identifikationsmodell. Doch Kayser und mit ihm praktisch die gesamte ältere *Werther*-Literatur bestimmen diese gleichsam propädeuti-

6 Das prominenteste und aufschlußreichste Beispiel dafür liefert der Held von Karl Philipp Moritz' autobiographischem Roman *Anton Reiser* (1786–90). Vgl. dazu Hermann Blumenthal, »Karl Philipp Moritz und Goethes *Werther*«, in: *Zeitschrift für Ästhetik und allgemeine Kunstwissenschaft* 30 (1936) S. 28–64.

7 Wolfgang Kayser, »Die Entstehung von Goethes *Werther*«, in: *Deutsche Vierteljahrsschrift für Literaturwissenschaft und Geistesgeschichte* 19 (1941) S. 430–457.

sche Funktion der Werther-Figur einseitig positiv als neuartiges Erleben und Ergreifen der Welt. Aber Werthers Versuch der Weltergreifung im Zeichen der Empfindsamkeit scheitert, und jeder Erklärungsversuch, der dem ebenso zwangsläufigen wie spektakulären Scheitern des Goetheschen Helden kein ausschlaggebendes Gewicht zumißt, verfehlt meines Erachtens den geheimen Nerv der *Werther*-Wirkung. Auch die vielfachen Versuche, Werthers Leiden und Scheitern allein auf äußere Bedingungen zurückzuführen, sei es den absolutistischen Staat oder die fatalen bürgerlichen Verhältnisse, müssen letztlich unbefriedigend bleiben.[8] Diese Deutung, zumal in der zuerst von Georg Lukács verfochtenen Zuspitzung, mündet zwangsläufig in eine wenig plausible Heroisierung Werthers, eine Stilisierung zum Wegbereiter gesellschaftlicher Verhältnisse, die dem Geist des »Büchleins« in jedem Sinne fernliegen.[9] Gleichwohl ist daran festzuhalten, daß wir das Geheimnis der *Werther*-Wirkung erst dann begreifen, wenn wir die von vorneherein auf Scheitern programmierte Geschichte Werthers nicht allein aus seiner Innerlichkeit abzuleiten versuchen, sondern aus der Wechselwirkung innerer und äußerer Bedingungen.

Das auffallendste und für unsere Analyse entscheidende Moment in dem Leseverhalten unseres Rezeptionstyps ist sein offensichtlich abgeleiteter Charakter. Unschwer läßt sich sehen, daß wir es hier mit einer Nachahmung des von Werther selbst praktizierten Leseverhaltens zu tun haben. So wie Werther sich in »seinen« Homer und »seinen« Ossian versenkt, ebenso versenkten sich die Leser seiner Leidensge-

8 Vgl. dazu etwa Arnold Hirsch, »Die Leiden des jungen Werthers. Ein bürgerliches Schicksal im absolutistischen Staat«, in: *Etudes Germaniques* 13 (1958) S. 229–250; Gerhard Kluge, »Die Leiden des jungen Werthers in der Residenz: Vorschlag zur Interpretation einiger Werther-Briefe«, in: Euphorion 65 (1971) S. 115–131.

9 Siehe den zuerst 1936 veröffentlichten *Werther*-Essay in: Georg Lukács, *Werke*, Bd. 7, Neuwied 1964, S. 53–68; des weiteren Peter Müller, *Zeitkritik und Utopie in Goethes »Werther«*, Berlin [Ost] 1969; Scherpe (Anm. 3); Stefan Blessin, *Die Romane Goethes*, Königstein (Taunus) 1979, S. 269 ff.

schichte in diese. Goethes Text schien ein solches Leseverhalten zu legitimieren. Und so verhielt man sich »zu Werther wie dieser zu den Helden Homers und Ossians; man gewann Originalität, indem man imitierte«.[10]

Werther als Leser

Werthers Leseverhalten hat in den letzten Jahren immer entschiedener die Aufmerksamkeit auf sich gezogen, und zwar aus dem begründeten Verdacht, daß gerade sein Umgang mit der Literatur Aufschlüsse vermitteln kann über jene Grundbefindlichkeit, die letztlich sein Scheitern besiegelt. Hier ist auf den Versuch Heinz Schlaffers zu verweisen, im Text des Romans eine »esoterische« Sinnschicht aufzudecken. Schlaffer argumentiert, daß Werthers Leben und die Darstellung, die er in Briefen davon gibt, als »Zitat von Angelesenem« zu begreifen seien. Werthers Lektüre selbst gründe jedoch in »Affektation« und »Selbsttäuschung«.[11] Dieses Moment der Selbsttäuschung wird auch in drei neueren Beiträgen von Peter Pütz, Erdmann Waniek und Bruce Duncan betont. Pütz geht in dieser Hinsicht wohl am weitesten, wenn er für Werthers Scheitern letztlich seine Verfallenheit an die »Droge Literatur« verantwortlich macht. Werther lebe »mit und von der Literatur«, ja er »stirbt auch mit ihr, um nicht zu sagen an ihr«.[12] Auch Waniek erblickt in Werthers Leseverhalten, das er als »selbstherrlich« und »ohne Distanz« kennzeichnet, den Schlüssel zum Verständnis dieser Figur.[13] Und Duncan

10 Klaus Müller-Salget, »Zur Struktur von Goethes *Werther*«, in: *Zeitschrift für deutsche Philologie* 100 (1981) S. 543.

11 Heinz Schlaffer, »Exoterik und Esoterik in Goethes Romanen«, in: *Goethe-Jahrbuch* 95 (1978) S. 216.

12 Peter Pütz, »Werthers Leiden an der Literatur«, in: *Goethe's Narrative Fiction*, hrsg. von William J. Lillyman, Berlin / New York 1983, S. 83, 86.

13 Erdmann Waniek, »*Werther* lesen und Werther als Leser«, in: *Goethe Yearbook* 1 (1982) S. 70, 74; vgl. auch Ralph-Rainer Wuthenow, *Im Buch die Bücher oder Der Held als Leser*, Frankfurt a. M. 1979, S. 65–74.

schließlich belegt Werthers Leseweise, dem er Willkür und Exzentrizität bescheinigt, mit dem nützlichen Begriff »misreading«.[14] Dieser Begriff ist gleichsam im außermoralischen Sinne zu verstehen, d. h. die Frage, ob Werther richtig oder falsch liest, verliert ihre Dringlichkeit; statt dessen betrachten wir Werthers Leseakte als ein gleichsam seismographisches Protokoll seiner Leidensgeschichte.
Bevor wir uns Werthers Leseakten im einzelnen zuwenden, ist vorab daran zu erinnern, daß sein tief problematisches Leseverhalten als Symptom eines umfassenderen und in gewissem Sinne epochenspezifischen Syndroms zu begreifen ist, das Goethe schon früh und mit wachsender Anteilnahme verfolgt hat. Die Rede ist vom Dilettantismus – einem Phänomen, das zuerst in der zweiten Hälfte des 18. Jahrhunderts massenhaft in Erscheinung trat[15] und seither aus unserem Kulturleben nicht mehr wegzudenken ist. Goethe, der auf komplizierte und unentwirrbare Weise selbst an diesem Phänomen partizipierte, hat sich zeit seines Lebens damit auseinandergesetzt – am entschiedensten, unter Mitarbeit von Schiller, auf dem Höhepunkt seiner klassizistischen Kunstbestrebungen. Die damals in Angriff genommene umfassende Kritik des Dilettantismus erwies sich jedoch als undurchführbar; gleichwohl bieten uns die davon erhaltenen Skizzen und Fragmente eine unschätzbare, von der Forschung bisher wenig genutzte Orientierungshilfe. Die dort aufgestellten Gesichtspunkte werfen ein sehr erhellendes Licht nicht nur

14 Bruce Duncan: »›Emilia Galotti lag auf seinem Pult aufgeschlagen‹: Werther as (Mis-)Reader«, in: *Goethe Yearbook* 1 (1982) S. 44. Den Begriff des »misreading« brachte bereits Thomas P. Saine in die Diskussion, allerdings in der eindeutig negativen Bedeutung von »grotesque misreadings« (Thomas P. Saine, »Passion and Aggression: The Meaning of Werther's Last Letter«, in: *Orbis Litterarum* 35, 1980, S. 330). Zur Leseproblematik vgl. weiterhin Benjamin Bennett, »Goethe's *Werther*: Double Perspective and the Game of Life«, in: *German Quarterly* 53 (1980) S. 64–81.

15 Vgl. Hans Rudolf Vaget: »Der Dilettant. Eine Skizze der Wort- und Bedeutungsgeschichte«, in: *Jahrbuch der Deutschen Schillergesellschaft* 14 (1970) S. 131–158.

auf Goethes problematische Kunstauffassung, sondern auch auf sein dichterisches Werk im ganzen, im besonderen die Romane,[16] weil mit dem Dilettantismus mehr als ein Phänomen des Kunstlebens gemeint war, nämlich eine allgemeine Lebensproblematik der jungen kunstbegeisterten Bürger. Im Grunde sind alle Romanhelden Goethes in einem prinzipiellen Sinne als Dilettanten zu begreifen.[17] Es sind Menschen, deren fein differenzierte Fähigkeit zum Empfinden an ihrer Unfähigkeit zum Tun zuschanden wird und die die subjektiven Bedingungen ihres Handelns mit objektiven verwechseln – kurz Menschen, die in permanenter Selbsttäuschung leben. In Goethes Romanwerk im ganzen stellt sich der Dilettant geradezu als das Paradigma der problematischen »modernen« Helden dar.

Wie sehr Werther in der Tat dem Syndrom des Dilettantismus zuzurechnen ist, zeigt sich in aller Klarheit, sobald wir anstatt des heute geläufigen, in seiner Bedeutung sehr geschrumpften Begriffs des Dilettanten den sehr viel tiefer greifenden und umfassenderen Dilettantismusbegriff Goethes in Anschlag bringen. Goethe bestimmt den für das Dilemma des Dilettanten zentralen Nexus von Rezeption und Produktion wie folgt: »weil er auf eine lebhafte Weise Wirkungen erleidet, so

16 Siehe die Materialien *Über den Dilettantismus* in dem von Siegfried Seidel betreuten Bd. 19 der *Berliner Ausgabe*, Berlin [Ost] 1973 (im folgenden zitiert als: BA), S. 309–344. Vgl. dazu Hans Rudolf Vaget, *Dilettantismus und Meisterschaft. Zum Problem des Dilettantismus bei Goethe*, München 1971, S. 85 ff.

17 Vgl. dazu Hans Rudolf Vaget, »Goethe the Novelist. On the Coherence of His Fiction«, in: *Goethe's Narrative Fiction* (Anm. 12) S. 1–20. Der Gedanke, daß Werther als Dilettant zu begreifen sei und die Geschichte seiner Leiden weit eher mit »uncreativity« (Graham) und dem »unzulänglichen Künstlertum« (Zimmermann) zu tun habe als mit einem Titanismus welcher Art auch immer, ist von der Forschung bisher nur andeutungsweise behandelt worden. Vgl. dazu Ernst Ludwig Stahl, »Goethe as Novelist«, in: *Essays on Goethe*, hrsg. von William Rose, London 1949, S. 50 f.; Ilse Graham, *Goethe and Lessing. The Wellsprings of Creation*, London / New York 1973, S. 118; Rolf Zimmermann, *Das Weltbild des jungen Goethe*, Bd. 2, München 1979, S. 179, 198 f.

glaubt er mit diesen erlittenen Wirkungen wirken zu können«.[18] Eben diese Neigung, Wirkungen seiner Lektüre in seiner eigenen Lebenssphäre verwirklichen zu wollen, ist grundlegend für die Konzeption der Werther-Figur. Wenn Werther patriarchalische Verhältnisse, wie er sie aus Homer und dem Alten Testament im wahrsten Sinne des Wortes herausliest, in seiner eigenen, modernen Umwelt künstlich nachzustellen versucht, wenn er seine gänzlich abgezogene »patriarchalische Idee« auf das Wahlheim seiner Phantasie überträgt, so verhält er sich völlig konform zum Typus des Dilettanten, wie Goethe ihn diagnostizierte: »Weil der Dilettant seinen Beruf zum Selbstproducieren erst aus den Wirkungen der Kunstwerke auf sich empfängt, so verwechselt er diese Wirkungen mit den objektiven Ursachen und Motiven, und meint nun den Empfindungszustand in den er versetzt ist auch produktiv und praktisch zu machen.«[19] Ohne diese Fäden, die von Goethes Jugendroman zu dem späteren Dilettantismusprojekt laufen, weiter zu verfolgen, läßt sich schon hier eine grundsätzliche Feststellung treffen. Werthers Umgang mit der Literatur, seine »Aneignung von Homer und Ossian«, kann gerade nicht, wie Klaus Scherpe meinte, als »ein schöpferischer Akt« gedeutet werden, »der seine Phantasiekräfte stärkt und die eigene künstlerische Produktion anregt«.[20] Werthers Verhältnis zur Dichtung ist im Gegenteil als ein untrügliches Zeichen seines Mangels an schöpferischer Potenz zu deuten.

Werther im Gras

Unverkennbar ist Werther dem Typus des aufstrebenden, bürgerlichen Intellektuellen zuzurechnen, der sich unter anderem darin auszeichnete, daß er eine praktische Liebhabe-

18 BA 19,334.
19 Ebd.
20 Scherpe (Anm. 3) S. 60.

rei in den Künsten als selbstverständlichen und unverzichtbaren Bestandteil seiner Persönlichkeitsbildung betrachtete. Für diesen Typus stellt die Kunst keinen bloßen Zeitvertreib dar, sondern eine authentische Äußerungsform seiner Persönlichkeit und seines individuellen Herzens. In diesem Zusammenhang muß es nun verwundern, daß Werther dort, wo er zum erstenmal von seinem Sterben spricht, er es mit seinem Versagen in der Kunst in Verbindung bringt. Das geschieht in dem berühmten Brief vom 10. Mai, jener klassischen Stelle, die seit Karl Philipp Moritz[21] der Gegenstand zahlloser, meist arglos bewundernder Analysen gewesen ist. Allerdings ist die Privilegierung gerade dieses Briefes sehr berechtigt; sein Text liefert den Grundriß der Werther-Figur, von dem sich deren Schicksal herschreibt. In diesem Brief haben wir gleichsam den Grundtext von Werthers Leiden und Tod. Er steckt die Pole ab, zwischen denen das Werther-Leiden angesiedelt ist: einerseits die Fülle der Empfindung, die ihn »glücklich« macht und ihm eine »wunderbare Heiterkeit« gewährt, andererseits die Verzweiflung über seine Unfähigkeit, diese Empfindung in künstlerischen Ausdruck umzusetzen. An dieser Verzweiflung wird er »zugrunde« gehen, wie er schon an dieser frühen Stelle ahnt. Gleichwohl – und das bezeichnet das Paradoxe seines Dilemmas – hält er sich in solchen Augenblicken der überwältigenden und deshalb lähmenden Empfindungsfülle für einen größeren Maler denn je. Auf eben dieses Werthersche Dilemma scheint Goethes Aperçu geradezu gemünzt: »Überhaupt will der Dilettant in seiner Selbstverkennung das Passive an die Stelle des Aktiven setzen.«[22]

Noch paradoxer mutet uns diese Stelle an, sobald wir bemerken, daß Werthers vorgeblich authentische Selbstdeutung als großer Maler selbst wiederum bloß angelesen und nachemp-

21 »Über ein Gemählde von Goethe«, in: Karl Philipp Moritz, *Schriften zur Ästhetik und Poetik*, krit. Ausg., hrsg. von Hans Joachim Schrimpf, Tübingen 1962, S. 142–148.

22 BA 19,334.

funden ist. Denn zweifellos handelt es sich hier um eine Bezugnahme des Autors auf die gleichermaßen problematische Selbstdeutung des Malers Conti in Lessings *Emilia Galotti.*[23] Auch Conti hält sich für einen großen Künstler, bezeichnenderweise weniger aufgrund dessen, was er mit seinem Pinsel geleistet hat, als aufgrund seines Wissens um all das, was »auf dem langen Wege, aus dem Auge durch den Arm in den Pinsel [...] verlorengeht«. Contis Künstlerschaft – und darin erweist er sich als der Ahnherr einer unabsehbaren Linie von Dilettanten-Figuren – legitimiert sich primär kraft seines unverarbeiteten Gefühls. Die Unhaltbarkeit dieser Künstlervorstellung wird von Lessing noch dadurch akzentuiert, daß er Conti sein ästhetisches Credo mit der paradoxen Behauptung beschließen läßt, Raffael wäre selbst dann »das größte malerische Genie« gewesen, »wenn er unglücklicherweise ohne Hände wäre geboren worden«.[24] Sicher würde Werther dieser These aus vollem Herzen zustimmen; der Brief vom 10. Mai läßt keinen Zweifel daran. Es ist somit wohl diese markante Stelle, die den geheimen Punkt der größten Affinität zwischen dem Text der bürgerlichen Tragödie und dem Text von Werthers Leiden bezeichnet. Es entbehrt denn auch nicht einer gewissen inneren Konsequenz, daß Werther, bevor er mit einem beinahe noch fehlgeschlagenen, dilettantischen Pistolenschuß seinem Leben ein Ende setzt,[25] noch einmal jenen Text kontempliert, auf den sich schon sein Brief vom 10. Mai stützte und über dem ihm zum erstenmal die letztlich existenzbedrohende Macht seiner künstlerischen Impotenz aufgegangen war. Bekanntlich übernahm Goethe das Detail der *Emilia Galotti*-Lektüre aus dem Brief Kestners, in dem dieser die näheren Umstände von K. W. Jerusalems Selbstmord schildert.[26] In Goethes Roman

23 Das hat Ilse Graham (Anm. 17, S. 125 f.) für meine Begriffe überzeugend nachgewiesen.

24 Gotthold Ephraim Lessing, *Werke*, hrsg. von Herbert Göpfert, Bd. 2, München 1971, S. 133 f.

25 Vgl. dazu Saine (Anm. 14) S. 329 f. sowie Bennett (Anm. 14) S. 73.

26 *Erläuterungen und Dokumente* (Anm. 1) S. 91 ff.

jedoch bleibt die *Galotti*-Lektüre kein zufälliges und, wie in dem Bericht Kestners, rätselhaftes Detail; sie ist motiviert und vorbereitet durch die frühe, verdeckte Anspielung auf die Künstlerthematik des Lessingschen Trauerspiels. Werther hat demnach schon von Anfang an als *Emilia Galotti*-Leser zu gelten, unerachtet der Tatsache, daß der Brief vom 10. Mai 1771 datiert, während das Lessingsche Drama in Wirklichkeit erst im Jahr darauf erschien. Offenbar empfand der junge Goethe das von Lessing aufgeworfene Problem als so sehr zur Sache gehörig, zur Sache des Wertherschen Dilettantismus, daß er sich über Bedenken hinsichtlich der Chronologie hinwegsetzte.

Genau betrachtet reflektiert der Brief vom 10. Mai nicht nur Werthers Lessing-Lektüre, sondern auch seine Vertrautheit mit der Naturlyrik Klopstocks und seiner Vorgänger. Wenn er die »Gegenwart des Allmächtigen« im »hohen Grase am fallenden Bache« liegend selbst in dem »Wimmeln der kleinen Welt« der »Würmchen« und »Mückchen« (7 f.) wonnevoll zu verspüren meint, so empfindet und schreibt er weniger unmittelbar, als es auf den ersten Blick den Anschein hat. Auch dieses Naturbild ist abgezogen; seine vermeintlich einzigartige Naturempfindung stammt aus zweiter Hand. Denn hinter dem lyrisch beschwingten Periodenbau scheint die bekannte Idee vom »irdischen Vergnügen in Gott« durch, die einer um 1771 bereits veralteten und zum Klischee erstarrten Naturlyrik angehört. Auch hier also, wo Werther für sein »Gefühl von ruhigem Dasein« Ursprünglichkeit und Authentizität geltend macht, enthüllt sich seine mächtige Empfindung im Kern als Affektation. Es sind durch und durch »erlittene Wirkungen«, mit denen Werther zu wirken versucht.

Mit alledem repräsentiert Werther eine Radikalisierung des in *Emilia Galotti* statuierten Problems; er ist als ein gesteigerter Conti zu deuten. Lessings Maler darf sich zu Recht einen Künstler nennen; die Beeinträchtigung seiner Schöpferkraft ist für ihn nicht in dem Maß konstitutiv wie für Werther, der den Namen Maler offensichtlich fälschlich beansprucht. Im wesentlichen beruht die Radikalisierung des Problems auf seiner Verlagerung ins Zentrum der künstlerischen Sensibilität. Beklagt sich Conti über die Länge des Weges vom Auge zum Pinsel, auf dem so viel von der ursprünglichen Inspiration verlorengehe, so ist von Werther zu sagen, daß bei ihm der Weg vom Auge zur Hand weitgehend blockiert ist. Anders als bei Conti liegt aber das produktionshemmende Hindernis nicht im Arm, sondern im Kopf. Genauer gesagt: Werthers Versagen in der Kunst gründet eigentlich weniger in der Schwäche seiner künstlerischen Gestaltungskraft als in der Wahrnehmungsfähigkeit seines Auges. Nicht erst die offensichtlich kümmerliche Produktion, sondern schon die scheinbar großartige Rezeption stempelt Werther zum Dilettanten.

An dieses Apperzeptionsproblem rührt bereits der nächste Brief vom 12. Mai. Werther selbst fühlt sich zu fragen veranlaßt, ob es nicht »die warme himmlische Phantasie in meinem Herzen« sei, die ihm die Gegend so paradiesisch erscheinen läßt. Statt einer Antwort schildert er die Szene am Brunnen, in der er die »patriarchalische Idee« (8) ursprünglicher, einfacher Lebensverhältnisse verwirklicht zu sehen glaubt. Auch diese Szene enthüllt sich aber als ein Produkt seiner Phantasie, genauer gesagt: seiner Bibel-Lektüre, denn offensichtlich spiegelt sich Werther hier die patriarchalische Szene von Isaaks erster Begegnung mit Rebekka vor. Werther versucht sich in einer literarisch vermittelten Idylle einzurichten, die, gerade weil sie angelesen und vermittelt ist, keinen Bestand haben kann.

Daß mit einer solchen Übertragung von Angelesenem auf die Wirklichkeit keineswegs ein positives Attribut von wahrer Künstlerschaft bezeichnet ist, sondern ein entscheidendes Defizit, erhellt ein bemerkenswerter Aufsatz, den Goethe 1775 kurz nach dem *Werther* schrieb. Es geht dort à propos einer Bemerkung des Bildhauers Etienne Falconet um die Frage, was denn letztlich den bloßen Liebhaber beziehungsweise Dilettanten vom wahren Künstler unterscheide. Die Antwort auf diese den jungen Goethe tief beunruhigende Frage nimmt bereits eine entscheidende Position der späteren Dilettantismuskritik vorweg. Der wahre Künstler, so stellt Goethe mit spürbarer Erleichterung fest, nimmt die »innere Form« wahrer Kunst gleichsam nackten Auges »überall« in der Natur wahr. Der Dilettant hingegen ist gegenüber dem Formenreichtum der Natur blind; er vermag die »feinen Schwingungen« und »Tons« erst in den Kunstwerken zu erblicken.[27] Das Formgefühl des Dilettanten ist also nicht ursprünglich, sondern aus zweiter Hand. In eben diesem Mangel an ursprünglichem Formgefühl wurzelt Werthers geradezu zwanghafte Neigung, die Wirklichkeit mit den Augen der Kunst zu sehen. Damit wäre Werther jenem Typus zuzurechnen, von dem Goethe, im Rückblick auf den Sturm und Drang, seine eigene künstlerische Methode kategorisch abgehoben hat. Während er selbst stets danach gestrebt habe, »dem Wirklichen eine poetische Gestalt zu geben«, hätten die anderen, d. h. die weniger Begabten, versucht, den umgekehrten Weg zu gehen und »das sogenannte Poetische [. . .] zu verwirklichen«.[28]

Das wohl deutlichste Beispiel für Werthers Neigung, das sogenannte Poetische auf die Wirklichkeit zu übertragen, begegnet in der berühmten Anrufung Klopstocks in dem Brief vom 16. Juni. Der Name des Dichters ist hier zur Losung geworden und signalisiert so eine Umgangsform mit Dichtung, die, wie Richard Alewyn gezeigt hat, ein neues Verhältnis von Dichter, Dichtung und Leser anzeigt.[29] Dichter und Dichtung nehmen hier einen legitimen, ja heiligen Platz im intimen Leben der Leser ein. Jenes Losungswort weist das Erlebnis des Gewitters als ein literarisch vermitteltes aus. Darüber hinaus ist Klopstock, also Dichtung, zum eigentlichen Vermittler der Liebe Lottes und Werthers

27 »Nach Falconet und über Falconet« (HA 12,24).

28 *Dichtung und Wahrheit* (HA 10,128).

29 Richard Alewyn: »Klopstock!«, in: *Euphorion* 73 (1979) S. 357–364.

geworden. Der »Strom von Empfindungen«, in dem Werther versinkt, ist, wie Goethe in der zweiten Fassung des Romans ausdrücklich hervorhebt, von der Erinnerung an die »herrliche Ode« (29) Klopstocks ausgelöst, nicht etwa von dem Naturschauspiel selbst. Auch die erste Geste der Zärtlichkeit, Werthers Handkuß, entspringt weniger aus der körperlichen Nähe der eben noch Tanzenden als aus dem poetischen Einklang der Herzen, der mit dem Namen des Dichters sozusagen blitzartig hergestellt wird. Unverkennbar hat Dichtung hier eine lebens- und existenzprägende Funktion übernommen. Werther darf somit als das Paradigma jener gefährdeten Lebensform gelten, die geradezu auf der Umkehrung des Goetheschen Aperçus beruht, daß »die Muse zu geleiten, doch zu leiten nicht versteht«.[30]

Werther auf dem Hügel

In der Phänomenologie des Wertherschen Leseverhaltens nehmen seine Lektüre Homers und Ossians die prominenteste Stelle ein. Schon Goethe selbst hat auf die symptomatische Bedeutung der Hinwendung zu Ossian verwiesen.[31] Das Problem liegt jedoch keineswegs in der Wendung von dem vermeintlich gesunden Homer zu dem vermeintlich wahnsinnigen Ossian. Werther liest Homer nicht nur im ersten, sondern auch im zweiten Teil des Romans, und Ossian bildet nicht erst den Fluchtpunkt seines Umgangs mit Dichtung; sein Name fällt schon im ersten Teil (10. Julius). Im übrigen müssen wir annehmen, daß Werther seine Ossian-Übersetzung, schon lange bevor er Lotte daraus vorliest, angefertigt hat. Es kann kein Zweifel sein, daß Werther von Anfang an mit den todessüchtigen Gesängen des falschen Barden vertraut ist. Die Verschlimmerung seiner Verfassung kann also kaum in der Verlagerung seiner literarischen Präferenzen

30 *Zahme Xenien* (HA 1,327).
31 HA 6,541.

gründen. Die Wurzel des Übels liegt in Werthers Leseweise als solcher.
Nicht anders als die Klopstock-Stelle, die Brunnen-Szene oder der Brief vom 10. Mai enthüllt auch sein Umgang mit Homer die Wesensmerkmale einer dilettantischen Einstellung zur Kunst. Auch die *Odyssee* dient ihm als Mittel zu höchst subjektiven Zwecken. Zu Anfang, vor seiner Bekanntschaft mit Lotte, dient ihm die Homer-Lektüre als Palliativ zur Beruhigung seines brausenden Herzens (13. Mai). Später, auf seinen Streifzügen durch die idyllische Landschaft, bedient er sich der *Odyssee* gleichsam als Vehikel, mit dem er sich im Genuß einer allerdings nur angelesenen Idyllik ergeht. Und zuletzt, bevor Ossian ihn aus seinem Herzen verdrängt (12. Oktober 1772), sucht er im Homer Trost und Linderung für die auf der Gesandtschaft erlittene Schmach. Nach der beleidigenden, von Standesdünkel diktierten Behandlung auf dem Empfang flieht Werther in die Natur, um sich zu beruhigen. Man beachte aber, wie Werther in die Natur flieht und wie er sich in sie versenkt. Durchaus nicht nach der Art eines Naturverehrers, als den er sich gerne gibt, sondern eher im Stile eines Dandys avant la lettre mietet er sich ein Kabriolett und läßt sich bequem auf einen Hügel in der Umgebung fahren. Dort angekommen überläßt er sich nicht etwa dem Anblick des stimmungsvollen Sonnenuntergangs, wie man erwarten könnte, sondern er greift zu seinem Homer. Und nun liest er »den herrlichen Gesang [...], wie Ulyß von dem trefflichen Schweinehirten bewirtet wird« (80).[32] Offenbar tröstet ihn dieser Text über den zähneknirschenden »Verdruß« (78), der ihm widerfahren, denn nach der Lektüre bemerkt er: »Das war alles gut« (80). Worauf aber beruht diese Tröstungsfunktion von Dichtung? Offenbar auf Identifikation mit dem als Bettler verkleideten Odysseus, der von dem göttlichen Schweinehirten Eumaios mit

32 *Odyssee*, 14. und 20. Gesang. Vgl. dazu Carol Tobol / Ida H. Washington, »Werther's Selective Reading of Homer«, in: *Modern Language Notes* 92 (1977) S. 596–601.

allen Ehren bewirtet wird. Dichtung wird hier zu einem Gegenbild der Wirklichkeit erhoben, in dem Werther Kompensation sucht für die gesellschaftlichen Insuffizienzen eben dieser Wirklichkeit.

Unverkennbar beruhen auch diese kompensatorischen Leseakte Werthers auf jener prinzipiellen Verwechslung des Objektiven mit dem Subjektiven, die nach Goethes Überzeugung den Dilettantismus allgemein kennzeichnet. An einer späteren Stelle, die offenbar zur Verdeutlichung der Leseproblematik in die zweite Fassung des Romans eingefügt wurde, finden wir diese elementare Fehlleistung des dilettantischen Leseverhaltens prägnant zusammengefaßt. Werther spricht dort zu sich selbst, eher wie in einem Tagebuch: »Manchmal sag' ich mir: Dein Schicksal ist einzig; preise die übrigen glücklich – so ist noch keiner gequält worden. Dann lese ich einen Dichter der Vorzeit, und es ist mir, als säh' ich in mein eignes Herz« (103 f.). Lektüre ist hier längst zu einer schon zwanghaft gewordenen Selbstbespiegelung ausgeartet, der sich der Leidende zuwendet, wie der Süchtige zur Droge greift.[33] Und unter den tröstenden und beseligenden Wirkungen dieser Droge »verphantasiert« (76) er sein Leben.

Werther und Lotte auf dem Kanapee

Ziel- und Höhepunkt der den ganzen Roman beherrschenden Leseproblematik ist die gemeinsame Ossian-Lektüre auf dem Kanapee in Lottes Haus. An dieser Stelle – es ist der vorletzte Leseakt des zum Sterben Entschlossenen, vor seiner finalen *Emilia Galotti*-Lektüre – wird die Ersatzfunktion, die das Lesen von Dichtung für Werther gewonnen hat, in aller Deutlichkeit einsichtig.

Gegen Lottes Wunsch, die ihn erst zu Weihnachten wiedersehen wollte, begibt sich Werther in der Nacht vor seinem Tode

33 Vgl. Pütz (Anm. 12) S. 63 f.: »Die Literatur ist nicht mehr Arznei, sondern Droge [. . .] eine Ursache seines Todes.«

zu ihr. Den ganzen Tag hat er, wie vor einer Abreise, seine Sachen in Ordnung gebracht und gepackt – Bücher vor allem. Bücher sind denn auch der Vorwand für diesen Besuch, der Lotte in die größte Verlegenheit stürzt. Werther bringt einige Bücher zurück, die er von Lotte entliehen hatte. Diese erkundigt sich nun, um das Gespräch »allgemein« und unverfänglich zu halten, nach anderen Büchern, nicht ahnend, daß es für einen passionierten, sich selbst in den Text projizierenden Leser wie Werther schlechterdings keine unverfänglichen Bücher gibt. Werther aber steht der Sinn nicht nach einer Unterhaltung über Bücher. »Um sich zu erholen«, wie der Herausgeber mit fühlbarer Anteilnahme berichtet, und um »die Verwirrung ihres Herzens zu stillen«, klimpert sie »einige Menuets auf dem Clavier.«[34] Die Gedrücktheit der Stimmung will jedoch nicht weichen. So setzt sie sich, äußerlich »gelassen«, doch gleichsam innerlich zitternd, mutig zu Werther aufs Kanapee. Es spricht Mut aus ihrer Geste, denn Lotte hat allen Grund, eine leidenschaftliche Abschiedsszene zu befürchten; Mut aber auch zu sich selbst, insofern sie Alberts »Grillen«, d. h. seiner Eifersucht, Trotz bietet und sich selbstbewußt an »das Gefühl ihrer Unschuld« klammert. Wie um den Leidenschaftsausbruch zu verhindern, fragt sie: »Haben Sie nichts zu lesen?« (127.) Offensichtlich reflektiert das zugrundeliegende Kalkül die schlichten Lesegewohnheiten Lottes, denn Werther liest grundsätzlich zu ganz anderen Zwecken als denen der Zerstreuung. Werther verneint die Frage, denn die eben retournierten Bücher kennen beide schon, sie sind offenbar nicht würdig, in dieser Stunde wiedergelesen zu werden. In dieser Verlegenheit erinnert sich schließlich die immer noch auf Ablenken und Hinhalten bedachte Lotte der Ossian-Übersetzung Werthers, die noch ungelesen seit einiger Zeit schon in ihrer Schublade ruht. »Er

34 Nach der ersten Fassung, in der die Vorbereitung der Ossian-Lektüre ausführlicher gestaltet ist. Siehe den von Erna Merker bearbeiteten Band mit den beiden Fassungen des Romans in: *Goethes Werke*, hrsg. von der deutschen Akademie der Wissenschaften, Berlin [Ost] 1954, S. 136.

lächelte« (127), berichtet der Herausgeber. Worüber Werther hier wohl lächelt? Lächelt er resigniert, weil die Geliebte die Frucht seiner literarischen Liebesmüh ungelesen liegen ließ? Durchschaut er die Unangemessenheit von Lottes Bemühen, ihn durch Lektüre zu beruhigen? Oder antizipiert er die schaurigen Wonnen, die ihm die Gesänge des »wandelnden grauen Barden« (96), wie schon zuvor (12. Oktober 1772), gewähren werden? Wahrscheinlich macht ihn die Vorahnung eines sublimen Selbstgenusses lächeln, den er diesem Text, wie er aus Erfahrung weiß, abzugewinnen vermag. Denn was er im Begriffe steht zu lesen, ist ›sein‹ Ossian in jedem Sinne des Wortes, der von ihm übersetzte wie der originale, wenn denn diese Vokabel hier am Platze ist. In dem Vorauswissen um diese Gefühlskongruenz zwischen Leser und Text überläßt sich Werther den Tränen, noch bevor er eine Zeile gelesen hat.

Ominöserweise beginnt Werther seine Lektüre mit der Anrede an den »Stern der dämmernden Nacht« (127), den sich aus den Wolken erhebenden Abendstern. Es ist die Venus also, die angerufen wird, und dieses poetische Bild von dem Ans-Licht-Kommen der Liebe hat eine durchaus programmatische Bedeutung, ist es doch der verborgene Sinn dieses trotz aller Tränen wohlkalkulierten Leseakts, auch Lottes Liebe zu offenbaren. Nachdem Werther ihr eine halbe Stunde lang aus »seinem« Ossian vorgelesen, bricht auch Lotte, an der Stelle, an der Armin seine toten Kinder als Geister »in trauriger Eintracht« (134) zusammen wandeln sieht, in einen »Strom von Tränen« aus, denn die »Bewegung beider war fürchterlich«. Auch die nächste Ossian-Stelle ist mit Bedacht gewählt. Werther rezitiert die Stelle von dem Wanderer, der den verstorbenen Helden sucht, aber nicht finden kann. Nun beginnt auch Lotte, überwältigt von der »ganzen Gewalt dieser Worte« (135), etwas von dem geheimen Sinn der Ossian-Lektüre zu ahnen. Freilich ahnt sie nicht das ganze Ausmaß dessen, was Werther damit erreicht. Als ihr sein »schreckliches Vorhaben« aufgeht, öffnet sie sich, offensichtlich aus Rührung und Mitleiden mit dem bis zum Äußersten erregten Mann, zu einer freundschaftlichen Umarmung – und wird mitgerissen von der aufgestauten Heftigkeit, die sich in dieser Umarmung entlädt. Lotte erwidert, wenn auch nur für Sekunden, Werthers eruptive Liebesbezeugung. »Die Welt verging ihnen« (135), berichtet der Text, als handle er von einem wirklichen Liebesakt. Werther hat damit die völlige Vereinigung mit der Geliebten erreicht, wenn auch nur im Medium einer poetisch verklärten Todeserwartung. Gleichwohl darf sich Werther nun im Besitze des einen, höchsten Gutes wissen, das die Wirklichkeit ihm versagt hatte und das er sich im wahrsten Sinne des Wortes lesend erobert hat: der Liebe Lottes. Da wollen Lottes Protestationen: »das ist das letztemal! Werther!« (136) wenig besagen, zumal sie, bevor sie ins Nebenzimmer enteilt, »mit dem vollsten Blick der Liebe« zu dem Geliebten hinübersieht. Werther, in unbequemer Lage am Fuße des Kanapees, starrt ihr »über eine halbe Stunde« (136) lang nach, als ob er träume. Befindet er sich in einem Zustand der völligen emotionalen Erschöpfung? Lähmt ihn der innere Jubel über die unmißverständliche Liebesbezeugung Lottes? Oder genießt er den stillen Triumph darüber, daß diese Lektüre ihm endlich einmal ganz das gegeben hat, was die geheime Bestimmung aller seiner Leseakte war: die Inbesitznahme der Geliebten? Werthers letzter Schreibakt: der wiederum wohl kalkulierte Brief, den er Lotte am nächsten Morgen schreibt,[35] bestätigt im nachhinein, worauf im Grunde genommen alle seine Leseakte hinauswollten: die Besitzergreifung der Welt und der Geliebten. Nun endlich hat er die beseligende Gewißheit: »du bist von diesem Augenblicke mein! mein, o Lotte!« (138.) Offensichtlich entbehrt aber Werthers wahnhafte Gewißheit, dereinst mit Lotte »vor dem Angesichte des Unendlichen in ewigen Umarmungen« (139) vereint zu sein, jeglicher religiöser Legitimation. Diese Gewißheit schreibt sich letztlich aus sei-

35 Das verborgene Kalkül dieses Briefs hat Saine in dem in Anm. 14 genannten Beitrag herausgearbeitet.

ner zentralen Leseerfahrung her, denn so wie er sich Homer oder Ossian angeeignet hat, glaubt er auch Besitzrechte auf Lotte erworben zu haben. Hier wie dort ist er jedoch das Opfer der gleichen dilettantischen Selbsttäuschung, die alle seine Unternehmungen kennzeichnet.

Werther als Künstler

Eigentlich ist es erstaunlich, daß Werther überhaupt zeichnet. Er, der sich erst dann als großer Maler fühlt, wenn die Fülle der Empfindung seine Hand lähmt und seinen Schaffensdrang erstickt, müßte konsequenterweise von allen praktischen, notwendigerweise unvollkommenen Versuchen abstehen. Werther aber greift, nicht anders als sein Autor, wie selbstverständlich zum Zeichenstift.

Wir hören an drei Stellen von Werthers Zeichenversuchen. Zuerst sehen wir ihn an »seinem« Lieblingsplätzchen in »seinem« Wahlheim. Er hat gerade, bei einer Tasse Kaffee, in seinem Homer gelesen, und nun zeichnet er mit »vielem Ergetzen« (14) die Szene unmittelbar vor ihm mit den beiden Kindern der Tochter des Schulmeisters. Zaun, Scheunentor und herumliegende Wagenräder komplettieren die Komposition. Offenbar haben wir uns dieses Blatt in dem auch von Goethe sehr geschätzten niederländischen Stil vorzustellen. Kein Zweifel, daß Werther sich wieder einmal von der »patriarchalischen Idee« (8) einfacher Lebensverhältnisse angesprochen fühlt; kein Zweifel auch, daß er sich von Homer gleichsam den Stift führen läßt. Das Produkt seiner einstündigen Bemühungen nennt er selbst eine »wohlgeordnete, sehr interessante Zeichnung« (14) – ein merkwürdig blasses Urteil im Vergleich zu seinen ungemalten Bildern. Werther versichert, daß er beim Zeichnen nicht »das Mindeste von dem Meinen« hinzugetan, womit er sein Blatt als ein Beispiel jener einfachen Nachahmung der Natur charakterisiert, die Goethe später als die erste, beschränkte Stufe der

Kunstausbildung gelten ließ.[36] Können wir aber Werthers Auskunft wirklich Glauben schenken, wenn seine Zeichnung, wie nicht zu übersehen, aus seiner Homer-Lektüre hervorgegangen ist? Dieses einzige, halbwegs gelungene Blatt liefert im Gegenteil geradezu die Probe aufs Exempel, daß Werther, wie alle Dilettanten, mit »erlittenen Wirkungen« zu wirken versucht.

Wie schwach sein durchaus unselbständiger Zeichentrieb ausgebildet ist, wird aus den beiden anderen Beispielen vollends ersichtlich. Beim zweiten Mal versucht er sich an einem Porträt Lottes. Dreimal, so berichtet er verdrießlich, habe er dazu angesetzt, doch jedesmal habe er sich »prostituiert«, so daß er sich schließlich mit ihrem Schattenriß begnügen mußte. Was Werther so »verdrießt« an diesem Fehlschlag, ist die ihm unerklärliche Diskrepanz zwischen der Intensität seiner Empfindung und der Unfähigkeit, diese zu gestalten. Ihm ermangelt, wie er selbst einsieht, die »vorstellende«, d. h. hervorbringende Kraft: »Noch nie war ich glücklicher, noch nie war meine Empfindung an der Natur, bis aufs Steinchen, aufs Gräschen herunter, voller und inniger, und doch – Ich weiß nicht, wie ich mich ausdrücken soll, meine vorstellende Kraft ist so schwach, alles schwimmt und schwankt so vor meiner Seele, daß ich keinen Umriß packen kann« (45). Werther verkörpert somit das genaue Gegenteil jener fundamentalen Fähigkeit, die Goethe in dem großen Wetzlarer Brief an Herder als das Wesen jeder künstlerischen Meisterschaft definiert hatte: »dreingreiffen, packen«.[37] Wie dieser Brief so läßt auch das kurze Gedicht *An Kenner und Liebhaber* erkennen, daß die Frustrierung von Werthers Zeichentrieb mit einer weitverzweigten ästhetischen Problematik des jungen

36 Vgl. dazu: »Einfache Nachahmung der Natur, Manier, Stil« (HA 12,30–34). Vgl. dazu Vaget (Anm. 16) S. 63 ff.

37 HA, Briefe 1,132. Vgl. dazu die bedeutenden Ausführungen von Elizabeth Wilkinson / Leonard A. Willoughby, »The Blind Man and the Poet«, in: *German Studies Presented to Walter H. Bruford*, London 1962, S. 29–51; Graham (Anm. 17) S. 79–115.

Goethe verknüpft ist. Diese Verse könnten in der Tat, wie Ilse Graham bemerkt hat,[38] dem Roman als Motto dienen:

»Was frommt die glühende Natur
An deinem Busen dir,
Was hilft dich das Gebildete
Der Kunst rings um dich her,
Wenn liebevolle Schöpferkraft
Nicht deine Seele füllt
Und in den Fingerspitzen dir
Nicht wieder bildend wird.«

Über den dritten Zeichenversuch erfahren wir nur mehr sehr wenig. Während seines Aufenthalts beim Fürsten verfertigt Werther einige Zeichnungen, die er für »das Beste« hält, »was ich hier getan habe« (87). Auch diesmal ist von der »warmen Imagination« als dem wesentlichen Element seiner Kunstübung die Rede. Daß diese Zeichnungen »das Beste« sein sollen, will aber nicht viel besagen. Zu weit schon ist Werther fortgeschritten in dem unaufhaltsamen Prozeß, in dem die »Fülle der Empfindung«, da sie keine Form gewinnt, sich selbst verzehrt. Nur wenig später gelangt er zu der bitteren Erkenntnis: »ich habe verloren, was meines Lebens einzige Wonne war, die heilige, belebende Kraft, mit der ich Welten um mich schuf; sie ist dahin« (100). Die Welten, die Werther einst um sich zu schaffen vermochte, waren Phantasiegebilde, Vorspiegelungen eines zur Gestaltung unfähigen dilettantischen Kunsttriebs. Eben dieser innerlich aufgezehrte Dilettantismus wird ihm nun auch die »Quelle allen Elendes« (99). Und mit dieser Erkenntnis tritt seine Krankheit zum Tode in ihr finales Stadium.

38 Graham (Anm. 17) S. 96.

»Die Leiden des jungen Werthers« in nachitalienischer Sicht

Obgleich Goethe den Helden seines Jugendromans nirgends ausdrücklich einen Dilettanten nannte, hat er offensichtlich auch Werther, nicht anders als Wilhelm Meister und den Baron Eduard, zu diesem Typus gezählt. Das belegen verschiedene Zeugnisse aus der nachitalienischen Periode. Sie stellen unter anderem klar, daß der Zeichentrieb Werthers unmöglich als Beweis eines angeborenen künstlerischen Talents zu werten ist. Goethe hat sich über diesen Punkt ganz unmißverständlich geäußert: »Der Mensch erfährt und genießt nichts, ohne sogleich produktiv zu werden. Dies ist die innerste Eigenschaft der menschlichen Natur. [. . .] Nachahmungstrieb deutet gar nicht auf angeborenes Genie zu dieser Sache.«[39] Auch Werthers ›geniehafte‹ Absage an alle Regeln, weil sie »das wahre Gefühl von Natur und den wahren Ausdruck desselben zerstören« (15), muß in nachitalienischer Sicht als ein Merkmal seines Dilettantismus gelten. Mochte der Autor des *Werther* eine solche Absage an die Regelästhetik noch halbwegs gelten lassen, so konnte der klassizistische Reformer und Verfechter strenger Grundsätze nicht umhin, sie als ein Übel zu betrachten. Denn so wie von dem typischen Dilettanten in der Zeichen- und in der Gartenkunst gilt auch von Werther: »er überspringt die Stufen« einer geregelten Ausbildung, und er »verewigt die herrschende Unart der Zeit, im Ästhetischen unbedingt und gesetzlos sein zu wollen«.[40]

Wie distanziert der nachitalienische Goethe Werther behandelt, zeigt mit besonderer Deutlichkeit ein wenig bekannter Text von 1796, der unter dem nicht sehr aufschlußreichen Titel *Briefe aus der Schweiz. Erste Abteilung* ein kaum beachtetes Schattendasein führt. Es handelt sich hier um eine Briefnovelle, die uns den Werther vor seiner im Roman geschil-

39 BA 19,342.
40 BA 19,312.322.

derten Lebensetappe vorführt. Eine nachgeschickte Vorgeschichte also, die die abrupte Romaneröffnung: »Wie froh bin ich, daß ich weg bin!« (5), im nachhinein ›erklären‹ soll. Diese Ursprungsgeschichte von Werthers Leiden, die zuerst den Titel *Werthers Reise* führte, zeigt uns einen jungen Mann, der in einem noch drastischeren Sinne als im Roman als Dilettant gekennzeichnet ist. Offenbar zielt die kleine Erzählung darauf ab, die Distanzierung von Werther, die in der zweiten Fassung des Romans schon deutlich zu erkennen ist,[41] noch weiter zu treiben. Es ist der Autor der *Römischen Elegien*, der hier noch einmal einen nicht gerade freundlichen Blick auf den Helden seines Jugendromans wirft und zu verstehen gibt: auch wenn Lotte die Seine geworden wäre, hätte er als Liebhaber versagt – auf dilettantische Weise versagt.

Der nachitalienische Werther problematisiert ausdrücklich das für den Romanhelden so charakteristische »sonderbare Streben von der Kunst zur Natur, von der Natur zur Kunst zurück«.[42] Er weiß nun auch, daß er zum Künstler nicht eigentlich geboren ist, trotz seines immer wieder hervorgekehrten »Entzückens an Kunstwerken«.[43] Selbst seine »Beschreibungen«, also seine Briefe – der unbestreitbare Beleg seiner Außerordentlichkeit im Roman –, ekeln ihn nun an. Wie unvollkommen seine Kenntnis der Natur und der Kunst eigentlich ist, verdeutlicht jene komische Episode mit einer Genfer Prostituierten, die die Schlußpointe der kleinen Novelle bildet. Werther hat entdeckt, daß sich vor Bildern, auf denen der menschliche Körper in seinem Naturzustand dargestellt ist, das gewohnte »Entzücken« nicht einstellt, denn ihm fehlt die Kenntnis des »Meisterstücks der Natur«, des menschlichen Körpers. In Genf nun trifft er umständliche Anstalten, sich diese Kenntnis des weiblichen Körpers zu verschaffen. Eine dazu zur Verfügung stehende Person läßt

41 Vgl. dazu Dieter Welz, *Der Weimarer Werther: Studien zur Sinnstruktur der zweiten Fassung des Werther-Romans*, Bonn 1973.

42 BA 12,481.

43 BA 12,487.

ihn für entsprechendes Entgelt verschiedene malerische Stellungen bewundern und bestaunen. Als ihn die Schöne aber zu einer intimeren Kenntnisnahme ihres Körpers auffordert: »komm, mein Freund, in meine Arme, oder ich schlafe wirklich ein«, begnügt er sich damit, »das Schöne rein zu beschauen«.[44] Dieses Abenteuer belebt nun Werthers Phantasie auf besorgniserregende Weise: »meine Einbildungskraft ist entzündet, mein Blut erhitzt. Oh! stünd ich nur schon den großen Eismassen gegenüber, um mich wieder abzukühlen!«[45] Es ist somit das doppelte Versagen als Liebhaber der Künste und als Liebhaber im gewöhnlichen Sinn, das der nachitalienische Goethe mit etwas herzlosem Humor zur Ausgangssituation und damit zum Grundmuster seines Romans bestimmt.
Übrigens ist der Sarkasmus, mit dem Goethe seinen berühmten Helden in diesem Text traktiert, keineswegs allein auf die dem Sturm-und-Drang-Geist entfremdete Sensibilität des Klassizisten Goethe zurückzuführen. Derselbe Sarkasmus, eher noch drastischer, spricht schon aus dem bekannten Fragment zu *Hanswursts Hochzeit* von 1775, in dem Werther als ein zwar unfähiger, doch nützlicher Liebhaber, der die Rolle eines sogenannten Probierhengsts spielt, verspottet wird.[46] Verspottung Werthers und der *Werther*-Leser spricht sodann auch aus dem wenig später, in der frühen Weimarer Zeit verfaßten *Triumph der Empfindsamkeit* (1778).

Dilettantismus als Trauma

Als sich die Nachricht vom Tod des Senators Thomas Buddenbrook, der »an einem Zahn gestorben« war, herumzusprechen begann, reagierten die Bürger der Stadt mit ungläu-

44 BA 12,492.
45 BA 12,491.
46 Vgl.: *Der junge Goethe*, neu bearb. Ausg. hrsg. von Hanna Fischer-Lamberg, Bd. 5, Berlin 1973, S. 193.

biger Verwunderung: »Aber, zum Donnerwetter, daran stirbt man doch nicht!«[47] Die hier entwickelte These, daß Werthers Leiden im Dilettantismus gründen und seine »Krankheit zum Tode« (54) Verzweiflung ist über die Unfähigkeit einer produktiven Lebensbewältigung, mag ähnliche Reaktionen provozieren: Dilettantismus? Aber daran stirbt man doch nicht – noch weniger als an einem faulen Zahn.
Über die Gründe, die Werther in den Tod treiben, sind schon viele Spekulationen angestellt worden. Sicherlich wird man Werthers eigene Erklärung, daß er sich für Lotte opfere (123), nicht für das letzte Wort in dieser Sache nehmen dürfen. Goethes eigene Hinweise in *Dichtung und Wahrheit* auf gewisse suizidäre Anwandlungen als Reaktion auf die Wetzlarer Erlebnisse geben keine befriedigende Antwort auf die Frage, warum diese seine persönlichste Kunstfigur dem Tod überantwortet werden mußte. Auch die in der Forschung erörterten Gründe reichen bei weitem nicht hin, die Unerbittlichkeit zu erklären, mit der die Geschichte des jungen Werther von Anfang an auf Tod und Selbstauslöschung zusteuert. Werther selbst ist sich dieser tieferen Gründe nicht eigentlich bewußt; auch sein Autor nicht. Sie sind nur indirekt aus der Gesamtsituation des jungen Goethe zu ermitteln.
Immer noch ist die Neigung verbreitet, *Die Leiden des jungen Werthers* als einen im wesentlichen autobiographischen Roman über Goethes Wetzlarer Sommer von 1772 zu lesen. Damit wird jedoch die Bedeutung dieses Werkes auf völlig unvertretbare Weise eingeengt. Die Wurzeln des Romans reichen viel weiter zurück in Goethes Entwicklungsgeschichte. An einer wenig beachteten Stelle gibt Goethe dies auch selbst zu erkennen. Unmittelbar nach Abschluß des Manuskripts gesteht er in einem Brief an Lavater, daß die Gestalt Werthers, des »lieben Jungen«, ihn schon »an die sechs Jahre« begleitet habe.[48] Das würde bedeuten, daß die Anfänge des

47 Thomas Mann, *Gesammelte Werke*, Bd. 1, Frankfurt a. M. 1960, S. 688.
48 HA 6,525.

Werther bis in die Leipziger Zeit zurückreichen. Für diese Annahme sprechen einige gewichtige Belege.[49] Sie unterstreichen, daß wir es hier nicht mit der dichterischen Verarbeitung eines kurzen, schmerzlichen Sommers zu tun haben, sondern mit dem Roman des jungen Goethe schlechthin. Das will heißen, daß wir diesem »Büchlein« erst dann gerecht werden, wenn wir es als die Summe der Reflexion des jungen Goethe über seine Künstlerschaft im ganzen betrachten.

In seinem *Werther*-Essay hat Thomas Mann den Helden des Romans wie folgt beschrieben: »Es ist der junge Goethe selbst, minus der schöpferischen Gabe, die diesem die Natur verliehen.«[50] Insoweit hiermit ein Mangel an Kreativität, also Dilettantismus, konstatiert wird, ist der These Thomas Manns zuzustimmen. Andererseits ist jedoch daran zu erinnern, daß der Dilettantismus keineswegs einen Differenzpunkt zwischen dem jungen Werther und seinem Autor bezeichnet. Im Gegenteil, der Dilettantismus gehört zu den am intensivsten erlebten Leiden des jungen Goethe. Es ließe sich sogar umgekehrt die These aufstellen, daß Goethe gerade dort seiner Kunstfigur am nächsten ist und gerade dort am authentischsten vernehmbar wird, wo Werther an seiner Schöpferkraft verzweifelt. Um diesen Zusammenhang zu erhellen, ist es unerläßlich, den Mythos, der sich um die Gestalt des jungen Goethe gebildet hat, abzubauen. Es ist der Mythos von dem göttergleichen Dichterjüngling, dem Inbegriff des Genies, das in unangefochtener Schaffenslust Vers auf Vers, Werk auf Werk, einem »lust'gen Springbrunn'«

49 Den gewichtigsten dieser Belege liefert der große Bekenntnisbrief an Behrisch vom November 1767, der das Gewahrwerden der Literarisierung von Erfahrung selbst festhält: »Mein Brief hat eine hübsche Anlage zu einem Werckgen, ich habe ihn wieder durchgelesen, und erschröcke vor mir selbst« (HA, Briefe 1,63). Vgl. dazu Hans-Egon Hass, »Werther-Studie«, in: *Gestaltprobleme der Dichtung*, hrsg. von Richard Alewyn [u. a.], Bonn 1957, S. 83–126, hier S. 99 f.; Albrecht Schöne, »Über Goethes Brief an Behrisch vom 10. November 1767«, in: *Festschrift für Richard Alewyn*, hrsg. von Herbert Singer und Benno von Wiese, Köln/Graz 1967, S. 193–229.

50 Th. Mann (Anm. 47) Bd. 9, S. 648.

gleich, aus sich hervorzaubert. Wer sich aber von diesem ebenso simplifizierten wie verbreiteten Mythos nicht blenden läßt, wird nicht umhin können, neben dem jungen Genie, das mit phänomenaler Sprachmächtigkeit »Dramas« und »Lieder« produziert, die dunklere, verzweifelte Gestalt des in der bildenden Kunst versagenden Dilettanten zu bemerken. Der junge Goethe bietet dem Betrachter, wie in einem Vexierbild, zwei Gesichter: das des ganymedgleichen, die ganze Schöpfung erfassenden, vor Schaffenslust geradezu trunkenen Poeten und das des frustrierten, verzweifelten Dilettanten. Beide gehören untrennbar zusammen, und beide zeichnen für *Die Leiden des jungen Werthers* verantwortlich.

Es ist nicht nötig, an dieser Stelle die zahlreichen Belege aus den Briefen und Schriften auszubreiten, die die Schwere des Dilettantismusproblems beim jungen Goethe belegen.[51] Der Dilettantismus bildet die zur Bewußtwerdung seines dichterischen Talents komplementäre Grunderfahrung, die seine Kunstauffassung, sein Selbstverständnis und sein dichterisches Werk ganz entscheidend prägen sollte. Diese Urerfahrung der frustrierten Künstlerschaft ist bis in die Leipziger Zeit zu dem Zeichenunterricht bei Oeser und Stock zurückzuverfolgen. Ihr dichterischer Niederschlag ist nicht allein im *Werther* festzustellen, sondern auch in den sogenannten Künstlergedichten mit ihren auffallend zahlreichen Bildern der Unfruchtbarkeit und Emblemen des Versagens. Zu erinnern ist hier an die beschwörende Anrufung der ›liebevollen Schöpferkraft‹, auf daß sie aus den »Fingern quölle« und »in den Fingerspitzen [...] wieder bildend« werde; an das Geständnis des physiognomischen Zeichners, daß er nur zittre und stottere; an das Bild des Adlers, dem »die Schwingkraft weggeschnitten«; die Klage des versagenden Schülers, der sich wie ein genestelter Mann, also wie mit Impotenz geschlagen, vorkommt und andere mehr.[52] Unschwer lassen sich in diesen Bildern Angstvisionen einer Verstümmelung

51 Vgl. dazu Vaget (Anm. 16) S. 23 ff.
52 Siehe HA 1,53.58.69.

gerade der Kraft erkennen, die den Adler zum Adler, den Mann zum Mann und den Künstler zum Künstler macht. Selbst das monumentale Bild des Ritters mit der eisernen Hand, die Auszeichnung und Stigma zugleich ist – Stigma seiner beschnittenen Schaffenskraft,[53] gehört in den Kontext der Auseinandersetzung mit dem Versagen der kreativen Kräfte. Die Bedeutung dieser Auseinandersetzung für den jungen Goethe ist kaum zu überschätzen. Sie berührt sein ganzes dichterisches Werk und ist selbst dort mitzudenken, gleichsam als dunkler, kontrastiver Horizont, wo er, wie so häufig, in den Preis der scheinbar ungetrübten, ungehemmten Schaffenskraft ausbricht.

Alle diese Zeugnisse, insbesondere jedoch der *Werther*, legen den Schluß nahe, daß das immer wieder auftretende Versagen der kreativen Kräfte das geheime Trauma des jungen Goethe gewesen sein muß. Einer, der wie er seine ganze Existenz auf das Bewußtsein einer außerordentlichen Kreativität gestellt hatte, mußte ihr rätselhaftes Versagen als eine Verunsicherung und Bedrohung seiner Künstlerschaft im ganzen empfinden. Eine Bedrohung, aus der er sich zu retten hatte, wollte er als ein in seinem Selbstbewußtsein unangefochtener Künstler überleben. Daß er eine solche Verunsicherung in der Tat spürte, lassen die rückblickenden Äußerungen über den Roman deutlich genug erkennen. Es spricht daraus die Erleichterung, sich aus einer fundamentalen Gefährdung gerettet zu haben. Nicht zufällig stellen sich immer wieder Assoziationen einer Lebensrettung ein, wenn Goethe im Rückblick auf seinen Jugendroman zu sprechen kommt. *Dichtung und Wahrheit* schildert einläßlich, wie er sich mit dem *Werther* »aus einem stürmischen Elemente« gerettet habe.[54] Schon in einem Brief an Zelter griff er zu dem gleichen Bild, wenn er sich der großen »Anstrengungen« erinnert,

53 Vgl. dazu Graham (Anm. 17) S. 118 f.

54 HA 9,588. Vgl. dazu Anthony Thorlby, »From What Did Goethe Save Himself In *Werther?*«, in: *Versuche zu Goethe. Festschrift für Erich Heller*, hrsg. von Volker Dürr und Géza von Molnár, Heidelberg 1976, S. 150–166.

die es ihn gekostet habe, »damals den Wellen des Todes zu entrinnen«.[55] Daß er wahrhaftig zugrunde gegangen wäre,[56] wenn er den *Werther* nicht geschrieben hätte, ist der Tenor der meisten seiner Selbstäußerungen. »Werther muß – muß sein!« beschwört er Kestner, der nach der ersten Lektüre seine »Gravamina« angemeldet hatte; er könne und wolle »um meines eigenen Lebens Gefahr willen« Werther nicht mehr »zurückrufen« und lebendig werden lassen.[57] Ursprünglich seien es »zwei Personen in einer gewesen«, gesteht er in einem Gespräch; Werther habe untergehen müssen, damit er leben konnte.[58] Werther mußte demnach getötet werden, damit seine Geschichte überhaupt geschrieben werden konnte, eine Geschichte, mit der sich ihr junger, von Anfechtungen keineswegs freier Autor seiner Künstlerschaft versicherte.

Dieses Gespräch bestätigt eine spätere Äußerung, wonach es »allein das Talent« des Dichters war, »was mir durch alle die Zustände durchhilft, die mir nicht gemäß sind und in die ich mich durch falsche Richtung, Zufall und Verschränkung verwickelt sehe«.[59] Umgekehrt besagt dieser Satz aber auch, daß die tödliche Bedrohung damals von dem Verdacht eines unzuverlässigen und möglicherweise ungenügenden Talents ausgegangen sein muß – einer falschen Richtung, d. h. der falschen Tendenz zum Dilettantismus. Demnach wäre die eine der beiden Personen, die in und mit dem »Büchlein« begraben wurde, als der an seiner Schöpferkraft verzweifelnde Dilettant zu deuten. Wir dürfen des weiteren schließen, daß es die Niederschrift dieser Geschichte war, von der er bezeichnenderweise sogleich wußte, daß sie »gut« werden würde,[60] die ihm den zum Überleben notwendigen Beweis

55 HA 6,539.
56 HA 6,537.
57 HA 6,528.
58 Ebd.
59 HA 6,540.
60 HA 6,525.

lieferte, daß die in seinen Zeichenübungen durchlebte Gefahr einer versagenden Kreativität gebannt war. Der *Werther* lieferte ihm aber darüber hinaus auch den Beweis, daß er seines Dilettantismus am sichersten und fruchtbarsten Herr zu werden vermochte, wenn er ihn dichterisch erledigte.
Mit dem *Werther* war jedoch das Dilettantismusproblem Goethes keineswegs völlig gelöst. Noch anderthalb Jahrzehnte lang fuhr er fort, unter zeitweilig großen und konzentrierten Anstrengungen, vor allem in Rom, um die Vervollkommnung seines Zeichentalents zu ringen, bevor er die Einsicht in das Ungenügen seines Talents akzeptierte. Gleichwohl markieren *Die Leiden des jungen Werthers* einen Einschnitt in Goethes Auseinandersetzung mit dem Dilettantismus. Von nun an, da die von ihm ausgehende Gefahr gebannt war, lernte er den Dilettanten immer klarer als einen Schüler und einen noch unvollkommenen »Mitmeister«[61] sehen, so daß er selbst in der Zeit des durch Schillers Mitarbeit beflügelten Feldzugs gegen den Dilettantismus diesem Phänomen gegenüber ein gewisses Wohlwollen und eine Neigung zum Geltenlassen in genau abgesteckten Grenzen bewahrte.

Werther als Bürger

Zum Abschluß gilt es einem Mißverständnis vorzubeugen, zu dem die Rückführung der Wertherschen Leidensgeschichte auf den in seinem Leseverhalten und seinem Zeichnen manifesten Dilettantismus allenfalls Anlaß geben könnte. Ein Mißverständnis wäre es nämlich, zu meinen, der Fall Werther könne allein aus den subjektiven Voraussetzungen seines Dilemmas ›erklärt‹ werden. Demgegenüber ist zu betonen, daß seine im Dilettantismus gründenden Leiden ein durchaus epochales Gepräge haben und Werther gerade als Dilettant Repräsentant seiner Zeit ist.

61 HA, Briefe 1,359.

Der Dilettantismus als Zeiterscheinung schreibt sich aus zwei distinkten historischen Veränderungen her, die um 1750 koinzidierten und so die Bedingungen für ein kunstsoziologisch neues Phänomen schufen. Hier ist zunächst der vielberufene Aufstieg breiter bürgerlicher Schichten zu nennen, der u. a. eine beträchtlich vermehrte Teilnahme von Bürgern am Kunstleben zeitigte. Sie ist in der nun auffallend anwachsenden praktischen Liebhaberei in den Künsten sowie im Anwachsen der Lesegesellschaften vielfach belegt. Dieser mächtigen Bewegung kam andererseits eine Veränderung auf dem Gebiet der Ästhetik entgegen, die der vermehrten Teilnahme der Bürger am Kunstleben gleichsam die Legitimation lieferte: die schrittweise Ablösung der normativen Ästhetik durch eine prinzipiell historisierende, individualisierende und relativierende Betrachtungsweise von Kunst. Damit wurde, ganz allgemein gesprochen, sowohl in der Produktion als auch der Konsumption von Kunst der individuellen Sensibilität die zentrale, ausschlaggebende Rolle zugestanden; Subjektivität schickte sich an, die neue, verbindliche Norm zu werden. Die erste historisch wirksame Gegenbewegung erfolgte mit dem Propyläenprogramm des Weimarer Klassizismus. Es ist nur konsequent und entspricht der inneren Logik der hier bloß angedeuteten Entwicklung, daß die Kritik des Dilettantismus, die im Grunde ein Feldzug gegen die Inthronisation der Subjektivität als dem entscheidenden Faktor des Kunstschönen werden sollte, eines der beiden Hauptprojekte der Weimarischen Kunstfreunde war.

Goethe war offenbar der erste, der diese zweifache Wurzel des Dilettantismus erkannte. Unter den Notizen zum Dilettantismusprojekt findet sich die folgende These zur Entstehung des Dilettantismus: »Allgemeine, verbreitete – ich will nicht sagen – Hochachtung der Künste, aber Vermischung mit der bürgerlichen Existenz und eine Art von Legitimation derselben.«[62] Goethe führt das Phänomen somit auf eine

62 BA 19,343.

damals neue Situation zurück, die über die »Erziehung« eine größere Verbreitung der Künste ermöglichte und gleichzeitig ein Bedürfnis nach Teilnahme an der Kunst entstehen ließ, das aber eigentlich ein Bedürfnis nach Legitimation der bürgerlichen Lebensform war. Daneben stellt Goethe auch einen anthropologischen Ursprung in Rechnung. »Alle Menschen« besitzen eine »unsägliche Neigung zum Genuß der Kunstwerke«. Da aber der Mensch nichts »erfährt und genießt, ohne sogleich produktiv zu werden«, verlangt er nach »mehrerer Teilnahme« an den Künsten. Dieser »Übergang zum praktischen Dilettantismus«[63] gründe aber eigentlich im Nachahmungstrieb. Dieser bezeichne »die innerste Eigenschaft der menschlichen Natur, ja [...] die menschliche Natur selbst«. Wenn nun der allgemein menschliche Nachahmungstrieb sich die Kunst zum Gegenstand nimmt, so deutet dies »gar nicht auf angeborenes Genie«.[64] Offensichtlich exemplifiziert die Werther-Figur eine solche Verwechslung des angeborenen Nachahmungstriebs mit wirklicher künstlerischer Begabung, wie vor allem die Zeichnung der beiden Kinder in Wahlheim verdeutlicht.

Damit läßt sich nun aber der von seiner Einzigartigkeit so überzeugte Werther einem ganz bestimmten Typus zuordnen, der im Zuge der »Vermischung« der Künste mit der bürgerlichen Lebensform in der zweiten Hälfte des 18. Jahrhunderts in historisch signifikanter Häufigkeit in Erscheinung tritt: dem bürgerlichen Dilettanten. Seine sozialgeschichtliche Physiognomie trägt eindeutig bürgerliche und latent antifeudale Züge, unerachtet seiner Kritik an der bürgerlichen Lebensform und seiner zur Schau getragenen Indifferenz gegenüber der existierenden Gesellschaftsordnung. Kennzeichnend dafür scheint mir vor allem der charakteristisch bürgerliche Wille zum Besitz, der allen seinen Lebensäußerungen zugrunde liegt. Das liebe Tal, Wahlheim, der Brunnen, die Nußbäume, Homer, Ossian und nicht zuletzt

63 BA 19,339.
64 BA 19,339 f.

Lotte: sie alle will Werther zu den »seinen« machen – er will sie besitzen.

Kehren wir noch einmal zu den frühen Lesern des *Werther* zurück. Es waren schwärmerische, kunstbegeisterte junge Bürger, die diesen Text, in Nachahmung des Wertherschen Leseverhaltens, sehr zu Recht als den »ihren« betrachten durften. Dieses Leseverhalten verhinderte gleichzeitig aber die intellektuelle Abstandnahme von der Gestalt des vergötterten Dilettanten im dandyhaften blau-gelben Anzug – eine Abstandnahme, die notwendig gewesen wäre, um die kritische Diagnose des *Bürgers* Werther zu erkennen, die diesem Text nicht zuletzt auch eingeschrieben ist. Denn auch der Bürger Werther würde vermutlich versagen, sollte er sich einmal veranlaßt sehen, sein intensiv empfundenes Unbehagen an den »fatalen bürgerlichen Verhältnissen« in produktive Kritik umzusetzen. Auch in dieser Hinsicht also wäre eine weitgehende Kongruenz zwischen Werther und seinen Lesern zu konstatieren.

Literaturhinweise

Alewyn, Richard: Klopstock! In: Euphorion 73 (1979) S. 357–364.

Bennett, Benjamin: Goethe's *Werther*: Double Perspective and the Game of Life. In: German Quarterly 53 (1980) S. 64–81.

Duncan, Bruce: »Emilia Galotti lag auf seinem Pult aufgeschlagen«: Werther as (Mis-)Reader. In: Goethe Yearbook 1 (1982) S. 42–50.

Erläuterungen und Dokumente. Johann Wolfgang Goethe. Die Leiden des jungen Werthers. Hrsg. von Kurt Rothmann. Stuttgart 1971 [u. ö.]. (Reclams Universal-Bibliothek. Nr. 8113 [2].)

Fechner, Jörg-Ulrich: Die alten Leiden des jungen Werthers: Goethes Roman aus petrarkistischer Sicht. In: Arcadia 17 (1982) S. 1–15.

Graham, Ilse: Goethe and Lessing. The Wellsprings of Creation. London / New York 1973.

Hohendahl, Peter Uwe: Empfindsamkeit und gesellschaftliches Bewußtsein. Zur Soziologie des empfindsamen Romans am Beispiel von *La Vie de Marianne*, *Clarissa*, *Fräulein von Sternheim* und *Werther*. In: Jahrbuch der Deutschen Schillergesellschaft 16 (1972) S. 176–207.

Jäger, Georg: Die Wertherwirkung. Ein rezeptionsästhetischer Modellfall. In: Historizität in Sprach- und Literaturwissenschaft. Hrsg. von Walter Müller-Seidel. München 1974. S. 389–409.

Kluge, Gerhard: Die Leiden des jungen Werthers in der Residenz: Vorschlag zur Interpretation einiger Werther-Briefe. In: Euphorion 65 (1971) S. 115–131.

Leibfried, Erwin: Goethes Werther als Leser von Lessings *Emilia Galotti*. In: Text – Leser – Bedeutung. Untersuchungen zur Interaktion von Text und Leser. Hrsg. von Herbert Grabes. Grossen-Linden 1977. S. 145–156.

Meyer-Kalkus, Reinhart: Werthers Krankheit zum Tode. Pathologie und Familie in der Empfindsamkeit. In: Urszenen. Literaturwissenschaft als Diskursanalyse und Diskurskritik. Hrsg. von Friedrich A. Kittler und Horst Turk. Frankfurt a. M. 1977. S. 76–138.

Meyer-Krentler, Eckhardt: »Kalte Abstraktion« gegen »versengte Einbildung«: Destruktion und Restauration aufklärerischer Harmoniemodelle in Goethes *Leiden* und Nicolais *Freuden des jungen Werthers*. In: Deutsche Vierteljahrsschrift für Literaturwissenschaft und Geistesgeschichte 56 (1982) S. 65–91.

Müller-Salget, Klaus: Zur Struktur von Goethes *Werther*. In: Zeitschrift für deutsche Philologie 100 (1981) S. 527–544.

Pütz, Peter: Werthers Leiden an der Literatur. In: Goethe's Narrative Fiction. The Irvine Goethe Symposium. Hrsg. von William J. Lillyman. Berlin / New York 1983. S. 55–86.

Reuter, Hans-Heinrich: Der gekreuzigte Prometheus: Goethes Roman *Die Leiden des jungen Werthers*. In: Goethe-Jahrbuch 89 (1972) S. 86–115.

Saine, Thomas P.: Passion and Aggression: The Meaning of Werther's Last Letter. In: Orbis Litterarum 35 (1980) S. 327–356.

Scherpe, Klaus: Werther und Wertherwirkung. Zum Syndrom bürgerlicher Gesellschaftsordnung im 18. Jahrhundert. Bad Homburg 1970.

Schlaffer, Heinz: Exoterik und Esoterik in Goethes Romanen. In: Goethe-Jahrbuch 95 (1978) S. 212–226.

Schmiedt, Helmut: Woran scheitert Werther? In: Poetica 11 (1979) S. 83–104.

Thorlby, Anthony: From What Did Goethe Save Himself In *Werther*? In: Versuche zu Goethe. Festschrift für Erich Heller. Hrsg. von Volker Dürr und Géza von Molnár. Heidelberg 1976. S. 150–166.

Tobol, Carol / Washington, Ida H.: Werther's Selective Reading of Homer. In: Modern Language Notes 92 (1977) S. 596–601.

Waniek, Erdmann: *Werther* lesen und Werther als Leser. In: Goethe Yearbook 1 (1982) S. 51–92.

WULF KÖPKE

Wilhelm Meisters theatralische Sendung (1777–86)

Zwischen Bürgertum, Adel und Boheme

Wilhelm Meisters theatralische Sendung ist der Titel, den Goethe seinem *Wilhelm Meister*-Roman gab, als er zwischen 1777 und 1786 an dessen erster Fassung arbeitete.[1] Von dieser Fassung hatte Goethe sechs Bücher geschrieben; er arbeitete am siebten Buch und hatte einen Plan für den Rest gemacht, als sein Aufbruch nach Italien im Herbst 1786 die Arbeit endgültig unterbrach.[2] Es besteht Grund zu vermuten, daß der gesamte Roman nach dieser Planung zwölf Bücher umfaßt hätte.[3] Es dauerte dann bis 1793, bis sich Goethe wieder ernsthaft dem Roman zuwandte, obwohl er nie aufhörte, daran zu denken. Ohne Zweifel haben die Zeitereignisse und ihre Einwirkungen auf Goethes Freundeskreis in Weimar die Wiederaufnahme der Arbeit mitbestimmt, wie die Briefstelle an Knebel im Brief vom 7. Dezember 1793 unterstreicht: »Jetzt bin ich im Sinnen und Entschließen, womit ich künftiges Jahr anfangen will, man muß sich mit

1 Goethe selbst benutzte gern die Kurzform »Wilhelm Meister«, muß aber schon ab 1777 anderen gegenüber den vollen Titel gebraucht haben. Vgl. Hans Gerhard Gräf, *Goethe über seine Dichtungen*, Erster Teil: *Die epischen Dichtungen*, Bd. 2, Darmstadt 1968, S. 706; während die Arbeit am Roman ab 1777 dokumentiert ist, fehlt ein unzweifelbarer Hinweis auf den genauen Beginn der Konzeption. Bereits 1911 hat Hans Berendt für erste Anfänge des *Wilhelm Meister* vor dem *Werther* plädiert: Hans Berendt, *Goethes »Wilhelm Meister«. Ein Beitrag zur Entstehungsgeschichte*, Dortmund 1911, S. 1–25. Wenn auch diese Ansicht Widerspruch gefunden hat, spricht nichts dagegen, daß Goethe sich bereits einige Jahre mit dem Gedanken des Theater-Romans getragen hatte, bevor er anfing, das erste Buch niederzuschreiben.

2 Goethe dachte zwar ständig daran, nach seinen anderen Werken den *Wilhelm Meister* zu vollenden, aber er schob die Arbeit immer wieder auf. Vgl. Gräf (Anm. 1) S. 734–743.

3 An Charlotte von Stein, 9. 12. 1785; vgl. Berendt (Anm. 1) S. 113.

Gewalt an etwas heften. Ich denke, es wird mein alter Roman werden.«[4] Goethe wurde sich bald darüber klar, daß das Buch aus einer vergangenen Epoche stammte, und es schien ihm so fremd, daß er an Schiller am 27. August 1794 schreiben konnte: »Die Schrift ist schon so lange geschrieben, dass ich im eigentlichen Sinne jetzt nur der Herausgeber bin.«[5] *Wilhelm Meisters Lehrjahre* bedeutete jedoch nicht die »Herausgabe« des alten Manuskripts, sondern eine sehr gründliche Umarbeitung. Die sechs Bücher der ersten Fassung, die, in Zürich entdeckt, 1911 zum erstenmal veröffentlicht wurden,[6] sind deshalb etwas anderes als die erste Niederschrift von *Wilhelm Meisters Lehrjahre*. Während der lebhaften Debatte unter den prominenten Germanisten, die unmittelbar nach der Veröffentlichung des Buches einsetzte,[7] hat Albert Köster vorgeschlagen, *Wilhelm Meisters theatralische Sendung* als ein eigenes Buch unabhängig von *Wilhelm Meisters Lehrjahre* anzusehen.[8] Das ist psychologisch wohl nicht mehr möglich angesichts der Energie, die die Germanistik auf die Interpretation der *Lehrjahre* verwandt hat. *Wilhelm Meisters theatralische Sendung* kommt in dieser nicht abreißenden Debatte über den Bildungsroman nur am Rande vor und wird zumeist mit feststehenden Formeln charakterisiert.[9]

4 *Werke*, hrsg. im Auftrage der Großherzogin Sophie von Sachsen, Weimar 1887 ff. (im folgenden zit. als: WA), Abt. 4, Bd. 10, S. 131.

5 Ebd. S. 185.

6 Vgl. Nachwort von Harry Maync zur Ausgabe WA I,51,283–296. Nach dieser Ausgabe wird im folgenden zitiert. Band- und Seitenangabe sind den Zitaten in Klammern nachgestellt.

7 Eine Besprechung dieser Diskussion findet sich bei Samuel Leo Janko, *Zur Entwicklungsgeschichte von Goethes Stellung zum Theater*, Diss. Bern 1913, Halle a. d. S. 1915, S. 40–48; wieder bei Hans Reiss, »Wilhelm Meisters Theatralische Sendung – Ernst oder Ironie?«, in: *Jahrbuch der Deutschen Schillergesellschaft* 11 (1967) S. 268–273.

8 In: Zeitschrift für den deutschen Unterricht 26 (1912) S. 233. Zit. nach: Janko (Anm. 7) S. 49.

9 So etwa, daß der ›Künstlerroman‹ durch den ›Bildungsroman‹ ersetzt wird, daß Wilhelm Meisters ursprüngliche Theaterleidenschaft in den *Lehrjahren* ›überwunden‹ wird. Mit der stärkeren Problematisierung der Konzeption des Bildungsromans bietet sich auch die Möglichkeit, unbefangener zu urteilen.

Es wäre daher zumindest heuristisch von Nutzen, das Buch so zu lesen, als ob es *Wilhelm Meisters Lehrjahre* nie gegeben hätte. Erst dann, scheint mir, kann ein Vergleich zwischen den beiden Büchern hinsichtlich Stil, Inhalt und Tendenz gezogen werden, ein Vergleich, der nicht sofort die erste Fassung als »überwundene Vorstufe« disqualifiziert. Während im allgemeinen Werturteil *Wilhelm Meisters Lehrjahre* als das höhere, das eigentliche, klassische Kunstwerk angesehen wird, hat Herder bereits 1795, allerdings im Unmut und ohne Kenntnis der letzten Bücher der *Lehrjahre*, darauf aufmerksam gemacht, daß der Roman durch die Umarbeitung und Kürzung der Jugendgeschichte Wilhelms an Plausibilität eingebüßt habe.[10] Bei einer solchen Betrachtung der *Theatralischen Sendung* ist natürlich nie zu vergessen, daß es sich nicht um ein fertiges, druckreifes Werk handelt. Goethe selbst fand die einzelnen Teile gelungen, aber er war nicht sicher, wie sie zusammenpaßten.[11] Bei der langsamen und oft unterbrochenen Niederschrift des Werkes ist das verständlich. Jeder Vergleich mit *Wilhelm Meisters Lehrjahre* ist daher auf dieser Basis unmöglich.

Um eine gerechtere Beurteilung der *Theatralischen Sendung* zu erreichen, empfiehlt es sich, das Buch mit anderen Romanen zu vergleichen, die um 1780 veröffentlicht worden sind.[12] Ein Vergleich mit Wielands *Agathon* (1766), so legitim er bei den *Lehrjahren* sein mag, ist für die *Theatralische Sendung* eigentlich nicht passend. Hingegen hatte Wieland soeben *Die Abderiten* veröffentlicht, von Friedrich Nicolai war *Das Leben und die Meinungen des Herrn Magister Sebal-*

10 Gräf (Anm. 1) S. 757 f. zitiert Herders Brief an die Gräfin Baudissin vom Februar 1795. Entsprechend drückte sich auch Herder mündlich gegenüber Goethe aus.

11 Z. B. an Knebel, 3. 7. 1783 (WA IV,6,176 f.).

12 Dazu vgl. Hildegard Emmel, *Geschichte des deutschen Romans*, Bd. 1, Bern/München 1972, S. 147–184; Eva D. Becker, *Der deutsche Roman um 1780*, Stuttgart 1964.

dus Nothanker erschienen, 1779 kam *Siegfried von Lindenberg* von Johann Gottwert Müller von Itzehoe heraus, 1780 Johann Karl Wezels *Herrmann und Ulrike*. Goethe selbst hatte *Heinrich Stillings Jugend* 1777 zur Veröffentlichung gebracht, ab 1778 erschienen Theodor Gottlieb von Hippels *Lebensläufe nach aufsteigender Linie*. Auch die Zahl der in diesen Jahren erschienenen »Trivialromane« ist enorm.[13] In den Romanen der Zeit zeigen sich Merkmale, die durchaus zur *Theatralischen Sendung* passen, zum Beispiel die Erzählung der Kindheit und die Betonung ihrer Wichtigkeit für das spätere Leben, das Problem des jugendlichen Idealismus und seiner Entzauberung, der Konstrast zwischen ernsthaften Bestrebungen und einer unpassend-lächerlichen Umgebung, die Unsicherheit eines jungen Mannes über seine »Bestimmung«, Klassengegensätze, provinzielle Enge und ihre Gefahren, Reiseabenteuer und die Macht der Liebe. Während die »Theatromanie« vor Karl Philipp Moritz' *Anton Reiser* kein Hauptmotiv bildet,[14] finden sich verschiedene Formen der Donquichotterie und fixe Ideen, denen diese Romancharaktere nachjagen.

In Stil, Thematik und Motivik paßt *Wilhelm Meisters theatralische Sendung* durchaus in seine Entstehungszeit: es ist ein weitgehend realistisches, mit Humor erzähltes Bild der Zeit, dargestellt als Folge von lebhaften, zum Teil dramatischen Einzelszenen, deren Ausmalung und Länge des öfteren ihren funktionalen Wert für die gesamte Geschichte überschreitet. Die Geschichte beschreibt eine problematische Tendenz Wilhelms: des jungen Bürgersohns Leidenschaft für das Theater, und beschreibt die Abenteuer, die aus diesem dominierenden Charaktermerkmal entstehen. In der Anlage fügt sich also die *Theatralische Sendung* durchaus in das *Don Quijote*-Modell ein, so daß die Lesererwartung eine »Heilung« nach dem

13 Vgl. Marion Beaujean, *Der Trivialroman in der zweiten Hälfte des 18. Jahrhunderts*, Bonn 1969.

14 Vgl. Eckehard Catholy, *Karl Philipp Moritz und die Ursprünge der deutschen Theaterleidenschaft*, Tübingen 1962.

Beispiel von Wielands *Don Sylvio* und der späteren Romane des gleichen Musters annehmen würde.[15]
Im Zusammenhang mit dem *Wilhelm Meister* ist immer wieder von »Ironie« die Rede, vorzüglich von der Ironie des Erzählers gegenüber seinen Gestalten, nicht zuletzt gegenüber Wilhelm Meister selbst. Es ist fraglich, ob der Begriff »Ironie« für die *Theatralische Sendung* im gleichen Sinne passend ist wie für die *Lehrjahre*. Die *Theatralische Sendung* mag das einzige Werk Goethes sein, das man mit Fug und Recht als »humoristisch« bezeichnen kann.[16] Dieser Humor, der nicht mit Jean Pauls Konzeption gleichgesetzt werden sollte, beruht auf dem komischen Kontrast zwischen den bejahenswerten Bestrebungen eines sympathischen, aber zu Illusionen neigenden jungen Mannes und der platt-materialistischen Wirklichkeit. Wir nehmen Partei für Wilhelm, werden aber dazu geführt, seine Handlungsweise für falsch, zumindest für unklug zu halten. Seine Nachgiebigkeit und Verführbarkeit wird als Schwäche gekennzeichnet, aber als liebenswerter menschlicher Zug. Die Atmosphäre ist freundlich; in unangenehmen und schwierigen Situationen ergibt sich immer wieder ein unerwarteter Ausweg. Der Leser erwartet ein ausgleichendes, versöhnendes, vielleicht überraschendes Ende, welches zeigt, daß sich Wilhelms Lehrgeld gelohnt hat. Auf dieser Basis muß an die Frage herangegangen werden, die sogleich nach dem Erscheinen heftig debattiert wurde: ob der Begriff »Theatralische Sendung« ernst oder

15 Hinweise bei Emmel (Anm. 12) S. 184; dies.: *Was Goethe vom Roman der Zeitgenossen nahm*, Bern/München 1972, S. 9–23; zur Rezeption des *Don Quijote* vgl. Lieselotte E. Kurth, *Die zweite Wirklichkeit. Studien zum Roman des achtzehnten Jahrhunderts*, Chapel Hill, N. C., 1969; vorher Werner Brüggemann, *Cervantes und die Figur des Don Quijote in Kunstanschauung und Dichtung der deutschen Romantik*, Münster 1958, S. 41–48.

16 Zum Typ des »Komischen Romans« der Zeit vgl. Becker (Anm. 12) S. 51–53; wie S. 59 f. klargestellt wird, bemüht sich Goethe in der *Theatralischen Sendung* um eine ›mittlere‹ Stillage und kommt damit Wezels *Herrmann und Ulrike* oder auch Hippels *Lebensläufen* nahe, indem Elemente des hohen und niederen Romans einbezogen und eingeebnet werden.

ironisch zu verstehen sei.[17] Die Diskussion wurde allerdings geführt, als die Idee eines »Nationaltheaters« für die deutsche Kultur einen hohen Wert besaß, und daher ergab sich die Alternative, ob Wilhelm Meister der Schöpfer des erträumten Nationaltheaters der Deutschen werden oder desillusioniert über das Theater »hinauswachsen« sollte.[18] Es ist nun keineswegs notwendig, die Frage in dieser Form zu stellen. Goethes Gedicht *Hans Sachsens poetische Sendung* versucht keinesfalls, die kleinbürgerliche Treuherzigkeit von Hans Sachs zu eliminieren; die Knittelverse des Gedichts atmen parodistischen Humor. Aber Hans Sachs und seine Sendung wird gerade in diesem Medium gerechtfertigt. Ebensowenig ist im *Urfaust* die Atmosphäre des alten Puppenspiels verschwunden; auch hier erlaubt das Medium trotzdem die Darstellung menschlicher Tragik. Wilhelms »Sendung« kann also durchaus eine echte Begabung für das Theater bedeuten, etwa im Gegensatz zu Anton Reiser, ohne daß er damit bereits Schöpfer einer neuen deutschen Theaterkultur werden muß. Ob das der Fall ist, kann freilich nie mit endgültiger Sicherheit geklärt werden.

Es muß an dieser Stelle der Versuchung widerstanden werden, den Roman primär autobiographisch zu erklären. Goethes Verhältnis zum Theater änderte sich in dieser Zeit, wobei die Idee des »Nationaltheaters« für Goethe nie die Bedeutung erlangt hatte wie zum Beispiel für Lessing.[19] Ebenfalls ist es durchaus möglich, daß sich während der langen Entstehungs-

17 Reiss (Anm. 7) hat diese Diskussion noch einmal zusammengefaßt; vgl. auch Jürgen Jacobs, *Wilhelm Meister und seine Brüder. Untersuchungen zum deutschen Bildungsroman*, München 1972, S. 72 f.

18 Die Idee des Nationaltheaters nimmt in der frühen Literatur einen weit größeren Raum ein, als es der Text der *Theatralischen Sendung* eigentlich rechtfertigt; vgl. Janko (Anm. 7). Ebenfalls wandte die frühe Forschung die Idee der »Stufenleiter« in Wilhelm Meisters Bildungsgang auf das Buch an; vgl. Gustav Roethe, »Goethes Helden und der Urmeister«, in: *Jahrbuch der Goethe-Gesellschaft* 1 (1914) S. 172. Zum Nationaltheater vgl. auch Max Wundt, *Goethes Wilhelm Meister und die Entwicklung des modernen Lebensideals*, Berlin/Leipzig [2]1932.

19 Vgl. Janko (Anm. 7).

zeit des *Wilhelm Meister*-Romans bis 1786 die Konzeption geändert hat. Jedoch ist anzumerken, daß bei allen Details, die aus Goethes eigenem Leben stammen, die Lebenszeit seines Helden um ein Jahrzehnt früher liegt. Das Buch setzt in den vierziger Jahren ein, und auf seiner theatralischen Reise gerät Wilhelm in die Wirren des Siebenjährigen Krieges. Es ist von Lessings *Miss Sara Sampson* die Rede, und Jarnos Hinweis auf Shakespeare fügt sich ebenso in diese Zeit nach Lessings 17. Literaturbrief von 1759 und zu der ab 1762 erscheinenden Wielandschen Shakespeare-Übersetzung wie auch die Tatsache, daß Wilhelm ein Gottsched vergleichbares Vorurteil gegen Shakespeare hat. Historisch paßt die *Theatralische Sendung* durchaus in die erste Welle der Shakespeare-Aufführungen, während die *Lehrjahre* uns bereits durch die Einführung von *Emilia Galotti* in eine andere Zeit versetzen. Man möchte fast die Behauptung wagen, daß die *Lehrjahre* in einem Hauptpunkt autobiographischer aufzufassen sind als die *Theatralische Sendung*, nämlich in dem der »falschen Tendenz«: In der Beschreibung der »Anfänge Wilhelm Meisters« in den *Tag- und Jahresheften* wird zwar dieser Begriff des nachitalienischen Goethe in den Mittelpunkt gestellt, aber offensichtlich projiziert Goethe spätere Erkenntnisse in eine frühere Epoche zurück: Im ausgeführten Teil der *Theatralischen Sendung* hat Wilhelm jedenfalls eindeutigen Erfolg als Schauspieler und Autor, ohne daß angedeutet wird, daß es sich um eine Selbsttäuschung handelt. Wilhelm hat keinesfalls das gewünschte Publikum, und seine Vorstellungen vom Theater und Drama bedürfen der Verbesserung; aber anders als in den *Lehrjahren* könnte er mehr als ein Dilettant sein.[20] Wenn Goethe zu der Auffassung gelangte, er selbst sei kein Schauspieler und kein eigentlicher Dramatiker – der zweite Punkt ist schwer zu behaupten –, so sollte das kein Grund sein, warum nicht sein Wilhelm Meister beide Talente besitzen sollte. Die Frage der mutmaßlichen

20 Roethe: »nicht nur der Schauspieler, der Dichter in Wilhelm ist wurzelecht« (S. 171). Vgl. ebenfalls Reiss (Anm. 7).

Tendenz des Buches muß daher aus dem Text selbst erschlossen werden. In dem Text zeigt sich nun die Wiederholung und Verstärkung von zwei Motiven: erstens Wilhelms »Innerlichkeit«, die im 3. Kapitel des 1. Buches so motiviert wird: »Er kriegte dadurch eine Entfremdung gegen seine Mutter und war daher recht übel dran, weil sein Vater auch ein harter Mann war; daß ihm also nichts übrig blieb, als sich in sich selbst zu verkriechen, ein Schicksal, das bei Kindern und Alten von großen Folgen ist.« (51,12.) Zweitens ist es auffällig, daß Wilhelm immer wieder von den Frauen ins Theater gezogen wird: Mariane, Madame Melina, de Retti, Philine, Aurelie. Das Tableau am Ende des 6. Buches, Wilhelm zwischen Aurelie und Philine, die ihm das »Ja« zum Theater abnötigen, ist bedeutungsvoll (52,284). Beides bringt ihn zum Theater: seine Einbildungskraft, die er auf die Wirklichkeit projiziert, und die erotischen Reize der Frauen, die ihn immer wieder dort festhalten, wenn sich Wilhelm dazu durchringen will, das Theater und die Schauspieler zu verlassen. Damit erscheint Wilhelm auch in der *Theatralischen Sendung* nicht als ein Handelnder, sondern als ein junger Mann, dem seine »Bestimmung« durchaus nicht klar ist, der sich Illusionen macht, der Geld wenig Wert beimißt und sich immer wieder überreden läßt, wodurch er in Situationen gerät, die ihn nicht selten ärgern. Er hat Begabung und Ideale, aber es ist schwer zu behaupten, daß er »Theaterblut« hätte.

Es fällt ferner auf, daß das bürgerliche Milieu, aus dem Wilhelm stammt, keineswegs abgewertet wird. Zwar sind Wilhelms Eltern eher negativ gezeichnet, aber nicht die Großmutter, und vor allem Werner nicht. Werner ist nicht nur ein guter Haushalter, er hat auch eine Idee des Kaufmannsstandes und des Handels, die über die kleinbürgerliche Umwelt herausragt. Wilhelm trägt bürgerliche Werte wie Pflicht, Genauigkeit, Ehrlichkeit, Rechtschaffenheit in sich, und das macht es ihm schwer, sich mit der Boheme des Theaters abzufinden. Von Wilhelms Standpunkt aus ist die Erfahrung mit dem Adel auf dem Schloß weitgehend negativ. Bei solchen fragwürdigen Erlebnissen und dem dramatischen Ende des 5. Buches mit dem Überfall und Wilhelms Verwundung ist es schwer, dem Erzähler zu glauben, wenn er das Buch so beginnt: »Mit wie viel froherm Mut, mit wie viel leichterm Herzen beginn' ich dieses Buch als das vorige, wo ich nur Hindernisse, Sorgen und Unlust meinem Freunde entgegen kommen sah! Wie wünsche ich mir und meinen Lesern Glück, daß er sich einer Laufbahn nähert, die er mit Freude und Ehre betreten wird!« (52,101.) Wilhelms Erfolg mit seinem Vorspiel im Schloß ist denkbar zweifelhaft, und am Ende des Buches befindet er sich in einer kaum beneidenswerten Lage. Nicht viel anders steht es mit der folgenden Versicherung, die für die *Lehrjahre* durchaus passen würde: »Es wird in den höhern Classen nicht an Männern fehlen, die ihn zurechte weisen, die es ihm klar machen, daß die Natur eines Menschen nicht schlimmer verschoben werden kann, als wenn er sich einer zufälligen Leidenschaft für niedrige Gegenstände überläßt, wenn er einer dunkeln Anhänglichkeit an eine Gesellschaft, deren Glieder nicht von der Art seines Wesens sind, nachgibt, und dadurch der Sklave eines Zustandes wird, in dem die Treue, die schönste und menschlichste Eigenschaft, ihn nur zur Qual und zum Verderben feste hält.« (52,102.) Es stimmt, daß Wilhelm sich durch Jarnos Einfluß und die Lektüre Shakespeares innerlich von der Schauspieltruppe Melinas löst; aber Jarnos Einfluß, der einzige, der zu obiger Charakterisierung paßt, bringt Wilhelm zunächst keineswegs in ein adliges Milieu, sondern erst überhaupt in die richtige Theaterwelt. Wilhelm ist in der Tat »gesunken« und wird im Schloß über die Erbärmlichkeit seiner Genossen endgültig aufgeklärt; aber von der Anlage her steht ein Wiederaufstieg in bürgerliche Tüchtigkeit in Aussicht, wie sie ja von Goethe später am Ende der *Wanderjahre* vollzogen wurde. Daß bürgerliche Tüchtigkeit mit dem Theater unvereinbar sei, darf in der *Theatralischen Sendung* nicht einfach vorausgesetzt werden. Das Lob des Adels gegenüber dem Bürgertum oder den unteren Klassen muß an der Handlung gemessen werden. Ernst genommen, ergäbe sich damit bereits die Ansicht der *Lehrjahre*; die Handlung, soweit sie ausgeführt worden ist, entspricht keineswegs diesem Lobspruch. Ernst oder ironisch, das 1. Kapitel des 5. Buches unterstreicht Goethes später ausgesprochenes Bewußtsein, daß ein Theaterroman alles andere als ein großartiger Stoff sei.[21] Mit dieser klaren Verurteilung der fahrenden Komödianten ist die Namengebung in Verbindung zu bringen, deren Bedeutung Goethe selbst unterstreicht, wenn sich Wilhelm statt »Meister« eher »Geselle« nennen möchte.[22] Ist auch Wilhelms Vorname mit Shakespeare in Verbindung gebracht worden,[23] so ist sein Nachname unzweifelhaft bürgerlich, und ganz gleich wie symbolisch oder freimaurerisch die Grade des Lehrlings, Gesellen und Meisters aufzufassen sind, es geht um die Erreichung einer Meisterschaft. Tüchtigkeit, Beherrschung der Kunst und die Fähigkeit, diese weiter zu vermitteln, verbinden sich mit der Idee der Meisterschaft. Innerhalb oder außerhalb des Theaters sollte Wilhelm die Tugenden seiner Herkunft nicht ablegen, sondern entwickeln. Wir verharren ungern bei der Alternative Theater – Kaufmannsstand; aber daß Wilhelm mit einer unphiliströsen, positiven Konzeption des Bürgertums endet, sollte nicht als undenkbar gelten. Natürlich werden Aussichten auf eine weitere Verbindung mit dem Adel auch in

21 Andererseits verteidigte Goethe seinen Stoff, wie in der Äußerung zu Eckermann am 25. 12. 1825, als er sagte: »Den anscheinenden Geringfügigkeiten des ›Wilhelm Meister‹ liegt immer etwas Höheres zum Grunde, und es kommt bloß darauf an, daß man Augen, Weltkenntniß und Uebersicht genug besitze, um im Kleinen das Größere wahrzunehmen.« (Gräf [Anm. 1] S. 1019.)

22 »Es kommt mir immer wunderbar vor, sagte Wilhelm bei sich selbst, wenn ich meinen Namen angeben und mich Meister nennen soll. Ich thäte wahrlich besser, mich Geselle zu heißen, denn ich fürchte immer, ich werde in dem Gesellenstand stecken bleiben.« (51,207.) Gleich anschließend trifft Wilhelm die Schauspieler, mit denen er dann verbunden bleibt. Damit ist eine merkwürdige Mehrdeutigkeit der Idee »Meister« gegeben.

23 Vgl. Roethe (Anm. 20).

der *Theatralischen Sendung* gegeben, und auf die geheimnisvolle Amazone wird noch einmal in den Schlußworten des 6. Buches nachdrücklich hingewiesen; aber die *Theatralische Sendung*, soweit sie gediehen ist, muß als eine »bürgerliche Epopee« angesprochen werden.[24]
Auch wenn Wilhelm sich treiben läßt, so bleibt die äußere Struktur des Werks vom 3. Buch ab die eines Reiseromans. Die Abenteuer Wilhelms werden psychologisch motiviert durch seine Entwicklungsgeschichte. Wenn der Bildungsroman ein sublimierter und verinnerlichter Abenteuerroman ist,[25] so beruht die Verinnerlichung bei Wilhelm weit mehr auf seiner gefühlsmäßigen Entfremdung von den Eltern als auf einer Entfremdung von der Umwelt als solcher. Wilhelm macht sich Illusionen über die anderen Stände, nicht nur über die Schauspieler, sondern auch etwa die Soldaten und ihr Heldentum, was ihm der Herr von C auszureden versucht (vgl. 52,53–56). Der Reiseroman in seinen Abarten soll zur Erfahrung der »wirklichen« Welt führen. Dieser Erfahrung wird in der *Theatralischen Sendung* noch breiterer Raum gegeben als in den *Lehrjahren*, in denen die didaktische Absicht stärker zutage tritt. Wenn in der *Theatralischen Sendung* »Bildung« beabsichtigt ist, so geschieht sie offenbar durch Umwandlung eines illusionären Idealismus in Tüchtigkeit und die Überwindung von Schwächen durch größere Festigkeit, also durch Ausbildung der Willenskraft.
Das bürgerliche Ethos, das ja auch am Ende der *Lehrjahre* betont wird,[26] ist in der *Theatralischen Sendung* mit Seßhaf-

24 Der Ausdruck aus dem Vorwort von Wezels *Herrmann und Ulrike* entspricht der Ansicht Blanckenburgs vom Roman. Max Wundt (Anm. 20) hat das bürgerliche Element zumal der *Theatralischen Sendung* besonders herausgearbeitet; vgl. ebenfalls Becker (Anm. 12).

25 So Thomas Manns bekannte Formulierung in seinem Vortrag »Die Kunst des Romans«. In: Th. M., *Altes und Neues. Kleine Prosa aus fünf Jahrzehnten*, Frankfurt a. M. 1961, S. 372.

26 Karl-Heinz Hahn, »Adel und Bürgertum im Spiegel Goethescher Dichtungen zwischen 1790 und 1810 unter besonderer Berücksichtigung von ›Wilhelm Meisters Lehrjahren‹«, in: *Goethe-Jahrbuch* 95 (1978) S. 150–162; Wil-

tigkeit und Stetigkeit assoziiert, während unstetes, wechselndes und inkonsequentes Verhalten sowohl den Komödianten als auch dem Adel und seinen Dienern zugeschrieben wird. Es ist auffällig, daß Wilhelm mit der Schauspieltruppe von Madame de Retti an einem Ort zusammentrifft, an den er nur gelangt, weil der Kutscher den richtigen Weg verloren hatte. Während sich Wilhelm am Anfang seiner Reise noch an den ursprünglichen Plan und Zweck hält, wird er immer mehr von diesem Ziel abgelenkt und gilt zu Hause schließlich als verschollen. Was Werner ursprünglich mit Wilhelm vorhatte, war eine echte »Bildungsreise«. In ihrem Gespräch im achten Kapitel des zweiten Buches, das auch Werners enthusiastische Beschreibung der doppelten Buchführung enthält, wird die pädagogische Absicht deutlich: »Werner, der seinen richtigen Verstand in dem Umgange mit Wilhelmen ausbildete, hatte sich gewöhnet, auch an sein Gewerbe, an seine Geschäfte mit Erhebung der Seele zu denken, und glaubte immer, daß er es mit mehrerem Recht thue als sein sonst verständiger und geschätzter Freund, der, wie es ihm schien, auf das Unreellste von der Welt einen so großen Werth und das Gewicht seiner ganzen Seele legte. Manchmal dachte er, es könne gar nicht fehlen, dieser falsche Enthusiasmus müsse zu überwältigen und ein so guter Mensch auf den rechten Weg zu bringen sein.« (51,180.) In diesem Sinne ist Wilhelms Reise von Werner als Bildungserlebnis gemeint, oder wie er selbst zu Wilhelm sagt: »Wenn du nur erst ein paar große Handelsstädte, ein paar Häfen solltest gesehen haben, so würdest du gewiß mit fortgerissen werden; wenn du siehst, wo alles herkommt, wo es hingeht, so wirst du es gewiß auch mit Vergnügen durch deine Hände gehen sehen.« (51,180.) Werner will Wilhelms Enthusiasmus auf »reelle« Dinge lenken, und so wird ein dementsprechender Reiseplan aufgestellt. Es ergeben sich jedoch sogleich Schwierigkeiten. Wil-

fried Barner, »Geheime Lenkung: Zur Turmgesellschaft in Goethes *Wilhelm Meister*«, in: *Goethe's Narrative Fiction. The Irvine Goethe Symposium*, hrsg. von William J. Lillyman, Berlin / New York 1983, S. 85–109.

helms bürgerliche Reisegenossen der ersten Tage laden nicht zu näherer Bekanntschaft ein; Bekanntschaft, die ihn gefühlsmäßig berührt, schließt er erst bei den Theaterleuten. Es ist augenscheinlich, daß Wilhelms Reise ihn verschiedene gesellschaftliche Gruppen und Stufen kennen lehrt und insofern Bildungswert hat: er lernt Bergleute kennen, die den Nutzen ihres Berufes in einem Spiel darstellen, Akrobaten, eine denkbar schlechte Theateraufführung, während der Hunde über die Bühne laufen; und schließlich kommt er in Berührung mit den verschiedenen Theatertruppen der Zeit. Man kann bei Madame de Retti an die Neuberin und bei Serlo an Schröder denken;[27] sicher ist, daß Wilhelm nicht nur einen Querschnitt des deutschen Theaterlebens kennenlernt, sondern auch etwas wie eine geraffte Zusammenfassung der jüngsten Theatergeschichte erhält.

Wilhelms Auseinandersetzung mit dem Theater steht nun im Gegensatz zum ursprünglichen Reisezweck. Wilhelm folgt seinen Impulsen, läßt sich überreden und verführen. Der Gegensatz des bürgerlichen Verhaltens zu dem der Theaterboheme ist durch die Geldfrage am deutlichsten bezeichnet: Wilhelm handelt unklug und leichtgläubig, aber großzügig, weil er dem Geld wenig Bedeutung beimißt, wenn er auch immer wieder von Gewissensbissen geplagt wird, da er ja nicht sein eigenes Geld ausgibt. Wilhelm wird zum Mäzen, ohne es sich leisten zu können; er wird ausgenutzt und zahlt sozusagen teures Lehrgeld. Die Auseinandersetzung um das Geld wird zu einem Prüfstein für Wilhelms Verhalten. Er schwankt zwischen der zu Hause erlernten bürgerlichen Nüchternheit und Sparsamkeit, der seinem Charakter entsprechenden Hilfsbereitschaft und Großzügigkeit und einer auf Eitelkeit beruhenden mäzenatischen Freigebigkeit, die er sich indes nicht leisten kann. Aus dem altruistischen Verhalten Wilhelms und der Selbstsucht der anderen Menschen, denen er begegnet, ergibt sich die Frage nach einer angemes-

27 Wundt (Anm. 18) S. 123, 138 u. a.

senen ethischen Beurteilung. Wird Wilhelm den Unterschied zwischen »Eigenliebe« und »Selbstliebe« erlernen, also zwischen Egoismus und berechtigter Wahrung eigener Interessen?[28]

Verbunden mit der Frage ethischer Grundsätze ist die des sozialen Status. Durch den Verlust seines Geldes und sein Steckenbleiben auf der Reise ist Wilhelm in Gefahr, in die Boheme der Schauspieler abzusinken. Die sozialen Konsequenzen seiner Tätigkeit am Theater werden wiederholt unterstrichen. Herr von C muß sich seinetwegen duellieren, nachdem Wilhelm als Schauspieler aufgetreten ist. Als Wilhelm mit der Truppe zum Schloß reist, glaubt er im Gasthof übernachten und dadurch seine Unabhängigkeit bewahren zu können; aber das stellt sich als unmöglich heraus. Wilhelm wird zu einem Teil der Schauspielertruppe, wenn auch Jarno sofort erkennt, daß er in unpassender Gesellschaft ist. Es ist demütigend für Wilhelm, aber nicht für die Schauspieler, Geldgeschenke anzunehmen. Es ist denkbar, wenn auch nicht sicher, daß Serlos Theater eine bürgerlich akzeptable Institution darstellt, sozusagen den Anfang eines Stadttheaters. Ein Theater, das in einem anständigen Haus in einer Stadt spielt, ist nach dem Vorhergehenden als bürgerlich respektabler einzustufen als dasjenige fahrender Komödianten. Wir dürfen den Unterschied zwischen Melina und Serlo jedoch nicht zu groß ansetzen, nachdem Serlo, der zuerst Melinas Truppe als unbrauchbar abgelehnt hatte, sie schließlich am Ende als potentiell verwendbar ansieht. Die Zugehörigkeit zu einer bestimmten sozialen Klasse hat weitreichende Bedeutung. Freiheit und Entfaltungsmöglichkeiten der Persönlichkeit hängen durchaus vom sozialen Status ab. In den

28 Nach Rousseaus Unterscheidung von ›amour propre‹ und ›amour de soi‹ wurde die Unterscheidung von Selbstliebe und Eigenliebe gerade zur Zeit der *Theatralischen Sendung* ständig diskutiert; sie erscheint etwa bei Johann August Eberhard oder Johann Friedrich Wilhelm Jerusalem; vgl. Wulf Köpke, »Zusammensetzungen mit ›selbst‹ bei Jean Paul«, in: *Jahrbuch der Jean-Paul-Gesellschaft* 8 (1973) bes. S. 102 f.

Begegnungen Wilhelms mit dem Adel wiederholen sich die Erfahrungen des jungen Werther. Die Schauspieler, auch Serlo, stehen unter den Launen des Glücks. Sie sind abhängig, nicht nur vom Publikum und seinem Geschmack, sondern auch von den Launen des Adels und der Polizei. Sie sind geduldet, solange sie den Mächtigen gefallen und keine Schwierigkeiten bereiten. Wenn Wilhelm einer von ihnen wird, kommt er in Gefahr, sein Leben als ein solches Kind des Glücks von Tag zu Tag zu führen. Hat sein Leben ein Ziel? Gibt es eine Kontinuität? Erreicht er vielleicht trotz oder gar wegen seiner Verirrungen den Punkt, den er erreichen wollte? Am Ende des sechsten Buches, nachdem er die Nachricht vom Tod seines Vaters erhalten hat, scheint es Wilhelm so. »Da steh' ich nun, sagte er zu sich selbst, nicht am Scheidewege, sondern am Ziele und wage nicht den letzten Schritt zu thun, wage nicht es zu ergreifen. Ja, wenn ein Beruf, eine Sendung deutlich und ausdrücklich war, so ist es diese. Alles geschieht gleichsam bloß zufällig und ohne mein Zuthun, und doch alles, wie ich mir es ehemals ausgedacht, wie ich mir's vorgesetzt.« (52,281 f.) Die entsprechende Stelle der *Lehrjahre* am Ende des 4. Buches, nicht ganz im gleichen Zusammenhang, beginnt so: »›Da steh' ich nun‹, sagte er zu sich selbst, ›abermals am Scheidewege zwischen den beiden Frauen, die mir in meiner Jugend erschienen: Die eine sieht nicht mehr so kümmerlich aus wie damals, und die andere nicht so prächtig. Der einen wie der andern zu folgen fühlst du eine Art von innerm Beruf, und von beiden Seiten sind die äußern Anlässe stark genug; ... Und muß ich nicht das Schicksal verehren, das mich ohne mein Zutun hierher an das Ziel aller meiner Wünsche führt? Geschieht nicht alles, was ich mir ehemals ausgedacht und vorgesetzt, nun zufällig, ohne mein Mitwirken?‹«[29] Die Gewichte haben sich verschoben. Wilhelm glaubt sich nicht mehr am »Ziel«, sondern am »Scheideweg«, er gebraucht nicht das Wort »Sendung«; er

29 *Wilhelm Meisters Lehrjahre*, hrsg. von Ehrhard Bahr, Stuttgart 1982 [u. ö.], S. 287.

sieht jetzt ein unerklärliches Schicksal in den Zufällen, während er vorher sogleich den Sinn der scheinbaren Zufälle zu erkennen glaubte.
Wenn Wilhelm in der *Theatralischen Sendung* an diese Sendung glaubt und auch gleich nach diesen Überlegungen zum »Ja« überredet wird, so entscheidet er sich damit nicht für ein Theater, wie er es bisher kennengelernt hat. Schon das Projekt der *Hamlet*-Aufführung verweist auf weitgehendere Ambitionen. Es ist daher nötig zu untersuchen, welches Theaterkonzept Wilhelm zu diesem Unternehmen mitbringt. Es sind dabei vier Phasen zu berücksichtigen: Wilhelms Gespräche mit Werner, seine Erfahrungen mit Madame de Retti, die Erlebnisse im Schloß und seine Gespräche mit Serlo und Aurelie.

Produktive Theaterrezeption

Werner beginnt ein Gespräch über die drei Einheiten (vgl. 51,97). Ausgangspunkt seiner Fragen ist die Abhandlung von Corneille über diese Frage. Wilhelms Antwort oder »Nichtantwort« ist wegen folgender Punkte bemerkenswert: er lehnt die Regelpoetik ab: »Wenn es auch Regeln gibt, fiel Wilhelm ein, wornach man die Werke der Dichter richten darf, so mögen sie doch nicht so leicht anzuwenden sein als Elle und Gewicht und die vier Species der Rechenkunst.« (51,98.) Das ist insofern bemerkenswert, als Wilhelm ursprünglich von Gottsched ausgegangen ist (vgl. 51,121) und ästhetische Werke wie die Poetik des Aristoteles eher zufällig und mit beschränkter Fassungskraft gelesen hat (vgl. 51,109). Ebenso bemerkenswert ist es, daß er eigene Gedanken über die Theaterprobleme entwickelt. So sagt er, daß die drei Einheiten ganz verschiedener Natur seien. »Die Einheit der Handlung im höheren Sinne genommen macht nicht allein den Ruhm des Dramas, sondern eines jeden Gedichtes, und diese, dünkt mich, ist indispensabel.«

(51,108.) Wilhelm könnte in seinen Anschauungen mit Lessing verglichen werden, von dessen *Hamburgischer Dramaturgie* er natürlich noch nichts wissen kann. Seine Reaktion auf Lektüre, seien es Theaterstücke oder Theorie, ist jedoch vor allem produktiv. Wenn ihm Corneille als ein Muster erscheint, so bemüht er sich, Theaterstücke in der Art von Corneille zu schreiben. Ja, die Theaterstücke, die Wilhelm im Laufe des 2. Buches der *Theatralischen Sendung* zugeschrieben werden,[30] können als produktive Rezeption des damals vorliegenden Theaterrepertoires angesehen werden. Wenn wir davon ausgehen, daß diese Stücke Begabung verraten, aber von Wilhelm als Vorübungen angesehen werden und angesehen werden müssen, so zeigt sich, daß Wilhelms Theatererfahrung bis zur Aufführung des *Hamlet* lediglich Vorbereitung ist.

Die Unterhaltungen mit Madame de Retti betreffen in erster Linie die Theaterkultur selbst. Sie schreibt sich den von Gottsched inspirierten Akt der Neuberin zu, den Harlekin und das Improvisieren von der Bühne verbannt zu haben, um statt dessen klassizistische Tragödien, besonders Corneille, zu spielen, und sie bedauert inzwischen diesen Schritt außerordentlich, ja, sie glaubt, eine Übertragung der Typenkomödie der Italiener ins Deutsche, also mit deutschen Typen, hätte »der Grund eines National-Theaters« werden können (51,233); das Wort »National-Theater« wird hier nicht im Sinne einer bestimmten Anstalt in einer bestimmten Stadt gebraucht, sondern als der nationale Typ des Theaters, so wie es ein nationales englisches, französisches, italienisches, spanisches Theater gibt. Während »Nationaltheater« im ersten Sinn eine repräsentative staatliche oder bürgerliche Institution bedeutet, die den Deutschen kulturelles Selbstbewußtsein durch Qualität geben soll, gehört der Begriff in der zwei-

30 Dazu vgl. vor allem Reiss (Anm. 7), der zu dem Ergebnis kommt: »Für einen werdenden jungen Mann ist diese Leistung eindrucksvoll. Den Durchbruch zu einer neuen Dramatik oder Lyrik stellt sie nicht dar.« (S. 280.)

ten Bedeutung zu der Tendenz, eine allgemeine deutsche Volkskultur auf breiter Grundlage zu schaffen. Der erste Begriff kommt dem nahe, was das Weimarer Hoftheater mit Schillers klassischen Dramen erreichte; der zweite Begriff entspricht einer Herderschen Kulturkonzeption. Insgesamt sind auch in den Unterhaltungen mit Madame de Retti Lessings Spuren deutlich erkennbar.

Wilhelms Erlebnisse und sein Entwicklungsgang demonstrieren, wie sehr Theater und Drama von den vorhandenen Mustern, den sozialen Bedingungen und den Bedürfnissen des Publikums abhängen. Die Abhängigkeit von den sozialen Bedingungen und vom Publikum wird ganz besonders bei dem Gastspiel der Melina-Truppe auf dem Schloß demonstriert. Hier ist einer der Momente, wo Goethe der Satire nahekommt; man kann diesen Teil des 5. Buches als die satirische Darstellung eines kleinen deutschen Hoftheaters lesen. Die verschiedenen Elemente passen dabei zusammen: die allgemeine Verachtung der Schauspieler und die Bevorzugung einiger Lieblinge ohne Rücksicht auf ihr Talent; der erste und vielleicht alleinige Zweck des Theaters ist Amüsement, allenfalls ergänzt durch Huldigungen, die noch nicht einmal in gutem Geschmack sein dürfen. Man ist versucht, in dieser Darstellung Herders Stimme zu hören. Dazu paßt natürlich, daß Wilhelm ausgerechnet in diesem Milieu auf Shakespeare aufmerksam gemacht wird. Es gehört zur Donquichotterie Wilhelms, daß er unter diesen Umständen dem Prinzen gegenüber Racine enthusiastisch lobt und dabei sagt: »Er schätze nicht allein das französische Theater sehr hoch und lese die Werke der großen Meister mit Entzücken, besonders habe er zu wahrer Freude gehört, daß der Fürst den großen Talenten eines Racine völlige Gerechtigkeit widerfahren lasse. Ich kann es mir vorstellen, fuhr er fort, daß vornehme und erhabene Personen einen Dichter schätzen müssen, der die Zustände ihrer höhern Verhältnisse so vortrefflich und richtig schildert.« (52,145.) Der Prinz hört nicht zu und wird durch Wilhelms Tirade nur aufgehalten. Es ist ein satirischer Kontrast, den Hof Ludwigs XIV. mit diesem gräflichen Schloß zu vergleichen – und die Comédie Française mit Melinas Truppe –, aber dabei wird dann sofort Wilhelms Theaterkonzept umgeworfen, indem Jarno als Antwort auf Wilhelms Fürstenlob Shakespeare ins Spiel bringt. Im Kontext des Romans wird damit das Hoftheater des französischen Klassizismus, das die oberen Klassen zu ihrer Erbauung darstellt, durch ein Shakespeare-Theater abgelöst, in dem alle Stände und eine von Etikette freie Menschlichkeit dargestellt werden.

Wilhelms Shakespeare-Rezeption ist nun allerdings nicht ohne Problematik. Immer noch verschönert ihm seine Imagination die Umgebung: »Ein Heer auf dem Marsche, ein fürstlicher Held an seiner Spitze, so viel mitwürkende Krieger, so viele zudringende Verehrer erhöhten seine Einbildungskraft.« (52,148.) Trotz der ernüchternden Worte, die Herr von C über den Offiziersberuf und den Krieg gesprochen hatte, verklärt ihn Wilhelm nach wie vor dichterisch, jedenfalls bis zum Überfall am Ende des 5. Buches, der die humoristische Antiklimax für diese heroischen Phantasien bildet. Es ist ja bezeichnend, daß der Überfall erstens in einem typischen locus amoenus stattfindet, zweitens in einem Augenblick, wo die jungen Männer *Hamlet* spielen, nämlich den Zweikampf am Ende des Stückes. Das Spiel wird unversehens zum Ernst. Wilhelms Shakespeare-Rezeption vermischt Spiel und Wirklichkeit. Er kommt sich vor wie Prinz Harry, und er verliert sich in Shakespeare: »in kurzem, wie man es vermuthen kann, ergriff ihn der Strom dieses großen Genius und führte ihn einem unübersehlichen Meere zu, worin er sich gar bald völlig vergaß und verlor« (52,148). Diese Donquichotteartige Rezeption Shakespeares muß mitbedacht werden, wenn man über Wilhelms Konzeption des *Hamlet* und die Ideen zu einer *Hamlet*-Aufführung spricht, die das sechste Buch füllen. Wenn Wilhelms Rezeption in der Zukunft so produktiv sein soll wie früher, so müßte er auf das Shakespeare-Erlebnis mit eigenen Theaterstücken antworten. *Wil-*

helm Meisters theatralische Sendung führt nicht so weit; aber es ist schwer, der Versuchung zu widerstehen, das Buch von Goethes Biographie, von *Götz von Berlichingen* und dem *Faust* her zu interpretieren. Es muß daran erinnert werden, daß Wilhelm sich am Ende in H, einer großen Handelsstadt, bei der wir an Hamburg denken können, befindet, einer Stadt mit einem ständigen Theater, das offenbar Niveau hat und gut besucht wird. Seine Lage ist, was das Theater betrifft, völlig anders als die Goethes in Frankfurt oder Weimar. Wilhelms Auffassung des *Hamlet*, zumal der Titelfigur, ist nach wie vor dadurch bestimmt, daß er versucht, in Shakespeares Welt zu leben. Es ist keine Verurteilung seiner Anlage zum Schauspieler, wie später in den *Lehrjahren*, wenn er die Hamlet-Figur und die Idee des Stückes nach eigenen Erfahrungen und Bedürfnissen auffaßt, also bei einer Aufführung sich selbst spielen würde: er lebt sozusagen als Shakespeare-Figur. Die Stelle, an der Wilhelm die Idee des Stückes beschreibt, entspricht seiner Lage: »Es gefällt uns so wohl, es schmeichelt uns so sehr, wenn wir einen Helden sehen, der durch sich selbst handelt, der liebt und haßt, wenn es ihm das Herz gebietet, der unternimmt und ausführt, alle Hindernisse abwendet und zu einem großen Zwecke gelangt. Die Geschichtschreiber und Poeten haben uns glauben lassen, daß ein so stolzes Loos dem Menschen fallen könnte. Unser Stück lehrt anders. Hier hat der Held keinen Plan, aber das Stück hat einen. [...] weder Irdischen noch Unterirdischen gelingt es, das auszurichten, was sich das Schicksal allein vorbehalten hat. Die Gerichtsstunde kommt. Der Böse fällt mit dem Guten! Ein Geschlecht wird weggemäht und das andre tritt ein.« (52,248 f.) Serlo akzeptiert diese Interpretation nicht, denn sie leugnet die Möglichkeit der Selbstbestimmung – und damit einen wesentlichen Punkt bürgerlicher Ethik –, und sie verneint die moralische Gerechtigkeit des Schicksals, also die Güte der Vorsehung. Shakespeare kommt hier in Konflikt mit dem 18. Jahrhundert.

Eine Auseinandersetzung über ein mögliches deutsches

Nationaltheater findet in den Unterhaltungen mit Serlo und Aurelie nicht statt. Aurelies Lebensgeschichte, die sie Wilhelm erzählt, enthält den Bericht ihrer wechselnden Haltung zum deutschen Publikum und ihrer Desillusionierung. Der Entwicklungsgang Serlos wird in der *Theatralischen Sendung* nicht dargestellt. Die Handlung konzentriert sich an diesem Punkt nicht auf die Schaffung eines deutschen Nationaltheaters, sondern allein auf Wilhelms Entscheidung, ob er in Serlos Truppe eintreten solle. Es ist natürlich von Bedeutung, daß dessen Entscheidung unter dem Eindruck seiner Shakespeare-Phantasien fällt, daß Wilhelm sich mit Hamlet vergleicht, wie er sich vorher mit Heinrich V. verglichen hatte. Es ist zu erwarten, daß Wilhelm auch in Zukunft mit den Tücken und Niederungen der Wirklichkeit konfrontiert werden wird. Andererseits ist es klar, daß er nunmehr an einem Theater ist, das ein kulturelles Niveau erreicht hat und von dem ernste Wirkungen ausgehen könnten. Die eigentlichen Fragen nach der möglichen Aufgabe und Wirkung eines Theaters, zumal eines nationalen Theaters, würden sich jetzt erst stellen. Die vorhandenen sechs Bücher beschreiben Wilhelms Weg zum Theater, die zweite Hälfte des Romans hätte Wilhelms Weg auf dem Theater und möglicherweise vom Theater weg zu beschreiben. Daß das Theater ein zu überwindendes Zwischenstadium oder gar eine falsche Tendenz sein soll, kann aufgrund des vorhandenen Textes nicht einfach postuliert werden. Wilhelms Entschluß oder doch seine Einwilligung, zum Theater zu gehen, steht in der *Theatralischen Sendung* nicht nur am Schluß des 6. Buches, sie ist auch viel dramatischer und symbolischer dargestellt als in den *Lehrjahren*, wo sie sich aus der Ablehnung von Werners Milieu nach dessen Brief ergibt.[31] Die Schlußszene der *Theatralischen Sendung* zeigt Wilhelm zwischen Aurelie und Philine, und vor seinem Geist steigt das Bild der Amazone auf dem Schimmel auf, die sich seiner nach dem Überfall angenommen hatte und

31 *Wilhelm Meisters Lehrjahre* (Anm. 29) S. 303 f.

dann verschwand. Der Leser weiß dabei nicht recht, was er mit Serlos Ankündigung anfangen soll, daß eine Frau auf seine Bühne kommen wird, die bisher noch auf keiner Bühne war, aber offenbar Schönheit, Begabung und einen hohen Charakter vereinen soll (52,279 f.). An eine Identifizierung mit der Amazone ist kaum zu denken. Wilhelms Vision der Amazone bewegt sich dabei durchaus im Rahmen der Traumgestalten seiner Shakespeare-Welt. Es wäre abzuwarten, wie Wilhelm dieser Frau entgegenträte, wenn er weiser und nüchterner geworden wäre. Wilhelms Abenteuer jedenfalls bleiben bis zum Schluß der *Theatralischen Sendung* fest mit der Idee der Theaterwelt verknüpft. Aus der Veranlagung und Entwicklung seiner Jugendjahre erwächst bei Wilhelm das Leben in der Imagination, er sieht sich selbst in einer Rolle und tritt mit dieser Rolle entsprechenden Erwartungen an die Wirklichkeit heran. Er sieht sich als Helfer, Beschützer und Mäzen, als Dichter und Freund der Großen, als verkleideter Prinz in der Boheme, als Hamlet, der vor unlösbaren Problemen steht. Es ist zu vermuten, daß, sofern wir ein freundliches Ende postulieren, gerade die Tätigkeit am Theater Wilhelm den Unterschied der eingebildeten oder erträumten zur wirklichen Lebensrolle lehren wird.

Wilhelm Meisters theatralische Sendung steht vor dem Dilemma des bürgerlichen Romans im späten 18. Jahrhundert: Wie kann die Welt der Kunst, der Poesie, des Abenteuers mit der bürgerlichen Ethik so vereinigt werden, daß die Romane nicht zum ›Candide‹ gegen die Poesie werden? Wie kann die bürgerliche Lebensform so erweitert werden, daß sie die Welt der Imagination nicht ausschließt? Bei der adligen Lebensform ist durch das Bedürfnis nach Repräsentation eine sinnvolle Funktion der Kunst vorgezeichnet; nur ist der Adel, so wie er in der *Theatralischen Sendung* erscheint, entweder die Karikatur seiner Idealform oder selbstkritisch. Eine Kultur, die als Nationalkultur anzusehen wäre, wird also von Wilhelms Klasse, dem Bürgertum erwartet. Aber dieses Bürgertum setzt vorerst der Kunst durch seine Nüchternheit und Beschränktheit enge Grenzen. Als Roman des Künstlers und der Kunst betrachtet, spiegelt *Wilhelm Meisters theatralische Sendung* die inneren Schwierigkeiten der Geburt einer nationalen Kunst in Deutschland, Schwierigkeiten, die sich für Goethe auch später nicht lösen sollten. Die *Lehrjahre* vermeiden die Zuspitzung dieses Problems, indem Wilhelms Begabung als Schauspieler, Regisseur, Dramaturg und vor allem als Theaterschriftsteller so herabgemindert wird, daß er mit Recht die Kunst als falsche Tendenz hinter sich läßt und den langen Weg in die bürgerliche Tätigkeit beginnt. Ich kann mich hier weder mit der Turmgesellschaft noch mit dem Ende der *Lehrjahre* auseinandersetzen; *Wilhelm Meisters theatralische Sendung* läßt nach dem 6. Buch ein solches Ende noch nicht erkennen. Im Vordergrund bleibt der Konflikt zwischen Bürgertum und Künstlertum.

Es bleibt offen, welche gesellschaftliche Lösung *Wilhelm Meisters theatralische Sendung* gefunden hätte; ein praktisch und progressiv denkender Adel mit bürgerlichen Maximen wird jedenfalls nicht gezeigt. Goethe brach die Arbeit an der *Theatralischen Sendung* bei seiner Abreise nach Italien ab. Goethes Wandlung in Italien wird denn auch für die neue Konzeption der *Lehrjahre* verantwortlich gemacht. Ohne Zweifel haben die Erkenntnis, daß das eigene Streben in der bildenden Kunst eine falsche Tendenz sei, der Umgang mit Karl Philipp Moritz und die innere Distanzierung vom Theater auf die neue Einstellung zum alten Stoff gewirkt. Aber es wäre gewiß falsch, nicht auch die Französische Revolution und ihre Wirkungen in Rechnung zu stellen. Wilhelms Teilnahme an den Gestalten der Boheme, sein Künstlerleben werden in der *Theatralischen Sendung* freundlicher und mit weniger Abstand betrachtet als in den *Lehrjahren*. Es ist Herder zuzustimmen, daß die ausführlichere Darstellung der Jugendgeschichte Wilhelm sympathischer macht. Der Leser will ihm wohl, wenn er auch seine Illusionen bedauert oder belacht. Die mißglückte Therapie von Mignon und dem Harfner in den *Lehrjahren* zeigen, daß diese poetischen

Geschöpfe am Ende in der neuen Gesellschaft keinen Platz mehr haben. In der *Theatralischen Sendung* bricht Wilhelms Bekanntschaft mit Jarno in dem Augenblick ab, als Jarno von ihm verlangt, Mignon und den Harfner aufzugeben (vgl. 52,162–165). Wilhelms Reaktion ist verständlich und sympathisch. Er ist, wie er sich nennt, ein guter Geselle, während ihn die Turmgesellschaft der *Lehrjahre* eigentlich zum Schüler macht. Es ist unvermeidlich, daß die pädagogische Tendenz die *Lehrjahre* bestimmt, während der ausgeführte Teil der *Theatralischen Sendung* einen freieren Geist des Abenteuers atmet. In der ungleich strengeren Beurteilung des schweifenden und verantwortungslosen Lebens und der fahrenden Leute drückt sich nicht nur der Altersunterschied des Verfassers aus. Der Verfasser der *Lehrjahre* erlebt gerade, wie der Freiheitstaumel zum Chaos und zum Terror werden kann. Ihm ist Ordnung wichtiger geworden als Gerechtigkeit.[32] Er sieht die Vorzüge der Hierarchie, der festen Gesellschaftsstruktur gegenüber der Gleichmacherei. Demgemäß behält er ein gewisses Unbehagen gegenüber der problematischen Form des Romans und dem unhandlichen Stoff des *Wilhelm Meister*; aber er bemüht sich sichtlich, das Eigengewicht der Einzelszenen gegenüber ihrer Funktion im Ganzen zu verringern. Ganz besonders in der zweiten, neugeschriebenen Hälfte werden die allegorischen und symbolischen Bezüge so stark, daß die realistischen Einzelheiten ihre Bedeutung verlieren. *Wilhelm Meisters theatralische Sendung* enthält viele realistische Schilderungen der Zustände in Goethes Jugendzeit, die einem freien Fabulieren entspringen und sich nicht ängstlich an einen Plan halten. Selbst bei abgeschlossener Handlung böte die *Theatralische Sendung* eine offene, auch sorglosere Form als die *Lehrjahre*. Im Vergleich zu anderen Romanen der Zeit schweift der Erzähler zwar

32 Vgl. die bekannte Szene nach der Einnahme von Mainz 1793, die in der Feststellung gipfelt: »ich will lieber eine Ungerechtigkeit begehen, als Unordnung ertragen« (*Campagne in Frankreich. Belagerung von Mainz*, Anm. von Ilse-Marie Barth, Stuttgart 1972, S. 222).

wenig ab, aber er spinnt seinen Faden, ohne sogleich die Architektur des gesamten Werkes zu berücksichtigen. Er scheint sich seinen Einfällen anzuvertrauen. Der Schritt von der *Theatralischen Sendung* zu den *Lehrjahren* bedeutet den Übergang von einer freieren Form des Romans, in der der vorgegebene Rahmen durch beliebig viele Episoden aufgefüllt werden kann, zu einer ungleich festeren und funktionalen Struktur, also eine Verstärkung dramatischer Elemente gegenüber den epischen.

Es besteht in der Forschung Einigkeit darüber, daß Wilhelm in der *Theatralischen Sendung* nicht nur Dilettant, sondern ein wirklich schöpferischer Künstler ist. Wilhelms echte Künstlernatur macht es leichter begreiflich, daß er die Frauen oder Männer wie den Herrn von C und Serlo beeindruckt und daß er Menschen wie Mignon und den Harfner an sich zieht. Als Künstler hat er ein inneres Recht, am Rande der bürgerlichen Gesellschaft zu stehen und sich nicht in vorgegebene Ordnungen zu fügen. Die Ein- und Unterordnung am Ende der *Lehrjahre* paßt zu dem Wilhelm der *Theatralischen Sendung* nicht, von dem man mehr Unabhängigkeit erwarten möchte.

Es ist klar geworden, daß *Wilhelm Meisters theatralische Sendung* durchaus mit Recht als ein eigener Text angesehen werden kann. Dieser Text gehört in Goethes erste Weimarer Periode 1775–1786. Er spiegelt seine Lebenserfahrungen, Konflikte und Hoffnungen aus dieser Zeit, ohne daß er deshalb als autobiographisches Dokument interpretiert werden müßte.[33] Zentrale Probleme Goethes, etwa der innere Konflikt zwischen seiner öffentlichen Tätigkeit und seiner Künstlerbegabung oder die Liebe zu Charlotte von Stein, lassen sich im Roman nicht direkt erkennbar auffinden. Ohnehin enthält der Roman sehr viel Stoff aus der Zeit vor Weimar. Es

33 Fritz Martini hat in seinem Aufsatz »Ebenbild, Gegenbild: Wilhelm Meisters Theatralische Sendung und Goethe in Weimar 1775 bis 1786« (*Goethe-Jahrbuch* 93, 1976, S. 60–83) bis jetzt die differenzierteste biographische Interpretation gegeben.

handelt sich schließlich um einen Roman, um eine erfundene Handlung, und um ein aktuelles Thema der Zeit: die Aufgabe des Theaters für die deutsche Kultur. Es ist davon auszugehen, daß Goethes Hoffnungen und Erwartungen in bezug auf das deutsche Theater sich im Laufe der langen Jahre der Entstehung des Romans geändert haben,[34] seine Erfahrungen bei den Weimarer Liebhaberaufführungen haben sicherlich eine Rolle gespielt. Bei aller inneren Beteiligung ist *Wilhelm Meisters theatralische Sendung* durchaus distanziert erzählt; der Text baut anschaulich seine eigene Welt auf. Nach Ausweis des Textes kann eine Verbesserung und Erneuerung des Theaters nur aus dem Bürgertum kommen. Wilhelm wächst seine theatralische Sendung gerade aus dem schlechten Zustand des gegenwärtigen Theaters und aus der Beschränktheit des Bürgertums, aus dem er stammt, zu. Es ist weder nötig, den Begriff »Sendung« als ironisch noch als zu positiv aufzufassen. Wilhelm kann eine wirkliche Begabung für das Theater haben und Tüchtiges leisten, ohne der Schöpfer einer Nationalkultur werden zu müssen. Das konkrete Ende der *Theatralischen Sendung* ist schwer vorstellbar. Es ist jedoch zu vermuten, daß dem Theater eine Rolle in der Entwicklung der Gesellschaft zugebilligt würde. Die Kritik des Erzählers der *Theatralischen Sendung* am zeitgenössischen deutschen Adel ist überdeutlich;[35] Gegengewichte sind noch nicht deutlich sichtbar. Wahre Menschlichkeit findet sich am ehesten bei den Außenseitern.

Wilhelm Meisters theatralische Sendung ist ein Werk des Übergangs und der inneren Entwicklung. Es ist das Resultat von Welterfahrung, nicht nur Selbsterfahrung. Ist es ein ›Bildungsroman‹? Diese unvermeidliche Frage hat bereits viel Unheil angerichtet. Das Buch schildert die Entwicklung eines jungen Mannes; es zeigt ihn unter dem Einfluß negativer und positiver Faktoren, die seine Lebenseinstellung bestimmen. Er ist freundlich, gefällig, hilfsbereit, aber will anders werden

34 Vgl. vor allem Wundt (Anm. 18) und Janko (Anm. 7).
35 Hahn (Anm. 26) hat diesen Punkt noch einmal besonders akzentuiert.

als sein Vater. Imagination ist ihm mehr als der nüchterne Verstand. Er möchte eine Rolle in der Gesellschaft spielen. Aus seiner Innerlichkeit heraus neigt er dazu, sich falsche Vorstellungen vom Leben zu machen. Seine Erfahrungen sollen ihm nun Weltläufigkeit vermitteln. Wir sehen uns dabei vor der Frage, ob eine ›Heilung‹ im Sinne des *Don Quijote* oder von Wielands *Don Sylvio* nötig wäre, oder ob Wilhelm Meister einfach ernüchternde Erfahrungen verarbeiten muß wie Wielands Agathon. Im Unterschied zu *Agathon* gibt es vorerst keine – richtigen oder falschen – Pädagogen für Wilhelm, allenfalls Jarno, bei dem der Erzähler darauf hindeutet (vgl. 52,147). Im Kontext der Zeit ist *Wilhelm Meisters theatralische Sendung* der Anlage nach nicht als Bundesroman anzusprechen, sondern als realistischer Entwicklungsroman, der die Abenteuer eines jungen Mannes und seine Bekanntschaft mit der Welt beschreibt, wie etwa Wezels *Herrmann und Ulrike* oder Schulz' *Moriz*. Wenn von ›Bildung‹ und einem ›Bildungsroman‹ die Rede sein soll, dann ist das Konzept der Bildung in der *Theatralischen Sendung* jedenfalls anders als in den *Lehrjahren*. Wenn schließlich noch einmal die Frage gestellt werden muß, wieweit der Begriff ›Sendung‹ ernst gemeint ist, so ergibt sich eine mehrschichtige und nicht so einfache Antwort: Es steht zu vermuten, daß Wilhelms Sendung für das Theater echt ist, aber wahrscheinlich in einem anderen Sinne, als er glaubt. Welche Sendung das Theater für die Entwicklung der deutschen Kultur und des deutschen Nationalbewußtseins hat, ist eine andere Frage. Wahrscheinlich hätte Wilhelm in diesem Punkt mancherlei Enttäuschungen zu erwarten. Ein positives Ende der *Theatralischen Sendung* ist ohne einiges Vertrauen in die Entwicklung der deutschen Kultur jedoch nicht möglich. Das Theater ist eine gesellschaftliche Institution, der Stückeschreiber ist auf die Wechselwirkung mit dem Publikum angewiesen. Wilhelms öffentliche Rolle als Schauspieler und Autor kann nur positiv bewertet werden, wenn das Theater eine kulturell bedeutsame Institution wird. Goethes Roman wurde in einer Zeit geschrieben, als das Interesse an dem Streit um das Nationaltheater bereits abnahm. Soweit diese Frage betroffen ist, ist es eines der letzten Gefechte auf diesem Gebiet, bereits historisch distanziert. Die Französische Revolution verschob noch einmal die Gewichte und nahm dem Nationaltheater als politischer Frage die letzte Bedeutung. In die erste Weimarer Periode fallen die ersten Fassungen oder Entwürfe von Goethes bekanntesten Dramen. Abgesehen vom *Faust*, der kaum im Zusammenhang mit dem Theater zu sehen ist, gibt es nur noch eine zweite Zeit dramatischer Aktivität bei Goethe: die Reaktion auf die Französische Revolution, eindeutig politisch gemeint. Die Schwierigkeit, *Wilhelm Meisters theatralische Sendung* zu Ende zu schreiben, wird damit ebenso aus persönlichen wie aus historischen Gründen deutlich. Es ist dabei paradox und aufschlußreich, daß ein Roman in bürgerlichem Geiste ausgerechnet in der Zeit intensiver Verbindung mit einem Fürstenhof entstand. So gesehen, kann Goethes Beschreibung des Adels und der Schauspieler als humoristischer, teilweise satirischer Spiegel seiner Umgebung angesehen werden. Die rätselhaften Gestalten des Harfners und Mignons dokumentieren ebenso Wilhelms Verbundenheit mit der Poesie wie seine Menschlichkeit. In diesem Sinne können sie für Goethes eigene Haltung stehen.

Es ist noch einmal zu betonen, daß etliches Vermutung und Spekulation bleiben muß, wenn über *Wilhelm Meisters theatralische Sendung* gesprochen wird. Das Buch ist ein Bruchstück und ein erster Entwurf mit allerlei Mängeln und Ungleichheiten. Aber es ist wesentlich anders als *Wilhelm Meisters Lehrjahre* und sollte als Dokument der deutschen Roman- und Theatergeschichte ebenso beachtet werden wie als Ausdruck einer Tendenz Goethes zwischen Sturm und Drang und Klassik. Man ist fast versucht, Goethes Tendenz zu dieser Zeit einen ›poetischen Realismus‹ zu nennen, wenn der Begriff nicht bereits für andere Zusammenhänge in Anspruch genommen wäre. Im Gegensatz zur eigentlich klassischen Periode ist Goethe hier nicht darauf aus, eine bestimmte Kunstauffassung zu verkünden; wohl aber befaßt er sich mit den allgemeinen Fragen von Kunst, Bürgertum, Gesellschaft und Nation. Die Offenheit seiner Anschauungen, wie er sie in der *Theatralischen Sendung* ausdrückt, hat er später nicht mehr erreicht – was vielleicht doch einen Verlust bedeutet.

Literaturhinweise

Becker, Eva D.: Der deutsche Roman um 1780. Stuttgart 1964.

Berendt, Hans: Goethes »Wilhelm Meister«. Ein Beitrag zur Entstehungsgeschichte. Dortmund 1911. Schriften der literarhistorischen Gesellschaft Bonn. Bd. 10.

Emmel, Hildegard: Geschichte des deutschen Romans, Bd. 1. Bern/München 1972.

Jacobs, Jürgen: Wilhelm Meister und seine Brüder. Untersuchungen zum deutschen Bildungsroman. München 1972.

Janko, Leo Samuel: Zur Entwicklungsgeschichte von Goethes Stellung zum Theater. Diss. Bern 1913. Halle a. d. S. 1915.

Martini, Fritz: Ebenbild, Gegenbild. Wilhelm Meisters Theatralische Sendung und Goethe in Weimar 1775 bis 1786. In: Goethe Jahrbuch 93 (1976) S. 60–83.

Maync, Harry: Einleitung. In: Wilhelm Meisters theatralische Sendung. Stuttgart/Berlin 1911. S. vii–xxxiv.

Reiss, Hans: Wilhelm Meisters theatralische Sendung – Ernst oder Ironie? In: Jahrbuch der Deutschen Schillergesellschaft 11 (1967) S. 268–296.

Röder, Gerda: Glück und glückliches Ende im deutschen Bildungsroman. München 1968. (Münchener Germanistische Beiträge. Bd. 2.)

Roethe, Gustav: Goethes Helden und der Urmeister. In: Jahrbuch der Goethe-Gesellschaft 1 (1914) S. 157–188.

Steiner, Jacob: Goethes Wilhelm Meister. Sprache und Stilwandel. Stuttgart ^{2}1966.

Wundt, Max: Goethes Wilhelm Meister und die Entwicklung des modernen Lebensideals. Berlin/Leipzig ^{2}1932.

HANS-WOLF JÄGER

Reineke Fuchs (1794)

Entstehung und Stoff

Auch dieses Mal wäre er lieber bei seiner runden Frau geblieben, die Briefe aus dem Feldlager bei Marienborn verraten es in schmerzlichem Ton. Seit fünf Jahren ist Goethe von seinen Regierungsämtern entlastet, doch seinem Herzog weiterhin getreu: und so genügt von diesem ein zarter brieflicher Wink, damit der Dichter – ohne Lust – am 12. Mai 1793 zu den Mainzer Belagerungsschanzen aufbricht.[1] Im Gepäck trägt er das Rohmanuskript jenes Werks, dem er seine Abneigung anvertrauen will gegen höfisches Intrigenspiel und revolutionäre Ungebärdigkeit, seinen Haß auf ständischen Hochmut, auf politische Unduldsamkeit, Dummheit und Heuchelei, dem er seinen Zorn einmischt auf diese kriegerischen Zeitläufte, die ihn von seinem Weimarer Familienglück entfernen – all das freilich auf besondere Art.

Es ist binnen Jahresfrist schon das zweite Mal, daß ihn die öffentlichen Dinge aus ruhiger Arbeit und weichem Umgange ziehn. Die alliierte Kampagne zur Rettung des französischen Königtums hatte ihn, der damit ebenfalls einem herzoglichen Wunsch willfahrte, im Herbst 1792 bis Valmy gebracht, dann setzte der Rückzug ein. Ein Weg durch militärische Mühseligkeiten und Gefahren, ein »schreckliches Kriegs- und Fluchtwesen«, ein schmähliches Heimschleichen »zwischen Koth und Noth, Mangel und Sorge, Gefahr und Qual, zwischen Trümmern, Leichen, Äsern und Scheishaufen«[2] – wie Goethe an Herder berichtete. Wie nah war das

1 Vgl. *Briefwechsel des Herzogs-Großherzogs Carl August mit Goethe*, hrsg. von Hans Wahl, Bd. 1, Berlin 1915, S. 179 (Brief vom 24. 3. 1793).

2 *Goethes Werke*, hrsg. im Auftrage der Großherzogin Sophie von Sachsen, Abt. IV, Bd. 10, Weimar 1892, S. 36 (Brief vom 16. 10. 1792); Wilhelm Bode,

beieinander: das hohe politische Spiel, das kriegerische Gepränge und der blutig untermengte Unflat. Guter Dinge, fast hochmütig war man ausmarschiert und saß bald im Sudel – so ging es den Preußen. Und wie stellten sich dem deutschen Zuschauer die revolutionären Franzosen dar? Nachdem sie zunächst hochgemut die bürgerliche Freiheit und Gleichheit, aber auch den Bestand der Krone beschworen hatten, hörte man im Spätsommer 1792 von wilden Mordszenen in Paris, stirbt im Januar 1793 der König unter der Guillotine.

Akkurat zu dieser Zeit, in der letzten Januarwoche 1793, beginnt Goethe seine Bearbeitung des alten Tierepos vom Reineke Fuchs. Drei Monate lang ist er mit der ersten Niederschrift beschäftigt und liest Weimarer Freunden gelegentlich daraus vor, die Feinarbeit aber geschieht in den Pausen, die dem Kriegsbeobachter und Fürstengesellschafter vor Mainz verbleiben, im kühlen Zelt auf dünner Matratze. Da feilt er an seinem Unmut:

»Doch das Schlimmste find' ich den Dünkel des irrigen Wahnes,
Der die Menschen ergreift: es könne jeder im Taumel
Seines heftigen Wollens die Welt beherrschen und richten.
Hielte doch jeder sein Weib und seine Kinder in Ordnung,
Wüßte sein trotzig Gesinde zu bändigen, könnte sich stille,
Wenn die Toren verschwenden, in mäßigem Leben erfreuen.
Aber wie sollte die Welt sich verbessern? Es läßt sich ein jeder
Alles zu und will mit Gewalt die andern bezwingen,
Und so sinken wir tiefer und immer tiefer ins Arge.«[3]

Goethes Leben [fortgef. von Valerian Tornius: Bde. 8, 9], Bd. 8, Berlin 1926, S. 197.

3 Verse VIII,152–160; zitiert wird der *Reineke Fuchs* nach dem Text der Aus-

Das entstammt dem 8. Gesang des *Reineke Fuchs* und gehört dem ganz Wenigen an, was Goethe den überbrachten Geschichten und Worten materialiter hinzugefügt hat. Wer das textliche Umfeld dieser zornigen Stelle kennt, gibt gern zu, daß die dort ertönenden Klagen über die Moralität der Gesellschaft durch Goethes neue Verse zwar aktualisiert und wohl auch gesteigert werden, daß gleichwohl ihr Ton zwanglos fortklingt; das eingefügte zeitkritische Bekenntnis wirkt nicht wie ein Fremdkörper. Offenbar hat Goethe mit seiner Vorlage eine gute Wahl getroffen, und das alte satirische Epos erweist sich als ein wohlgemessenes Gefäß für die eigene Zeitklage.

»Vor Jahrhunderten hätte ein Dichter dieses gesungen?
Wie ist das möglich? Der Stoff ist ja von gestern und heut.«

So sagt es der Dichter selbst in einem Xenion des Jahres 1796. Ihm ist »der Stoff« seit Kindertagen vertraut. In frühen Briefen an die Schwester, in späteren an Frau von Stein wird er erwähnt, 1783 bringt Goethe nach längerer Bemühung eine Reihe von Reineke-Fuchs-Radierungen des Niederländers Allart van Everdingen in seinen Besitz.[4] Um die Jahreswende 1792/93 – genau zwischen seinen Feldzügen – weist ihn auch

gabe: *Goethes Werke*, hrsg. von Erich Trunz (Hamburger Ausg. in 14 Bdn.), Bd. 2, München [13]1982, S. 285–436, und zwar nach Gesang (römisch numeriert) und Vers (arabisch numeriert). – Die Zitate aus Gottscheds *Reineke, der Fuchs* und dem *Reynke de vos* (Lübeck 1498) erfolgen ohne Seitenangaben nach: Johann Christoph Gottscheds *Ausgewählte Werke*, hrsg. von Joachim Birke, Bd. 4, Berlin 1968; *Reinke de vos*, hrsg. von Friedrich Prien, Halle 1887. Es sei auch auf die textphilologisch maßgebliche Edition des *Reineke Fuchs* hingewiesen: *Werke Goethes*, hrsg. von der Deutschen Akademie der Wissenschaften zu Berlin, *Epen*, Bde. 1/2: hrsg. von Siegfried Scheibe, Berlin [Ost] 1958/63.

4 Über Goethes Bekanntschaft mit dem Stoff und die Entstehung des *Reineke Fuchs* unterrichtet ausführlich Hans Gerhard Gräf, *Goethe über seine Dichtungen*, T. 1, Bd. 1, Frankfurt a. M. 1901, repr. Nachdr. Darmstadt 1968, S. 240–260; daran anschließend auch frühe Rezeptionszeugnisse.

Herder, der die fünfte Sammlung der *Zerstreuten Blätter* vorbereitet, auf diese »deutsche Epopee«, diese »Fabel der Welt, aller Berufsarten, Stände, Leidenschaften und Charaktere« hin.[5]

Die Fabel stammt aus dem Mittelalter, und noch Goethes *Reineke Fuchs* präsentiert eine mittelalterliche Welt mit König und Kronvasallen, mit Papst und Bischöfen und Beichtvätern, mit Wallfahrten, Klöstern, Vigilien. Viel erfährt man auch über das alte Rechtswesen. Über die Verbindlichkeit des Eidschwurs etwa (IX,264 f.), über gerichtliche Zeugen- und Beweisbräuche (I,247; VII,83; IX,12 ff.); die »Rechte des freien Mannes« auf dreimalige Vorladung lernt man kennen (III,176 ff.), Status und Regeln des Zweikampfs (XI,337 ff.) oder die allein dem König zustehende Blut- und Halsgerichtsbarkeit (I,166). Seit den lateinischen Verserzählungen *Ecbasis captivi* und *Ysengrimus* (um 1045 und 1150) – über den französischen *Roman de Renart* (um 1200), Heinrichs des Glîchezaere mittelhochdeutschen *Reinhart Fuchs* (wohl 1192), das niederländische Epos *Van den Vos Reinaerde* aus dem 13. bis zu *Reinaerts Historie* aus dem 14. Jahrhundert, deren Prosaauflösungen aus Gouda (1479) und Delft (1485) und ihrer metrischen Neufassung durch Hinrek van Alkmar (gegen 1487) – hat sich das Ensemble dieser Tiergeschichten nicht allein dem Umfang nach erweitert.[6] Es sättigte sich mit Welt- und Menschenkenntnis, nahm

5 Johann Gottfried Herder, *Sämtliche Werke*, hrsg. von Bernhard Suphan, Bd. 16, Berlin 1887, S. 218 f.

6 Zur komplizierten und reichverzweigten Überlieferungsgeschichte des Stoffes und seiner Bearbeitungen vgl. Christian Scheffler: »Die deutsche spätmittelalterliche *Reineke-Fuchs*-Dichtung und ihre Bearbeitungen bis in die Neuzeit«, in: *Aspects of the medieval animal epic*, hrsg. von E. Rombauts und A. Welkenhuysen, Leuven 1975, S. 85–104; Hartmut Kokott, *Reynke de Vos*, München 1981, S. 9–12, 106–118; ders., »Reineke Fuchs«, in: *Lexikon der Kinder- und Jugendliteratur*, hrsg. von Klaus Doderer, Bd. 3, Weinheim/Basel 1979, S. 148–153. Zur Namensentwicklung des Fuchses und der seit Gottsched üblichen niederdeutsch-hochdeutschen Kontaminationsform »Reineke Fuchs« vgl. Hubertus Menke, »Ars vitae aulicae oder descriptio mundi perversi? Grundzüge einer Rezeptions- und Wirkungsgeschichte des

Rechtswissen und Moralbräuche in sich auf und wurde immer mehr zum satirischen Spiegel weltlichen und geistlichen Spiels um Vorteil und Macht. Auf dem Gipfelpunkt »politischer Ränke«, meint Herder und zielt dabei auf die Zeitgenossenschaft Alkmars im 15. Jahrhundert, lag »die Scene des Gedichts [. . .] um den Verfaßer wie seine Welt da«, und er bot in seinem Epos »anschauliche Wahrheit«.[7]
Alkmars Text erscheint, in niederdeutsche Knittelverse übersetzt, 1498 in Lübeck als *Reynke de Vos*. Mit dieser Ausgabe sind für die Folgezeit der erzählerische Fundus und auch die Abfolge der füchsischen Streiche fixiert. Doch schaltet der Lübecker Text, der wahrscheinlich von der Hand eines Geistlichen des Franziskanerordens stammt, hinter jedes Abenteuer eine längere didaktische Betrachtung in Prosa, handhabt die Fuchsgeschichte also wie eine Sammlung von Exempeln. Ähnlich hatte es auch Alkmar selbst schon gehalten. Als im Jahr 1539 in Rostock eine neue Ausgabe des *Reynke* erscheint, mag auch sie nicht ohne die Prosakommentare, die »Glossen«, auskommen, diese sind jetzt allerdings neugeschrieben und von protestantischem Eifer beseelt. 1752 bringt Gottsched unter dem Titel *Reineke, der Fuchs* jene Edition heraus, die für Goethes Bearbeitung maßgeblich wird: Er übersetzt den Lübecker Text in neuhochdeutsche Prosa und fügt seiner Übersetzung den niederdeutschen Text bei, den er einer neueren Ausgabe von 1711 durch Friedrich August Hackmann verdankt. Gottsched überträgt und ediert auch die »Glossen«, und zwar, in philologischer Rührigkeit, sowohl die katholischen Lübecker wie die protestantischen Rostocker. Ähnlich wie Herder hat auch Gottsched den mächtigen Gehalt des Fuchs-Epos wahrgenommen. Es dünkt ihn eine große »politische Fabel«, und er will darin das gesellschaftliche, vor allem »das Hofleben unter einem sehr lebhaf-

Erzählthemas vom Reineke Fuchs«, in: *Jahrbuch des Vereins für niederdeutsche Sprachforschung*, Jahrg. 1975/76, Neumünster, S. 94–136; vgl. auch Anm. 33.

7 Herder (Anm. 5) S. 221.

ten Bilde« erkennen.[8] Aber nicht allein die Verehrer, Übersetzer und Redaktoren sind es, die dem Stoff und seinen Ausgestaltungen politische Brisanz attestieren, fast eindrucksvoller tun es seine Gegner in den staatlichen und kirchlichen Verwaltungen. Schon früh gerät dieses Erzählcorpus, das die Herrschgier der Großen, die Doppelmoral der geistlichen Amtsträger kritisiert, auf den Index verbotener Bücher; im Österreich Maria Theresias ist Gottscheds Übersetzung verboten, und staatlich behindert wird im vormärzlichen Bayern auch noch der Goethesche *Reineke Fuchs* mit den Illustrationen Wilhelms von Kaulbach.[9]

Die durch Jahrhunderte aufgeladenen und immer wieder aktualisierten Historien kommen Goethe gelegen, diese prall gefüllte, bunte und böse Welt lädt ihn zur Nach-, zur Neuerzählung ein. Um Raub, Mord, Betrug und Vergewaltigung geht es, um große und wilde Sachen also. Daß sie am Hoftag des Königs und vor seinem Richterstuhl verhandelt werden, erhebt sie zu »causae maiores«, trägt sie auf die staatliche Ebene und gibt dem Prozeß selbst den Rang einer Staatsaktion. Hochpolitisch also sind Reinekes Taten und wie man darauf reagiert. Der Kern dieses »Hof- und Regentenspiegels« ist eine einzige große Gerichtsverhandlung – welcher Stoff wäre geeigneter, über die eigene Zeit Gericht zu halten?

Dabei wollte Goethe sich eigentlich ablenken von den politischen Wirrsalen des Tags. In mehreren Briefen spricht er davon, wie wichtig es ihm sei, sich »von der Betrachtung der Welthändel abzuziehn«, oder sich »zu zerstreuen« in einer Zeit, da wir »mehr als jemals der Ableiter bedürfen«.[10] Ein Widerspruch also in Wort und Verhalten des Dichters? Hören wir ihn selbst:

8 Johann Christoph Gottsched, *Versuch einer Critischen Dichtkunst*, in: Gottsched (Anm. 3) Bd. 6, T. 2, Berlin / New York 1973, S. 587, 442.

9 Vgl. Scheffler (Anm. 6) S. 94, 104.

10 Zit. nach: Gräf (Anm. 4) S. 251; *Goethes Werke* (Anm. 2) Abt. I, Bd. 33, S. 191; ebd. Abt. IV, Bd. 10, S. 84.

»Aber auch aus diesem gräßlichen Unheil [gemeint sind die Vorgänge um die Hinrichtung Ludwigs XVI.] suchte ich mich zu retten, indem ich die ganze Welt für nichtswürdig erklärte, wobei mir denn durch eine besondere Fügung *Reineke Fuchs* in die Hände kam. Hatte ich mich bisher an Straßen-, Markt- und Pöbelauftritten bis zum Abscheu übersättigen müssen, so war es nun wirklich erheiternd, in den Hof- und Regentenspiegel zu blicken: denn wenn auch hier das Menschengeschlecht sich in seiner ungeheuchelten Tierheit ganz natürlich vorträgt, so geht doch alles, wo nicht musterhaft, doch heiter zu, und nirgends fühlt sich der gute Humor gestört.«[11]

Was in der Wirklichkeit Abscheu erregt, kann im literarischen Werk »erheitern«. Kunst bannt die Schrecken der Realität, distanziert den Verdruß. Im Spiegel der Erzählung, im treffenden Bild, im gewählten Wort verlieren die widrigen Dinge, was uns beleidigt und ängstigt. So kann denn Goethe, der bis auf Kanonenschußweite an die politische Wirklichkeit herangerückt war und eben wieder heranrückt, am 2. Mai 1792 seinem Freund Jacobi über den *Reineke Fuchs* geradezu mitteilen: »Ich unternahm die Arbeit, um mich das vergangne Vierteljahr von der Betrachtung der Welthändel abzuziehen.« Und Goethe fährt fort: »Es ist mir gelungen.«[12]

Es gelingt ihm, sich von den politisch-militärischen Welthändeln abzuziehen, indem er sie in die Sphäre der Sprache erhebt. Das bedrängende Chaos aus Streit, Intrige und Propaganda meistert er, indem er es in den animalischen Fabelstaat transponiert. Und selbst den bluntermengten Kot der französischen Kampagne, »Äser und Scheishaufen«, will er im Bild der kämpfenden, der geschundenen großen Tiere Wolf und Bär bewältigen, die mit ihrem Blut – das ist auffäl-

11 *Campagne in Frankreich. Belagerung von Mainz*, Anm. von Ilse-Marie Barth, Stuttgart 1972, S. 186 f.

12 Zit. nach: Gräf (Anm. 4) S. 251.

lig – jedesmal auch Kot und Gestank lassen, die immer »mit Unrat besudelt, mit ätzendem Unflat« (I,28) bedreckt sind.[13]

Was Goethe hier in einem poetisiert und ächtet, was er nachdichtend-dichtend »für nichtswürdig« erklärt: das sind nicht nur die sich ablösenden französischen Revolutionsregimes, ist auch nicht ausschließlich oder vordringlich die Welt des höfischen Absolutismus im vorrevolutionären Frankreich, sondern der ganze Dunstkreis zeitgenössischer Intrigen- und Machtpolitik – »die ganze Welt«, wir dürfen präzisieren: die ganze öffentlich-politische Welt. Goethes Bearbeitung tilgt nichts von der Hof- und Kirchenschelte des tradierten Reineke-Corpus – man vergleiche etwa die ungerechte Teilung der Beute, die ja »nach Hofart« erfolgt (X,392),[14] die schatzlüsterne Unrechtlichkeit des Monarchen (V,150 ff.), die Zeichnung der unkeuschen Pfaffen (III,150 u. ö.) oder des klerikalen Ämterschachers (VIII,281 ff.). Gegen die andere Seite zielt der von Goethe neugedichtete Fluch über den schlimmen »Dünkel des irrigen Wahnes« revolutionärer Weltverbesserer (VIII,152) – ein politisches Credo, wie wir es ähnlich aus Goethes explizit gegenrevolutionären Arbeiten vernehmen: aus dem *Bürgergeneral*, den *Aufgeregten*, den *Unterhaltungen deutscher Ausgewanderten* oder dem Fragment über die Reise der Söhne Megaprazons. Daß die Satire beiden Seiten gilt, dem Ancien régime wie der Revolution, beurkundet nicht zuletzt das Begleitschreiben, das der Dichter dem *Reineke Fuchs*-Exemplar für Charlotte von Kalb beigefügt hat: »Hier, liebe Freundin«, heißt es darin, »kommt Reineke Fuchs, der Schelm, und verspricht sich eine gute Aufnahme. Da dieses Geschlecht auch in unseren Zeiten bei Höfen, besonders aber in Republiken sehr angesehn und unentbehrlich ist, so möchte nichts billiger sein, als seine

13 Vgl. etwa II,152; III,350 ff.; XII,187 f.

14 Gottsched schreibt nur »so hübsch theilen«, der Text von 1498 allerdings »so rechte houeschlyken«.

Ahnherrn recht kennen zu lernen.«[15] Nun, vielleicht – wir wollen nicht streiten – neigt sich die kritische Waage doch etwas mehr zur Seite der Revolution.

Weltbannung durch Kunst, Selbstbefreiung durch poetische Arbeit – ein solches Programm muß ausstrahlen ins gedichtete Werk. Dessen Grundton ist nicht Bitterkeit und Rechthaberei, den verdrießlichen Ursachen seiner Entstehung zum Trotz. Der Weltärger löst sich durch ästhetische Wort- und Formlust, ironische Distanz stellt sich ein, und selbst die programmatischen Zornstellen sind – wir werden sehen – heiter umleuchtet. »Es ist mir gelungen«, sagt Goethe zu Jacobi. Auch wir spüren es, wenn wir uns lesend den *Reineke Fuchs* behagen lassen. Wie aber schafft der Dichter sein Gegengewicht gegen den Andrang der Ereignisse und Erinnerungen? Wie und wodurch ist es gelungen?

Vor Goethe liegt der Lübecker *Reynke de Vos* von 1498 zusammen mit der gottschedischen Prosaübertragung, daneben von der »Delfter Prosa« (1485) ein Neudruck aus dem Jahr 1783.[16] An dem damit Überlieferten wird, wie wir schon andeuteten, weder eine nennenswerte stoffliche Erweiterung vorgenommen – gerade eine Mandel neuer Zeilen, mehr nicht – noch eine bemerkenswerte Kürzung, noch auch eine auffällige inhaltliche Adaption ans Zeitgeschehen.[17] Nicht im Stoff also, sondern in Form und Ton ereignet sich die ästhetisch-therapeutische Nachschöpfung und entdeckt sich uns die eigentümliche Haltung des Erzählers Goethe. Der Dichter integriert und durchformt die Episoden zu einem epischen

15 Zit. nach: Gräf (Anm. 4) S. 250 f.

16 Vgl. dazu Käthe Scheel, »Goethes *Reineke Fuchs* und seine Quellen«, in: *Mitteilungen aus dem Quickborn* 40 (1949) Nr. 3, S. 43–45; Lothar Schwab, *Vom Sünder zum Schelmen. Goethes Bearbeitung des Reineke Fuchs*, Frankfurt a. M. 1971 – dieses kluge, genaue und umfassende Buch, Standardwerk zum Thema, kann nicht genug gelobt werden.

17 Eine Adaption des Reineke-Stoffs nach Art einer Schlüsselsatire v. a. auf den dänischen Königshof liegt vor in: *Reineke Fuchs am Ende des philosophischen Jahrhunderts*, Itzehoe/Crempe 1797; vgl. das Nachwort der Neuausgabe durch Hubertus Menke, Heidelberg 1980.

Ganzen; er setzt die derb geknittelte Historie in antikes Versmaß; er kultiviert den Wortschatz; er gibt dem Fuchs ein neues Profil.

Epische Gesänge

Goethe läßt die noch von Gottscheds Reynke-Übersetzung mitgeführten Glossen weg, unterbrechungslos läuft seine Erzählung der füchsischen Streiche. Darin zeigt sich gegenüber den maßgeblichen Erzählern und Redaktoren seit dem 15. Jahrhundert ein neues Verständnis der überlieferten Historien. Bei jenen steht der Text im Dienst der Seelsorge und der geistlichen Propaganda – erst katholisch, dann protestantisch gewendet. Ohne Rücksicht auf den größeren Zusammenhang der Geschichte werden die Episoden punktuell zu Glaubens- und Sittenbetrachtungen ausgemünzt; das episodische Abenteuer dient vornehmlich als Anlaß und gedanklicher Anstoß zu lehrhaften Überlegungen. Stück um Stück und Zug um Zug legt der Glossator die einzelnen Begebenheiten aus, Würde und Sinn der berichteten Dinge liegen geradezu darin, daß sie moralisch und heilsgeschichtlich zu deuten sind. Und so verweist für das glossatorische Verständnis die Gestalt des ränkevollen Fuchses auf den schlingenlegenden Teufel im christlichen Weltgefüge, wird das Ensemble seiner Streiche zum Sündenspiegel.

Indem Goethe die Glossen beseitigt, löst er sich vom allegorischen Verständnis der Fuchshistorie, es findet so etwas wie eine Säkularisation des Textes statt. Die Abenteuer stehen für sich selbst, das Erzählte beansprucht eigenen Wert. Die gleichsam vertikale Verknüpfung zwischen Einzelepisode und moralisch-religiöser Sinndeutung weicht einer horizontalen Verkettung der Episoden mit- und hintereinander. Dadurch erlangt das glossatorisch Zerstückelte den Zusammenhang eines zeitlichen Kontinuums, es bildet sich ein Fluß der Erzählung, bilden sich die konsistenten Charaktere –

nicht mehr Allegorien – Löwe, Bär, Wolf oder Fuchs und werden zu epischen Kämpen. Die Erzählung vom Hochprozeß gegen den schlimmen Fuchs: jetzt wird sie Gestalt. Was derart in Weltlichkeit und egalitäres Neben- und Nacheinander entlassen ist, bedarf aber der bindenden Gliederung. Die von Alkmar bis Gottsched praktizierte Aufteilung des Stoffs in vier Bücher befriedigt Goethe nicht. Er untergliedert feiner, nämlich zwölffach, um die abwechslungsreiche Menge der Begebnisse leichter zu packen, eindringlicher zu präsentieren. Die alte Einteilung war zudem unausgewogen, fast die Hälfte des Geschehens sammelte sich im ersten Buch, die andere Hälfte beanspruchte die drei übrigen Bücher. Mit zwölf zirka gleichlangen Abschnitten ist das Ganze schöner proportioniert. Jedes der zwölf Stücke beginnt in der Regel jetzt mit einem markanten Geschehensabschnitt, ob nun der Bär (II) oder der Kater (III) ihren Botengang nach Malepartus aufnehmen, ob Reineke anfängt, sein Lügennetz zu knüpfen (V) oder ob er geschoren und geölt zum Zweikampf erscheint (XII) – um Beispiele zu nennen. Nun wirken auch manche Binnenreden des Fuchses dienlicher für den Gang der Handlung als vorher, etwa Reinekes Beichten bei Vetter Dachs (III, VIII) mit den nachgetragenen Fuchsstreichen und der gesellschaftskritischen Lektion: im vorwärtsdrängenden Erzählen kürzen sie den langen Weg zwischen Fuchsbau und Königshof und versinnlichen ihn zugleich, ihn in Erzählzeit übersetzend. Überformt ist das ganze große Prozeßgeschehen zudem von einer deutlich merkbaren Zweiteilung. Genau in der Mitte wird mit dem 7. Gesang der hohe Ton des Eingangs (I) wiederaufgenommen, erneut strömt die Tierwelt zum Hofe, tanzt in Pracht und Gepränge – es »ergötzte sich festlich die beste Gesellschaft« (VII,5) –, und wieder, wie zu Beginn, fehlt jener Eine, der doch alsbald zum Inhalt der Gespräche, zum Grund für Unternehmungen wird. Eine eindrucksvolle, klare Gliederung des Geschehens also in zwölf Abschnitte, die sich symmetrisch in zwei gleichumfängliche Erzählfolgen binden.

»Gesänge« nennt Goethe seine Abschnitte. Das klingt anspruchsvoll und erinnert an große Vorbilder, an die Gesänge von Klopstocks *Messias* oder mehr noch an *Ilias* und *Odyssee*, epische Gedichte, die gleichfalls in Gesänge aufgeteilt sind. In 24 solcher Gesänge bieten sich Homers Epen dar, die Vergilsche *Aeneis* in zwölf. Das klassische Vorbild scheint also beim Namen »Gesang« wie bei der Zwölfzahl im Spiel zu sein. Die Fuchsgeschichten werden nach antiker Art neugefaßt und die tierischen Aktionen den Heldenkämpfen vor Troja, den Leiden und Taten des Odysseus oder Aeneas angenähert. Hierbei kann Goethe sich des Beifalls von Herder gewiß sein, dieser hat schon die älteren Redaktionen der Fuchsiade den Homerischen Werken an die Seite gesetzt und nimmt an Goethes Neufassung nun begeisterten Anteil. Fast gleichlautende Botschaften sendet er im April 1793 an Jacobi und Gleim und erzählt ihnen vom Fortschreiten der »ältesten und ewigen«, der »ersten und grössten Epopöe deutscher Nation, ja aller Nationen seit Homer«[18] – im Enthusiasmus des Briefschreibers sind die ältere Überlieferung und Goethes Neuschöpfung schon nicht mehr zu trennen. Übrigens hatte bereits Gottsched in hochzielendem Vergleich an Homer erinnert, hatte den Alkmar als »Homers Nachahmer« und seinen *Reinaert* als »recht nach dem Muster der Odyssee und der Aeneis« gepriesen.[19] Auch der Fabeldichter Lichtwer meinte, auf ein barockes Urteil zurückgreifend:

> »Und Reinecke der Fuchs, giebt, wie ein Morhof sprach,
> Dem göttlichen Homer an Weisheit wenig nach.«[20]

18 Vgl. Gräf (Anm. 4) S. 253. Um noch ein Beispiel für die normierende Kraft des antiken Vorbilds zu geben, sei auf das gleichzeitig mit Goethes *Reineke Fuchs*, nämlich 1794, in Berlin erschienene Werk Daniel Jenischs über Friedrich II. und den Siebenjährigen Krieg hingewiesen: *Borussias in 12 Gesängen* – in Hexametern.

19 Gottsched (Anm. 8) S. 439, 442.

20 *Magnus Gottfried Lichtwer's Schriften*, hrsg. von seinem Enkel E. L. M. von Pott, Halberstadt 1828, S. 118.

So ist Goethe, als er seine neudichtende, neuordnende Arbeit am *Reineke* aufnimmt, nicht ohne Ratgeber. Doch ihn fasziniert nicht allein der den alten Epen vergleichbare Reichtum an Weltgehalt, seinem seit der italienischen Reise erwachten klassizistischen Ehrgeiz wird auch die antike Gestalt zum Sporn. Darum verflüssigt, darum verweltlicht, integriert und durchgliedert er die Vorlage zu epischer Einheit und strebt auch prosodisch zur großen Überlieferung hin: im Metrum.

Hexameter

6844 paarig gereimte Knittelverse überführt Goethe mit Gottscheds prosaischer Hilfe in ein Epos von 4312 Hexametern. Es macht erstaunen, wie leicht sich ihm der antike Langvers zu Gebote hält, mit dem er – in Weimar zunächst, dann »bei dem Donner der Kanonen«[21], später wieder zu Hause – die klassische Großform erobert. »Aisance und Zierlichkeit« lautet sein prosodisches Ziel, nicht schulmäßig-antiquarische Regelhaftigkeit, wie sie die »Herren von der stricten Observanz«, ein Johann Heinrich Voss zum Beispiel, verlangen.[22] Goethe wählt sich die in metrischen Sachen eher großzügigen Beistände Wieland und Herder. »Glückliche Hexameter«, attestiert ihm der letztere,[23] und wir entnehmen diesem Lob gern die beiden Bedeutungen »geglückt« und »beglückend«. Je nach Inhalt und Aussage schmiegt sich das Metrum. Wie abwechslungsreich sind schon die ersten drei Zeilen des Epos:

21 So Knebel am 17. 7. 1793 an Goethe; zit. nach: Gräf (Anm. 4) S. 254.
22 Formulierungen, wie Goethe sie gegenüber Jacobi und Nikolaus Meyer gebraucht; zit. nach: Gräf (Anm. 4) S. 255 bzw. S. 264.
23 Herder an Gleim am 12. 4. 1793; zit. nach: Gräf (Anm. 4) S. 253.

»Pfingsten, das liebliche Fest, war gekommen; es
grünten und blühten
Feld und Wald; auf Hügeln und Höhn, in Büschen und
Hecken
Übten ein fröhliches Lied die neuermunterten Vögel«
(I,1–3).

Schwingend vor Freude der erste Vers, ganz aus Distichen gebildet, keines stabilisierenden Trochäus bedürftig, wie er dem aufzählenden zweiten Vers dann passend gleich dreifach zugeteilt ist. Die männliche Haupt- und Nebenzäsur in der zweiten Verszeile unterstreichen die aufgezählten Orte der erwachten Natur. Überhaupt: wie frei wechseln die Zäsuren vom ersten (4. Takt) über den zweiten (Hauptzäsur im 2. Takt, was eine Kühnheit darstellt) zum dritten Vers (3. Takt) – Zeichen der lösenden Frühlingswonne. Entsprechend das doppelte Enjambement zwischen erster und zweiter, zwischen zweiter und dritter Zeile: auch darin schwingt aus die Freude über die weite heitere Maienlandschaft. Insgesamt ist das Enjambement, der Griff der syntaktischen Einheit über die Versfuge hinüber, ein Charakteristikum dieses Goethe-Textes, fast jeder dritte Vers drängt rhythmisch-syntaktisch in die folgende Zeile, und so läuft der Text bisweilen wie fein plaudernde Prosa dahin, dem munteren Geschehen geziemend. Andernorts ist der Rhythmus herb gestrammt (z. B. I,6 ff.) oder von »kapriziösem Staccato«[24]. Gewiß gibt es auch allzu »läßliche Hexameter«, um Goethes eigenen Ausdruck zu verwenden,[25] solche von nur fünf Takten (etwa

24 Mit diesem Ausdruck charakterisiert Ernst Feise den gesamten Versbau des *Reineke Fuchs*, vgl. ders., »Der Hexameter in Goethes *Reineke Fuchs* und *Hermann und Dorothea*«, in: *Modern Language Notes* 50 (1935) Nr. 3, S. 231–237, hier S. 234; von Feise stammt, im selben Aufsatz, auch die statistische Erhebung der Enjambements, wegen deren Häufigkeit der Verfasser vom »Hakenstil« des Werks spricht.

25 *Campagne in Frankreich* (Anm. 11) S. 187.

VI,107), die meisten aber sind vom Sinn her als Sechstakter zu retten. Betrachten wir – ein letztes metrisches Beispiel – Vers I,12:

> »Denn der König gedenkt mit allen seinen Baronen
> Hof zu halten in Feier und Pracht; er läßt sie berufen
> Alle miteinander, so gut die Großen als Kleinen«
> (I,10–12).

Man kann den letzten Vers als Fünftakter lesen mit einer dreisilbigen Füllung des ersten Taktes – es wäre eine metrische Zumutung! Liest man ihn als sechstaktigen Hexameter, so muß der zweite Iktus auf die Silbe »mit« gelegt und das Wort »alle« sehr spondeisch mit zwei langen Silben gesprochen werden. »Alle« klingt dann wie durch einen Schalltrichter gerufen, was im Anschluß an das letzte Wort der voraufgehenden Zeile einen bemerkenswerten gestisch-akustischen Sinn ergibt; aber auch einen Sinn für die Deutung des ganzen Epos, denn von diesen so intensiv gerufenen »allen« ist jener »Eine« (I,13) abgegrenzt, dessen Taten nunmehr erzählt werden sollen. Ulrich Hötzer resümiert im Anschluß an eine liebevolle Betrachtung der Goetheschen Hexameter: »[...] es ist also möglich, gewisse Erscheinungen im Versbau des *Reineke Fuchs* von ihrer Bedeutungsfunktion her zu verstehen.«[26] Das trifft die Sache: das maßgeschneiderte kommode metrische Gewand des Gedichts.

Die Vermittlung des derben und populären Stoffes mit der gehobenen Form gelingt zwanglos, von Künstlichkeit läßt sich darum sowenig sprechen wie von (komischer) Parodie. Nichts ist abwegiger als der von einigen Interpreten gegebene Hinweis auf die »*Batrachomyomachie*« und die Meinung, *Reineke Fuchs* sei vom Geist jenes »Froschmäusekriegs« aus

26 Ulrich Hötzer, »›Grata Negligentia‹ – ›Ungestiefelte Hexameter‹. Bemerkungen zu Goethes und Mörikes Hexameter«, in: *Der Deutschunterricht* 16 (1964) H. 6, S. 86–108, hier S. 96.

dem vierten oder dritten vorchristlichen Jahrhundert.[27] Der »Froschmäusekrieg« zieht seine komisch-parodistischen Effekte aus dem Kontrast von heroischer Form und läppischem Inhalt, daraus, daß statt Trojanern und Griechen hier Frösche und Mäuse unter wechselndem Beistand der olympischen Götter ihren Streit austragen – mit heldischen Tiraden, unter Verwendung großer homerischer Wortformeln und in regelrechten Hexametern. Daß Goethe eine komische Kontrastierung *seines* Tiervolks mit antiken Heroen beabsichtigt hat, darauf fehlt jeder Hinweis, auch hätte es der hohen Wertschätzung der überlieferten Fuchshistorien durch Gottsched oder Herder widersprochen. Bei aller Dummheit, Gier und Verruchtheit sind Wolf und Bär, Löwe und Fuchs von weit ernsterer Statur als das Geziefer der Pausback (Physignathos) und Bröselklau (Psicharpax), sind ihre Taten von mehr Gewicht als die Sumpf- und Schilfabenteuerchen der Nager und Quaker. Um komische Effekte zu erzielen, hätte – wir kommen aufs Metrische zurück – Goethe die Geschicke, Streiche und Reden seiner Animalien wohl eher in Hexameter der striktesten Observanz gesetzt, solche, wie sie sich der strenge Homer-Übersetzer Voss wünschte. Und wie steht es mit homerisierenden Wortformeln und Wortbildungen? Der Wolf Isegrim richtet an den König »die gerichtlichen Worte« (I,21): das erinnert zwar hübsch an die *Ilias*, wirkt im Textzusammenhang aber angemessen und gar nicht parodistisch. Oder die Goethesche Neubildung »neuermuntert« in der Zeile »übten ein fröhliches Lied die neuermunterten Vögel« (I,3): sie stimmt, wie bereits der Rhythmus, den gesamten Natureingang des Gedichts auf eine heitere Höhe des erzählenden Tons.

27 Vgl. Schwab (Anm. 16) S. 113 f.; Hubertus Menke, *»Denn so ist es beschaffen, so wird es bleiben«. Goethes »Reineke Fuchs«*, Privatdruck der Goethe-Gesellschaft Kiel 1983, S. 15 f.

Die Worte

So zum Epos gebunden und metrisch gefaßt, erreichen die alten Erzählungen von Reineke einen Kunstcharakter wie nie zuvor. Doch sind an dieser Ästhetisierung – doppelt zu verstehen: als Verschönerung des Tradierten wie als Bewältigung des zeitpolitischen Schreckens – auch Worte und Wendungen beteiligt, mit denen Goethe seine Vorlagen schmeidigt und ziert. Schon das »neuermuntert« des dritten Verses hat es gezeigt. Dieser Art wird durchs ganze Gedicht hin im Ausdruck gemildert, veredelt, wird entschwert und geheitert und wird auch mancher Satz pikant mit blasphemischem oder erotischem Nebensinne gewürzt.
Eine »langbeinige Hure« mäßigt sich zur »langbeinigen Mähre« (VIII,74), Isegrims gequälte Testikel – Gottsched nennt sie »Brüder» – werden zu »empfindlichsten Teilen« (XII,171). Wo derselbe Isegrim bei Gottsched »von hinten etwas fahren« ließ, heißt es jetzt: »er löste sich vor Angst« (XII,178). Zu plebejisch erscheint Goethe die Interjektion »schyt«, er macht in Gottscheds Gefolge daraus »nicht ein Haar!« (VIII,91). Gegenüber den Vorbildern wirkt es leichter, wenn Lampe, der »redliche Mann« (im 18. Jahrhundert ein moralisch-politischer Terminus), nicht mehr »bey der Kehle«, sondern »beim Kragen« gepackt (I,75) und dem Wolf, der statt am »Kinn« nunmehr »unter dem Barte« murmelt (X,358), durch die Pranke des Löwen eine »blutende Glatze« zuteil wird (X,373) – die Einführung des Nomens »Glatze« (für »Schopf«, auch X,394) lindert den krassen Bericht; sie zeigt auch, ähnlich wie der Tausch von »Kehle« gegen »Kragen«, eine Tendenz weg von der Sphäre des spezifisch und grob Animalischen. Das gilt ebenso für die Wortfelder der Fortbewegung und der Nahrungsaufnahme. Da »gehen, kommen oder laufen Goethes Handlungsfiguren nicht«, beobachtet Hubertus Menke, »sie wallen, wandeln oder spazieren. Menschliche und tierische Bereiche sind deutlich voneinander getrennt: Statt zu fressen oder zu vertil-

gen, schmaust, verzehrt und tafelt die Goethesche Hofgesellschaft.«[28] In artiger Weise fragt Grimbart den Fuchs: »wo laßt Ihr, Neffe, die Augen wieder spazieren?« (III,436 f.), und im selben Konversationstone schnurrt der Kater: »tut mir die Liebe« (III,47 – Gottsched: »wollt ihr mir einen rechten Gefallen thun«).

In zwei semantischen Bezirken wollen wir kurz noch jenem Ton gemütlicher Ironie nachhorchen, der das gesamte Epos durchzieht: im Bereich der Frömmigkeit und dem der Erotik. Der überlieferten Kirchen- und Pfaffensatire setzt Goethe in seinem *Reineke* noch einige übermütige Lichter auf. Als der Fuchs von seiner dem König versprochenen Romreise Abstand nimmt, rechtfertigt er diesen Wortbruch damit, es habe ihm »einst ein Weiser im Beichtstuhl« die Nichtigkeit abgenötigter Eidschwüre erklärt (VI,266). Die Vorlage wußte nur von einem »weisen Mann, dem ich beichtete«; Goethe vereindeutigt hier also spöttisch auf einen Repräsentanten der Kirche hin. Ganz von Goethes Hand stammen auch die antigeistlichen Urteile der Verse VIII,171–177, worin es abschließend heißt:

»Ihre Gelübde gefallen den guten Herren so wenig,
Als sie dem sündigen Freunde der weltlichen Werke
behagen« (VIII,176 f.).

Merkwürdiger sind indes Formulierungen, durch welche die kirchlich-religiöse Vorstellungswelt in den Bund mit ganz irdischen, ja skabrösen Dingen versetzt wird. Die geistliche Formel »Euer Wille geschehe« (II,286), die der Kater gegenüber dem König gebraucht, steht zwar schon in der niederdeutschen Fassung; doch Goethe verstärkt des Katers religiöse Art, sich auszudrücken, indem er dem schlimm gefes-

28 Menke (Anm. 27) S. 14; vgl. auch Schwab (Anm. 16) S. 57; Christian Bergmann, *Stilistische Untersuchungen dreier Fassungen des Tierepos vom Reineke Fuchs*, Diss. Leipzig 1963 [Masch.].

selten Tier den wie eine Vaterunser-Bitte klingenden Gedanken eingibt:

> »Sollt' ich mich etwa erlösen vom großen Übel?«
> (III,163)

– man muß den Abstand dieser Formulierung zu Gottscheds Text (»ob er sich vieleicht losmachen könte«) oder demjenigen von 1498 (»eft he syck konde loezen«) sehen, will man Goethes Worte recht goutieren. Keck erscheint auch der in sehr unheiligem Zusammenhang gebrachte Ausdruck »salben«, der uns liturgische Assoziationen weckt. Dem Wolf werden im finalen Zweikampf die Augen »gesalbt« (XI,389; XII,59). Wo Gottsched einmal, etwas farblos, schreibt »die Augen treffen«, ein andermal, allzu drastisch vielleicht, »die Augen ausgepisset«, da wählt Goethe mit »salben« ein Wort, das an kirchliche Bräuche, auch an den Segnungsakt mit dem Weihwasserwedel erinnert – des letzteren Stelle übernimmt aber hier die beharnte Rute des Fuchses. Es liegt ein blasphemisch-ironischer Hauch über solchen Stellen.

Noch zwei Worte zur Erotik. Sie beschränkt sich dem erzählerischen Inhalt nach auf illegale Buhlerei und Vergewaltigung, auf des Fuchses Verhältnis zur Wölfin Gieremund. Interessant ist nebenbei, daß Goethe die Wölfin nicht ausschließlich zum Objekt und Opfer des lüsternen Reineke macht, sondern, darin die Vorlage verfeinernd, psychologisch-witzig auch eine »Neigung der Wölfin zu dem schändlichen Fuchse« behauptet (III,94 f.). Gleichwohl, sie wird von ihm in Fallen gelockt, wo sie seiner Begehrlichkeit nicht mehr zu wehren weiß. An diesen Stellen weicht Goethe merklich von den Vorlagen ab. Schreibt Gottsched: Der Fuchs »fiel sie schleunig an«, so wählt Goethe den verschmitzteren Ausdruck »macht' ihr zu schaffen« (III,121); gibt Gottsched die geschlechtslose Wendung: Er »überwältigte mein Weib« und entkräftigt dabei das gröbere niederdeutsche »vorweldigede myn wyff«, so gebraucht Goethe die in passender Art doppeldeutige, weil auch sexuelle, Formulierung »er kam und übermannte sie« (XI,19); und sehr anders als in den Vorlagen, nämlich frivol und zweideutig, klingt jetzt, wie der Malefikant sein Verhalten gegen die festgefrorene Wölfin erklärt:

> »[...] daß ich ihr redlich geholfen!
> Denn ich schob und wollte mit allen Kräften sie heben«
> (XI,71 f.).

Unüberhörbar sind auch Reinekes Freßgelüste mit sexuellen Anklängen untermalt, Jagdfreude und erotisierte Augenlust vereinigen sich in seiner immer wieder genannten »Begierde«. Hören wir:

> »Da verdrehte der Schalk die gierigen Augen im Kopfe.
> Ja, vor allem gefiel ihm ein Hahn, der jung und gemästet
> Hinter den andern spazierte, den faßt' er treulich ins Auge« (III,420–422);

oder, in Worten des füchsischen Roués selbst:

> »Lampe reizte mich sehr; er sprang herüber, hinüber,
> Mir vor den Augen herum, sein fettes Wesen gefiel mir«
> (VIII,95 f.).

Geradezu wie einen Balztanz beschreibt Reineke die Bewegung des Hasen – und sich selbst als einen Feinschmecker, der dem nicht widerstehn kann. Eine letzte Probe sei serviert:

> »Erst, ich war noch ein kleiner Kompan und hatte die Brüste
> Kaum zu saugen verlernt, da folgt' ich meinen Begierden
> Unter die jungen Lämmer und Ziegen, die neben der Herde
> Sich im Freien zerstreuten; ich hörte die blökenden Stimmen
> Gar zu gerne, da lüstete mich nach leckerer Speise«
> (IV,202–206).

Fast durchgehend wird die füchsische Reißlust mit erotischem Beiklang inszeniert. Das erhebt sie über die bare Gefräßigkeit der übrigen Großtiere, es deutet schon Kultivation und Raffinesse an und macht uns den Text durch leise Frivolität amüsant. Auch scheint ein leicht französischer Geist, ein Anflug Lafontainescher Eleganz und Perraultscher Galanterie in solchen Passagen zu wirken.

Reineke

Nicht weniger als sechsmal verwendet Goethe in jener kurzen Passage, die den Beginn der pfingstlichen Curia regis berichtet, das Wort »alle«. Er beschwört damit die große Gesamtheit der versammelten Tiere, um dann fortzufahren:

> »Niemand sollte fehlen! und dennoch fehlte der Eine,
> Reineke Fuchs, der Schelm« (I,13).

Entschiedener als die Vorlagen pointiert Goethe so bereits sprachlich den Gegensatz von »allen« und »Einem«, hebt er den Fuchs aus der Fauna heraus. Auch die geographische Trennung Reinekes vom Kreis der übrigen Tiere –

> »durch eine Wüste, die groß war,
> lang und sandig und breit« (II,2 f.) –

malt Goethe kräftiger, als es die Vorlagen tun,[29] um Reinekes Isolation und Sonderstellung zu versinnlichen. Anders als die übrigen Vasallen hält dieser »Baron« (IV,100) sich dem Throne fern. Doch gerade so beschäftigt er die Hofkreise, verstört ihnen die Festesfreude und setzt Aktionen in Gang, die uns ein Epos lang in Atem halten. Eine verwunderliche Kraft, dieser Reineke. Ihm sind Gaben zuteil geworden wie

29 Gottsched: »durch eine große und lange Wüsteney«; der Lübecker von 1498: »dorch eyne wosteny, groet unde lanck«.

sonst keinem Tier. Er kann trügen wie keiner, er ist geistesgegenwärtig wie keiner, ist flink im Sprung und sicher im Fang, doch wichtiger ist seine List, die selbst den körperlichen Kampf entscheidet, da er am Leibe sich ölt wie sonst an der Zunge; unantastbar ist Reinekes Geschicklichkeit in den feineren Dingen der Politik und Diplomatie – die Episode der Affenhöhle (XI,200 ff.) belegt es oder jenes Teilungsgeschäft, bei dem er dem König den Löwenanteil zuschiebt (X,301 ff.). Auch als Rechtskundiger weist sich der Fuchs aus, man vergleiche die Erzählung von Mann und Schlange (IX,301 ff.); er ist ein gebildeter Kenner klassischer Mythen und älterer Fabulistik, wie die homerisch ausführlichen Beschreibungen von Kamm und Spiegel im zehnten Gesang beweisen. Wo ihm Vorteil winkt, wo es gilt, Schaden von der eigenen Person zu wenden, geht süße Rede aus Reinekes Mund, und wer will den Kleinen verargen, daß sie solcher Rede erliegen, wenn selbst der König ihr aufsitzt? Ein Meister der Maske ist Reineke, ein Schauspieler, dem man den Pilger, den Klausner, selbst den Leichnam glaubt. Aber er besitzt auch Mut, das Abenteuer mit dem Fischführer (I,106) oder die Annahme des Zweikampfs sprechen dafür; und den Seinen, das sei nicht unterschlagen, gilt Reineke trotz jener taktischen Denunziation des eigenen Vaters und Vetters (V,27) als ein fürsorglicher Pater familias (VII,161 ff.). Freilich, der tierischen Sozietät schlagen die Gaben dieses Einen nicht zum Guten aus, ihre Erzeugnisse sind Verleumdung, Diebstahl, Betrug, Raub, Mord und Vergewaltigung. Den Mittieren, sofern nicht aus Reinekes Sippschaft, erweist sich dieser in sein abgelegenes Malepartus Verschlagene als ein im schlimmeren Sinne Verschlagener, als ein Verruchter, gegen den es sich vorzusehen, wider den es zu klagen, den es kaltzustellen gilt. Denn

> »wär' er nicht fähig, zuletzt ein Land zugrunde zu
> richten?« (VII,149).

Reineke weiß, was die andern von ihm denken und für ihn wünschen. Wir sind von seinem Wissen unterrichtet, wie überhaupt sein Innenleben uns zutage liegt, auch seine Unruhe und Ängste. Wir horchen in ihn hinein, wenn er überlegt, wie er's dem hochmütig täppischen Braun eintränke (II,20 f.), wir erleben ihn »innig betrübt« vor der königlichen Burg (III,447), wir vernehmen, wie er »wachte vor Angst«, bis »sinnend fand ihn der Morgen« (VII,246 f.); aber wir erfahren auch seine Zuversicht:

> »Diesmal ahnet es mir, die Reise führet zum Besten« (VIII,4).

An solche Stellen, die den Fuchs als differenzierte Persönlichkeit zeigen, hat Goethe bei seiner Wortwahl besondere Sorgfalt gewendet. Wie er Reinekes tätliche und verbale Erotik – die der voraufgehenden Fuchsliteratur nur Anlaß war, Jungfrauen vor Verführung und Frauen vor Ehebruch zu warnen – zum Ausweis höherer Artung macht, so gewinnt der frühere Erzschurke durch seine Nachdenklichkeit, seine planende Intelligenz jetzt die Sympathie von Dichter und Leser, wir bangen mit ihm um den guten Ausgang. In dieser neuen Auffassung des alten Schreck- und Sünderbildes ist wiederum Herder anregend gewesen: »[. . .] je länger der Fuchs schwätzt, und betrügt«, meint er, dem glossatorisch-moralischen Verständnis seiner Lesevorlage zum Trotz, »je gelehrter und künstlicher er lüget; desto angenehmer wird er«.[30] So empfindet nur, wem bestimmte Züge im füchsischen Charakter und im Wesen der tierischen Sozietät in neuer, ungewohnter Helle aufleuchten.

Der Fuchs rühmt sich seiner Gaben – »ich hebe mich über sie alle« (VII,192) – und schmäht die geistige und gesellschaftliche Unbeholfenheit der andern – »aber sie sind zum Teil auch so plump, in jeglichen Dingen grob und stumpf« (VIII,99 f.; ähnlich VII,193). Solche Überheblichkeit gereicht dem Fuchs

30 Herder (Anm. 5) S. 219.

in der neuen Sicht nicht zum Nachteil; denn sein Urteil ist unangreifbar wahr. Und er ist auch der Einzige, der sagt, welchem Gesetz alle folgen, zuvörderst der König:

> »Raubt der König ja selbst so gut als einer, wir wissen's;
> Was er selber nicht nimmt, das läßt er Bären und Wölfe
> Holen und glaubt, es geschähe mit Recht«
> (VIII,109–111).

Wilhelm von Kaulbach hat in seinen geistreichen Reineke-Illustrationen von 1846 jenen Gedanken, es handle sich bei der animalischen Monarchie um eine Gesellschaft von Räubern, dadurch ins Bild gesetzt, daß er Nobels Zepter in eine grapschende Hand ausmünden ließ und um seinen Thron Tierknochen streute. Damit war humorvoll auf die verwunderliche Tatsache gewiesen, daß Reineke Taten wegen beklagt und belangt wird, die andere wie selbstverständlich begehn, und daß *er* sich rechtfertigen muß für Handlungen, die man anderen nicht zur Schuld rechnet. Diese gespaltene Moral der Gesellschaft in eins mit ihrem Löwen- und Wolfsgesetz faßt Reineke in treffende Worte. Er ist der Analytiker dieser tierischen Welt. Aber noch mehr: er demonstriert den Raubtiercharakter der Funktionsträger gleichsam ad oculos – indem er sie in Situationen lockt, in welchen sie Regel und Motiv ihres Handelns entlarven, der Bär seine Genäschigkeit, der Kater seine Jagdlust, der Wolf seine Freß-, der Löwe seine Habgier. Reineke, der Welt- und Seelenkundige, packt sie alle bei ihren Schwächen, Wünschen, Trieben, Gelüsten, bei ihrer gelehrten Eitelkeit, bei ihren Macht- und Glücksphantasien. Wie ein Experimentator läßt er sie agieren, daß es nur noch ein Reagieren ist, und zieht bei diesen arglistig-genauen Proben sogar die Menschen als Exekutanten in sein Kalkül. So ist er die ganz überlegene Gestalt; mit intellektueller Distanz zum tierischen Getriebe vertritt er darin die Stelle der Reflexion. Was er tun muß, *wie* alle andern, der eigenen Natur gehorchend und weil's so dahingeht in der Welt, das tut er, *anders* als alle andern, ohne moralische Betäubung oder die Dumpfheit eines guten Gewissens. Er handelt mit Bewußtsein und Selbstbewußtsein, und des Fuchses Bosheit gewinnt daraus ihre Grazie, seine Tücke die mephistophelische Brillanz.

Was Herder wie Goethe angezogen hat an Reinekes superioren Gaben, das brachte die Bearbeitung von 1793/94 durch den ungestockten, moralisierungsfreien Fluß der Erzählung erst richtig in die Erscheinung. Aus der Hut von Theologie und Moral gelöst, nicht weiter eine Figura diaboli – obgleich Goethe mit diesem Beisinn gelegentlich noch spielt (III,151 ff., 168 f.; V,27 f.) –, nicht länger ein Sündersymbol, ist dieser epische Held nunmehr »Reineke Fuchs, der Schelm« (I,14). Der Name »Schelm« bleibt, in entschiedenem Abweichen von der Vorlage, ganz für den Fuchs reserviert.[31] Er kennzeichnet diesen Charakter, der durch witzige Denkkraft und kecke Eleganz allen Übeltaten Nachsicht erwirkt, sie sogar erquicklich macht.

Ironische Schlußdidaxe

Wem anders hätte Goethe sein politisches Credo, sein Wort über die öffentliche »Tierheit«[32] der Zeit anvertrauen sollen als diesem geschmeidigen Kenner, diesem Reineke, der die »Ränke«[33] ebenso durchschaut wie beherrscht?

31 Vgl. dazu Schwab (Anm. 16) S. 24 ff.
32 Vgl. Anm. 11.
33 Goethe verwendet den Ausdruck »Ränke« im Unterschied zu Gottsched und dem *Reynke*-Verfasser von 1498 mehrmals: I,211.242; IV,125; XII,5 – ob er damit einen etymologischen Anklang an den Namen »Reineke« suggerieren will? Über eine ähnliche Namensauslegung bei Johann Mathesius (1600) – Reineke wird zum »Renckefuchs« – berichtet Hubertus Menke, »Populäre ›Gelehrtendichtung‹ im Dienste der reformatorischen Lehre«, in: *Reynaert, Reynard, Reynke*, hrsg. von Jan Goossens und Timothy Sodmann, Köln/Wien 1980, S. 249–282, hier S. 266.

»Doch das Schlimmste find' ich den Dünkel des irrigen Wahnes,
Der die Menschen ergreift: es könne jeder im Taumel
Seines heftigen Wollens die Welt beherrschen und richten« (VIII,152–154).

Was Goethe in seinen zeitlich benachbarten Entwürfen einen würdigen Landedelmann *(Der Bürgergeneral)*, einen korrekten Hofrat *(Die Aufgeregten)*, eine artige Baronesse *(Unterhaltungen deutscher Ausgewanderten)* über die Wirrnisse der Gegenwart sagen läßt, hier kommt's aus dem Mund des Fuchses, des Schelmen, und klingt darum minder streng als anderswo und weniger bitter, als wenn es der Erzähler selbst über die ins Tierische verfabelte Welt hingesprochen hätte. Ein Hauch von Ironie weht darüber, ist der Klagende ja selbst einer, der beim Taumel und Wahn gut mitzuspielen weiß. Die anschließende Mahnung nimmt man etwas unbefangener von ihm entgegen:

»Hielte doch jeder sein Weib und seine Kinder in Ordnung« (VIII,155).

Die Vorliebe für eine intim umschränkte Daseinsweise ist nicht Heuchelei, geht Reineke seinen zweimaligen Weg zum Zentrum der gerichtlichen und politischen Ereignisse doch ohne Lust. Lieber wäre er bei seiner Frau Ermelyn geblieben, im kunstvoll mäandrischen Malepartus, darin Goethe ähnlich, der gern zu Haus und in dem geblieben wäre, was er öfter Freunden gegenüber *sein* »Malepartus« nennt[34] – ein Wink auf die skeptisch-lächelnde Sympathie des Dichters für den Fuchs. Doch trotz solcher Neigung läßt der Erzähler dem Rotrock nicht das letzte Wort, beendet vielmehr selbst, darin wieder den Vorlagen von 1498 und 1752 getreu, den zwölften und letzten Gesang mit Mahnung und Rat:

34 Vgl. Gräf (Anm. 4) S. 263.

»Hochgeehrt ist Reineke nun! Zur Weisheit bekehre
Bald sich jeder und meide das Böse, verehre die Tugend!
Dieses ist der Sinn des Gesangs, in welchem der Dichter
Fabel und Wahrheit gemischt, damit ihr das Böse vom Guten
Sondern möget und schätzen die Weisheit, damit auch die Käufer
Dieses Buchs vom Laufe der Welt sich täglich belehren.
Denn so ist es beschaffen, so wird es bleiben, und also
Endigt sich unser Gedicht von Reinekes Wesen und Taten.
Uns verhelfe der Herr zur ewigen Herrlichkeit! Amen«
(XII,373–381).

Diese Schlußdidaxe oszilliert zwischen Ernst und Scherz. Im Wortbestand folgt sie weitgehend den Vorlagen; die Kernbegriffe »Tugend«, »das Böse«, »Weisheit«, »Lauf der Welt«, auch den Hinweis auf die käufliche Erwerbbarkeit des Buchs hat Gottsched formuliert, Goethe übernimmt das. Hinzu fügt er die Wortsequenzen »sich täglich belehren« und »denn so ist es beschaffen, so wird es bleiben«, auch das auslautende »Amen«. Trotz der ziemlich geringfügigen Änderungen spürt man in den Goetheschen Schlußversen einen anderen Geist. Beim Lübecker Text von 1498 wie bei Gottsched wird in der Schlußpassage moraltheologisch Bilanz gezogen aus den geschilderten und kommentierten Anschlägen jenes Bösen und der Leser mit geistlichem Zuspruch entlassen. Aber in Goethes Sprachstück treibt gar nicht mehr ein so Grundböser sein Unwesen, Reineke ist nicht länger das Schreck- und Warnbild des frühneuzeitlichen Sündenspiegels. So kann, was an hohen Worten des überlieferten Schlusses beibehalten wurde, nur noch ironisch gelesen werden. Goethe, scheint uns, spielt in selbstbefreiendem Mutwillen mit den religiösen und moralischen Imperativen des alten Abgesangs. Wie in gewissen Passagen der Erzählung selbst bedient er sich auch hier der liturgischen Worte, übertreibt und vermehrt er gar in sachter Blasphemie das religiöse Vokabular der älteren Fassung. Wo die Vorlage endigt mit »Gott helf uns zu der ewgen Glorie«, addiert Goethe noch ein »Amen« – setzt damit auch das rahmende Pendant zum kirchlichen Festesnamen »Pfingsten«, dem ersten Wort des Epos. Gottesdienstlich klingt die Wortreihe »so ist es beschaffen, so wird es bleiben«, sie erinnert an die liturgische Formel »per omnia saecula saeculorum« – wäre hier aber ganz wider ihren heiligen Sinn auf die unselige Welt mit ihren fortwährenden Gemeinheiten angewendet. Mit dieser Formel und dem beschließenden »Amen« rückt der ganze »Gesang« (XII,374), oder vielmehr seine Lektüre, spielerisch in den Rang einer gläubigen Verrichtung: wie das Brevier- und Bibellesen, das man täglich vornimmt und durch das man »sich täglich belehren« soll. Goethe hat den *Reineke Fuchs* selbst eine Bibel genannt, freilich ironisch: eine »Weltbibel«, und gar paradox: eine »unheilige Weltbibel«.[35] Und neckend hat er ihn am 7. Juni 1793 seinem frommen Freund Jacobi für die »gewöhnlichen Betstunden« angeboten.[36] Das Corpus der Reineke-Geschichten hatte man auch früher schon an die Seite der Bibel gestellt, so etwa der Rostocker Barockdichter Johann Lauremberg;[37] dies aber auf heiter-ironische Weise zu tun und die überkommenen Historien nach diesem neuartigen Verständnis im kleinen und feinen zu durchformen blieb Goethe vorbehalten.[38]

Doch neben scherzhaften, ironischen läßt die Schlußpassage auch ernstere Töne hören. Auch sie deutet ja, wenngleich auf neue Weise, die vorangehenden Gemälde, sie gibt Auskunft über Motiv und Absicht des Dichters und über seine Meinung

35 *Tag- und Jahreshefte 1823*; hier zit. nach: Gräf (Anm. 4) S. 263.

36 Zit. nach: Gräf (Anm. 4) S. 252.

37 Vgl. Menke (Anm. 33) S. 270.

38 Die Frage, ob der *Reineke Fuchs* als eigenständiges Werk Goethes anzusehen sei, ist damit wohl positiv beantwortet; er selbst nennt das Epos zwar eine »zwischen Uebersetzung und Umarbeitung schwebende Behandlung« (*Tag- und Jahreshefte 1823*, zit. nach: Gräf [Anm. 4] S. 275), hat es in seinen Werkausgaben aber stets unter die Originalwerke gereiht.

zum rechten Wandel in der Zeit. Wie er in der Erzählung »Fabel und Wahrheit gemischt« hat (XII,376), so verbindet er hier die spielende Satire mit ehrlich gemeinter Ermutigung – für sich und den Leser. Auch er nutzt das traditionelle Epimythion der Exempeldichtung. Goethe hat die Zeitgeschichte ins Tierbild versetzt und dabei ihre Unruhe, ihre Niedertracht und Schwäche von sich weggerückt. Er distanziert sie ein übriges Mal mit jener aus dem Kirchlichen erborgten Formel »so ist es beschaffen, so wird es bleiben«. Denn aus dieser Formel spricht, neben sachter Blasphemie, eine Enthistorisierung der politischen Aktualität: die Bedrängnisse im Gefolge der Französischen Revolution gelten nurmehr als übergängliche Exempel und Momente des allgemeinen Weltlaufs, einer sich im großen wenig ändernden Menschen- und Völkergeschichte unter dem Mond. Ein Standpunkt historischer Skepsis ist hier eingenommen, äußert sich als Argwohn gegen zu laute politische Töne, als Bedenklichkeit gegenüber weittragenden Entwürfen zur Weltverbesserung. Wir mögen diese skeptische Haltung des Dichters im Angesicht der großen bürgerlichen Revolution in Frankreich bedauern, doch ist sie zu respektieren.
Goethe nennt sie auch »Weisheit«. Zweimal erscheint dieses Wort im kurzen Epilog des *Reineke Fuchs* und gewinnt gegenüber Gottscheds Gebrauch einen neuen, einen spezifischen Sinn unter den Zeichen der revolutionären Gegenwart. »Uns lehret Weisheit am Ende das Jahrhundert«, heißt es 1796 in der Elegie *Hermann und Dorothea*.[39] Und weiter: »[. . .] weise denn sei das Gespräch!« Goethe rät an, daß man sich den Ängsten der Zeit, daß man sich dem Zorn und politischen Ärger entraffe und im kleinen Zirkel, häuslich und gesellig, mit Freunden, mit Frau und Kind dem Tage geneigt sei:

39 Zit. nach: *Goethes Werke* (Anm. 3) Bd. 1, München ^{13}1982, S. 197 f.; V. 41 f.

»Schüre die Gattin das Feuer, auf reinlichem Herde zu kochen!
Werfe der Knabe das Reis, spielend, geschäftig dazu!
Laß im Becher nicht fehlen den Wein! Gesprächige Freunde,
Gleichgesinnte, herein!« (23–26.)

Zu Weisheit und weisem Gespräch gehört die Poesie. Auch wenn sie »die traurigen Bilder der Zeit«[40] vorüberführt, löst sie Beklemmungen und lindert das Unbehagen an der eigenen Epoche. Wie drei Jahre zuvor *Reineke Fuchs*.

40 Ebd., V. 37.

Literaturhinweise

Bergmann, Christian: Stilistische Untersuchungen dreier Fassungen des Tierepos vom Reineke Fuchs. Diss. Leipzig 1963. [Masch.]

Feise, Ernst: Der Hexameter in Goethes *Reineke Fuchs* und *Hermann und Dorothea*. In: Modern Language Notes 50 (1935) Nr. 3. S. 231–237.

Hötzer, Ulrich: »Grata Negligentia« – »Ungestiefelte Hexameter«. Bemerkungen zu Goethes und Mörikes Hexameter. In: Der Deutschunterricht 16 (1964) H. 6. S. 86–108.

Kokott, Hartmut: Reynke de Vos. München 1981.

Lange, Martin: Goethes Quellen und Hilfsmittel bei der Bearbeitung des *Reineke Fuchs*. Dresden 1888.

Menke, Hubertus: Ars vitae aulicae oder descriptio mundi perversi? Grundzüge einer Rezeptions- und Wirkungsgeschichte des Erzählthemas vom Reineke Fuchs. In: Jahrbuch des Vereins für niederdeutsche Sprachforschung. Jahrg. 1975/76. Neumünster. S. 94 bis 136.

Scheel, Käthe: Goethes *Reineke Fuchs* und seine Quellen. In: Mitteilungen aus dem Quickborn 40 (1949) Nr. 3. S. 43–45.

Scheffler, Christian: Die deutsche spätmittelalterliche *Reineke-Fuchs*-Dichtung und ihre Bearbeitungen bis in die Neuzeit. In: Aspects of the medieval animal epic. Hrsg. von E. Rombauts und A. Welkenhuysen. Leuven 1975. S 85–104.

Schwab, Lothar: Vom Sünder zum Schelmen. Goethes Bearbeitung des Reineke Fuchs. Frankfurt a. M. 1971.

SIGRID BAUSCHINGER

Unterhaltungen deutscher Ausgewanderten (1795)

Das Interesse des Tages

Als die *Unterhaltungen der Ausgewanderten* im 11. Band der Ausgabe letzter Hand zusammen mit den symbolisch-satirischen Theaterstücken, darunter dem *Großkophta*, dem *Bürgergeneral* und den *Aufgeregten*, erschienen, zeigte Goethe 1826 die Publikation folgendermaßen an: »Letzteres [die *Unterhaltungen*], obgleich nicht eigentlich dramatisch, hat man hier angefügt, weil es im Sinne der drei vorhergehenden geschrieben ist und das grosse Unheil unwürdiger Staatsumwälzung in lebhaftem Dialog vor die Seele bringt.«[1]

Die erschreckende Wirkung der Französischen Revolution und ihrer Folgen auf Goethe ist bekannt. Noch während der Entstehung der *Unterhaltungen* erschüttern politische Unruhen und militärische Aktionen Europa an vielen Stellen. Arbeiteraufstände in Frankreich bringen die Bergpartei und den Jakobinerklub zu Fall. In den polnischen Besitzungen Preußens wird revoltiert. Französische Truppen erobern die Niederlande und Nordkatalonien, sie besetzen das linke Rheinufer und bombardieren selbst Frankfurt, worüber Goethe in den Briefen seiner Mutter Nachricht aus erster Hand erhält. Im Sonderfrieden von Basel schließt dann Preußen als erster Staat einen Vertrag mit der französischen Republik. Weitere europäische Länder schließen sich bald an, auch Kursachsen mit seinen Verbündeten, darunter das Großherzogtum Weimar. Umstritten wie dieses Sich-Arrangieren mit dem revolutionären Frankreich auch war, es sicherte Weimar

1 Hans Gerhard Gräf, *Goethe über seine Dichtungen*, T. 1: *Die epischen Dichtungen*, Bd. 1, Darmstadt 1968, S. 359.

für zehn Jahre den Frieden.[2] »Einem tätigen productiven Geiste, einem wahrhaft vaterländisch gesinnten, und einheimische Litteratur befördernden Manne wird man es zu Gute halten, wenn ihn der Umsturz alles Vorhandenen schreckt, ohne daß die mindeste Ahnung zu ihm spräche, was denn Besseres, ja nur anderes daraus erfolgen solle.«[3] Diese Bemerkung Goethes aus den *Tag- und Jahresheften* von 1793 war auch Schiller aus dem Herzen gesprochen. Hatte Goethe zunächst in symbolisch-satirischen Theaterstücken auf die Bedrohung reagiert, »dass dergleichen Influenzen sich nach Deutschland erstrecken, und verrückte, ja unwürdige Personen das Heft ergreifen«,[4] so beschloß Schiller, der gleichermaßen von den ungeheuren Zeitereignissen verstört war, zu dem Mittel zu greifen, das immer wieder in Zeiten des Umbruchs und der Wirren Hilfe und Klärung verspricht – und dieses Versprechen so selten zu halten imstande ist –: Er gründete eine Zeitschrift.

»*Die Horen*, eine Monatsschrift, von einer Gesellschaft verfaßt und herausgegeben von Schiller« waren nach drei Töchtern des Zeus – Eunomia, Dike und Irene – benannt, die gesetzliche Ordnung, Gerechtigkeit und Frieden verkörpern, und schon ihr Name bezeichnete ein Programm. Am 13. Juni 1794 schickt Schiller eine Einladung zur Mitarbeit an dem mit Fichte und Wilhelm von Humboldt begonnenen Unternehmen nach Weimar, und mit diesem Schreiben beginnt zugleich der Briefwechsel zwischen Schiller und Goethe. In der Einladung sowie in der »Ankündigung« der *Horen*, die Schiller im ersten Stück der Zeitschrift im Januar 1795 veröffentlicht, wird das ganze Erschrecken deutlich, das die Zeitereignisse über ihn gebracht hatten. Dabei versucht er mit

2 Vgl. hierzu Hans Mayer, »›Das Märchen‹: Goethe und Gerhart Hauptmann«, in: *Gestaltung und Umgestaltung. Festschrift zum 75. Geburtstag von Hermann Korff*, hrsg. von Joachim Müller, Leipzig 1951, S. 92–107; Dieter Borchmeyer, *Die Weimarer Klassik*, Bd. 2, Königstein (Taunus) 1980, S. 180.

3 Gräf (Anm. 1) S. 357 f.

4 Ebd.

einer ungleich radikaleren Kur dem Übel politischer und, als dessen Folge, gesellschaftlich sittlicher Verwilderung zu begegnen, als sie etwa Goethes symbolisch-satirische Theaterstücke darstellten. »[...] vorzüglich aber unbedingt wird sie sich alles verbieten, was sich auf Staatsreligion und politische Verfassung bezieht. Man widmet sich der *schönen* Welt zum Unterricht und zur Bildung, und der *gelehrten* zu einer freien Forschung der Wahrheit und zu einem fruchtbaren Umtausch der Ideen«,[5] heißt es in der Einladung, und die Ankündigung vergleicht gar das Gespräch über Politik mit dem Krieg selbst, den es »beinahe in jedem Zirkel erneuert« und dabei Musen und Grazien verscheucht. Der »allverfolgende Dämon der Staatskritik« soll durch eine »Unterhaltung von ganz entgegengesetzter Art« verbannt werden, indem sie »über das Lieblingsthema des Tages ein strenges Stillschweigen auferlegen« wird. Das Interesse der Gegenwart ist beschränkt, es engt ein, unterjocht, und nur ein allgemeineres und höheres Interesse an dem, »was *rein menschlich* und über allen Einfluß der Zeiten erhaben ist«, verspricht der politisch geteilten Welt Freiheit und Einheit »unter der Fahne der Wahrheit und Schönheit«.[6] Goethe antwortet auf Schillers Aufforderung zur Mitarbeit sowohl als Gutachter eingesandter Manuskripte wie als Beiträger positiv, wiewohl er die Formulierung seines Briefs mehrmals revidiert. Sollte sich unter seinen ungedruckten Sachen etwas Zweckmäßiges finden, so verspricht er, es mitzuteilen. Diese Zurückhaltung ist verständlich, ist Goethe doch gerade im Begriff, den Roman *Wilhelm Meisters Lehrjahre* abzuschließen, den Schiller so gern in den *Horen* veröffentlicht hätte, der aber schon bei Friedrich Unger in Berlin erscheint. Zu den »kleinen Erzählungen«, zu welchen Schiller ihn anregt, zeigt Goethe dann aber »große Lust, nach der Last, die einem so ein Pseudo-

5 *Der Briefwechsel zwischen Schiller und Goethe*, hrsg. von Emil Staiger, Bd. 1, Frankfurt a. M. 1977, S. 28.

6 Friedrich Schiller, »Ankündigung«, in: *Schillers Werke*, Bd. 4: *Schriften*, Frankfurt a. M. 1966, S. 135.

Epos, als der Roman ist, auflegt«.[7] Die Erzählungen faßt er zudem in einen Rahmen, und so sind die *Horen* der Erscheinungsort dessen, was gemeinhin der erste Novellenzyklus der deutschen Literatur genannt wird.

Den Namen »Novelle« verdienen allerdings nicht alle erzählenden Texte der Sammlung, und die gesamten *Unterhaltungen* wurden auch lange als ein Nebenwerk Goethes betrachtet. Man hat sie bis ins zwanzigste Jahrhundert selten im Zusammenhang ihrer einzelnen Teile oder im Zusammenhang mit ihrer Zeit gesehen. Erst Joachim Müller erkannte in der Rahmenhandlung Goethes bedeutende Antwort auf die Französische Revolution,[8] und Bernd Bräutigam zeigte, wie Goethe Schillers Bildungsprogramm zur Rettung vor den zerstörenden Auswirkungen der Revolution eben dort in Frage stellt, wo es proklamiert wird, in den *Horen*.[9] Die engen Bezüge von Rahmenhandlung und Binnenerzählungen schließlich, die sich in ihrer Zeitentrückung und Urteilsenthaltsamkeit entsprechen, hat zuletzt Rolf Geißler nachgewiesen.[10]

Die Einheit der *Unterhaltungen* wird aber auch an den einzelnen Geschichten erkennbar, die nicht nur durch ihre paarweise Aufeinanderfolge, sondern auch durch zahlreiche gegenseitige Verweise miteinander verbunden sind. Sie spiegeln die Rahmenhandlung ebenfalls wider, indem auch sie einem Ideal zustreben, das sie, wie diese, nicht erreichen können und das erst im abschließenden *Märchen* voll zur Ansicht gebracht wird. Für eine Betrachtung der *Unterhaltungen* ist

7 *Der Briefwechsel zwischen Schiller und Goethe* (Anm. 5) S. 65 f.

8 Joachim Müller, »Zur Entstehung der deutschen Novelle. Die Rahmenhandlung in Goethes *Unterhaltungen deutscher Ausgewanderten* und die Thematik der französischen Revolution«, in: *Gestaltungsgeschichte und Gesellschaftsgeschichte. Festschrift für Fritz Martini*, hrsg. von Helmut Kreuzer, Stuttgart 1969, S. 152–175.

9 Bernd Bräutigam, »Die ästhetische Erziehung der deutschen Ausgewanderten«, in: *Zeitschrift für deutsche Philologie* 96 (1977) S. 508–539.

10 Rolf Geißler, »Zur Einheit von Goethes *Unterhaltungen deutscher Ausgewanderten*«, in: *Literatur für Leser* 1 (1979) S. 33–44.

daher der Aspekt des Zusammenhangs von Entstehungs- und Zeitgeschichte, Rahmen- und Binnenerzählungen, Parallel- und Einzelgeschichten, einschließlich des *Märchens* unerläßlich. Goethe muß in einem frühen Gespräch mit Schiller die Idee geäußert haben, »die Geschichte des ehrlichen Prokurators aus dem Boccaz zu bearbeiten«, woran ihn dieser in einem Brief vom 28. Oktober 1794 erinnert. Diese Geschichte stammt zwar nicht aus dem *Decamerone*, sondern aus den *Cent nouvelles nouvelles*, aber das Mißverständnis mag Goethe zu der Idee der Rahmenhandlung geführt haben, die ganz sicher ihre Anregung von Boccaccio erhält, jedoch weit über dessen Modell hinausgeht. Wie im *Decamerone* so befindet sich auch in den *Unterhaltungen* eine Gruppe von Personen höheren Standes auf der Flucht vor tödlicher Gefahr. Boccaccios Rahmenhandlung spielt in einer Villa in Fiesole oberhalb von Florenz, wo einige Bewohner der Stadt Rettung vor der dort wütenden Pest suchen. Goethes deutsche Ausgewanderte haben sich vor der französischen Revolutionsarmee von ihren auf dem linken Rheinufer gelegenen Besitzungen auf das rechte geflüchtet. In beiden Werken erzählen nun die Flüchtlinge einander Geschichten, aber während dies bei Boccaccio eher zur Ablenkung und zum Zeitvertreib geschieht, verfolgt Goethe mit seiner Rahmenhandlung einen anderen Zweck. Auch ist seine Rahmengeschichte aufs engste mit den Erzählungen, die darin vorgetragen werden, verzahnt. Jede wird von den Zuhörern und Erzählern, wenn auch nur kurz, kommentiert. An einer Stelle erscheint sogar ein Ereignis innerhalb des Rahmens wie ein Echo auf die zuvor zum besten gegebene Schauergeschichte. Nur am Schluß, nachdem der Haupterzähler *Das Märchen* vorgetragen hat, nimmt Goethe den Rahmen nicht mehr auf, er läßt ihn offen, und das aus gutem Grund.

Zunächst fällt auf, wie genau sich Goethe bis hin zu fast wörtlichen Entsprechungen an Schillers »Ankündigung« der *Horen* gehalten hat, als er seinen Rahmen zu den *Unterhaltungen* entwarf, der ja ebenfalls im 1. Stück der *Horen* erschien. »Zu einer Zeit, wo das nahe Geräusch des Kriegs das Vaterland ängstiget [...]«,[11] so lautet der Anfang von Schillers Text, während Goethe die *Unterhaltungen* »in jenen unglücklichen Tagen« beginnen läßt, »als das Heer der Franken durch eine übelverwahrte Lücke in unser Vaterland einbrach«.[12] Beide Autoren weisen damit auf den ersten Koalitionskrieg hin, Goethe auf den Durchbruch der Armee des Generals Custine 1792 bei Landau, Schiller auf die vielfältigen Kriegswirren von 1794/95. In dieser aufregenden Epoche versammelt Goethe seine kleine Gesellschaft unter Anführung der Baronesse von C. auf ihrem Landgut am Rhein unweit von Mainz. Eine Witwe in mittleren Jahren, erscheint sie als eine der vorbildlichen Frauenfiguren Goethes und wird mit Ausdrücken wie »trefflich«, »tätig«, »entschlossen« charakterisiert. Noch wichtiger sind ihr durchdringender Geist und ihre Haupttugend, »vielen zu dienen«. Auch guter Humor geht ihr nicht ab, und so versteht sie, »ihre kleine Karawane« gut zu führen (125). Zu dieser gehören ihre Tochter Luise, eine lebhafte, heftige, »in guten Tagen herrische« (126) junge Dame und bereits verlobt; der praktische ältere Sohn Friedrich sowie ein jüngerer Sohn nebst Hofmeister und zwei weibliche Verwandte als stumme Personen. Ein alter Abbé, langjähriger Freund der Familie, hat sich ebenfalls angeschlossen sowie der junge, schöne und leidenschaftliche Vetter Karl, dem gleich zu Anfang eine wichtige Rolle zufällt. Denn während die Familie unter den Folgen der Revolution deutlich zu leiden hat, zeigt sich Karl von der blendenden Schönheit der Freiheit verführt. Mit seinem »unmäßigen Lob« (127) der französischen Zustände, ja sogar der militärischen Erfolge der Revolutionsarmee, vor der sich die Baronesse mit den Ihren ja auf der Flucht befindet, bringt er begreiflicherweise alle anderen aus der Fassung.

11 Schiller (Anm. 6).

12 *Goethes Werke in 14 Bänden*, Bd. 6, hrsg. von Erich Trunz, Hamburg 1955, S. 125. Nach dieser Ausgabe wird im folgenden zitiert.

Nur die Baronesse versucht, mäßigend in den Streit einzugreifen, und aus ihren ersten Ermahnungen hört man wieder Schillers *Horen*-Programm heraus. Bisher hatte ihr Humor den »aufgespannten Gemütern« (125) die gute Laune erhalten. Jedoch die beschwerliche Flucht lenkt die Aufmerksamkeit immer wieder »auf ein gegenwärtiges Interesse zurück« (128). »Aber je mehr das beschränkte Interesse der Gegenwart die Gemüter in Spannung setzt«, hatte Schiller in seiner Ankündigung bemerkt, »desto dringender wird das Bedürfnis«, sie wieder zu befreien und zu vereinigen.[13] Die Baronesse beklagt an den gegenwärtigen Zuständen, daß sie besonders deutlich zeigen, »wie ungebildet in jedem Sinne die Menschen seien« (128), wobei sie Bildung im Sinne einer »reinen Tugend« versteht, die den Menschen antreibt, für andere zu leben und sich aufzuopfern. Ein solch hoher Bildungsbegriff kann daher auch die Baronesse proklamieren lassen, daß nur Bildung die Menschen vor dem Untergang rettet. Damit fallen zum erstenmal die Worte, die sie im Verlauf der Rahmengeschichte zu ihrem Programm erheben wird. Vorher jedoch kommt es zu einem Eklat größeren Ausmaßes. Unter den Besuchern auf dem Gut erscheint der Geheimerat von S. mit seiner der Hausherrin seit frühester Jugend aufs engste verbundenen Gattin. Vetter Karl kann sich in Gesellschaft dieses von strengen Grundsätzen beherrschten Mannes, der viel durch die Franzosen gelitten hat, nicht bezähmen. Während man von ferne den Donner der Kanonen hört, spielt sich, ganz wie in Schillers Vergleich, der Kampf politischer Meinungen in dem kleinen Zirkel ab. Zunächst vermag die Baronin noch mäßigend auf die Kontrahenten einzuwirken, aber sobald die Rede auf das nahegelegene, von Koalitionstruppen belagerte Mainz kommt, ist sie machtlos.

Man hat die *Unterhaltungen* oft als Beweis für Goethes Antipathie gegen die Französische Revolution verstanden und ihn in der Rahmenhandlung Partei für den Geheimerat ergreifen

13 Schiller (Anm. 6).

sehen.[14] Es ist jedoch zumindest bemerkenswert, wie außerordentlich objektiv der Autor dabei verfährt, was, wenigstens zum Teil, auf Schillers Einfluß zurückzuführen ist. Er bemüht sich, gerade dem Anhänger der Revolution Gerechtigkeit widerfahren zu lassen, und schildert den jungen Karl so ehrlich und leidenschaftlich erregt, daß es schwerfällt, ihm nicht die größeren Sympathien entgegenzubringen. Wenn der Geheimerat mit kaum verhohlenem Hohn die mit den Franzosen kollaborierenden Mainzer Munizipalbeamten demnächst ihre wohlverdiente Strafe empfangen sieht, holt Karl zu einer flammenden Rede aus, in der er mit stürmischem Idealismus seinem Gegner vorwirft, nicht das geringste Verständnis für die Unterprivilegierten zu haben, weil er und seinesgleichen ihre Not nie kannten. Dieser mit rhetorischem Schwung vorgetragenen Rede setzt der Autor nur die kurze Bemerkung über den Geheimerat entgegen, daß dieser »mit einiger Bitterkeit« über die jungen Leute scherzte, »die einen Gegenstand zu idealisieren geneigt seien« (133). Wenn es nun noch zu einer weiteren Steigerung der Auseinandersetzung kommt, so nur, weil der Geheimerat den hitzigen Karl zu übertrumpfen trachtet und dieser wiederum den alten Herrn – und zwar so beleidigend, daß der Geheimerat sich zur Abreise gezwungen sieht. Es wurde mit Recht bemerkt, daß sich »beide Protagonisten offen zum Terror als probatem Mittel reaktionärer, bzw. revolutionärer Politik« bekennen.[15]

Dies also in den *Horen*, die doch mit den stärksten Versicherungen ihres Herausgebers politische Abstinenz geschworen hatten. Scharfe kritische Stimmen, besonders von Johann Friedrich Reichardt in seiner Monatsschrift *Deutschland* (Januar 1796), wurden denn auch laut. Es wäre aber verfehlt, Goethe hier des Widerspruchs zu Schiller zu zeihen. Er wollte wohl eher den Teufel mit Beelzebub austreiben und

14 Vgl. Wulf Segebrecht, »Geselligkeit und Gesellschaft«, in: *Germanisch-Romanische Monatsschrift*, N. F. 25 (1975) S. 306–322.

15 Bräutigam (Anm. 9).

den *Horen*-Lesern an diesem Beispiel zerstörter Geselligkeit und verletzter Menschlichkeit zeigen, daß der politische Diskurs immer nur dazu führt, »andern wehe zu tun« (130 f.). Schiller hat auch nicht widersprochen. Zwar schreibt er am 20. Oktober 1794 mit Bezug auf die ersten *Briefe über die ästhetische Erziehung des Menschen*, die er Goethe schickt und mit welchen er »den Tanz der Horen« beginnen möchte: »Ich habe über den politischen Jammer noch nie eine Feder angesetzt, und was ich in diesen Briefen davon sagte, geschah bloß, um in alle Ewigkeit nichts mehr davon zu sagen«. Und wenn er am 29. November die unerwartet schnelle Lieferung des Eingangs der Erzählungen bestätigt, also das vollständige erste Rahmenstück, wie es in der ersten Nummer erschien, so nennt er »das Ganze sehr zweckmäßig eingeleitet«; allerdings gibt er zu bedenken, daß er sich in seiner »Annonce an das Publikum auf unsere Keuschheit in politischen Urteilen berufen werde« und daß eine nicht unbeträchtliche Zahl der Leser gerade an den Äußerungen des Geheimerats Anstoß nehmen dürfte. Deshalb schlägt er vor, den brüskierten Herrn durch den hitzigen Karl zurückholen zu lassen. Das geschieht jedoch nicht. Goethe verspricht lediglich, er wolle »dem Geheimen Rat und Louisen Sordinen auflegen und Karlen vielleicht noch ein Forte geben, so wirds ja wohl ins gleiche kommen« (2. Dezember 1794).

Gesellige Bildung

Wie Goethe nach dem unerhörten Ereignis der Rahmenhandlung, dem Weggang des Geheimerats, die Baronesse das Steuer des schwankenden Schiffleins ergreifen und ihre Gesellschaft in die ruhigen Gewässer friedlicher Geselligkeit lenken läßt, das muß Schillers volle Zufriedenheit gefunden haben. Der Dialog, der sich nun anschließt, ist wiederum ganz in Schillers Sinn konzipiert. Die Baronesse bittet, ja fordert von den Ihren Toleranz und Mäßigung gegenüber

Andersdenkenden. In ihrer Erregung bezweifelt sie zunächst, daß Männer überhaupt dazu imstande sind. »Ich wüßte auch nicht einen, der auch nur der geringsten Entsagung fähig wäre.« (136.) Aber, wie so viele Figuren in den folgenden Erzählungen, nimmt sie sich zusammen und mildert ihren Befehl zu einer Bitte. Von nun an soll die politische Debatte im gesellschaftlichen Kreis schweigen. Es mögen »Gleichgesinnte sich im stillen zueinanderfügen und sich angenehm unterhalten, indem der eine dasjenige sagt, was der andere schon denkt« (137). Um der geselligen Bildung willen muß der einzelne zur Aufopferung seiner persönlichen Meinung fähig sein, nicht indem er sie aufgibt oder auch nur ändert, sondern indem er sich versagt, sie dort zu äußern, wo sie verletzt. So siegt das Ideal der geselligen Bildung über das Interesse des Tages, weil es diesen deutschen Ausgewanderten offenbar nicht gegeben ist, beides zu integrieren und auch mit der politischen Opposition ein vernünftiges, die Person des anderen achtendes Streitgespräch zu führen. Die Baronesse schlägt dagegen vor, was auch die Einleitung in die *Horen* propagiert: Unterhaltung durch das Schöne und Wahre.

An dieser Stelle tritt der bis dahin abwesende Abbé in Erscheinung, der verspricht, für Unterhaltung zu sorgen und Privatgeschichten zu erzählen, die zunächst durch den Reiz der Neuheit erfreuen werden. Dabei wird der Verstand nicht bemüht, denn nichts belästige eine Gesellschaft mehr, »als wenn man sie zum Nachdenken und zu Betrachtungen auffordert« (142). Diese mit feiner Ironie vorgebrachte Wendung ist natürlich auch auf das deutsche Lesepublikum gemünzt, als dessen Vertreter man sich den Kreis um die Baronesse vorzustellen hat. Ironie und zurückhaltende, wenn nicht liebenswürdige Kritik selbst an der unentwegt stichelnden Luise (die bereits Schiller nahezu unerträglich fand) weisen den Geistlichen als ein Musterbeispiel an geselliger Bildung aus, derer seine jungen Zuhörer noch sehr bedürftig sind. Was der Abbé ankündigt, sind Geschichten über »die Empfindungen, wodurch Männer und Frauen verbunden oder entzweiet, glücklich oder unglücklich gemacht, öfter aber verwirrt als aufgeklärt werden« (143). Liebesgeschichten also. Er beginnt noch am gleichen Abend mit der ersten Geschichte, die im 2. *Horen*-Stück erschien. Goethe hatte vor allem den Wunsch, die *Horen*-Leser von Anfang an durch unterhaltende, spannende Geschichten für die Zeitschrift zu gewinnen. Deshalb fragt er am 5. Dezember 1794 bei Schiller an, ob diesem »etwas von einer *gespenstermäßigen Mystifikations-Geschichte* bekannt sei, welche vor vielen Jahren Mlle. *Clairon* begegnet sein soll? und ob vielleicht in irgendeinem Journal das Märchen schon gedruckt ist?« Er möchte so recht »vom *Unglaublichen*« anfangen und wünscht, daß das erste Stück »mit voller Ladung erschiene«.

Es ist umstritten, in welcher Form Goethe die Geschichte der französischen Schauspielerin Hippolyte Clairon, die nach ihrem Abschied von der Bühne im Jahr 1765 noch 17 Jahre am Hof des Markgrafen von Anspach in Bayreuth gelebt hatte, kennenlernte, ob durch einen Bericht des Prinzen August von Gotha oder als schriftliches Dokument. Theodore Ziolkowski, der die 1799 in Paris erschienenen Memoiren von Mlle. Clairon mit Goethes Text verglichen hat, weist mit an Sicherheit grenzender Wahrscheinlichkeit nach, daß Goethe eine schriftliche Quelle benutzt haben muß, »da viele Passagen reine Übersetzung des Originals zu sein scheinen« und die Folge der Ereignisse aufs genaueste beibehalten ist.[16] Goethe ändert allerdings den Namen der Schauspielerin Clairon in Antonelli, macht sie zur Sängerin und Neapel zum Ort der Handlung. Er legt die Geschichte dem Abbé in den Mund, der Zeuge der Ereignisse war. Auf die Frage, ob die Geschichte denn wahr sei, antwortet er, »sie müsse wahr sein, wenn sie interessant sein solle: denn »für eine erfundene Geschichte habe sie wenig Verdienst« (156).

16 Theodore Ziolkowski, »Goethe's *Unterhaltungen deutscher Ausgewanderten*: A Reappraisal«, in: *Monatshefte* 50 (1958) S. 57–74.

Das Verdienst der Erzählung liegt auch ausschließlich in ihrem ersten Teil, den Goethe im Vergleich zu seiner Vorlage gründlich umgestaltet hat und in dem er ein überzeugendes Beispiel dafür gibt, wie Empfindungen einen Mann und eine Frau verbinden und entzweien, glücklich und unglücklich machen und schließlich ganz verwirren. »Soll die Empfindung Liebe sein?« fragt Tamino beim Anblick von Paminas Bildnis in der *Zauberflöte*, zu der Goethe ja einen zweiten Teil zu schreiben begann. Im Falle der Sängerin Antonelli und ihres unglücklichen Freundes ist sie es nicht. Die Sängerin ist der Liebe gar nicht fähig, und sie weiß das auch. Sie wird als schön und klug geschildert; das Publikum liegt ihr zu Füßen, für Lob und Liebe ist sie zwar empfänglich, aber »ohne dabei aus der Fassung zu kommen« (147). Wenn sie merkt, daß bei all der seichten Unterhaltung um sie her ihr Geist unbeschäftigt bleibt, wählt sich diese emanzipierte Frau einen Freund, wohl wissend, daß, um das freundschaftliche Verhältnis zu erhalten, er unter keinen Umständen die Ansprüche eines Liebhabers erheben darf, denn sie »konnte sich in keine Aufopferung finden und hatte nicht Lust, irgend jemand ausschließliche Rechte zuzugestehen« (149). Hier kommt nun die Verwirrung der Gefühle voll zum Ausdruck. Was für die Sängerin zur Verbindung mit ihrem Freund geführt hat, ist für ihn Grund zur Entzweiung. Was ihn glücklich macht, läßt sie unglücklich werden. Reine Freundschaft, wie sie die Antonelli gesucht hatte, genügt dem jungen Kaufmann nicht. Er verlangt mehr und endlich, in völliger Verständnislosigkeit für ihre Natur, zu viel. »Er verlangte nichts weniger, als daß sie sich ihm ganz ergeben, ihre übrigen Freunde und Bekannten verabschieden, das Theater verlassen und ganz allein mit ihm und für ihn leben sollte.« (151.) Genausowenig wie die Sängerin zur Aufopferung fähig ist, ist es ihr Liebhaber, und das führt zu seinem schrecklichen Ende, von dem sich der Abbé persönlich überzeugt hat. Er erfuhr von der »unglaublichen Leidenschaft« des Mannes, »daß er die letzte Zeit seines Lebens fast allein von ihr gesprochen und sie bald als einen Engel, bald als einen Teufel vorgestellt habe« (156). Zuletzt wollte er nur noch ein »Zeichen der Liebe und Freundschaft von ihr« erzwingen, und mit der »Heftigkeit« seines Ausrufs, ihr nach dem Tod keine Ruhe zu lassen, sei er verschieden (157). Damit begann die Verwirrung der Sängerin Antonelli, ihrer Freunde, ja ganz Neapels und sogar derer – einschließlich der Zuhörer des Abbé –, die die Geschichte des klingenden Gespenstes erfuhren, als das der verstorbene Liebhaber die Sängerin verfolgte.

Goethe war es darauf angekommen, die im wahrsten Sinne des Wortes tödliche Diskrepanz der Empfindungen darzustellen und auch bereits das erlösende Wort zu nennen, das für das Paar die Rettung bedeutet hätte: »Aufopferung« (149), wie sie von nun an als Entsagung nicht nur in den *Unterhaltungen*, sondern auch in den folgenden erzählenden Werken, in den *Wahlverwandtschaften*, den *Wanderjahren*, der *Novelle* zum großen, durchgehenden Motiv gestaltet wird. Deshalb hatte er im ersten Teil der Antonelli-Geschichte so ausführlich die Charaktere und Empfindungen seiner Figuren dargestellt. Die »Mystifikations-Geschichte« war ihm nur das Vehikel dazu, während in den Memoiren der Schauspielerin Clairon die Episode ihres Verhältnisses zu dem Liebhaber lediglich die Einleitung zu den übernatürlichen Ereignissen abgibt. Aber die Zuhörer des Abbé sind für seine Darstellung taub. Was sie allein interessiert ist die Frage, ob die Geschichte wahr ist oder nicht, ob sich ein Toter aus dem Jenseits vernehmen lassen kann. Es fällt einem von ihnen auch nichts Besseres ein, als ebenfalls eine Gespenstergeschichte zu erzählen, nicht so interessant wie die vorhergehende, aber gleichfalls unerklärbar.

Diese Anekdote erzählt Fritz; Goethe hatte sie von einem Herrn von Pannewitz gehört. Sie handelt von einem Klopfgeist, der eine Waise, die in einem Schloß aufwächst, ständig verfolgt, nachdem sie einige Freier abgewiesen hat, bis der Schloßherr droht, »das Mädchen bis auf den Tod zu prügeln, wenn sich noch ein einziges Mal das Pochen hören ließe« (158). Darauf verstummt der Klopfgeist wie vor Schreck. Obwohl auch diese kleine Gespenstergeschichte Anlaß gegeben hätte, der abgewiesenen Liebe wenigstens Erwähnung zu tun, mit welcher der Klopfgeist wohl doch in Zusammenhang gebracht werden kann, interessiert die Gesellschaft wiederum nur, wer hinter der Klopferei gesteckt haben mag; und wie zum Beweis, daß derlei übernatürliche Begebenheiten sich wirklich abspielen, läßt der Autor in diesem Augenblick den Deckel eines Schreibtischs in dem Zimmer, in dem diese Unterhaltungen vor sich gehen, mit lautem Knall zerspringen. Man sieht, Goethe läßt kaum ein Mittel ungenutzt, das Interesse seiner Leser zu erregen und ihre Spannung zu erhöhen.

Viel wirkungsvoller aber als die Konfusionen der Rahmenhandlung ist die Zusammenstellung der gänzlich verschiedenen Erzählungen selbst. Als nächster meldet sich Karl zu Wort, und dieser jüngste Erzähler, selbst mit einem leidenschaftlichen Temperament versehen, erzählt auch die bei weitem leidenschaftlichste Geschichte der ganzen Sammlung, bei der sich Goethe am wenigsten von seiner Quelle, den Memoiren des Marschalls Bassompierre, entfernt. Als einzige wird sie auch in der ersten Person erzählt, so daß sie um so unmittelbarer wirkt. François de Bassompierre (1559–1642), einer der großen Kavaliere der Zeit Heinrichs IV., berichtet in seinen Erinnerungen von der unvergeßlichen Begegnung mit einer schönen jungen Frau in Paris, bei der er eine Nacht verbringt. Als der Marschall drei Tage später zu einem zweiten Treffen erscheint, findet er in dem bezeichneten Haus eine Gruppe von Männern, die Bettstroh verbrennt, und im Licht der Flammen sieht er zwei nackte Körper auf einem Tisch ausgestreckt liegen. Goethe nimmt beim Übersetzen des Originals nur leichte Eingriffe in den Text vor, wie etwa eine frühe Erwähnung der Pest, die zur Zeit in Paris wütet. Bedenkenswert ist also vor allem die Auswahl dieser Geschichte für die *Unterhaltungen*.

Wenn eine Geschichte der *Unterhaltungen* die Bezeichnung »Liebesgeschichte« verdient, so diese. Hier liebt eine Frau, handelt aus ihrer Liebe und bringt sie zur Erfüllung. Bisher hat nur Werner Kraft (und dies bereits 1935) die wichtige Bedeutung dieses Texts für die ganze Sammlung hervorgehoben.[17] Ein erstaunliches Moment der Geschichte Bassompierres besteht darin, daß sie ganz aus der Perspektive des Mannes erzählt wird, für den die Begegnung mit der schönen Krämerin nur ein kurzes Abenteuer mit einer Frau aus den niederen Ständen ist, daß diese Frau aber als die ungleich stärkere Figur aus der Erzählung hervortritt und im Leser einen unauslöschlichen Eindruck hinterläßt. Die Reaktionen Bassompierres auf die Erscheinung und das Betragen der schönen Krämerin sind von stereotyper Art. Nach der Liebesnacht schreibt der Marschall, daß er »niemals ein zierlicheres Weib gekannt habe noch von irgendeiner mehr Vergnügen genossen hätte« (163). Wie Kraft sagt: Bassompierre weiß nicht, was ihm da Gewaltiges widerfuhr, »daß er Gunst empfing, wo er Gunst zu vergeben glaubte«.[18] Für »das schöne Weibchen« jedoch war diese Liebe eine einmalige und bedingungslose, und obwohl sie der Mann mit seiner ganzen Ahnungslosigkeit erzählt, wird der Leser von der Leidenschaft dieser Frau überwältigt. (Solch ein überwältigter Leser war Hugo von Hofmannsthal, der dieselbe Vorlage wie Goethe für seine Erzählung *Erlebnis des Marschalls von Bassompierre* benutzte.) Ihr offenes Bekenntnis zu ihrer Liebe zeigt die ungeheuer befreiende Kraft, die aus dieser Liebe

17 Werner Kraft, »Von Bassompierre zu Hofmannsthal. Zur Geschichte eines Novellenmotivs«, in: *Revue de la Littérature Comparée* 15 (1935) S. 481–490; 694–725. – Daß Goethe diese Geschichte als »negatives Beispiel der Erzählkultur« verstanden haben wollte, wie Gerhard Fricke meint, dem ist nicht beizustimmen. Desgleichen nicht seiner Behauptung, die zweite Geschichte aus Bassompierre sei »völlig ohne Sinn«, oberflächlich und ein Beweis für geistige Leere und Bildungsmangel (Gerhard Fricke, »Zu Sinn und Form von Goethes *Unterhaltungen deutscher Ausgewanderten*«, in: *Formenwandel. Festschrift für Paul Böckmann*, hrsg. von Walter Müller-Seidel, Hamburg 1964, S. 273–292).

18 Kraft (Anm. 17) S. 484.

hervorbricht. Selten ist einfacher und klarer gesagt worden, wie Liebe zur Freiheit führt. Eben weil die schöne Krämerin um ihrer Liebe willen jede Bedingung eingegangen wäre, ist ihre Liebe unbedingt.

Diese sich so frei zu ihrer Liebe bekennende Frauengestalt war es zweifellos, die Goethe veranlaßte, die Episode aus den Bassompierre-Memoiren in die *Unterhaltungen* aufzunehmen. Werner Kraft vermutet, es könne in der Absicht geschehen sein, Frau von Stein ein Zeichen zu geben, »das mächtige Spiegelbild nach dem Bruch, in dem sich, die gemeint war, erkannt hätte«.[19] Wie wenig Charlotte von Stein jedoch dazu bereit war, beweist ihr Brief an Schillers Frau, den sie nach der Lektüre des zweiten *Horen*-Stücks schrieb: »Den Goethe scheint's gar nicht mehr Ernst um's Schreiben zu sein, dass er die bekannte Geschichte der Mademoiselle Clairon, die er nach Italien transportirt, die vom Klopfen, welche mir vor drei Jahren Herr von Pannewitz erzählte, dass sie sich in seiner Eltern Haus zugetragen, und die aus des Bassompierre sehr bekannten mémoires, die er doch wahrhaftig nicht wird für eine Geistergeschichte wollen passiren lassen, indem sie sehr körperlich war, gut genug zum Inhalt eines so respectablen Journals wie die ›Horen‹ hält.«[20]

Die zahlreichen Bezüge, welche die einzelnen Geschichten in den *Unterhaltungen* zueinander herstellen, beginnen jetzt deutlich hervorzutreten. Sie bestehen keineswegs nur in der Parallelität der beiden Gespenstergeschichten, der darauffolgenden Episoden aus den Memoiren Bassompierres und der anschließenden zwei moralischen Erzählungen. Auch zwischen den verschiedenen Gruppen verweisen die Geschichten aufeinander, spiegeln sich ineinander und regen dadurch zum Nachdenken an, wie das die Baronesse verlangt, aber in ihrer kleinen Gesellschaft nie erreicht.

Wie in der Antonelli-Geschichte ein Mensch von Leidenschaft ergriffen wird, so auch bei Bassompierre. Aber dort

19 Ebd., S. 708.
20 Gräf (Anm. 1) S. 328.

fordert der Liebhaber der Sängerin Liebe, hier schenkt sie die schöne Krämerin. Weder die Antonelli noch ihr Freund sind auch nur im Geringsten der Aufopferung fähig, während die Krämerin in der Stärke ihrer Liebe freiwillig jede Bedingung eingegangen wäre, um mit dem Marschall eine Nacht zu verbringen. In beiden Geschichten erreichen die Liebenden einen extremen Punkt – und gehen zugrunde, oder zumindest läßt Goethe diese Möglichkeit offen. Die Gesellschaft ist, wie zu erwarten, nicht imstande zu begreifen, was sich in der Erzählung von Marschall Bassompierre vollzogen hat, nimmt sie doch das Ganze als schwer zu lösendes Rätsel und gibt auch jeglichen Lösungsversuch bald auf. Ob »das artige Weibchen« auch an der Pest gestorben sei oder nicht, diese Frage ist »gar zu schrecklich« (165) für Fräulein Luise, und um die Zuhörer mit einem angenehmeren Eindruck für die Nacht zu entlassen, berichtet Karl eine »artigere« Geschichte, ebenfalls aus Bassompierres Memoiren. Darin erscheint nun wieder das Motiv der Aufopferung, diesmal aber nicht als unerreichbares Ideal, sondern Entsagung wird zum erstenmal und sogar auf doppelte Weise in den *Unterhaltungen* praktiziert. Die extreme Situation wird vermieden, die Katastrophe tritt nicht ein. Wenn die Frau des treulosen Ahnherrn des Marschalls von Bassompierre den Gatten mit seiner Geliebten in tiefem Schlaf entdeckt, hat sie »weder Mut noch Willen« (163), die beiden zu wecken. Sie gibt dagegen ihre Entdeckung durch eine zarte Geste zu erkennen, indem sie ihren Schleier über die Füße der Schlafenden legt. Dieses entsagungsvolle Zeichen wird von der Geliebten wahrgenommen und verstanden, so daß diese wiederum ihrer Liebe fortan entsagt. Da diese Entsagung aus gänzlich freien Stükken geschieht und mit den liebevollsten Gefühlen, wofür die drei kleinen glückbringenden Geschenke stehen, welche die Geliebte für die Töchter des Ahnherrn zurückläßt, wirkt sie im wahrsten Sinne des Wortes segensreich noch für spätere Generationen.

Entsagung

Es ist bezeichnend, daß an dieser Stelle in den *Unterhaltungen*, die auch durch das Ende der zweiten Fortsetzung in den *Horen* markiert ist, eine deutliche Zäsur steht. Das Wort »Entsagung« ist zum erstenmal nicht nur gefallen, sondern in die Tat umgesetzt worden. Von nun an werden sich die Geschichten auf einem anderen, einem moralischen Niveau bewegen. Als die *Unterhaltungen* am nächsten Morgen (im vierten *Horen*-Stück) fortgesetzt werden, nimmt die Baronesse an ihnen teil. Auch daran läßt sich erkennen, daß Zuhörer und Leser es jetzt mit einer anderen Situation zu tun haben. Goethe hatte es seinen Lesern jedoch nicht leicht gemacht, solche Feinheiten zu bemerken. Durch die Veröffentlichung in Fortsetzungen konnten derartige Details leicht übersehen werden, was dann auch zu kritischen Kommentaren führte. Schon Schiller zeigte zu Beginn des Unternehmens Bedenken, wenn er bedauert, daß der Leser »zu wenig auf einmal zu übersehen bekommt« (Brief vom 29. November 1794). Wie leicht selbst ein so erfahrener Leser wie Christian Gottfried Körner der Ratlosigkeit verfiel, zeigt dessen Brief an Schiller, dem er nach Lektüre der dritten Fortsetzung verzweifelt schreibt: »[. . .] was meint denn Goethe eigentlich mit seinen ›Unterhaltungen‹?« Den ersten Teil, also den einleitenden Rahmen, hatte Körner noch verstehen können. Den zweiten mit den vier rätselhaften Geschichten fand er zumindest interessant. »Aber für das dritte weiss ich nichts zu sagen. Und was soll daraus werden, wenn es noch immer decrescendo geht?«[21]

Das »decrescendo« mag sich auf die theoretischen Diskussionen beziehen, die die Erzählungen begleiten und zu Anfang der nächsten Fortsetzung einen wichtigen Akzent setzen. Vielen Lesern erschienen sie zweifellos langweilig, wie das anonyme Xenion »Rechtfertigung. Eingesandt von den deut-

21 Ebd.

schen Ausgewanderten« aus dem *Mückenalmanach für das Jahr 1797* beweist: »Märchen und Liebesgeschichten erzählen die Ammen und Liebchen, / Wir sind ehrliche Leut', sprechen auch niemand in Schlaf.«[22] Aber das Bildungswerk, das die *Unterhaltungen* vollbringen sollten, erforderte doch immer wieder den Rekurs auf jene Diskussionen, die nicht nur den Inhalt der Erzählungen betreffen, sondern auch ihre Form. Der kleine Kreis um die Baronesse steht sozusagen an der Wiege der deutschen Erzähl- und Novellenkunst, und so ist es durchaus verständlich, daß Goethe diese Gelegenheit zu grundsätzlichen Erörterungen wahrnimmt. Es ist besonders die Baronesse, welche »hohe und strenge Forderungen« (167) an den Erzähler stellt, indem sie gut erfundene und gedachte, wahre und natürliche Erzählungen mit wenigen Personen und Begebenheiten verlangt, vor allem aber Menschen, »wie man sie gern mag, nicht vollkommen, aber gut, nicht außerordentlich, aber interessant und liebenswürdig« (167). Hier ist Goethes spätere Novellendefinition, wie er sie Eckermann gegenüber 1827 ausgesprochen hat, als er den Titel seiner exemplarischen *Novelle* festlegte,[23] im Keim angelegt.

Es sind jedoch auch weiterhin Liebesgeschichten, die sich dazu anbieten, die Forderungen der Baronesse zu erfüllen. Das gelingt dem Abbé in ganz besonderem Maße mit der Geschichte vom Prokurator, die er als nächste erzählt. Keine andere Erzählung aus den *Unterhaltungen* steht zu der ersten Episode der Bassompierre-Memoiren in größerem Gegensatz. Die junge Frau, um die es auch hier geht, ist zunächst gänzlich Objekt. Zwei Schiffsgesellen werden von einem fünfzigjährigen Handelsherrn ausgeschickt, um für ihn eine Frau zu suchen, weil er sich plötzlich angesichts glücklicher, kinderreicher Familien seiner Einsamkeit bewußt wird. Das jüngste und schönste Mädchen sollen sie finden, da der

22 *Mückenalmanach für das Jahr 1797. Leben, Thaten, Meinungen und letztes Ende der Xenien im Jahr 1797*, Pest 1797. Zit. nach: Friedrich Meyer von Waldeck, *Goethes Märchendichtungen*, Heidelberg 1879, S. 166.

23 *Goethes Werke* (Anm. 12) S. 726.

Patron »nach dieser Ware lüstern ward« (169). Wie eine Puppe schmückt er die Gefundene mit seinen Schätzen. Als er aber den unüberwindlichen Drang in die Ferne verspürt und erkennt, daß er sterben würde, könnte er nicht mehr reisen, so entscheidet er sich, vor die Wahl zwischen seinem Leben und der Treue seiner Frau gestellt, natürlich für sein Leben. Was Liebe bedeutet, davon ahnt er nichts. Er würde sie wohl den »Forderungen der Natur« gleichsetzen, die er in seiner gänzlich gefühllosen Aufgeklärtheit »rechtmäßig und gewaltsam« nennt (173). Der siebzehnjährigen Frau des Handelsherrn wird nun in der Version Goethes eine moralische Entscheidung aufgetragen, wie Theodore Ziolkowski in seinem genauen Vergleich mit Goethes Vorlage aus den *Cent nouvelles nouvelles* gezeigt hat. Belastet von der Überzeugung ihres Mannes, daß sie das Verlangen empfinden wird, »wodurch das Weib den Mann anzieht und von ihm angezogen wird« (174), kann sie gar nicht anders, als langsam aber stetig den Gefühlen nachgeben, die ihr von ihrem Mann so deutlich beschrieben wurden. »[...] töricht, wer der gewaltsamen Liebe widerstehen will!« (178.) ruft sie endlich aus und schickt nach dem jungen Prokurator, der so züchtig jeden Tag an ihrem Haus vorbeiwandelt. Der aber lenkt, wo er selber lieben sollte, die Gefühle der jungen Frau in die Bahnen der Entsagung. Durch eine Finte läßt er sie sein angebliches Gelübde strenger Fasten und Abstinenz teilen, so daß ihre Gefühle für ihn buchstäblich erkalten. Goethe hat das erste Treffen der verliebten Frau mit dem heroischen Rechtsgelehrten und ihre anschließenden Kasteiungen mit zurückhaltendem Humor erzählt – was August Wilhelm Schlegel in seiner Rezension der *Horen* die »zierliche Manier«[24] nennt – und die Geschichte auf diese Weise weit über seine schwankhafte Vorlage erhoben. Wenn die junge Frau am Ende in dreifache Kleider gehüllt, des Gehens nicht mehr fähig, dafür

24 August Wilhelm Schlegel, »Aus einer Rezension über *Die Horen*«, in: *Goethe im Urteil seiner Kritiker*, T. 1: *1773–1832*, hrsg. von Karl Robert Mandelkow, München 1975, S. 122–124.

aber geläutert auf ihrem harten Lager liegt, so ergibt das ein vollendetes Gegenbild zu dem Schlußbild der Leidenschaftsgeschichte Bassompierres. Wieder hat, wie in der vorigen Geschichte, die Entsagung den Sieg davongetragen, wieder wurde eine Katastrophe vermieden, und wieder geschieht das um den Preis der Liebe.

Die Frage, ob die »Entsagung der artigen Frau nach aufgehobenen Fasten« standhält, die Schlegel stellt, interessiert weder den Autor noch seinen Erzähler noch dessen Zuhörer. Ist doch nun endlich das Beispiel einer wahrhaft moralischen Geschichte gegeben, durch das die Baronesse wieder an ihr Bildungsanliegen erinnern kann, das ja die *Unterhaltungen* überhaupt hervorgerufen hatte. Sie tut es mit den Worten, die ebenfalls von Schiller stammen könnten: »[. . .] aber Schöneres ist nichts in der Welt als Neigung, durch Vernunft und Gewissen geleitet.« (187.) Deshalb wünscht sie sich auch gleich eine Parallelgeschichte, die der Abbé auch erzählt, obwohl sie nichts Neues enthalten kann und wiederum den Sieg der Vernunft über die Neigung schildert.

Die Geschichte von Ferdinand und Ottilie, die mit der vorausgehenden Diskussion im siebten *Horen*-Stück, also erst drei Monate später erschien, ist neben dem *Märchen* die einzige der Sammlung, für die Goethe keine Vorlage benutzt hat. Sie ist ebenfalls die einzige, welche im Sinne von Goethes späterer Definition die Bezeichnung Novelle verdient.[25] In der so überaus moralischen Geschichte von Ferdinand und Ottilie wird die Liebe von der Moral geradezu überwuchert. Der junge Mann aus gutem Hause, der sich hier in ein schönes, reiches Mädchen verliebt, verfügt noch nicht über die Mittel, sich vor ihr in der Gesellschaft hervorzutun. Die Verwirrung der Gefühle, eine Mischung aus Liebe und Eitelkeit, steigert sich in Ferdinand zur Leidenschaft, ja beinahe Wildheit, als er, durch den Zufall begünstigt, seinem Vater Geld entwenden und nun seine Wünsche befriedigen kann. Wie die

25 Vgl. *Goethes Werke* (Anm. 12) S. 726.

junge Frau in der Prokurator-Geschichte tut er das nicht ohne längeres Räsonieren, wobei Goethe Schillers fünften Brief *Über die ästhetische Erziehung des Menschen* illustriert und dem Sohn Gelegenheit gibt, »sich gewaltsam zu nehmen, was ihm nach seiner Meinung mit Unrecht verweigert wird«.[26] Das Vorübergehende in der Neigung der jungen Schönen wird schon früh vom Erzähler angedeutet, und auch Ferdinand kommt erstaunlich rasch zur Besinnung, als sie ihn auf längere Zeit allein läßt. »Höchste Empfindung« ist ihm jetzt gar nicht mehr die Liebe, sondern sich aus eigener Kraft von einem Hauptfehler zu befreien (198).

Hier gedenkt der Abbé die Geschichte enden zu lassen, und als moralische Geschichte ist sie auch zu Ende. Luise will jedoch den Schluß hören, den der Geistliche gar nicht mehr für wichtig hält. Es ist der Schluß der Liebesgeschichte. Sie endet, was Ferdinands Liebe betrifft, wirklich in einem »decrescendo«, da Ottilie zu Ferdinands Plänen, sich in einer einsamen ländlichen Gegend als Geschäftsmann niederzulassen, nicht die geringste Lust hat und ebensowenig zur Aufopferung ihrer Wünsche bereit ist, wie es die Sängerin Antonelli war. Und wie deren Liebhaber mangelt es auch Ferdinand an Verständnis für Ottilies gesellige Natur, sonst hätte er ihr diesen Vorschlag gar nicht gemacht. Außerdem hat Ottilie einen sogenannten Vetter mit zurückgebracht, dem deutlich ein Teil ihrer Neigung gilt. Auch das rückt sie in die Nähe der Antonelli. Ferdinands Schmerz ist zwar »unleidlich« (205), als er aus seinen Zukunftsträumen so plötzlich herausgerissen wird, aber auch er nimmt sich zusammen, in der Entsagung hat er ja bereits Erfahrung gemacht, als er sich freiwillig den Weg zu der väterlichen Kasse versperrte. Er und Ottilie trennen sich.

Was darauf folgt, ist von Bernd Bräutigam mit Recht nahezu eine Karikatur der Entsagung genannt worden. Ferdinand findet dennoch sein Glück. Er heiratet die Nichte eines alten

26 Schiller (Anm. 6) S. 202.

Geschäftsfreundes, die einzige Frauenfigur in allen Geschichten der *Unterhaltungen*, die nicht ausdrücklich als schön bezeichnet wird. Vielmehr wird sie »ein junges, wohlgebildetes, gesundes und auf jede Weise gutgeartetes Mädchen« genannt (197), kurzum, die ideale Gattin. So viel Entsagungswille übersteigt unter den Zuhörern des Geistlichen besonders das Fassungsvermögen des jungen Karl. Hatte er doch bereits während der kurzen Unterbrechung in der Ferdinand-Geschichte gewünscht, »daß wir gar nicht nötig hätten, uns etwas zu versagen, sondern daß wir dasjenige gar nicht kennten, was wir nicht besitzen sollen« (204). Daher äußert er auch den Wunsch nach einem Märchen, das von jedem Wirklichkeitsstoff frei sein soll, zweifellos in der Hoffnung, nun nichts mehr von Entsagung hören zu müssen. Dabei soll »die Einbildungskraft wie eine Musik auf uns selbst spielen, uns in uns selbst bewegen, und zwar so, daß wir vergessen, daß etwas außer uns sei, das diese Bewegung hervorbringt« (209). Der Abbé will auch diesen Wunsch erfüllen, wie er für die Baronesse moralische Geschichten erzählt hat und zudem für Luise, mit der letzten, eine einheimische. Allerdings weist er Karls Forderungen an die Einbildungskraft zurück und beschreibt sie vielmehr als eine völlig planlose, von ihren eigenen Flügeln getragene Energie, womit er seine Zuhörer auf einen der phantasievollsten Prosatexte Goethes vorbereitet, der seit dem Augenblick seines Erscheinens eine Flut von Deutungen hervorgerufen hat und doch nie ausgedeutet wurde.

Das Märchen

Das Märchen erschien im Oktober 1795 im zehnten Stück der *Horen* als Ganzes, obwohl Goethe in seinem unerschütterlichen Glauben an die spannungssteigernde Wirkung von Unterbrechungen auch in diesem Fall die Trennung des Textes in zwei Teile gefordert hatte. Aber Schiller setzte diesmal seinen Willen durch. »Ich bin aber nie für das Trennen, wo dieses irgend zu verhindern ist, weil man das Publikum nicht genug dazu anhalten kann, das Ganze an einer Sache zu übersehen und darnach zu urteilen«, hatte er am 9. September 1795 an Goethe geschrieben. Die gemischte, überwiegend sogar negative Aufnahme der *Unterhaltungen* hatte ja ihren Grund nicht zuletzt in den Unterbrechungen. Goethe trieb das Unterbrechen aber auf die Spitze, als er die *Horen*-Leser zwischen dem 7. und dem 9. Stück, als der Abbé den ersten, entsagungsreichen Teil der Ferdinand-Geschichte beendet hatte, mitten in dem Satz »Diese Geschichte gefällt mir«, zwei Monate auf die Fortsetzung »sagte Luise« warten ließ! So hatte er sich einen Teil der Kritik und des mangelnden Verständnisses wohl auch selbst zuzuschreiben. Er sehnte das Ende der Arbeit jedenfalls herbei und dankte aber zuletzt Gott, daß er »bis an das Mährchen kam«[27]. Wie entmutigend die Leserreaktion auf die *Unterhaltungen* gewirkt hatte, ist einem Brief Goethes an Wilhelm von Humboldt zu entnehmen. Dieser hatte bereits früh aus Berlin über die Aufnahme der *Unterhaltungen* gemeldet, sie »missfallen durchaus und total«.[28] Goethe schrieb ihm am 3. Dezember 1795: »Sie wissen, weit darf man nicht in's deutsche Publikum hineinhorchen, wenn man den Muth zu arbeiten behalten will.« Wie sehr die Enttäuschung über die Kritik an seinem Erzählen im allgemeinen sich auf Goethe auswirkte, hat Katharina Mommsen wiederholt gezeigt.[29] Wenn er schließlich darauf verzichtet, seine Ausgewanderten ihre Rahmengespräche nach der Märchenerzählung des Abbé wiederaufnehmen zu lassen, dann auch deshalb, weil sie ihm ja das deutsche Publikum personifizierten. Was der Praktiker Friedrich, der Positivist Karl, die kritische Luise und selbst die gebildete Baro-

27 Gräf (Anm. 1) S. 352.

28 Ebd., S. 328.

29 Katharina Mommsen, Nachwort zu Goethes *Novellen*, Frankfurt a. M. 1979, S. 267 f.; dies., *Goethe und 1001 Nacht*, Frankfurt a. M. 1981, S. 57–68.

nesse, die zumindest den sich eins aus dem andern entwikkelnden Märchen der *1001 Nacht* gegenüber eine Abneigung hegt, über dieses Märchen alles gesagt hätten, das wollte sich Goethe gar nicht erst ausdenken.

Die Entstehung des *Märchens* fällt mitten in die kriegerischen Wirren, welche die *Unterhaltungen* von Anfang an begleiten und sich zu Beginn so deutlich darin spiegeln. »Wie ich in dieser letzten unruhigen Zeit meine Tonne gewälzt habe, wird Ihnen, werter Mann, aus Beiliegendem bekannt werden. Selig sind, die da Märchen schreiben, denn Märchen sind à l'ordre du jour.« Mit diesen Worten schickt Goethe am 26. September 1795 die Reinschrift des Textes an Schiller und fügt nach kurzer Erwähnung der Truppenbewegungen und anderer kriegsbedingter Ereignisse wie einen Stoßseufzer ein Zitat aus dem Märchen an: »Ach! warum steht der Tempel nicht am Flusse! / Ach! warum ist die Brücke nicht gebaut!«

Nicht selten haben die Interpreten der *Unterhaltungen deutscher Ausgewanderten* die Eigenständigkeit des *Märchen*-Textes als Grund dafür genommen, das *Märchen* aus ihren Betrachtungen auszuklammern. In der Tat hat das *Märchen* auch gänzlich losgelöst von den vorhergehenden Geschichten und der Rahmenhandlung seine Bedeutung, wenn es auch weder im Zusammenhang noch außerhalb des Ganzen der *Unterhaltungen* vollkommen deutbar ist. Als »schwere Aufgabe« bezeichnet es ja der *Märchen*-Autor selbst in einem Brief an Wilhelm von Humboldt, »zugleich bedeutend und deutungslos zu sein«.[30] Die *Unterhaltungen* jedoch finden erst durch das *Märchen* ihren vollen Sinn. Es zieht die Summe der vorangegangenen Teile, stellt sie in einen höheren Zusammenhang und läßt sie aus ihrer Endlichkeit »durch ein Produkt der Einbildungskraft gleichsam ins Unendliche« auslaufen, wie Goethe es Schiller vorgeschlagen hat (Brief vom 17. August 1795). Auch dadurch verbietet sich eine Wiederaufnahme der Rahmengespräche am Ende des ganzen Werks.

30 Gräf (Anm. 1) S. 350.

Goethes Absicht, ein zugleich bedeutendes und deutungsloses Märchen zu schreiben, hat seine Leser fast zweihundert Jahre lang zu immer neuen Deutungen angeregt, deren Ende nicht abzusehen ist. Sie haben den Verfasser von Anfang an interessiert. »Drei solcher Auslegungen, wovon die letzte einem Frauenzimmer gehört, habe ich in nachstehender Tabelle zu erhalten gesucht«, vermerkt das Tagebuch noch am 24. Juni 1816. Er selbst vermied es jedoch, einen Schlüssel für das Rätselmärchen zu liefern, was er erst zu tun gedachte, wenn er »99 Vorgänger« vor sich sähe, wie er am 21. Dezember 1795 an Prinz August von Gotha schreibt, der in dem anonymen Verfasser niemand anderen als den Evangelisten Johannes vermutet hatte. Goethe hatte bei seiner Mitarbeit an den *Horen* auf strikter Anonymität bestanden und ließ seinen Namen auch am Ende des ersten *Horen*-Jahrgangs nicht nennen, um – wie er am 6. Dezember 1794 an Schiller schreibt – »mit Freiheit und Laune, bei meinen übrigen Verhältnissen, an Ihrem Journale teilnehmen zu können«.

Auch nur einen knappen Überblick über die Literatur zum »Märchen« zu geben ist hier nicht der Ort. Nur soviel sei gesagt: Während zeitgenössische Auslegungen darin eher allegorische Verschlüsselungen zu finden meinten, sahen die Interpreten in der zweiten Hälfte des 19. Jahrhunderts vornehmlich eine verschlüsselte Darstellung biographischer Verhältnisse, wobei Goethe selbst, seine Frau, der Weimarer Hof und die europäischen Zustände hinter den verschiedenen Figuren und Erscheinungen des »Märchens« vermutet wurden. Gegen Ende des Jahrhunderts mehrten sich die Interpretationen aus deutsch-nationaler Gesinnung. In jüngerer Zeit wurden dagegen Niederschläge von Goethes detaillierten Kenntnissen der Naturwissenschaften, der Alchimie, der orientalischen Literaturen, hier besonders wieder der Märchenliteratur, wie er sie in *1001 Nacht* fand, sowie des Freimaurerrituals im *Märchen* entdeckt. Eine neuere Analyse von Ingrid Kreuzer, die es sich ausdrücklich versagt, eine Deutung zu geben, vermittelt durch eine genaue Untersuchung der Strukturprinzipien des *Märchens* ein Bild, das Erscheinungen des späten 20. Jahrhunderts vorwegnimmt: In einer durch »auferlegte Zwänge« äußerst begrenzten Welt bewegt sich der Alte als »Führer des Krisenstabs«, ohne eigentlich an ein Ziel, ohne zu einer wirklichen Lösung zu gelangen. Die neue Zeit, die das *Märchen* proklamieren soll, wenn der Tempel zwar am Fluß steht und die Brücke gebaut ist, wird nur angedeutet und nicht beschrieben. Der Status quo bleibt erhalten, ansonsten gibt es keine Zukunft.[31]

Wenn der Abbé seinen Zuhörern ein Märchen ankündigt, so verspricht er, daß sie dadurch »an nichts und an alles erinnert werden sollen« (209). Also doch wohl auch an die während der vergangenen zwei Tage erzählten Geschichten, welche alle, mehr oder weniger, Liebesgeschichten waren. Betrachtet man nun das »Märchen«, so findet man als dessen Kern ebenfalls eine Liebesgeschichte. Denn ob die schöne Lilie nun als ein Symbol für die Königin Luise zu verstehen ist, wie noch Novalis annahm, und der unglückliche Prinz für Friedrich Wilhelm III. steht, ob die Lilie die etwas schwermütige Herzogin Luise von Sachsen-Weimar sein soll oder eine Allegorie des Königtums schlechthin, sie ist im *Märchen* vor allem einmal eine Prinzessin – eine verzauberte zumal – und der sie so unglücklich liebende Jüngling ein Prinz. Auf die Ähnlichkeit mit Wielands »Salamandrin und die Bildsäule« aus dem *Dschinnistan* von 1787, ebenfalls ein Originalmärchen, wurde schon längst hingewiesen,[32] was allerdings die Überlieferung, Wieland sei bei einer Lesung des Goetheschen *Märchens* eingeschlafen, in einem recht ironischen Licht erscheinen läßt. Um die schöne Lilie und den traurigen Jüngling entwickelt sich die Märchenerzählung, um ihre endgültige Vereinigung dreht sich das Ganze, und als sie endlich

31 Ingrid Kreuzer, »Strukturprinzipien in Goethes *Märchen*«, in: *Jahrbuch der Deutschen Schillergesellschaft* 21 (1977) S. 216–246. Hier auch zusammenfassende Literaturhinweise zum *Märchen*.

32 Konrad Albrich, »Goethes *Märchen*. Quellen und Parallelen«, in: *Euphorion* 22 (1915) S. 482–542.

zustande kommt, vereinigt sich alles Getrennte in der begrenzten Märchenwelt. Die Ufer des großen Flusses werden durch eine prächtige Brücke verbunden, die das fast menschenleere, fruchtbare linke Ufer mit dem unfruchtbaren Reich der Prinzessin auf der anderen Flußseite vereint. Der Tempel ist an den Fluß gerückt als strahlendes Symbol einer glückverheißenden Zukunft, in der ein junger König, versehen mit den Insignien seiner Vorväter, regieren wird. In Raum und Zeit also die Verbindung von ehemals Getrenntem.

Zu Beginn des *Märchens* zeigt sich diese Welt allerdings in desolatem Zustand, wofür die schöne Lilie das eindringlichste Beispiel gibt. Sie ist an ihrem Flußufer isoliert. Darüber hinaus ist die schöne Lilie mit einem Bann geschlagen. Bei ihrer grenzenlosen Schönheit, die Menschen und Tiere magisch zu ihr hinzieht, fallen doch alle Lebewesen, die sie berühren, sofort tot nieder. Das ist vor allem bei dem ebenso schönen Prinzen der Fall, der Lilie liebt und in tiefer Schwermut unentwegt den Fluß hinüber- und herüberziehen muß, um sie wenigstens zu sehen. Als er das schließlich nicht mehr ertragen kann, stürzt er mit dem Schrei, »wenn deine Berührung tötet, so will ich von deinen Händen sterben« (228), auf sie zu und sinkt entseelt zu Boden.

Ist das nicht eine aufs Äußerste getriebene Veranschaulichung jener Empfindungen, »wodurch Männer und Frauen verbunden oder entzweiet, glücklich oder unglücklich gemacht, öfter aber verwirrt als aufgeklärt werden«? Denn unglücklich ist auch die schöne Lilie in ihrem toten Garten, in dem sie alle durch ihre Berührung getöteten Lebewesen begräbt, aus deren Gräbern dann zwar herrliche Pflanzen, aber keine Früchte wachsen. Vor allem aber bleibt sie »vom süßen menschlichen Genusse« (225) getrennt, wie sie in ihrem traurigen Lied singt, also zu einer grausamen, da unfreiwilligen Entsagung verurteilt, genau wie der Prinz. Das Schicksal dieser Liebenden kann die Zuhörer des Abbé zwar an nichts erinnern, denn dergleichen haben sie noch nie gehört, oder doch an alles, also auch an die Geschichten all der unglücklichen Paare, die sie soeben vernommen haben. Magisch wie der Prinz, ja wie alle anderen Personen des *Märchens* zu der Prinzessin wurden der leidenschaftliche Liebhaber der Sängerin Antonelli und ihr sie bewunderndes Publikum zu ihr hingezogen. Unglücklich, weil im Grunde gänzlich einsam, war auch sie, zu lieben war ihr nicht möglich; der schönen Lilie ist es durch den Bann versagt. Nicht lieben können oder nicht lieben wollen führt die Menschen der Erzählungen immer ins Unglück, selbst in der kleinen Klopfgeist-Geschichte klingt das noch an. Wer aber die Liebe als unbedingte und absolute erlebt, wer sich der Leidenschaft ergibt, ist dem Tod verfallen wie der Freund der Antonelli, wie wahrscheinlich die schöne Krämerin und wie der Prinz im *Märchen*. Rettung bringt nur die Entsagung, wofür die Geliebte des Bassompierre-Ahnherrn, die junge Frau der Prokurator-Geschichte und Ferdinand stehen. Leidenschaftliche Liebe, das wollen alle diese Geschichten bedeuten, ist dem Menschen auf dieser Erde nicht erlaubt. Selbst wo sie einmal für einen kurzen Augenblick zur Erfüllung gelangt, in der Bassompierre-Episode, wird sie, nach der blitzhaft kurzen Erkenntnis der Möglichkeit eines solchen Glücks, sofort von einer unergründlichen Macht zerstört.

Die Entsagenden dieser Erzählungen auf der anderen Seite müssen sich mit ungeheuren Anstrengungen von ihrer Liebe trennen. Hier ist Entsagung noch ein Willensakt, weit entfernt von jener »Anschauung des Wahren, die der Seele ungewollt gelingt«, jener »Frömmigkeit«, die Emil Staiger in Goethes *Novelle* gefunden hat.[33] Deshalb heißt es in den *Unterhaltungen* auch immer wieder, daß sich die verschiedenen Personen selbst unter Kontrolle bringen müssen. Der Impulsivität, den eigenen Wünschen, den leidenschaftlichen Empfindungen sich zu überlassen muß auf jeden Fall ver-

33 Emil Staiger, »Goethe: ›Novelle‹«, in: *Deutsche Erzählungen von Wieland bis Kafka. Interpretationen IV*, hrsg. von Jost Schillemeit, Frankfurt a. M. 1966, S. 72.

mieden werden. Die entscheidenden Wendungen kommen immer wieder durch solche Heldentaten der Selbstüberwindung zustande. So bringt die Baronesse ihre Bitte, auf politische Gespräche im gesellschaftlichen Kreis zu verzichten, vor, »indem sie sich zusammennahm« (137). Die Sängerin Antonelli bleibt bei ihrem einmal gefaßten Entschluß, ihren Liebhaber nicht mehr zu sehen, und als sie ins Schwanken gerät, heißt es, »nahm sie sich zusammen« (151). Die junge Frau der Prokurator-Geschichte demonstriert eine schier übermenschliche Willenskraft beim Durchhalten ihrer langen Fasten, und dem Prokurator wird, weil er ihr den Weg dazu gezeigt hatte, das höchste Lob zuteil. Schließlich »ermannt« sich Ferdinand wiederholt, um den Versuchungen zu widerstehen, welche sich ihm auf dem Pfad zur Entsagung entgegenstellen.

Wie ganz anders ist es aber im *Märchen*. Hier geschieht das Wunderbare. Eine Schlange legt sich im Kreis um den Toten, wehrt der Verwesung und opfert schließlich ihr Leben und ihren Körper für die alles vereinende Brücke. Die Kraft, die sie dazu befähigt, bezieht sie aus einem Geheimnis, das nur sie weiß und das sie dem Alten mit der Lampe ins Ohr flüstert, der als Führergestalt die wenigen Personen des Märchens leitet. Darauf ruft er zum erstenmal die erlösenden Worte: »Es ist an der Zeit!« (216.) Eine neue Zeit bricht an, gekennzeichnet durch den Regierungsantritt des jungen Königs, den die drei Königsstatuen im unterirdischen Tempel, die einzigen Figuren, die Goethe selbst allegorisch genannt hat, mit ihren Kräften ausstatten. Der Prinz aber erinnert an eine vierte Kraft, die »›noch früher, allgemeiner, gewisser die Welt beherrscht: die Kraft der Liebe.‹ Hierauf der Alte lächelnd: ›Die Liebe herrscht nicht, aber sie bildet, und das ist mehr.‹« (238.)

Damit schließt das *Märchen* den Kreis der *Unterhaltungen*, indem es das von der Baronesse proklamierte Ideal der geselligen Bildung zum Ideal der bildenden Liebe erhebt. Diese Liebe beherrscht weder die Liebenden und führt somit nicht zur tödlichen Leidenschaft, noch läßt sie die Liebenden einander beherrschen und zerstört dadurch sich nicht selbst. Die bildende Liebe ist überhaupt nicht auf das Private beschränkt, sondern Ausdruck eines gesellschaftlichen Zustands. Die Baronesse hatte bereits am Anfang der *Unterhaltungen* den Bildungsmangel ihrer Mitmenschen beklagt, und daß sich so selten einer findet, »der wirklich für andere zu leben, für andere sich aufzuopfern getrieben wird« (129). Zu dieser Aufopferung ist in der ganzen Sammlung kein Mensch, sondern nur die Schlange fähig. Sie ermöglicht den Menschen, mit- und füreinander zu leben. Das wird am Ende des *Märchens* in einem überwältigenden Schlußtableau vor Augen geführt, mit dem Goethe die Überlegungen Schillers im 4. Brief *Über die ästhetische Erziehung des Menschen* in ein Bild zu fassen scheint. Entweder, meint Schiller, könne sich der Staat in den Individuen behaupten, indem »der reine Mensch den empirischen unterdrückt, daß der Staat die Individuen aufhebt; oder dadurch daß das Individuum Staat *wird*, daß der Mensch in der Zeit zum Menschen in der Idee sich veredelt«.[34]

Es bleibt jedoch zu bedenken, welcher Mittel sich Goethe hierbei bedient. Zunächst wollte sein Abbé mit Hilfe von aus dem Leben gegriffenen Geschichten erziehen. Das mißlang. Im *Märchen* nun gibt Goethe einen verschlüsselten Kommentar, warum es mißlingen mußte. Katharina Mommsen sieht es darüber hinaus als Goethes Nachwort zu Schillers Briefen *Über die ästhetische Erziehung des Menschen*, »des Inhalts: alles philosophische Bemühen Schillers um Veredelung und Erneuerung der Menschheit *ist Märchen*, muß *Utopie* bleiben«.[35] Goethes ganze Theaterleidenschaft kommt hierbei zum Ausdruck. Außer der Musik bietet er alle

34 Schiller (Anm. 6) S. 200.

35 Katharina Mommsen, »›Märchen des Utopien‹. Goethes ›Märchen‹ und Schillers ›Ästhetische Briefe‹«, in: *Literaturwissenschaft und Geistesgeschichte. Festschrift für Richard Brinkmann*, hrsg. von Jürgen Brummack [u. a.], Tübingen 1981, S. 244–257.

Theatereffekte auf, um seinem Publikum das verklärte Schlußbild einzuprägen. Schon Novalis hatte das *Märchen* eine »erzählte Oper« genannt. »Wäre es eine Oper«, sagte Hofmannsthal, »es wäre leicht die vollkommenste aller Erfindungen, die jemals der Musik gedient haben.«[36] Aber gerade weil diese staatgewordenen Individuen, der König mit seiner Königin und ihren Begleitern, wovon der Alte mit der Lampe und der Fährmann deutlich als Mitlenker des Staates bezeichnet sind, auf silbernem Altar im Tempel wie auf einer Bühne stehen, ehe der Vorhang fällt, erweisen sie sich als Figuren einer grandiosen Illusion. Ein Habicht schwebt über dem Tempel und lenkt mittels eines Spiegels das Sonnenlicht durch die Kuppelöffnung auf diese Apotheose der bildenden Liebe, die im Leben nicht möglich ist – nur im Märchen.

36 Hugo von Hofmannsthal, »Einleitung zu einem Band von Goethes Werken, enthaltend die Singspiele und Opern«, in: H. v. H., *Gesammelte Werke. Reden und Aufsätze I: 1891–1913*, Frankfurt a. M. 1979, S. 443–448.

Literaturhinweise

Arx, Bernhard von: Novellistisches Dasein. Spielraum einer Gattung in der Goethezeit. Zürich 1953.

Bartscht, Waltraud: Goethe's *Das Märchen*. Translation and Analysis. Lexington 1972.

Brown, Jane K.: Goethe's Cyclical Narratives. *Die Unterhaltungen deutscher Ausgewanderten* and *Wilhelm Meisters Wanderjahre*. Chapel Hill 1975.

Centeno, Yvette K.: Le serpent vert. Märchen. Essai d'interpretation. In: Cahiers de l'Hermétisme, Paris (1980) S. 105–126.

Fink, Gonthier-Louis: *Das Märchen*. Goethes Auseinandersetzung mit seiner Zeit. In: Goethe. Neue Folge des Jahrbuchs der Goethe-Gesellschaft 33 (1971) S. 96–122.

– Le conte de Goethe: De l'hermétisme à ésotérisme politique. In: Cahiers de l'Hermétisme, Paris (1980) S. 37–72.

Jessen, Myra R.: Spannungsgefüge und Stilisierung in den Goetheschen Novellen. In: Publications of the Modern Language Association 55 (1940) S. 445–471.

Jürgens, Ilse: Die Stufen der sittlichen Entwicklung in Goethes *Unterhaltungen deutscher Ausgewanderten*. In: Wirkendes Wort 6 (1955/56) S. 336–341.

Keller, Werner: Johann Wolfgang von Goethe. In: Handbuch der deutschen Erzählung. Hrsg. von Karl Konrad Pohlheim. Düsseldorf 1981. S. 72–89.

Lucerna, Camilla: Das Märchen. Goethes Naturphilosophie als Kunstwerk. Leipzig 1910.

– Goethes Rätselmärchen. In: Euphorion 53 (1959) S. 41–60.

– Wozu dichtete Goethe *Das Märchen*? In: Goethe. Neue Folge des Jahrbuchs der Goethe-Gesellschaft 25 (1963) S. 206–219.

Mommsen, Katharina: »Märchen des Utopien«. Goethes »Märchen« und Schillers »Ästhetische Briefe«. In: Literaturwissenschaft und Geistesgeschichte. Festschrift für Richard Brinkmann. Hrsg. von Jürgen Brummack [u. a.]. Tübingen 1981. S. 244–257.

Morris, Max: Herzogin Luise von Weimar in Goethes Dichtungen. In: Goethe-Studien. Berlin 1902. Bd. 2. S. 1–73.

Ohly, Friedrich: Römisches und Biblisches in Goethes *Märchen*. In: Zeitschrift für deutsches Altertum 91 (1961/62) S. 147–166.

Pfaff, Peter: Das Horen-Märchen. Eine Replik Goethes auf Schillers *Briefe über die ästhetische Erziehung*. In: Geist und Zeichen. Festschrift für Arthur Henkel. Hrsg. von Herbert Anton. Heidelberg 1977. S. 320–332.

Popper, H.: Goethe's *Unterhaltungen deutscher Ausgewanderten.* In: Affinities. Essays in German and English Literature. Hrsg. von R. W. Last. London 1971. S. 207–245.

Steiner, Rudolf: Goethes geheime Offenbarung. Exoterisch und esoterisch. Dornach 1932.

Voerster, Erika: Märchen und Novellen im klassisch-romantischen Roman. Bonn 1964.

Wukadinović, Spiridon: Goetheprobleme. Halle 1926. S. 37–65.

HELMUT KOOPMANN

Wilhelm Meisters Lehrjahre (1795/96)

Die »Lehrjahre« als sozialer Roman

Niemand wird bestreiten, daß *Wilhelm Meisters Lehrjahre* ein Bildungsroman ist. Aber kaum ein anderer Roman hat stärker darunter gelitten, daß er von seinen Interpreten schon früh auf eine Formel gebracht worden ist, die trotz ihrer Eingängigkeit an Prägnanz zu wünschen übrig läßt; und daß Goethes Roman zum Ahnherren einer großen Nachkommenschaft ähnlich orientierter Romane erklärt worden ist, hat den Begriff eher verengt und verfestigt als flexibel gehalten.

Nun kann sich allerdings der Interpret stets auf jenen Satz aus dem 3. Kapitel des 5. Buches berufen, mit dem Wilhelm sein Lebenskonzept preisgibt: »Daß ich Dir's mit *einem* Worte sage: mich selbst, ganz wie ich da bin, auszubilden, das war dunkel von Jugend auf mein Wunsch und meine Absicht.«[1] Es ist üblich geworden, in diesem Satz die Formel des ganzen Romans zu sehen, die Essenz eines Lebensweges, in dem es Zufälligkeiten oder Willkürlichkeiten größeren Zuschnitts nicht gibt, da sich die Welt diesem Wunsch gegenüber in der Regel freundlich verhält; und es kommt noch hinzu, daß Vorstellungen von einer quasi organischen Metamorphose, als die der Bildungsgang sich hier präsentiert, nicht nur die Folgerichtigkeit des Bildungsprozesses zu beschreiben, sondern auch deren Notwendigkeit zu legitimieren scheinen. Wilhelm selbst begründet den Zwang zur Selbstausbildung durch eine

1 *Wilhelm Meisters Lehrjahre*, hrsg. von Ehrhard Bahr, Stuttgart 1982 [u. ö.] (Reclams Universal-Bibliothek, Nr. 7826 [6]), S. 301. Die Seitenangaben hinter den Zitaten beziehen sich auf diese Ausgabe. Über Herder als Vermittler dieses Bildungsideals Eberhard Mannack, »Der Roman zur Zeit der Klassik: ›Wilhelm Meisters Lehrjahre‹«, in: *Deutsche Literatur zur Zeit der Klassik*, hrsg. von Karl Otto Conrady, Stuttgart 1977, S. 213 f.

zwar kurze, aber desto drastischere Darstellung der desolaten Ausgangslage, die ihn, wenn wir ihm glauben wollen, offenbar unabweislich dazu zwingt, diese zu verlassen und sein Inneres zu verbessern. Denn sein Inneres, so gesteht er, sei »voller Schlacken« (301), er selbst, so lautet die etwas abstraktere Paraphrase, mit sich uneins, und so ist denn der Weg zur inneren Harmonie, wie er sich zwangsläufig als Weg in das idealisierte Gegenteil der inneren Uneinigkeit darstellt, nicht nur eine fast schon naturhafte Notwendigkeit, sondern hat auch alle Charakteristika eines Emanzipationsprozesses an sich, der zwangsläufig zu einem stärker ausgeglichenen und seiner selbst sicheren seelischen Status führen muß, wie Wilhelm sich das jedenfalls erhofft. Das Ziel erscheint also als genaue Kontrafaktur zu jener Ausgangssituation, die im 5. Buch so eindringlich als unordentliches, unbefriedigendes und erlösungsbedürftiges Dasein dargestellt ist. Anfang und Ende dieses Bildungsprozesses stehen sich damit diametral gegenüber. Das ist kein Zufall, da sich ja ein Denken in Polaritäten im Verlauf des Romans immer stärker schon abgezeichnet hatte, und so wie Jugendfreund Werner immer mehr, wie es im Roman heißt, »sein Gegner geworden war« (300), so stellt sich auch der Bildungsprozeß als ein Weg zwischen extremen Situationen dar: die eine gilt es zu verlassen, die andere zu gewinnen.

Wie verführerisch es ist, in dieser Selbsterklärung Wilhelms die Essenz des ganzen Romans zu sehen, zeigt die Bereitwilligkeit, mit der Wilhelms Bekenntnis zur Deutung von Nachfolgeromanen bei scheinbar ähnlich organisierten Bildungsprozessen herangezogen worden ist. Das Bildungsideal ist bis in die jüngste Gegenwart hinein als »allseitige Entwicklung der individuellen Möglichkeiten« in scharfem Kontrast zu einer nur als Ausbildung verstandenen Bildung interpretiert worden[2] oder auch als »Utopie individueller Vervollkomm-

2 So von Ulrich Karthaus in seiner *Zauberberg*-Interpretation, in: *Deutsche Romane des 20. Jahrhunderts*, hrsg. von Paul Michael Lützeler, Frankfurt a. M. 1984, S. 105.

nung, deren Realisierungsmöglichkeit im Sozialisationsprozeß Wilhelms überprüft wird«,[3] als »Bekenntnis zum Gesetz der eigenen Individualität und der Entschluß zu dessen Verwirklichung«[4] oder, früher schon, als Ausdruck »jener Sphäre der Unbedingtheit des persönlichen Strebens«[5]. Unterwirft man diese weithin für unbestritten geltende Ansicht jedoch einer genaueren Analyse, so ändert sich zwar auf den ersten Blick nichts am Gehalt dieses Satzes, wohl aber an seiner Valenz. Mit anderen Worten: Es ist fraglich, ob er, aus seiner Aussageumgebung herausgelöst, überhaupt so verstanden werden kann, wie er häufig verstanden worden ist, nämlich als uneingeschränkt gültige Willenserklärung dessen, der hier an offenkundig wichtiger Stelle eine Maxime offenbart, die zu seiner Lebenschiffre, zum Schlüssel seiner Existenz geworden zu sein scheint. Denn der Kontext dieses Satzes erlegt verschiedene Einschränkungen auf. Zunächst einmal fixiert der Satz nicht einen erreichten Status, sondern eine Absicht, und er ist nicht am Ende des Bildungsprozesses ausgesprochen, sondern zu einem Zeitpunkt, der fast schon eine Lebenskrise erkennen läßt. Zwar nimmt das dieser Wil-

3 So Wilhelm Voßkamp in seinem Artikel »Utopie und Utopiekritik in Goethes Romanen ›Wilhelm Meisters Lehrjahre‹ und ›Wilhelm Meisters Wanderjahre‹«, in: *Utopieforschung. Interdisziplinäre Studien zur neuzeitlichen Utopie*, Bd. 3, hrsg. von Wilhelm Voßkamp, Stuttgart 1982, S. 235. Goethe selbst hat diesen Sachverhalt in *Dichtung und Wahrheit* etwas einfacher, aber nicht weniger treffend so formuliert: »Auf eigene moralische Bildung loszuarbeiten, ist das Einfachste und Tulichste, was der Mensch vornehmen kann; der Trieb dazu ist ihm angeboren; er wird durch Menschenverstand und Liebe dazu im bürgerlichen Leben geleitet, ja gedrängt« (*Goethes Werke*, Hamburger Ausgabe, Hamburg 1948 ff., Bd. 10, S. 88 f.).

4 So Jürgen Jacobs, *Wilhelm Meister und seine Brüder. Untersuchungen zum deutschen Bildungsroman*, München 1972, S. 77. Jacobs hat den gleichen Sachverhalt noch ein zweites Mal formuliert, wenn er schreibt: »Es entspricht dem von starkem Individualitätsbewußtsein getragenen Ansatz dieser Frage, daß Wilhelm den Plan der persönlichen Selbstausbildung zu seinem Lebensprogramm macht« (ebd.).

5 So Hans-Egon Hass in seinem Aufsatz über *Wilhelm Meisters Lehrjahre,* in: *Der deutsche Roman. Vom Barock bis zur Gegenwart. Struktur und Geschichte*, hrsg. von Benno von Wiese, Bd. 1, Düsseldorf 1963, S. 181.

lenserklärung nicht ihr Gewicht, relativiert sie aber insofern, als sie eher die Form eines Rechenschaftsberichts über sich selbst hat und nicht so sehr die einer unumstößlichen Selbsterklärung. Was sich auf den ersten Blick wie eine solche lesen mochte, reduziert sich in seiner Aussagequalität jedoch noch mehr, sieht man den Funktionalismus dieser Eigenbestimmung. Denn jeder weiß, daß Wilhelms Satz in einem Brief niedergeschrieben ist, der eine Antwort auf Werners, des Jugendfreundes, Argumente enthält, und daß Wilhelms Aussage zwangsläufig parteiisch ist, gesteht der sich selbst insofern unumwunden ein, als er bestrebt ist, »sie dem klugen Werner in einem günstigen Lichte darzustellen« (300). Von einer halbwegs objektiven Selbstbestimmungsformel kann also nicht so ohne weiteres die Rede sein, eher von einem Gegenideal, das Wilhelm entwirft, nachdem er von den Lebensmaximen des Jugendfreundes gehört hat.

Man mag das alles zwar immer noch durchaus als eine bewußt antithetisch organisierte Kompositionstechnik sehen, als ein nur fingiertes Spiel von Meinungen und Meinungsaustausch, das hier ein wenig künstlich arrangiert wurde, um der entscheidenden Selbstaussage Wilhelms einen dialogisierten Rahmen zu geben. Aber wie man den kleinen Kontrast zwischen den Freunden, den Disput zwischen ökonomischer Weltinterpretation und selbstbezogener Ichdarstellung auch bewerten will – gravierender ist, daß Wilhelm dieser Lebensformel, die wie eine eigenwillige, um den organologischen Entwicklungsfaktor ergänzte Variante der Kantischen Autonomieforderung, seines »Bestimme Dich aus Dir selbst« wirkt, selbst widerspricht. Bereits im gleichen Brief enthüllt Wilhelm seinem freundschaftlichen Leser, daß es ihm damit allein durchaus nicht getan ist, sondern daß er mehr, fast etwas Gegenteiliges will. Denn sein Wunsch und seine dunkel von Jugend an verfolgte Absicht, sich selbst auszubilden, kollidieren mit einem anderen Trieb, der seinem eigenen Eingeständnis zufolge »täglich unüberwindlicher wird«: Es ist der, »eine öffentliche Person zu sein und in einem weitern Kreise zu gefallen und zu wirken« (303). Der offenbare Widerspruch liegt in der Zielrichtung der beiden Intentionen; die Ausbildung seiner selbst zielt auf innere Vervollkommnung, die Neigung, öffentlich zu wirken, auf äußere Tätigkeit, und diesen offenkundig divergenten Bewegungsintentionen entspricht eine zweite Differenz: Die Selbstausbildung ist futurisch orientiert, die öffentliche Wirkung stärker gegenwartsbezogen, und so vermischen sich in Wilhelms Vorstellungen Inneres und Äußeres, Synchronisches und Diachronisches, Ichbezogenes und Gesellschaftsorientiertes zu einem merkwürdigen Konglomerat von Vorstellungen, die zunächst einmal nur erkennen lassen, daß dieser sein Bewußtseinszustand widerspruchsvoll ist und daß die Auflösung der Gegensätze das vordringliche Ziel des Bildungsganges sein muß, wie immer er auch nun bestimmt sein mag. Wir stehen, vom gesamten Roman her, etwa in der Mitte des Ganzen, und wir könnten von einem Höhe- oder Wendepunkt sprechen, wenn es in diesem bei allen Widersprüchen so geradlinig verlaufenden Romangeschehen Derartiges gäbe. Es gibt ihn nicht, wohl aber jene Selbsterhellungsszenen, jene kurzen Haltepunkte im Gang des Ganzen, in denen Erkenntnisse möglich sind.

Wilhelm wendet sich, wie wir wissen, dem Theater zu – primär, um dort eben »eine öffentliche Person zu sein«. Damit aber will Wilhelm, so weiß jeder Leser, nichts Geringeres, als sich dem Adel angleichen, denn der Adlige selbst ist, so teilt Wilhelm ja ausführlich seinem Freunde mit, »eine öffentliche Person« und so mehr als alles, was der Bürger durch eine bestenfalls erreichbare »personelle Ausbildung« für sich leisten kann. Ausbildung seiner selbst, gewiß – aber doch mit dem Endziel, es dem Edelmann gleichzutun, dem von Natur und Geburt aus eröffnet ist, was Wilhelm ein für allemal für sich verschlossen glaubt; und so wird die Welt des schönen Scheins zum hilfreichen Medium, durch das er erreichen kann, was sonst schlechterdings unerreichbar wäre. Wie sieht es nun mit Wilhelms Nobilitierungswünschen aus?

Der Adlige ist deswegen als Leitbild für Wilhelm so bedeutungsvoll, weil er ein Lebens- und Gesellschaftsideal erfüllt, das auch noch im 18. Jahrhundert höchst lebendig ist: das des galanten Menschen, des ›homme galant‹, des ›honnête homme‹, des ›homme de bon gout‹, wie es schon zu Beginn des Jahrhunderts von Thomasius aus Frankreich nach Deutschland importiert worden war, das sich dann, wie es bei derartigen gesellschaftlichen Leitbildungen üblich ist, lange Jahrzehnte hindurch gehalten hat und in seinen Konturen hier immer noch deutlich ist.[6] Der Adlige, so heißt es, ist gehaltenen und gemessenen Wesens, »kalt, aber verständig; verstellt, aber klug. Wenn er sich äußerlich in jedem Momente seines Lebens zu beherrschen weiß, so hat niemand eine weitere Forderung an ihn zu machen« (302). Es versteht sich von selbst, daß dieses Lebensideal vor allem im Adel formuliert worden ist, auch wenn es zu Anfang des Jahrhunderts noch durchaus generell, als menschliches Bildungs- und Sozialideal schlechthin, beschrieben worden war; es ist bezeichnend, daß in dem Jahrhundert, in dem sich die bürgerliche Gesellschaft entwickelt, nicht nur der Lebensbereich des Bürgers sich ausdehnt und daß von ihm Bereiche erobert werden, die früher nur dem Adel zukamen; es gibt auch reversive Bewegungen, und dazu gehört, daß das Ideal des ›homme galant‹ gerade nicht ein bürgerliches Allerweltsideal wird, sondern immer stärker auf den Adel selbst restringiert erscheint, während sich der bürgerliche Verhaltenskodex anders und gegenteilig ausbildet – ein freilich nur zu sicht-

6 Dieses gesellschaftliche Leitbild ist u. a. bei Thomasius in seinem *Discours, welcher Gestalt man denen Frantzosen im gemeinen Leben und Wandel nachahmen solle* (1687) erstmals deutlicher und später in seinem *Höchstnötigen Cautelen für einen Studiosus juris* (1713) umrissen worden; es ist das Kulturideal des galanten Zeitalters. Bei Weise finden sich ähnliche Bestimmungen in seinem Ideal des »Politicus«, wie er im »Bäuerischen Machiavellus« erscheint. Novalis' böse Kritik – »Das Ganze ist ein nobilitierter Adelsroman« – ist bekannt, und er schlägt sarkastisch als Titel vor: »Wilhelm Meister oder die Wallfahrt nach dem Adelsdiplom«. Zum Thema generell auch Dieter Borchmeyer, *Höfische Gesellschaft und Französische Revolution bei Goethe. Adliges und bürgerliches Wertsystem im Urteil der Weimarer Klassik*, Kronberg (Taunus) 1977, S. 131 ff.

bares Zeichen dessen, daß es mit der Prädominanz adliger Lebensformen und ihrem Vorbildcharakter in der zweiten Hälfte des 18. Jahrhunderts dann doch vorbei ist –, was Wilhelm hier freilich noch nicht sieht. Adliges Verhalten, mag es nun vom galanten Lebensideal her geprägt sein oder nicht, hat schon in den achtziger Jahren den Ruf der Unaufrichtigkeit, und ein wenig davon spiegelt sich selbst hier in der Adelscharakteristik, die Wilhelm gibt, wenn er den Adligen als kalt und verstellt bezeichnet – allerdings mit dem entschuldigenden, entwicklungsgeschichtlich gesehen gleichsam aus früherer Zeit stammenden Zusatz, daß eben der gleiche Adlige auch verständig und klug sei. Insofern sind die Schattenseiten eines adligen Verhaltens, wie sie seit 1780 überall literarisch angeprangert werden, für Wilhelm noch aufgewogen durch Vorzüge. So wird in Wilhelms Entwurf noch einmal ein Ideal sichtbar, das im ersten Drittel des Jahrhunderts die Magie einer idealtypischen Orientierungsmöglichkeit besaß. Der freie Anstand im Umgang, die Tatsache, daß dem Adligen »weder Tür noch Tor verschlossen ist« (302), die Möglichkeit und Fähigkeit, zu zeigen, daß er etwas auf sich hält, feierliche Grazie in gewöhnlichen Dingen und leichtsinnige Zierlichkeit bei ernsthaften Übernehmungen – es ist der alte Katalog adligen Verhaltens, wie er (und das ist nur zu bezeichnend!) nicht so sehr vom Adel als vielmehr vom aufkommenden Bürgertum entworfen wurde und hier noch einmal restituiert erscheint.

Ein fragwürdiges Verhaltensmuster. Spätestens an dieser Stelle wird deutlich, daß Wilhelm einem Gesellschaftsideal nachjagt, das in seiner eigenen Zeit bereits höchst suspekt geworden war – in der bürgerlichen Literatur trat dieser Adlige auch auf, aber längst mit negativen Bewertungen. Kalt war er, aber nicht verständig, und was dem zeitgenössischen Leser bewußt war, waren die vielfachen Adelskonfrontationen, bei denen der Adel eine moralisch verwerfliche und verabscheuenswürdige Haltung einnahm, der Bürger hingegen, jedenfalls in Annäherungen, die moralische Integrität verkörperte. Eine gewisse feierliche Grazie bei gewöhnlichen Dingen, eine Art von leichtsinniger Zierlichkeit bei ernsthaften und wichtigen – den Zeitgenossen war das durchaus bekannt, aber im so lächerlichen wie bedauernswerten Zerrbild des Hofmarschalls von Kalb, und das Vollkommenheitsideal, das Wilhelm auf eine sonore Stimme und ein gehaltenes und gemessenes Wesen gründet, ist das auf geradezu radikale Weise veräußerlichte Ideal des ›homme galant‹, eine höfische Fassade, der nichts mehr entspricht. Das gilt jedenfalls literarisch und über weite Bereiche der damaligen Gegenwartsliteratur hin: die Begründung ergab sich aus der Entwicklungsgeschichte des Bürgertums selbst. Denn wenn es nach 1700 auch immer noch erstrebenswert erschien, sich dem Adel anzugleichen, so hatte doch bereits Christian Reuter zu Beginn des Jahrhunderts derartige Emanzipationsversuche in ihrer Unglaubwürdigkeit entlarvt, und schon vor der Mitte des Jahrhunderts hatte sich (vor allem Gellert war daran beteiligt gewesen) ein bürgerlicher Normenkodex herausgebildet, der sich gerade nicht mehr am Adel orientierte, sondern an nichts anderem als an der bürgerlichen Gesellschaft selbst. Wenn Wilhelm nun so dezidiert Verhaltensweisen des Adels für erstrebenswert hält und sich an Äußerlichkeiten des adligen Lebens orientiert, so scheint das zu bedeuten, daß hier ein Lebensideal restituiert werden soll, das im Zuge der bürgerlichen Emanzipationsbewegungen längst überflüssig, wenn nicht unglaubwürdig geworden war. Goethe schildert, mit anderen Worten, im *Wilhelm Meister* nichts anderes als die Bildungsgeschichte der bürgerlichen Welt im 18. Jahrhundert, wie sie sich ihm in der Entwicklungsgeschichte eines einzelnen darstellt. Unter eben diesem Aspekt muß man auch Wilhelms Weg auf die Bühne und durch das Theater hindurch sehen. Jedenfalls ist das Theater nicht ein Medium der Kunst, das Wilhelm dienen kann, sich selbst zu verwirklichen, sondern in erster Linie jener öffentliche Bereich, in dem er sich bewähren möchte. Die Theaterwelt regelt, zumindest dem Schein nach, die sozialen Verhältnisse in einer Welt, die zunächst einmal die Wilhelms ist. Natürlich ist es kein Zufall, daß *Hamlet* gespielt wird: es ist Wilhelm selbst, der sich darstellt, da in Hamlet das Schicksal des Außenseiters und Einzelgängers sichtbar wird, der, nicht durch eigenes Verschulden, mit der Welt uneins geworden ist. Wilhelm ist, wenigstens für einen Augenblick, tatsächlich Hamlet, der sich in seinem prekären Weltverhältnis, in seiner einsiedlerischen Ausgesetztheit und zwangsweisen Ichbezogenheit eben daraus befreien möchte: ein kongeniales Muster, mit dessen Hilfe Wilhelm Öffentlichkeit erreicht hat. Aber die Polyvalenz der symbolischen Szenen wird sogleich sichtbar; die Hamlet-Chiffre enthüllt ihren Hintersinn, da sie verdeutlicht, wie ungeklärt Wilhelms tatsächliche Beziehungen zu den Mitlebenden sind und wie unglücklich, undefiniert und konfus. Das zeigt sich noch am gleichen Abend, der so abstrus endet. Wilhelms Welt ist durch Verwirrungen gekennzeichnet, und das Unbestimmte der Verhältnisse, in denen er lebt, das mahnende Menetekel des Harfenspielers, die widerspruchsvolle Liaison mit Philine, alles das prägt das Theaterdasein, das zwar eine öffentliche Welt repräsentiert, aber doch eine solche, in der Wilhelm nicht zu der Rolle gefunden hat, die ihm vorschwebte, als er sich zur Bühnenlaufbahn entschloß. Es kommt hinzu, daß die Theatergesellschaft selbst Auflösungserscheinungen zeigt; und der Erzähler Goethe verwendet eine lange Passage darauf, die soziale Zerbrechlichkeit dieser kleinen Bühnenwelt zu beschreiben, die in dem Augenblick sichtbar wird, als ihr äußerer Höhepunkt erreicht zu sein scheint: »Von einer Theatergesellschaft so gut wie von einem Reiche, von einem Zirkel Freunde so gut wie von einer Armee läßt sich gewöhnlich der Moment angeben, wenn sie auf der höchsten Stufe ihrer Vollkommenheit, ihrer Übereinstimmung, ihrer Zufriedenheit und Tätigkeit standen; [. . .] was vorher verbunden war, fällt nunmehr bald auseinander.« (358.) Man muß hierin nicht unbedingt ein Spiegelbild der inneren Verwirrungen Wilhelms sehen, aber daß die Welt des Theaters nicht das soziale Endziel Wilhelms ist, zeigt sich eben im Zerfall dieser Welt. Daß das Theater auf einige Zeit schließen muß, weil eine allgemeine Trauer eingefallen ist, ist nur der erzählerische Deus ex machina, der den äußeren Schlußpunkt unter einen Niedergang setzt, der als sozialer Niedergang um so bemerkenswerter und fühlbarer ist, als das ganze Verhältnis, wie Goethe schreibt, »wirklich eine Zeitlang beinahe idealisch gehalten hatte« (360). Beschreibt Goethe im Bildungsweg Wilhelms die Entwicklung der bürgerlichen Kultur im 18. Jahrhundert im allgemeinen, so ist die Theaterepisode (vielleicht) ein allegorisches Lehrstück über die Gefahren einer subjektivistisch erlebten und praktizierten Kunst, also über damals markante Gefahren der Kunstperiode. Wäre nicht die Mahnung des Geistlichen, den Wilhelm um des wahnsinnigen Harfners willen besucht, sein Lebensweg würde zunächst wieder in Orientierungslosigkeit enden. Nichts bringe uns dem Wahnsinn näher, so meint jener, »als wenn wir uns vor andern auszeichnen, und nichts erhält so sehr den gemeinen Verstand, als im allgemeinen Sinne mit vielen Menschen zu leben« (362): eine deutliche Absage an jegliche ichzentrierte Ausbildung, eine Aufforderung andererseits zur Gemeinsamkeit als dem eigentlichen Lebensziel, dem auch jede Bildung allein dienen kann. Es ist bezeichnenderweise die Literatur, mit deren Hilfe Wilhelm eine seinem letzten Brief an Werner gegenüber veränderte, berichtigte Lebenssicht erläutert bekommt. Als man *Emilia Galotti* liest, äußert sich Serlo über den Hofmann, und was er sagt, hat aufs direkteste mit jener Selbstbestimmung Wilhelms zu tun, die er in seinem Brief an den Jugendfreund von sich gegeben hatte. Dort war es das Bild des Edelmannes gewesen, das ihn zum öffentlichen Wirken gebracht hatte, und die Skizze eines adligen Charakters (»kalt, aber verständig; verstellt, aber klug«) war ihm zur Leitlinie geworden, der er auch in seinem öffentlichen Auftreten, also auf der Welt des Theaters gefolgt war – aber, wie wir wissen, mit nur geringem Erfolg: denn dem äußerlichen Idealbild des Adels entsprach nicht jene soziale Bildung, um deretwillen die ganze Geschichte ja überhaupt erzählt wird. Serlo modifiziert, rektifiziert das Adelsbild, das Wilhelm entworfen hatte, und was Serlo sagt, ist nicht nur Berichtigung, sondern deutlichste Kritik an Wilhelms Lebensentwurf, den dieser für endgültig hielt und von dem wir nur zu gut wissen, daß er ein bloß temporärer ist. Seine Verhältnisse sind weiter ungeordnet, seine öffentliche Position immer noch undefiniert, und wenn Serlos lange Adelsrede mit der Aufforderung endete, daß der Vornehme ungeachtet aller Absonderung immer mit anderen verbunden sein solle, so ist das ein Sozialappell, dessen Intensität nicht zu überhören ist und der nur zu sehr auf Wilhelm abzielt. Denn abgesondert war er gerade auf der Bühne, Hamlet in seiner Isolation und Weltlosigkeit ist Symbol und warnendes Zeichen in einem, und daß Serlo hier nicht nur als Schauspieldirektor spricht, sondern die Meinung des Autors wiedergibt, läßt der vorangestellte Kommentar des Erzählers erkennen, der nämlich besagt, daß Serlo über diesen Punkt, also über das Verhältnis des Hofmannes zur Welt, »manchen guten Gedanken« (368) äußere. So ist der Appell, sich jenseits einer individuell verstandenen Kunstausübung mit anderen zu verbinden, dringlich, und wie dringlich er ist, zeigt auch der Schluß dieses für die Sozialentwicklung Wilhelms so wichtigen 5. Buches: Aurelie, die in der Rolle der Orsina, so heißt es, »alle Schleusen ihres individuellen Kummers« (369) aufgezogen hatte, die also wiederum eine Außenseiterin gespielt hat und in der Rolle der Außenseiterin sich selbst, stirbt aus äußerster sozialer Isolation heraus, da sie von ihrem ungetreuen Freund verlassen worden ist; und wie bedrohlich die soziale Rolle Wilhelm ist, wie ungeklärt immer noch seine Beziehungen zur Welt sind und wie ignorant er ihnen gegenüber ist, zeigt sich beim Abschied aus der Theaterwelt: Felix bittet ihn, ihm einen Vater mitzubringen. Daß dieser sein Vater gerade geht, gehört zu den grotesken Situationen, die Wilhelm in seinem Stadium des sozialen Bildungsprozesses noch nicht durchschaut, ja nicht einmal ahnt.

Wilhelm Meister ist also kein Bildungsroman, sondern vielmehr ein sozialer Roman – oder doch allenfalls insoweit ein Bildungsroman, als es sich bei Wilhelm um die Bildung zum Sozialen handelt, die erst jene Selbstausbildung garantieren kann, nach der Wilhelm sucht. Das Theater ist dementsprechend nicht so sehr der Raum der Kunst, durch den Wilhelm in seinem Abschreiten aller Lebensbereiche hindurch muß, sondern vielmehr ein symbolischer Ort, repräsentativ für eine Gesellschaft, in der der einzelne nicht sich selbst darstellt, sondern eingespannt ist in ein kleines, noch überschaubares soziales Netz, in Beziehungen, die er selbst zu regeln und mit zu verantworten hat. Eine solche Deutung der *Lehrjahre* beinhaltet zugleich, daß der Entwicklungsgang Wilhelms, mag er auch von den Zufälligkeiten seiner nicht sehr planvollen Lebensreise stark geprägt sein, im Grunde genommen nicht so verläuft, wie das häufig dargestellt worden ist: also nicht als eher kreisförmige Bewegung durch die verschiedenen Lebensbereiche hindurch, additiv Erfahrungen bringend, die diesen Bildungsprozeß bestimmen. Die Grundspannung des Romans ist nicht, wie man festgestellt hat,[7] eine solche »zwischen Kunstenthusiasmus und Ernüchterung, zwischen schönem Schein und kruder Wirklichkeit«, sondern die zwischen dem einzelnen und der Gesellschaft, und das 5. Buch macht nur zu deutlich, daß der Weg vom einzelnen über die Kunst zur Gesellschaft zu führen habe, also ganz analog zur ästhetischen Erziehung Schillers, wenngleich es noch nicht erkennen läßt, wie sich Wilhelm letztlich in seiner Umwelt definiert.

Wilhelm verläßt das Theater, verläßt auch seine soziale Welt, also Mignon und vor allem Felix; Aurelie ist wie Mariane tot, Wilhelm erneut auf dem Wege zu sich – ein trügerischer und gefährlicher Weg, wie die »Bekenntnisse einer schönen Seele« unzweideutig zeigen. Man hat diese Bekenntnisse als erzählerisch umgesetztes klassisches Kunstkonzept gedeutet, als das

7 So Peter Pütz in seinem Aufsatz »Der Roman der Klassik«, in: *Handbuch des deutschen Romans*, hrsg. von Helmut Koopmann, Düsseldorf 1983, S. 252.

harmonische Bei-sich-Sein einer Gestalt, als In-sich-selbst-Ruhen einer Seele, die von Anfang an, wie es im Roman heißt, eine gerade Richtung eingeschlagen hatte.[8] Ohne jeden Zweifel handelt die schöne Seele ihrer eigenen Bestimmung zufolge jedesmal so, wie ihr es ums Herz ist (vgl. S. 395). Aber was sich im 6. Buch vollzieht, ist der Rückzug eines Menschen auf sich selbst, eine Dissozialisierung, wie sie radikaler nicht beschrieben werden kann. »[. . .] ich folge mit Freiheit meinen Gesinnungen und weiß so wenig von Einschränkung als von Reue« (439): das ist auch ein Bildungsweg, aber ein auf fatale Weise falscher. Denn der Schlußsatz, daß in jedem menschlichen Busen ein Ungeheuer sei, »wenn eine höhere Kraft uns nicht bewahrt« (439), zeigt das Menschenverachtende und Asoziale dieser Existenz, und die Gottsuche ist Menschenabsage, Gott in der Natur nur die positive Formulierung eines Standpunktes, der den anderen Menschen eigentlich ausgeschlossen hat. Für die schöne Seele besteht das »unschätzbare Glück der Freiheit« nicht darin, alles zu tun, wozu die Umstände einladen, sondern alles »auf dem geraden Wege« zu tun, was man »für recht« (439) und schicklich hält. Selbstbestimmung also in einer drakonischen, schon unmenschlichen, weil gesellschaftsfeindlichen Form: eben dieses lehrt das 6. Buch. Die Zeichen, auf Wilhelms Bildungsgang bezogen, sind Warnungen genug. Die Weltverneinung, mag sie auch theologisch begründet sein, endet nicht nur in völliger Isolation, sondern zugleich auch im Tod. Die Wendung nach innen, das Horchen auf die eigene Seele

8 Über die Verzahnungen dieses 6. Buches der *Lehrjahre* mit dem Bericht über Wilhelms Bildungsgang ausführlich Hass (Anm. 5), S. 188 ff. Hass betont zwar die erzählerische Ironie, die in der Konfrontation der Bildungswege der schönen Seele mit dem Wilhelms zu erkennen sei, stellt aber auch fest: »Gegen Ende ihrer Bekenntnisse spricht die ›schöne Seele‹ von der Vollendung ihrer Entwicklung mit Worten, die mit der Selbstbestimmung ihres Wesens zugleich die Bestimmung des Begriffs ›schöne Seele‹, fast möchte man sagen unmittelbar im Sinne Schillers, geben« (S. 192). Ähnlich auch schon Erich Trunz in seinem Kommentar: Das ganze 6. Buch zeigte, wie diese »Harmonie von Pflicht und Neigung sich entwickelt und vertieft« (*Goethes Werke* [Anm. 3] Bd. 7, S. 697).

führt in eine leere Welt, in der der Glaube die menschliche Gesellschaft ersetzen muß. Die schöne Seele sucht Gott, aber sie versäumt den Menschen darüber.
Für Wilhelm ist dieses Schicksal wie die Erfahrungen mit einer subjektiv verstandenen Kunst ebenfalls ein Menetekel: die Offenbarung eines unsozialen Daseins, das mit einer Selbstgewißheit endete, in der für anderes nicht mehr Raum war. Es geht im 6. Buch nicht darum, die Frömmigkeit der pietistischen Seele zu verklären, erst recht nicht darum, Wilhelm approximativ an diesem Seelenleben teilnehmen zu lassen. Die egozentrische Seite dieser Selbstverwirklichung durch Religion ist zu offenkundig, und im Kontext der übrigen Bücher des Romans wird die Selbstbezogenheit der schönen Seele denn auch als asoziale Egozentrik entlarvt. Als weitere Warnung in diesem an Spiegelbildern reichen Roman taucht der Harfner auf, und seine Erscheinung enthüllt das Fatale jeder bloß ichbezogenen Existenz. Er ist das absolute Gegenbild der schönen Seele, in seiner Asozialität aber das geheime und erschreckende Ebenbild. Es kommt nicht darauf an, Wilhelm die Scheinhaftigkeit seines bisherigen Lebens zu demonstrieren, sondern die Aussichtslosigkeit einer solipsistischen Daseinsform, und es geht nicht darum, den Menschen in der Totalität seiner Möglichkeiten auszubilden, sondern vielmehr darum, ihm eine soziale Bildung zu vermitteln, die ihn eigentlich erst zum Menschen macht. Wilhelm wird freilich nicht nur in diesen Erkenntnisvorgang hineingezwungen, sondern mit einer sozialen Realität konfrontiert, in der die Vatersuche des Hamlet gewissermaßen parodistisch umfunktioniert worden ist. Denn Wilhelm kann sich nicht länger als Hamlet auf seiner Suche nach seinen sozialen Beziehungen verstehen und ist nicht länger mehr der kranke Königssohn, sondern wird in seine eigene Vaterrolle hineingedrängt, da er Felix als seinen Sohn erkennt.[9] Wilhelms nun

9 Eine ganz andere Deutung des Bildes vom kranken Königssohn schlägt Hellmut Ammerlahn vor: der »geistige« Vater Wilhelms sei Shakespeare, Natalie die »Prinzessin«, Wilhelm schließlich »geheilter Königssohn im Reiche der

verkündete Lebenserfahrung stellt sich dementsprechend als die Umkehrung seines Ideals des homme galant dar, wenn er sagt: »Man kann die Erfahrung nicht früh genug machen, wie entbehrlich man in der Welt ist. Welche wichtige Personen glauben wir zu sein! Wir denken allein den Kreis zu beleben, in welchem wir wirken; in unserer Abwesenheit muß, bilden wir uns ein, Leben, Nahrung und Atem stocken, und die Lücke, die entsteht, wird kaum bemerkt, sie füllt sich so geschwind wieder aus, ja sie wird oft nur der Platz, wo nicht für etwas Besseres, doch für etwas Angenehmeres.« (496.) Damit ist die Vorstellung von der öffentlichen Wirksamkeit einer quasi adligen Person, von deren Rollenspiel und Bedeutung endgültig durch die eigene Einsicht Wilhelms widerlegt.

Der Bildungsprozeß als sozialer Prozeß ist damit fast an ein Ende gekommen, und es bedarf nur noch der Anerkennung der eigenen Verhältnisse. »In diesem Sinne waren seine Lehrjahre geendigt, und mit dem Gefühl des Vaters hatte er auch alle Tugenden eines Bürgers erworben. Er fühlte es, und seiner Freude konnte nichts gleichen« (526) – so schließt die Bildungsreise, die eine soziale Reise war; Wilhelm hat dem Adelsanspruch völlig entsagt, um Bürgerideale zu vertreten. Er findet sich »mitten in jenem Familienkreis« (545), und so ist der soziale Roman abgeschlossen. Wilhelms Lebensgeschichte erscheint als Heilungsprozeß, und noch einmal wird im 5. Kapitel des 8. Buches die *Hamlet*-Aufführung erwähnt, freilich nicht mehr, um Wilhelm in seiner Isolation, sondern vielmehr, um ihn als den geheilten Prinzen zu zeigen.

Aber die Dimensionen gehen weit über ein Einzelschicksal hinaus. So wie Goethe, indem er den Bildungsgang Wilhelms

Kunst- und Naturgesetzlichkeit« (»Goethe und Wilhelm Meister, Shakespeare und Natalie: Die klassische Heilung des kranken Königssohns«, in: *Jahrbuch des Freien Deutschen Hochstifts 1978*, S. 47 ff.). Friedrich A. Kittler schließlich erkennt in der *Hamlet*-Aufführung »die Geburt des Illusionstheaters aus dem Geist der Familie«. Vgl. dazu den lesenswerten Aufsatz: »Über die Sozialisation Wilhelm Meisters«, in: Gerhard Kaiser / Friedrich A. Kittler, *Dichtung als Sozialisationsspiel*, Göttingen 1978, S. 13 ff., bes. S. 78.

erzählt, bis in die Anfänge des Jahrhunderts zurückgreift, so formuliert er gleichzeitig ein zukünftiges Verhalten, eine vom Sozialen her gesehene ideale Welt, wie das dem optimistischen 18. Jahrhundert wohl anstand. Damit wird nicht nur Bildung als soziale Bildung eines einzelnen vorgestellt, sondern die Bildungsgeschichte des Bürgertums schlechthin, mit einem Entschluß zur bürgerlichen Sozialkultur, wie er erst möglich wurde, nachdem die Phase der Adelsimitation überwunden war.[10] Es ist das Ungenügen am Individuum, das Goethe hier ausspricht, das sich aber bei ihm verbindet mit Zukunftsfreudigkeit, ja mit einer gewissen Weltbürgerlichkeit, wie sie bereits hier in den Verbindungen, die am Schluß besiegelt werden, deutlich wird.[11]

10 Nur sehr allgemein über das »Bürgerliche« des Romans schreibt Giuliano Baioni, »›Märchen‹ – ›Wilhelm Meisters Lehrjahre‹ – ›Hermann und Dorothea‹. Zur Gesellschaftsidee der deutschen Klassik«, in: *Goethe-Jahrbuch* 92 (1975) S. 73 ff. Baioni will in dem Roman mehr oder weniger nur »die Erziehung des Stürmers und Drängers zur Realität« erkennen (S. 108) und die »Bürgerlichkeit« in dem »vollkommenen Gleichgewicht zwischen Mensch und Realität« (S. 124). Aber Goethes Vorstellungen waren doch wohl konkreter, auch im »Bürgerlichen«.

11 Anders jedoch Rolf-Peter Janz, der die Auffassung vertritt, daß Wilhelm »aller bürgerlichen Programmatik zum Trotz« als Bürger »immer noch den Zwängen des Adels wie seiner Faszination« erlegen ist – Wilhelm bewundere auch am Reformadel die unbeschränkten Möglichkeiten des Adels aus der Begrenztheit des Bürgers heraus (Rolf-Peter Janz, »Zum sozialen Gehalt der ›Lehrjahre‹«, in: *Literaturwissenschaft und Geschichtsphilosophie. Festschrift für Wilhelm Emrich*, hrsg. von Helmut Arntzen [u. a.], Berlin / New York 1975, S. 320 ff., bes. S. 336). Aber ist die Adelssozietät am Romanende nicht utopisch und damit jenseits des für Wilhelm doch schon erledigten Widerspruchs von Adel und Bürgertum? – Beinahe entgegengesetzt dazu Stefan Blessin, der die *Lehrjahre* als »Roman des sozialen Wandels« deutet, als »Überwindung des Feudalismus« vom »Standpunkt einer voll ausgebildeten liberal-bürgerlichen Gesellschaft« – damit habe Goethe ein Romanwerk erschaffen, das in Übereinstimmung stehe mit den Zielen der Französischen Revolution, wobei der Wandel bezeichnenderweise ohne revolutionäre Gewalt dargestellt sei (Stefan Blessin, »Die radikal-liberale Konzeption von ›Wilhelm Meisters Lehrjahren‹«, in: *Deutsche Vierteljahrsschrift für Literaturwissenschaft und Geistesgeschichte* 49 (1975) Sonderheft »15. Jahrhundert«, S. 190 ff., bes. S. 214 f.).

Zur literaturpolitischen Aussage

Warum aber hat Goethe das alles erzählt? Es war gewiß nicht neu – aber eben deswegen hat er offenbar davon erzählt. Die Entwicklungsgeschichte einer Kulturbewegung, verkürzt in das Schicksal eines einzelnen, ist nicht um ihrer selbst willen beschrieben worden. *Wilhelm Meisters Lehrjahre* haben noch einen anderen Aspekt, vermutlich sogar ein Ziel. Und dieses liegt in seiner literarischen, literaturpolitischen Aussage. Man hat in letzter Zeit in dem Roman den Zusammenhang von Kunst und Wirklichkeit, von Idealismus und Realismus, das Nebeneinander des Theatralisch-Poetischen und des Empirisch-Prosaischen als klassische Synthesis demonstriert sehen wollen; aber die Absicht des Goetheschen Romans war vermutlich eine pragmatischere, denn *Wilhelm Meister* ist kein klassisches Gesetzbuch in spielerisch-erzählerischer Form, sondern scheint eine Abrechnung mit falsch verstandenen Sozialbeziehungen zu enthalten und mit einer Literatur, die diese falschen Vorstellungen zum Entzücken oder auch zum Schauder des Publikums präsentierte. Könnten *Wilhelm Meisters Lehrjahre* in den ersten fünf Bänden quasi die Form eines fünfaktigen Dramas angenommen haben, weil damit Goethe die dramatische Produktion seiner Zeit, in der sich das Bürgerliche ja vor allem konstituierte und abbildete, direkt-indirekt treffen wollte? Hat Goethe nicht einer falschen, oberflächlichen, unzureichenden Auffassung von Bildung und Sozialisation dadurch widersprechen wollen, daß er nur allzu bekanntes Material benutzte, um es neu aufzuarbeiten; um altbekannte Geschichten noch einmal, aber nun sehr viel ernsthafter zu erzählen? Denn es ist nur zu auffällig, daß die gleiche Personenkonstellation, die etwa am Anfang des Romans das Geschehen bestimmt (Mariane in ihrer unglücklichen Beziehung zu Norberg und ihrer sich anbahnenden Liebesbeziehung zu Wilhelm), eine Konfiguration ist, die sich dutzendfach in der Literatur der Zeit präsentiert hatte.[12]

12 So Pütz (Anm. 7) S. 252.

Wir finden sie in dem anonymen Stück *Sancio und Sinilde. Die Stärke der mütterlichen Liebe* (1753), in Tobias Philipp von Geblers *Clementine, oder das Testament* (1771), in G. F. von Nesselrodes *Der adliche Taglöhner* (1774), in August Friedrich Cranz' *Die geretteten Unglücklichen* (1779), in Heinrich Ferdinand Möllers *Wikinson und Wandrop* (1779), in Adolf Knigges *Marder* (1779), in Nesselrodes *Die doppelte Kindesliebe* (1780), in Friedrich Justinian von Günderrodes *Marianne* (1781), in Heinrich Reinickes *Armuth und Edelmuth* (1784), in E. F. F.s *Friederich Ehrenwerth oder die gescheiterte Kabale* (1794), in *Fanny Mandeville* (1784), in Christian August Vulpius' *Der Liebe Lohn* (1789). Alle diese Dramen[13] handeln von Ähnlichem, und die Handlung nimmt stets den gleichen Verlauf: die tugendhafte Heldin ist eher bereit zu sterben, ins Gefängnis zu gehen oder die bitterste Not zu leiden, als von ihrem Geliebten zu lassen. Im *Wilhelm Meister* zieht sich diese Affäre bekanntlich über fünf Bücher hin. Das Schicksal belohnt diese Entschlossenheit nach einigen Prüfungen allerdings im zeitgenössischen Drama, im Gegensatz zu Goethes Roman, mit einem glücklichen Ausgang. Nun hat Goethe zweifellos dieses Schema nicht noch einmal durchspielen wollen, weil es gerade Mode war.[14] Seine

13 Eine Reihe von Hinweisen verdanke ich meiner Mitarbeiterin Ingrid Heller, Augsburg.

14 Dazu Kurt-Ingo Flessau, *Der moralische Roman. Studien zur gesellschaftskritischen Trivialliteratur der Goethezeit*, Köln/Graz 1968. Gerade im moralischen Roman findet sich die Familienthematik häufig, und Flessaus Buch macht deutlich, wie stark diese auch im Drama der Zeit erscheint und Roman und Schauspiel darin miteinander verbindet: »Daß die Familie eine besondere Funktion besitze und einen unzweifelhaften Wert, daß sie eine achtenswerte Ordnung darstelle – dieser Wandel wurde erst um die Mitte des 18. Jahrhunderts, da das Bürgertum seinen allmählichen sozialen Aufstieg begann, in der Epik und vor allem im Schauspiel ausgesprochen« (S. 22). Über die engen Beziehungen des Erziehungsromans zum Entwicklungsroman und die aufklärerischen Momente in beiden Formen vgl. Eva D. Becker, *Der deutsche Roman um 1780*, Stuttgart 1964, S. 55 ff. Über das bei aller Bildungsabsicht aber dennoch Verschwommene der Person Wilhelms vgl. Martin Swales, »Unverwirklichte Totalität. Bemerkungen zum deutschen

Absicht könnte vielmehr gewesen sein, auf der einen Seite dieses Klischee zu parodieren, da Mariane sich eben nicht ideal verhält und da das Ende unglücklich ist – und zugleich könnte Goethe den Stoff, der ja der bürgerlichen Wirklichkeit entnommen war, hier ernsthaft aufbereitet haben. Dafür, daß Goethe hier überhaupt aus dem Arsenal des Theaters schöpfte, spricht noch manches andere. Wenn im *Wilhelm Meister* die Familienzugehörigkeit von Felix, Mignon, des Harfners usw. erst später aufgeklärt wird, so findet sich ein ähnliches Motiv in dem Drama eines Anonymus: *Der Eifersüchtige* (1750), in Geblers bereits erwähnter *Clementine*, in Heinrich Leopold Wagners Dramen *Die neuen Vestalinnen* (1777) und *Nur der Redliche hat Muth* (1778), in *Wikinson und Wandrop*, *Marder*, *Die doppelte Kindesliebe*, in *Julie oder die gerettete Kindsmörderin* (1782) von Wilhelm Friedrich Wucherer, in *Armuth und Edelmuth*, *Die verfolgten Liebenden* (1784) und *Der gefundene Groschen* (anonym 1785), in *Curt von Spartau* (1794) von Johann David Beil, in *Das unschuldige Bauernmädgen* (anonym 1780), in *Die Entführte* (anonym 1783), in *Adolph oder Der edelmüthige Sohn* (1788) von Carl Gottlob Sonntag, in *Der Liebe Lohn* von Vulpius, in *Der Kammerhusar* (anonym 1797). Das Motiv der unklaren Herkunft gehört also zum Standardrepertoire im Drama der siebziger und achtziger Jahre. Konflikte zwischen Eltern und Kindern sind ebenfalls in nahezu allen diesen Dramen ausgeprägt, wobei in den meisten Schauspielen die Eltern im Unrecht sind: Entweder leisten sie ihren Kindern am Ende Abbitte, oder sie werden von der poetischen Gerechtigkeit ereilt. Auch hier hat Goethe das Schema aufgenommen, zugleich aber variiert und dupliziert. Wilhelm bleibt nicht der scheinbar verlorene Sohn, sondern akzeptiert schließlich seine eigene Vaterschaft – und seine Hamlet-Beziehung bekommt

Bildungsroman«, in: *Der deutsche Roman und seine historischen und politischen Bedingungen*, hrsg. von Wolfgang Paulsen, Bern/München 1977: »Wilhelm bleibt irgendwie undefiniert: ihm fehlen die festen Umrisse der anderen Figuren« (S. 98).

so noch eine weitere Dimension, da sie gewissermaßen die Chiffre ist, unter der sich, in idealer Weise allerdings, Eltern-Kind-Konflikte darstellen. Das Motiv der Mesalliance aus Liebe (das Ehepaar Melina), die mit der Verstoßung durch die Eltern geahndet wird, findet sich ebenfalls in einer Reihe von Schauspielen. Unabhängige weibliche Hauptfiguren, d. h. Menschen ohne Familienbindungen, wie sie Mariane und Philine verkörpern, erscheinen in *Die geretteten Unglücklichen*, *Die verfolgten Liebenden*, *Curt von Spartau*, *Friedrich Ehrenwerth* sowie in den anonymen Dramen *Sophie*, *Der Geburtstag*, *Pfaffenränke und Weiberrache*, *Die Entführte* und *Fanny Mandeville*. Die allein in der Welt lebenden Heldinnen sind in den Schauspielen stets Muster an Tugend, Charakterfestigkeit und Treue, was wir von Goethes Figuren allerdings nicht behaupten können; auch hier scheint das übliche Dramenklischee also parodiert zu sein, wobei die Parodie wiederum gleichzeitig ein Hinweis auf die Lebensferne dieser dramatischen Konstellationen ist und ein Versuch, derartige Beziehungen realistischer und mit anderen Vorzeichen darzustellen. Besonders auffällig ist, daß sich in einer Reihe von Schauspielen ein positives Bild des Hochadels darbietet: fast immer sind es gütige, vollendete Persönlichkeiten, die dort auftreten, während im *Wilhelm Meister* diese Vorstellungen nur zu bald revidiert werden. Vor allen Dingen wird das Bild des guten Fürsten und Landesherrn im Drama nirgendwo ernsthaft angegriffen, sondern permanent verherrlicht, besonders in *Der Minister* (von Tobias Philipp von Gebler), in *Sophie*, in *Julie*, in *Friedrich Ehrenwerth*, in *Die Entführte* und *Der Kammerhusar*. Ungerechtigkeiten sind stets mit dem niederen Adel oder korrupten Beamten verbunden – wie noch in Schillers *Kabale und Liebe* (1784), so in J. G. A.'s *Die Schusterstöchter* (1786), August Wilhelm Ifflands *Verbrechen aus Ehrsucht* (1788), Vulpius' *Der Liebe Lohn* und in *Der Geburtstag* (1792).

Nicht weniger bedeutsam ist, daß in den Schauspielen häufig Personen auftauchen, die ihre Familienbindungen hinter sich lassen, um in der Welt herumzukommen und dort ihr Glück zu suchen. Meistens handelt es sich bei diesen Helden um abenteuernde Brüder des Familienoberhauptes. Manchmal lassen auch Eltern aus bestimmten Gründen ihre Kinder zurück, weil sie flüchten müssen – diese kehren meist, inzwischen reich geworden, im richtigen Moment wieder zurück und helfen ihrer in Not geratenen Familie. Diese Konstellation findet sich in *Clementine*, in *Nur der Redliche hat Muth*, in *Wikinson und Wandrop*, in *Die doppelte Kindesliebe*, in *Tugend ist nicht immer Tugend*, in *Reue versöhnt*, in *Der Liebe Lohn*, in *Curt von Spartau*, in *Julie oder die gerettete Kindsmörderin* und *Der Geburtstag*. Auch hier weicht Goethe vom Schema ab: Wilhelm selbst zieht aus, aber er kehrt nicht in den Schoß der Familie zurück, sondern findet eine neue Heimat und eine neue Sozialbeziehung. Andererseits gibt es auch eine Reihe von Gemeinsamkeiten; Goethe hat jedoch in der Regel schärfer akzentuiert als das zeitgenössische Drama. Dazu gehört das weibliche Tugendideal, wie es sich in jedem Schauspiel verkörpert findet: das Sanfte, Schöne, Treue, Tugendhafte, Gebildete, Tatkräftige und Opferwillige sind dessen Akzidenzien, die oft nur klischeehaft dargeboten werden. Alle guten Charaktere orientieren sich darüber hinaus an ideellen Werten, alle bösen ausschließlich an materiellen. Fehler, die nahezu überall gegeißelt werden, sind Geldgier, Lüsternheit, Leichtfertigkeit, das französelnde Sprechen und französische Sitten. Gegen das Klosterleben sind einige Schauspiele gerichtet, andere gegen das Jesuitentum und die Empfindsamkeit. Beispiele liefern *Die neuen Vestalinnen* von Heinrich Leopold Wagner und *Pfaffenränke und Weiberrache*. Auch hier hat Goethe differenziert, problematisiert. Selbst Äußerliches ist umgeformt. Der im *Wilhelm Meister* so dramatisch und ausführlich berichtete Raubüberfall findet sich (wenn auch meist in der Vorgeschichte) in *Clementine*, in *Nur der Redliche hat Muth*, in *Marder*, in *Die verfolgten Liebenden*, in *Der gefundene Groschen*, in *Friedrich Ehrenwerth* und in *Pfaffenränke und Weiberrache*.

Schließlich ist Bindungsfähigkeit nicht nur bei Goethe ein oft unerreichtes, aber erwünschtes soziales Ziel. In *Der adliche Taglöhner*, in *Marder*, in *Die Erbschaft*, in *Tugend ist nicht immer Tugend*, in *Die Entführte*, in *Reue versöhnt*, in *Die deutsche Hausmutter*, in *Der Geburtstag* werden neue Erziehungsideale praktiziert, häufig verbunden mit Hinweisen auf generationstypische Veränderungen. Goethes Roman bietet so gesehen nichts Neues, Neues wohl aber in der Rigorosität der moralischen Entscheidungen und in der Verinnerlichung der sozialen Verhaltensweisen zu ethischen Imperativen; darin gehört er durchaus noch dem Typus des moralischen Romans an. Am auffälligsten aber ist, daß auch in den siebziger Jahren noch die bürgerliche Emanzipationsbewegung kritisiert wird, so in *Der Minister*, in *Die Reue nach der Tat*, in *Die Schusterstöchter* und in *Friedrich Ehrenwerth*. Das zeigt, daß Relikte der Nobilitierungssucht immer noch präsent sind – und damit ist Goethes Roman nicht nur ein Bericht über die Vorgeschichte der Bürgerlichkeit, sondern auch eine kritische Auseinandersetzung mit durchaus noch tagesgenössischen Vorgängen.

Goethe bewegt sich also in einem weiträumigen, bekannten und schon vielfach ausgebeuteten Feld von Motiven, Konstellationen, Themen. Doch er hat sie ausnahmslos verändert, dadurch indirekt das Klischeehafte des bürgerlichen normalen Schauspiels gezeigt, andererseits aber auch die selbst diesen Dramen zugrundeliegende Wirklichkeit neu formuliert. So ist Goethes Roman auch Dichtungskritik, freilich im konstruktiven Sinne, wie sich das für das 18. Jahrhundert gehörte. Auch von daher gesehen ist die Besonderheit der Fabel, sind auffällige Einzelheiten des Romangeschehens alles andere als ausgefallene Erfindung. Aber zugleich beweist der Roman als Ganzes, in welchem Ausmaß er dieses, in positivem Sinne verstanden, dennoch ist.

Literaturhinweise

Blackall, Eric A.: Goethe and the Novel. Ithaca/London 1976.
Blessin, Stefan: Die radikal-liberale Konzeption von »Wilhelm Meisters Lehrjahren«. In: Deutsche Vierteljahrsschrift für Literaturwissenschaft und Geistesgeschichte 49 (1975) Sonderheft. S. 190 bis 225.
Eichner, Hans: Zur Deutung von »Wilhelm Meisters Lehrjahren«. In: Jahrbuch des Freien Deutschen Hochstifts 1966. S. 165–196.
Emmel, Hildegard: Was Goethe vom Roman der Zeitgenossen nahm. Zu »Wilhelm Meisters Lehrjahre«. Bern/München 1972.
Erläuterungen und Dokumente. Johann Wolfgang Goethe. Wilhelm Meisters Lehrjahre. Hrsg. von Ehrhard Bahr. Stuttgart 1982 [u. ö.]. (Reclams Universal-Bibliothek. Nr. 7826 [6].)
Fink, Gonthier-Louis: Die Bildung des Bürgers zum »Bürger«. Individuum und Gesellschaft in »Wilhelm Meisters Lehrjahren«. In: Recherches Germaniques 2 (1972) S. 3–37.
Hass, Hans-Egon: Goethe. Wilhelm Meisters Lehrjahre. In: Der deutsche Roman. Vom Barock bis zur Gegenwart. Hrsg. von Benno von Wiese. Bd. 1. Düsseldorf 1963. S. 132–210.
Jacobs, Jürgen: Wilhelm Meister und seine Brüder. Untersuchungen zum deutschen Bildungsroman. München/Frankfurt a. M. 1972.
Janz, Rolf-Peter: Zum sozialen Gehalt der Lehrjahre. In: Literaturwissenschaft und Geschichtsphilosophie. Festschrift für Wilhelm Emrich. Hrsg. von Helmut Arntzen [u. a.]. Berlin / New York 1975. S. 320–340.
Mannack, Eberhard: Der Roman zur Zeit der Klassik: »Wilhelm Meisters Lehrjahre«. In: Deutsche Literatur zur Zeit der Klassik. Hrsg. von Karl Otto Conrady. Stuttgart 1977. S. 211–225.
May, Kurt: »Wilhelm Meisters Lehrjahre«, ein Bildungsroman? In: Deutsche Vierteljahrsschrift für Literaturwissenschaft und Geistesgeschichte 31 (1957) S. 1–37.
Øhrgaard, Per: Die Genesung des Narcissus. Eine Studie zu Goethe: »Wilhelm Meisters Lehrjahre«. Kopenhagen 1978.
Pütz, Peter: Der Roman der Klassik. In: Handbuch des deutschen Romans. Hrsg. von Helmut Koopmann. Düsseldorf 1983. S. 244 bis 259.
Reiss, Hans: Lustspielhaftes in »Wilhelm Meisters Lehrjahre«. In: Goethezeit. Festschrift für Stuart Atkins. Hrsg. von Gerhard Hoffmeister. Bern 1981. S. 129–144.
Stadler, Ulrich: Wilhelm Meisters unterlassene Revolte. Individuelle

Geschichte und Gesellschaftsgeschichte in Goethes »Lehrjahren«. In: Euphorion 74 (1980) S. 360–374.
Storck, Joachim W.: Das Ideal der klassischen Gesellschaft in »Wilhelm Meisters Lehrjahren«. In: Versuche zu Goethe. Festschrift für Erich Heller. Hrsg. von Volker Dürr [u. a.]. Heidelberg 1976. S. 190–200.
Viëtor, Karl: Goethe: Wilhelm Meisters Lehrjahre – Das Problem der Bildung. In: K. V.: Goethes Dichtung – Wissenschaft – Bildung. Bern 1949. S. 129–150.

DIETER BORCHMEYER

Alexis und Dora (1797)

Die Rätsel-Passage

Goethes Elegie *Alexis und Dora**, zuerst im *Musen-Almanach für das Jahr 1797* erschienen, ist bislang – trotz hoher Wertschätzung, die sie von jeher unter den Kennern genossen hat – ein Mauerblümchen im hortus conclusus der Goethe-Philologie geblieben. Breiteres Interesse hat sie erst aufgrund einer glänzend pointierten Interpretation in Albrecht Schönes Goethe-Studien *Götterzeichen, Liebeszauber, Satanskult* (1982) gefunden. Schöne glaubt schlüssig beweisen zu können, daß die kleine, auf den ersten Blick so leicht verständliche »Idylle« (so nannte Goethe sie bis zur ersten Veröffentlichung)[1] von Anfang an – seit Schillers Äußerungen im Brief-

* Die vorliegende Interpretation erscheint in einer z. T. wesentlich anderen Fassung – unter Einbeziehung einer grundsätzlichen methodischen Auseinandersetzung mit Albrecht Schönes Goethe-Studien (s. Anm. 4) – auch in dem von Paolo Chiarini herausgegebenen Sammelband eines Symposions, das unter dem Thema »Herder und Goethe: Zwischen Natur und Geschichte« am 1.–3. März 1984 in Rom stattfand. (Der Sammelband wird unter dem gleichen Titel in der Reihe: *Studi di filologia tedesca*, Nr. 12, voraussichtlich Rom 1985 publiziert.)

1 Daß Goethe das noch im Untertitel des Erstdrucks »Idylle« genannte Gedicht in den späteren Werkausgaben seinen »Elegien« zugezählt hat, mag damit zusammenhängen, daß er allzu engen Gattungserwartungen bezüglich der Idylle zuvorkommen wollte (vgl. den kaum mehr ›idyllischen‹ Eifersuchtsausbruch des Alexis am Ende des Gedichts). In erster Linie aber war dafür die Distichon-Form entscheidend, aufgrund der sich das Gedicht einer größeren lyrischen Gruppe zuordnen ließ. Abgesehen von diesem rein formalen Kriterium läßt sich *Alexis und Dora* aber auch im modern-inhaltlichen Sinne als Elegie bestimmen: der ›idyllische‹ Zustand wird ja von Alexis aus der schmerzlichen Distanz des Verlusts geschildert. – Auf die durchgreifende, prosodische Neufassung von *Alexis und Dora* in Goethes *Neuen Schriften* (1800), die auf die bekannten Einwände von August Wilhelm Schlegel u. a. gegen seine Hexameterform zurückzuführen ist, wird in dieser Interpretation nicht eingegangen.

wechsel mit Goethe – bis heute gründlich mißverstanden worden ist.[2] Der Grund dafür sei, daß man das »Rätsel« übersehen habe, das laut Goethes vorgeblicher Leseanweisung in den Versen 25 ff. dem Gedicht zugrunde liege.

Wenden wir uns gleich diesen strittigen Versen zu. Die Situation: Alexis hat sich zu Schiff auf eine Handelsreise begeben. Im letzten Moment vor der Abreise hat er erfahren, daß seine Nachbarin Dora ihn liebt. Es kam zu einer heftigen Umarmung, dann mußte Alexis sich losreißen. Nun steht er am Schiffsmast und überdenkt das Geschehene:

»Nur Ein Augenblick war's, in dem ich lebte, der wieget
Alle Tage, die sonst kalt mir verschwindenden, auf.
Nur ein Augenblick war's, der letzte, da stieg mir ein Leben
Unvermutet in dir, wie von den Göttern, herab.«

So die Verse 15–17.[3] Wir überschlagen die folgenden Verse, die den Entschluß des Liebenden zum Inhalt haben, das Vergangene zu reflektieren, seine Erinnerungen an Dora – »die Zeit, als sie mir täglich erschien« (V. 22) – noch einmal an seinem inneren Auge vorüberziehen zu lassen. Wir setzen zwei Verse vor der fraglichen »Rätsel«-Passage (also bei V. 23) mit dem Zitat wieder ein:

2 Vgl. den Titel des (leicht gekürzten) Vorabdrucks der Interpretation von Albrecht Schöne, »Goethes *Alexis und Dora*-Rätsel oder das Mißverständnis als rezeptionsgeschichtliche Kategorie, in: *Literaturwissenschaft und Geistesgeschichte. Festschrift für Richard Brinkmann*, Tübingen 1981, S. 201 bis 243.

3 Der Text wird im folgenden nach *Goethes Werke*, Hamburger Ausgabe, hrsg. von Erich Trunz, Hamburg 1948 [u. ö.], Bd. 1, S. 185–190, zitiert, die dem Erstdruck folgt (unter Modernisierung der Orthographie, Interpunktion und teilweise leider auch des Lautstandes). – Die Verse 16 f. sind offenbar eine Anspielung auf den Namen Dora: sie ist wirklich eine Theodora oder Dorothea, ein Göttergeschenk.

»War es möglich, die Schönheit zu sehen und nicht zu empfinden?
Wirkte der himmlische Reiz nicht auf dein stumpfes Gemüt?
Klage dich, Armer, nicht an! – So legt der Dichter ein Rätsel,
Künstlich mit Worten verschränkt, oft der Versammlung ins Ohr.
Jeden freut die seltne Verknüpfung der zierlichen Bilder,
Aber noch fehlet das Wort, das die Bedeutung verwahrt;
Ist es endlich gefunden, dann heitert sich jedes Gemüt auf
Und erblickt im Gedicht doppelt erfreulichen Sinn.«

An diesen Rätsel-Vergleich (V. 25–30) schließen sich die folgenden Verse (31 f.) an:

»Ach, warum so spät, o Amor, nahmst du die Binde,
Die du ums Aug' mir geknüpft, warum zu spät mir hinweg!«

Die Rätselverse sind schon von zeitgenössischen Lesern kritisiert worden.[4] Der lange Vergleich wollte nicht recht zur Gemütsverfassung des verzweifelt Liebenden passen. Erst 1958 hat Frederick P. Pickering die These aufgestellt, hier rede nicht Alexis, sondern schalte der »Dichter« selbst sich ein. Damit wäre der Vorwurf mangelnder psychologischer Plausibilität hinfällig. Pickering behauptet überdies, die Rätselverse seien aus dem Monolog des Alexis herauszulösen, hier handle es sich in Wahrheit (in Entsprechung zur Anrede an die Musen in den epilogischen Versen 155–158) um einen »versetzten Prolog«,[5] der den durch diese Versetzung ver-

4 Vgl. Albrecht Schöne, *Götterzeichen – Liebeszauber – Satanskult. Neue Einblicke in alte Goethetexte*, München 1982, S. 68.
5 Frederick P. Pickering, »Der zierlichen Bilder Verknüpfung. Goethes *Alexis und Dora* 1796«, in: *Euphorion* 52 (1958) S. 343.

steckten Hinweis enthalte, in der Dichtung verberge sich ein Rätsel, dessen Lösungswort zu suchen sei. Pickerings ›Lösung‹, Dora sei die allegorische Verkörperung der »Gelegenheit«, spiele die Rolle der Fortuna-Occasio, ist von Schöne als allzu rabulistisch zurückgewiesen worden.[6] Gleichwohl hält er Pickerings Hypothese vom versetzten Prolog für unwiderlegbar. Die Verse 25–30 seien wirklich eine »Zwischenrede« des Erzählers mit einem deutlichen »Adressatenwechsel«; anscheinend für Alexis bestimmt, seien sie in Wirklichkeit an den Hörer oder Leser gerichtet – mit der »nachgetragenen Leseanweisung«, in der Dichtung nach einer Rätsellösung zu suchen.[7]
Gegen die Hypothese vom versetzten Prolog spricht jedoch die Vergleichspartikel »so« in Vers 25, welche die folgende Periode ganz unmißverständlich als ein Gleichnis eröffnet, das sich keineswegs vom Kontext ablösen läßt. Um seine Hypothese aufrechterhalten zu können, bleibt Schöne nichts anderes übrig, als jene Partikel zu eskamotieren: eigentlich sei sie fehl am Platze, denn es werde da nichts Passendes verglichen. Im Grunde müßte in Vers 25 statt des vergleichenden »So« das Pronomen »Es« stehen (»*Es* legt der Dichter ein Rätsel . . .«), damit die Verse einen Sinn geben; und so fügt Schöne denn auch dieses »Es« in Klammern in den Goetheschen Text ein. Die Begründung: »Notdürftig nur verdeckt die Vergleichspartikel die Fuge zwischen Alexis-Monolog und ›versetztem‹ Erzähler-Prolog, die sichtbar würde, wenn statt des kaschierenden ›So‹ das der Sache eigentlich angemessene ›Es‹ erschiene. Um den Preis dieses leichten Konstruktionsfehlers [!?] aber wird die Verschiebung des Prologs eingehandelt« – damit das Gedicht »vorredenfrei«, mit einem »großen elegischen Einsatz« begonnen werden kann.[8]
Eine den Text doch etwas sophistisch zurechtbiegende Auslegung! In Wahrheit hat jenes »So« einen einfachen und kla-

6 Schöne (Anm. 4) S. 71 ff.
7 Ebd., S. 69 f.
8 Ebd., S. 69 f.

ren Sinn. Alexis redet in den Versen vor der Rätsel-Passage von seinem Schlüsselerlebnis, von jenem Augenblick vor dem Abschied, der ihm über das Vorvergangene ein Licht hat aufgehen lassen. Zwischen diesem Schlüsselerlebnis und dem »Rätsel« des Dichters, dem endlich gefundenen »Wort, das die Bedeutung verwahrt« (und aufklärendes Licht über ein »Gedicht« verbreitet), wird durch die Vergleichspartikel »So« eine Analogie hergestellt – ob von Alexis selbst oder vom sich einschaltenden Erzähler, lassen wir noch ungeprüft.

Die Rätsel-Verse sind untrennbar mit dem Kontext verfugt. Zuvor klagt Alexis sich mit rhetorischen Fragen an, warum er vor jenem »Augenblick« die Schönheit Doras zwar *gesehen*, aber nicht *empfunden*, das heißt zu sich selbst in (Liebes-) Bezug gesetzt hat (wie die Verse 39 ff. breit entfalten); und in unmittelbarem Anschluß an den Rätselvergleich beklagt er, daß Amor ihm die Binde zu spät vom Auge nahm. Das Lösen der Binde, die Anagnorisis, der ›heitere‹ Moment des plötzlichen Erkennens und Durchschauens eines zuvor verdeckten Sachverhalts ist das Tertium comparationis zwischen dem von Alexis erlebten »Augenblick« und dem »Wort« des Rätseldichters. Dieses wie jener sind der Schlüssel zum vorher Gesehenen bzw. vorher Gehörten. Mit dem Augenblick, der wie das Schlüsselwort eines Dichters die Bedeutung des Vergangenen bewahrt, ist aber der Moment gemeint, als Alexis und Dora zu Bewußtsein kommt, daß sie sich gehören, als sie sich leidenschaftlich umarmen und Dora die Frage des Geliebten: »Dora! und bist du nicht mein?« mit »*Ewig*!« beantwortet (V. 100 f.). Dieses »Ewig« (das in Vers 109 wiederholt wird) hat bereits Schiller als die Schlüsselstelle der Dichtung erkannt, wenn er am 3. Juli 1796 an Goethe schreibt, daß »das Geheimnis des Herzens in diesem einzigen Worte auf einmal und ganz, mit seinem unendlichen Gefolge, herausstürzt. Dieses einzige Wort, an dieser Stelle, ist statt einer ganzen langen Liebesgeschichte, und nun stehen die zwei Liebenden so gegeneinander, als wenn das Verhältnis schon jahrelang existiert hätte.«[9]

Schöne wendet gegen diese Äußerung ein, daß für die Versicherung »Ewig« die Kriterien des Rätselworts nicht zutreffen, die dem »Gedicht« – das heißt für Schöne: der Elegie *Alexis und Dora* – »doppelt erfreulichen Sinn« verleihen sollen. Das aber hat Schiller auch nicht behauptet. Mit Recht versteht er das Schlüsselwort des Rätseldichters nur als Gleichnis des schlagartig das Vergangene erhellenden Erlebnisses, das jenem Vergangenen einen neuen, zweiten Sinn verleiht. Um den aufschlüsselnden *Augenblick* geht es also, nicht um ein etwa zu suchendes Rätselwort im Gedicht *Alexis und Dora*. Freilich: auch jener Augenblick fällt mit einem einzigen *Wort* zusammen, mit dem Gelöbnis »Ewig«. Eben dieses Wort, das hat Schiller sofort hellsichtig erfaßt, hat *wie* – aber wohlgemerkt nicht *als* – das Lösungswort eines Rätsels eine Schlüsselbedeutung, nicht für die Elegie als Gedicht, sondern für ihre Handlung. Daß sich der Vergleich mit dem »Wort, das die Bedeutung verwahrt«, offenkundig auf jenes »Ewig« bezieht, hat Goethe schon dadurch kenntlich gemacht, daß er es als einziges Wort des ganzen Textes im Druck hervorhebt.

An dieser Stelle ist noch einmal auf die Hypothese zurückzukommen, die Verse 25 ff. seien eine Interpolation des Erzählers. Die Auffassung, hier handle es sich um einen versetzten Prolog, dürfte durch unsere bisherigen Ausführungen widerlegt sein. Die strittigen Verse haben eindeutig einen Vergleich zum Inhalt, der sich nicht ›versetzen‹, von seinem Kontext loslösen läßt. Das schließt aber nicht aus, daß die Rätsel-Passage eine – an die erzählte Situation gebundene – Einschaltung des Erzählers darstellt. Die Annahme einer solchen hat einiges für sich. Die Anrede einer fiktiven Figur von seiten des Dichters (»Klage dich, Armer, nicht an!«) findet sich auch bei Homer wiederholt, vor allem im Umgang mit seinen

9 Goethes Briefwechsel mit Schiller wird im folgenden zitiert nach Bd. 20 der *Gedenkausgabe*, hrsg. von Ernst Beutler (Zürich 1950 [u. ö.]), hier S. 194.

Lieblingsgestalten Eumaios und Patroklos; der psychologisch wenig plausible Rätsel-Exkurs wird also durch die Hypothese einer Zwischenrede des Erzählers nach Homerischem Muster poetisch legitimiert.
Andererseits läßt sich nicht leugnen, daß auch Homer seinen Gestalten immer wieder ausgedehnte Vergleiche in den Mund legt, die dem modernen Leser in der Situation, da sie gesprochen werden, ›psychologisch‹ nicht einleuchten. Ein Musterbeispiel für ein solches Anhalten des Fortschritts der Rede durch ein Gleichnis aus dem Munde des Redenden[10] findet sich in der berühmten Begegnung zwischen Glaukos und Diomedes im 6. Gesang der *Ilias*. Auf die Frage, wer er sei, antwortet Glaukos (V. 145–150):

> »Tydeus mutiger Sohn, was fragst du nach meinem Geschlechte?
> Gleich wie Blätter im Walde, so sind die Geschlechte der Menschen;
> Einige streuet der Wind auf die Erd' hin, andere wieder
> Treibt der knospende Wald, erzeugt in des Frühlings Wärme;
> So der Menschen Geschlecht, dies wächst und jenes verschwindet.«[11]

Derartige situationsfremde Abschweifungen, die sich bei Homer häufig finden, sind von Schiller in seinem Traktat *Über naive und sentimentalische Dichtung* als typisch für den naiven Dichter bezeichnet worden, der, anders als der sentimentalische, in einer dargestellten Stimmung nicht aufgeht; Schiller bezieht sich ebenfalls, wenn auch mit anderer inhaltlicher Akzentuierung, auf das Zwiegespräch zwischen Glaukos und Diomedes.[12] »Der Dichter einer naiven und geist-

10 Vgl. den Einwand von Christian Wagenknecht, auf den Schöne (Anm. 4) sich S. 68, Anm. 41, bezieht.
11 Zit. nach: Emil Staiger, *Grundbegriffe der Poetik*, Zürich ^{5}1961, S. 88 f.
12 Schiller, *Sämtliche Werke*, hrsg. von Gerhard Fricke und Herbert G. Göpfert, München ^{4}1965, Bd. 5, S. 714 f.

reichen Jugendwelt« – das aber ist Homer vor allen anderen Poeten – »ist streng und spröde, wie die jungfräuliche Diana in ihren Wäldern, ohne alle Vertraulichkeit entflieht er dem Herzen, das ihn sucht, dem Verlangen, das ihn umfassen will.«[13]

Daß Alexis in dem Trennungsschmerz nicht aufgeht, sich demselben nicht ganz überläßt, sondern zu dem Exkurs der Verse 25 ff. ausholt, ist von manchen Lesern der Elegie zur Zeit Goethes, welche diesen Exkurs selbstverständlich der Rede des Alexis zugerechnet haben, als befremdlich empfunden worden, nicht aber von Schiller, für den er ganz in sein Bild der naiven Dichtung passen mußte. Das sprecherpsychologische Wahrscheinlichkeitsargument (Pickering, Schöne) verfängt nicht. Es ist durchaus möglich, daß Alexis sich in Vers 25 selbst anredet und seine Situation durch ein poetisches Gleichnis erhellt.[14] Letzten Endes ist es aber

13 Ebd., S. 712. Vgl. dazu Dieter Borchmeyer, »Hektors Abschied. Schillers Aneignung einer homerischen Szene«, in: *Jahrbuch der Deutschen Schillergesellschaft* 16 (1972) S. 277–298, bes. S. 287 f.

14 Schöne (Anm. 4) sieht in dem Gedankenstrich in Vers 25 ein Signal für den von ihm und Pickering behaupteten Sprecher- bzw. Adressatenwechsel (S. 68 f., Anm. 41). Wäre der Gedankenstrich so aufzufassen, müßte er dann aber nicht (wie bei dem Sprecherwechsel nach Vers 154) am Ende von Vers 24 stehen? Denn der Appell *vor* dem Gedankenstrich (»Klage dich, Armer, nicht an!«) müßte doch, falls man einen Sprecherwechsel in Vers 25 annimmt, ebenfalls dem Erzähler zugeordnet werden. Und entsprechend müßte *nach* der Einschaltung wiederum ein Gedankenstrich stehen. – Übrigens ist die auf Vers 25 ff. bezogene Bemerkung von Körner in seinem Brief an Schiller vom 11. 10. 1796: »Ein liebender Jüngling wird als Dichter dargestellt« (ähnlich, freilich abwertend, Charlotte von Kalb), nicht ganz so abwegig, wie Schöne (S. 68) annimmt. Daß Alexis sich selbst durch den Rekurs auf die Dichtung beruhigt, findet ein merkwürdiges Gegenstück im Epilog der Elegie, den Goethe in seinem Brief an Schiller vom 22. 6. 1796 eindeutig als »Abschiedsverbeugung des Dichters« ausgibt. Wenn es in den beiden letzten Versen heißt: »Heilen könnet ihr nicht die Wunden, die Amor geschlagen; / Aber Linderung kommt einzig, ihr Guten, von euch« (V. 157 f.), kann das eigentlich nur bedeuten, daß *Alexis* für seine nicht zu heilende Herzenswunde allein von den Musen, d. h. in der Dichtung eine Linderung seines Leidens, eine kathartische Befreiung erfahren kann. Auf wen sonst sollten sich die Verse beziehen? Der Dichter selbst ist ja von dem Leiden nicht betroffen. Hier scheint also eine ähnliche perspektivische Doppeldeu-

gleichgültig, ob hier der Erzähler oder Alexis redet; ob dieser selbst oder ob der »Dichter« jenen Vergleich zieht, bleibt für den Sinnzusammenhang irrelevant. Goethe hat möglicherweise mit Absicht unbestimmt gelassen, wer da redet. Eine ähnliche perspektivische Unbestimmtheit taucht wenige Verse zuvor auf. Die Elegie beginnt unzweifelhaft mit einem Prolog des Dichters. Wer *Alexis und Dora* zum erstenmal liest, wird nach der Lektüre der Verse 1–10 sicher auch die beiden anschließenden (11 f.) zum Prolog des Erzählers rechnen:

»Auch dir ist es verschwunden, das Schiff, das deinen Alexis
Dir, o Dora, den Freund, dir, ach, den Bräutigam raubt.«

Wenn es aber in Vers 13 heißt: »Auch du blicktest vergebens nach mir«, der Dichter also Alexis das Wort gibt, muß der Leser rückwirkend auch die Verse 11 f. dessen Monolog zuschreiben; sie offenbaren sich – wie wohl auch Vers 25 – als Selbstanrede des Alexis. In den Versen 11–13 findet also unterderhand ein Perspektivenwechsel statt, die Rede des Erzählers gleitet unmerklich zu der des Alexis hinüber.[15]

tigkeit wie – unseren anschließenden Ausführungen zufolge – in Vers 11 ff. und Vers 25 ff. vorzuliegen. Fast alle Verse des Erzählers gehören eigentümlich doch auch Alexis zu! Es ist die Frage, ob man nicht die ganze Elegie von den Schlußversen her lesen muß: Die Liebesgeschichte zwischen Alexis und Dora bricht in der Situation quälender Ungewißheit ab; retten, ›lindern‹ können allein die Musen, kann nur die Poesie. Alexis müßte also sein Erlebnis zur Dichtung werden lassen – die Situation Tassos am Ende von Goethes Schauspiel –, um durch das ›Sagen‹ des Leidens (*Tasso*, V. 3433) eine Linderung desselben zu erfahren. Von daher fiele auf die Verse 25 ff., den Vergleich des Erlebten mit der (Rätsel-)Dichtung und ihrer ›heiteren‹ Wirkung, ein neues Licht.

15 Wenn es in Vers 13 heißt: »Auch du blicktest vergebens nach mir«, so zeigt das Personalpronomen, daß hier Alexis redet. Das einleitende »Auch« ist jedoch – wie schon zu Beginn von Vers 11 – nur in bezug auf die vorangegangene Erzählerpassage verständlich, von deren Inhalt Alexis ja nichts wissen kann. Der zitierte Versteil gehört also sowohl dem Erzähler als auch Alexis zu.

Eine ähnliche (bewußte) Unschärfe der Perspektive könnte auch in den Rätsel-Versen vorliegen.
Das in diesen Versen zum Vergleich angeführte Gedicht, das dürfte nun feststehen, ist nicht die Elegie selbst – der Rätseldichter ist nicht identisch mit deren Autor –, sondern eines jener in der Antike und auch zur Zeit Goethes so beliebten poetischen Rätsel, deren Auflösung von jeher ein Gesellschaftsspiel gewesen ist. Es sei erinnert an die von Schiller und Goethe bei jeder Aufführung der Gozzi/Schillerschen *Turandot* dem Publikum neu ›ins Ohr gelegten‹ Rätsel, die Abend für Abend für frische Spannung sorgten. Was »doppelt erfreulichen Sinn« erhält, ist also nicht das Gedicht *Alexis und Dora* als solches, sondern das mit dem Doppelsinn der Rätselbilder verglichene schöne »Bild« Doras (V. 38). Diese Analogie wird von Goethe konsequent durchgeführt – bis hin zu Doras Versicherung ewiger Treue in dem bereits von Schiller als Schlüsselmoment erfaßten Vers 101, welcher dem Lösungswort des Rätsels entspricht.

Tausch, Eros, Eifersucht

In den Versen 39 ff. schildert Alexis, wie er die »schöne Nachbarin« (V. 47) seit Jahren zu sehen gewohnt war. Da heißt es unter anderem (V. 41–44):

»Eilig warst du und frisch, zu Markte die *Früchte* zu tragen,
Und vom Brunnen, wie kühn! wiegte dein *Haupt* das Gefäß.
Da erschien erst dein *Hals*, erschien dein *Nacken* vor allen,
Und vor allen erschien deiner Bewegungen Maß.«

Die von uns kursiv gesetzten Wörter bezeichnen Erscheinungen, den »zierlichen Bildern« des Rätsels vergleichbar, die –

in ihrer »seltenen Verknüpfung« in der Gestalt Doras – von einem bestimmten Moment an »doppelt erfreulichen Sinn« erhalten. Alexis resümiert (V. 47–50):

»Schöne Nachbarin, ja, so war ich gewohnt dich zu sehen.
Wie man die Sterne sieht, wie man den Mond sich beschaut,
Sich an ihnen erfreut, und in dem ruhigen Busen
Nicht der entfernteste Wunsch, sie zu besitzen, sich regt.«

Also: Alexis hat die Erscheinung Doras, Haupt, Hals, Nakken, Bewegungen, gewissermaßen im Sinne Kants mit interesselosem Wohlgefallen, rein ästhetisch wahrgenommen – ohne den Wunsch, zu ›besitzen‹. Die Schönheit der Nachbarin war für ihn keine erotische, sondern eine ausschließlich ästhetische. In dem bewußten Schlüsselmoment jedoch erhält die schöne Erscheinung Doras in einem Nu einen neuen Sinn, nun ist sie nicht mehr Gegenstand interesseloser Betrachtung, sondern Liebes-›Besitz‹.

Sublim hat Goethe diesen Sinnumschlag vorbereitet. Dora gibt bei Alexis unmittelbar vor Antritt seiner Handelsreise eine Bestellung auf: ein Halskettchen. Es kommt zu einem regelrechten Handelsgespräch, und prüfend, nun nicht mit ästhetischem, sondern mit kaufmännischem Blick, schaut Alexis unwillkürlich nach dem *Hals* Doras, den das Kettchen zieren soll. Als Wegzehrung will Dora dem Nachbarn noch einige der *Früchte* mitgeben, die sie sonst zu Markte trägt, gleichsam als Gegenleistung für seine Bereitschaft, ihr die bestellte Ware mitzubringen. Hals und Früchte, ja die ganze Person Doras, treten nun zum erstenmal in einen konkreten, vorerst ›ökonomischen‹ Bezug zu Alexis, es entsteht eine Art Tauschbeziehung zwischen ihnen, die aber im nächsten Moment in eine erotische umschlägt. Die Früchte, die Dora dem Nachbarn in einem Körbchen reicht, werden durch das

Zeichen der Myrte, des Strauchs der Aphrodite, mit der jene das Geschenk für den Reisenden schmückt, zu erotischen Symbolen (wie Albrecht Schöne als erster deutlich gezeigt hat).

Durch die Früchte offenbart Dora Alexis ihre Liebe, verheißt sie ihm – auch wenn ihr selbst der konkrete Symbolgehalt der Früchte schwerlich zum Bewußtsein kommt – erotische Erfüllung. Und das zeichenhafte Liebesgeständnis wird von Alexis gefühlsmäßig sofort erfaßt (V. 89–94):

»Wir sahen einander
In die Augen, und mir ward vor dem Auge so trüb.
Deinen Busen fühlt' ich an meinem! Den herrlichen Nacken,
Ihn umschlag nun mein Arm, tausendmal küßt' ich den Hals.
Mir war dein Haupt auf die Schulter gesunken; nun knüpften auch deine
Lieblichen Arme das Band um den Beglückten herum.«

Wieder erscheinen Nacken, Haupt und Hals, nun nicht mehr »wie man die Sterne sieht, wie man den Mond sich beschaut«, ohne den »entferntesten Wunsch, sie zu besitzen« (V. 48, 50), sondern als Gegenstand leidenschaftlichen Begehrens. Jetzt will Alexis Dora in der Tat ›besitzen‹: »Dora! und bist du nicht mein?« Es folgt als Doras Antwort das alles lösende Wort des Verlöbnisses: »Ewig!« Haupt, Hals, Nacken und noch mehr – die Körpersymbolik der Früchte! –, die ganze einst nur interesselos geschaute schöne Gestalt Doras sind nun ›sein‹.

Auf dem Schiff angelangt, malt Alexis sich aus, wie er, von seinem Unternehmen mit einem reichen Warenlager zurückgekehrt, die Braut mit Geschenken überhäufen wird. Die ganze Handelsreise soll nur noch dazu da sein, die Braut zu »schmücken« (V. 124) und für den gemeinsamen Hausstand vorzusorgen. Alles, was Alexis ins Werk setzt, auch seine Tauschgeschäfte, treten nunmehr in den Dienst der Liebe. Doras Bestellung des Kettchens erhält seit ihrem »Ewig« jetzt ebenfalls »doppelt erfreulichen Sinn«: die Halskette wird zum Symbol des Ehebandes (V. 117 f.):

»Wahrlich, es soll zur Kette werden das Kettchen, o Dora!
Neunmal umgebe sie dir, locker gewunden, den Hals!«

Die neunmalige Umwindung des Halses – des mit immer neuen semantischen Facetten versehenen eigentümlichen Leitmotivs der Elegie – ist natürlich[16] eine Anspielung auf die Schwangerschaft. Das Ehe- wird zum Familienband: von dem erhofften »Dritten«, das aus dem Bund der Liebenden entsteht, spricht Vers 134.

Die Schlüsselbedeutung der Verse 100 f. dürfte nunmehr evident sein. Schöne indessen verlegt auf der Suche nach einer Rätsellösung den Fluchtpunkt der Elegie in den Vers 84: »Und die Myrte bog blühend darüber sich hin« (über das Körbchen mit den Früchten nämlich). Die Myrte sei das Lösungswort des Rätsels, das der ganzen Elegie einen (sexualsymbolischen) Doppelsinn verleihe. Der von ihm geführte – seiner Überzeugung nach zwingende – Beweis überzeugt jedoch nicht.[17] Daß die Myrte der Strauch Aphrodites ist, war jedem Leser des 18. Jahrhunderts klar, gehörte zum mythologischen Einmaleins. Auch bei Goethe erscheint die Myrte fast immer in einem erotischen Zusammenhang; daß sie in seiner Dichtung jedoch vorwiegend eine Chiffre des Beischlafs sein soll, wie Schöne behauptet, eine derartige metonymische Einengung des Symbols ist, außer allenfalls im Buch *Annette* oder in den *Römischen Elegien*, keineswegs nachweisbar. Ebenso wie etwa im *Tasso* (vgl. V. 142–154) ist

16 Wir folgen hier Schöne (Anm. 4) S. 79.
17 Vgl. ebd., S. 74 ff.

der Strauch der Aphrodite hier ein Symbol der erotischen Liebe in ihrer Ganzheit.

Das Körbchen unter der Myrte (V. 84), die Bedeckung der Früchte mit einem Zweig des Liebesstrauchs (V. 86) verdeutlichen jedem Leser den erotischen Inhalt des Körbchens. Ob Goethes Zeitgenossen in den Früchten im allgemeinen mehr gesehen haben als vage Zeichen der Liebe, symbolische Verheißungen sinnlichen Glücks, das sei dahingestellt. Der mit der erotischen Bildtradition der antiken Dichtung vertraute Leser wird freilich erfaßt haben, was mit Orange und Feige, die das Körbchen füllen, gemeint ist. Die Feige ist wohl eine Anspielung auf die weibliche Scham, und die Orangen sind eine Art Liebesäpfel, ein heimliches Bild der Brüste.[18] Es sei an die verwandte (deutlich vom *Hohenlied* inspirierte) erotische Metaphorik in den Versen 4128–35 der Walpurgisnacht, *Faust I* erinnert:[19]

»Faust (mit der Jungen tanzend):
Einst hatt' ich einen schönen Traum;
Da sah ich einen Apfelbaum,
Zwei schöne Äpfel glänzten dran,
Sie reizten mich, ich stieg hinan.
Die Schöne:
Der Äpfelchen begehrt ihr sehr,
Und schon vom Paradiese her.
Von Freuden fühl ich mich bewegt,
Daß auch mein Garten solche trägt.«

Auch in dem Gedicht *Der Müllerin Verrat*, nicht lange nach *Alexis und Dora* entstanden (1797/98), sind die Paradiesäpfel Bilder der Brüste. An die Stelle des unmißverständlich erotisch konnotierten Gartens (in den Walpurgisnacht-Versen) tritt hier das Mühlgehege:

18 Vgl. Schöne (Anm. 4) S. 80 f.
19 Vgl. ebd., S. 169. Schöne bezieht sich auf diese Passage merkwürdigerweise nur in seiner Auslegung der Walpurgisnacht.

»Warum auch schlich er diese Wege
Nach einem solchen Äpfelpaar,
Das freilich schön im Mühlgehege,
So wie im Paradiese war.«

Die Feige ist vor allem in der erotischen Dichtung der Spätantike, deren bedeutender Einfluß auf Goethe bekannt ist (vgl. die *Römischen Elegien*), eine feststehende Chiffre des weiblichen Schoßes.[20] Als solche ist sie Goethe gewiß auch aus Italien geläufig gewesen, wo sie sich bis heute gehalten hat (natürlich in Zusammenhang mit dem ›Feige‹ genannten obszönen Handgestus[21]).

Goethe hat freilich die erotische Symbolik der Früchte verschleiert; bloß dem Eingeweihten, den sie aufgrund seiner Kenntnis der Bildtradition nicht mehr befremdet, sollte sie deutlich werden; der Durchschnittsleser brauchte nur zu verstehen, daß es sich da ganz allgemein um Liebeszeichen handelt. Auch Alexis und Dora selbst, den noch gänzlich Liebesunerfahrenen, wird die konkrete Bedeutung der Früchte kaum bewußt. Gleichwohl üben diese als Werkzeuge der Götter, die in dieser mythischen Idylle noch unmittelbar die Geschicke lenken, einen unwiderstehlichen Liebeszauber aus:

»Amors Hände fühlt' ich: er drückt' uns gewaltig zusammen,
Und aus heiterer Luft donnert' es dreimal.« (V. 95 f.)

20 Vgl. Schöne (Anm. 4) S. 80, bes. die Literaturangaben in Anm. 71.

21 Vgl. dazu das Stichwort »Feige« im *Handwörterbuch des deutschen Aberglaubens*, Berlin/Leipzig 1929/30, Bd. 2, S. 1305 ff. Der Handgestus (far la fica, die Feige zeigen: vgl. *Deutsches Wörterbuch* von Jacob und Wilhelm Grimm, Bd. 3, Leipzig 1862, Sp. 1444) besteht darin, daß man den Daumen zwischen Zeige- und Mittelfinger der geschlossenen Hand hindurchsteckt. Dieser alten Gebärde entspricht ein schon in der Antike bekanntes Amulett (vgl. Lenz Rettenbeck, *Wort – Gebärde – Amulett. Ein volkskundlicher Beitrag zur Amulettforschung*, Basel 1955). Italienisch »fica« bedeutet sowohl ›Feige‹ als auch (obszön) ›weibliche Scham‹. (Von dem italienischen Wort ist auch die vulgärsprachliche Bezeichnung für koitieren abgeleitet oder semantisch beeinflußt.)

Das herkömmliche dreimalige Donnern des Zeus ist das himmlische Ja zu diesem *Verlöbnis*. Denn um nichts anderes und nichts mehr handelt es sich hier. Eben das aber wird von Schöne bestritten. Für ihn sind die myrtengeschmückten Früchte nicht symbolische Verheißung, Vorboten des erotischen Glücks der Ehe, sondern indirekte Darstellung, Ersatzausdruck des hier und jetzt stattfindenden Geschlechtsakts.

Daß es zwischen Alexis und Dora in der Myrtenlaube zum Beischlaf gekommen sein soll, ist indessen eine recht abwegige Hypothese. Man bedenke doch nur die Situation: Der Anker des Schiffs ist schon gelichtet, die Segel sind aufgezogen, Alexis, von den Gefährten gerufen, ›springt‹ zum Hafen (V. 63). Dora hält den Eilenden auf, und mitten in die Liebeserkennungsszene schallen die ungeduldigen Rufe der Schiffsmannschaft. Während dieses kurzen Moments aber soll es nicht nur zur Erkennung der jahrelang un- oder halbbewußt sich Liebenden, sondern gleich auch schon zum Geschlechtsakt gekommen sein? Ein derart schnödes sexuelles Eiltempo ist einem erotischen Psychologen vom Range Goethes denn doch nicht zuzutrauen.

Zu den wenigen Zügen der Elegie, welche Goethes Zeitgenossen nicht eingeleuchtet haben, gehört die plötzlich ausbrechende Eifersucht des Alexis in den Versen 139–154, die fast an den abrupten Affektwechsel in einer barocken Dakapo-Arie gemahnen. Das Dakapo bleibt freilich aus, es wird durch einen knappen ausgleichenden Epilog des »Dichters« selbst ersetzt (V. 155–158). Durch den extremen, von der Stimmungslage des ganzen Gedichts schroff abstechenden Affektausbruch scheint die »Idylle« etwas aus den ›klassischen‹ Fugen zu geraten. Da die vier Schlußzeilen mit dem Rekurs des Dichters auf die kathartische Wirkung der Poesie rein quantitativ kein Gegengewicht zu der rasenden Leidenschaftlichkeit der Eifersuchtsvision des Alexis bilden, haben manche an der Ausgewogenheit der Teile interessierte Leser

bis in unsere Zeit (Emil Staiger[22]) empfunden, daß die Proportionen der Dichtung gestört seien. – »Daß Sie die Eifersucht so dicht daneben stellen und das Glück so schnell durch die Furcht wieder verschlingen lassen, weiß ich vor meinem Gefühl noch nicht ganz zu rechtfertigen, obgleich ich nichts Befriedigendes dagegen einwenden kann«, schreibt Schiller in seinem Brief an Goethe vom 18. Juni 1796.[23] Dieser rechtfertigt in seinem Antwortbrief vom 22. Juni den Eifersuchtsausbruch einmal »aus der Kunst« (davon wird unten die Rede sein), zum andern »aus der Natur: weil wirklich jedes unerwartete und unverdiente Liebesglück die Furcht des Verlustes unmittelbar auf der Ferse nach sich führt«.[24]
Der von Eifersucht verblendete Alexis sieht Dora als Verführerin, als neue Eva, an der immer noch offenen Gartentür stehen und einem anderen ihren Liebesschatz öffnen. Was in Wirklichkeit un- oder halbbewußt geschah, verzerrt sich in der Phantasie des Alexis zur absichtlichen Verlockung. Die erotische Bildhaftigkeit der Früchte – bezeichnenderweise wird als einzige die Feige genannt (V. 144) – ist nun kaum mehr zu verkennen. Den rasenden Zorn auf die vermeintlich untreue Geliebte kehrt der Eifersüchtige selbstzerstörerisch gegen sich, indem er Zeus um den Untergang seines Schiffes in einem Sturm bittet:

»Streue die Planken umher und gib der tobenden Welle
Diese Waren, und mich gib den Delphinen zum Raub! – « (V. 153 f.)

22 Emil Staiger, *Goethe*, Bd. 2, Zürich 1956, S. 230 f.
23 *Gedenkausgabe* (Anm. 9) S. 172. »Das dürfte auch Lesern unserer Tage aus dem Herzen gesprochen sein«, bemerkt dazu Staiger (Anm. 22) S. 230.
24 Zit. nach: Schöne (Anm. 4) S. 176. Goethe hätte noch einen dritten Grund: ›aus der literarischen Tradition‹ angeben können. *Alexis und Dora* weist deutlich auf Ovids *Heroiden* zurück, in denen das Eifersuchtsmotiv eine nahe verwandte Rolle spielt. Vgl. Werner Richter, »Alexis und Dora, Phyllis und Demophoon«, in: *Jahrbuch der Goethe-Gesellschaft* 5 (1918) S. 103 ff.; Schöne (Anm. 4) S. 98, Anm. 121.

Hier mußte der mit dem antiken Mythos vertraute Leser des 18. Jahrhunderts stutzen. Zum mythologischen Elementarwissen gehört ja doch die Kenntnis der rettenden Rolle der Delphine (es sei nur an die Arion-Sage erinnert). Zu Recht behauptet Schöne (und etwas zögernd auch schon Pickering), daß Goethe in Vers 154 – wie schon in Vers 3 f. – die Delphine unmöglich zu Haifischen umfunktioniert haben kann.[25] Einen derart überflüssigen Verstoß gegen eine gerade ihm wohlvertraute mythische Vorstellung hätte sich Goethe kaum erlaubt. Schönes Hypothese freilich, Alexis selbst vertraue auf die Delphine als Retter in der Seenot, »der theatralische Selbstvernichtungsdonner eines im Eifersuchtsparoxysmus rasenden Liebhabers« signalisiere also in Wahrheit »einen verzweifelten Rettungswunsch«, gebe »als Verlangen nach Rückkehr zu Dora sich zu erkennen«,[26] ist eine kaum plausible Veränderung der psychologischen Situation. Die Umkehrung der herkömmlichen Rolle der Delphine ist allein die Sache der Ironie des Erzählers.

Wenn es zu Beginn der Elegie heißt, daß die Delphine dem Schiff »springend folgen, als flöh' ihnen die Beute davon« (V. 4), so erhält das vor dem Wissenshorizont, daß die Delphine die geheiligten Tiere Aphrodites sind, einen klaren, beim ersten Lesen der Dichtung freilich noch nicht erkennbaren Sinn: Alexis ist die »Beute« der Liebesgötter. Amor selbst hat ihn ja in die Arme Doras getrieben (V. 95), der Göttervater durch dreimaligen Donner den Bund der Liebenden besiegelt.

»Ja, sie stand neben dem Thron,
Seine Tochter, die Göttin der Liebe, die Grazien standen
Ihr zu Seiten! Er ist götterbekräftigt, der Bund!«
(V. 110–112.)

25 Schöne (Anm. 4) S. 83 ff. Vgl. ferner Richter (Anm. 24) S. 100; Pickering (Anm. 5) S. 355: »Delphine als Raubtiere ist wohl eine Umkehrung ihrer herkömmlichen Rolle. Fällt Alexis den Delphinen zum Raub, dann müßten sie ihn wohlbehalten wieder ans Land bringen.«

26 Schöne (Anm. 4) S. 86 und 88.

Und die Götter, die sich des Alexis so sehr angenommen haben, werden ihn auch gewiß nicht mehr ›auslassen‹. Die Handelsreise, welche noch der Alexis beschlossen hatte, dem von Amor die Augen verbunden waren, und welche ihn nun vom Ort der Liebe entfernt, ist durchaus nicht im Sinne der Liebesgötter, und so haben ihre Tiere, die Delphine, allen Anlaß, dem Schiff nachzueilen, »als flöh' ihnen die Beute davon«. Wenn Alexis sich in seinem eifersüchtigen Wahn den Tod wünscht, sich »den Delphinen zum Raub« geben will, dann wird vom Erzähler nur ironisch zum Ausdruck gebracht: Alexis steht so sehr unter dem Schutz der Götter, daß er gar nicht untergehen kann, daß sie ihn gegen sein eigenes selbstmörderisches Begehren vor der Vernichtung bewahren werden.

Erst wenn man das Delphin-Motiv so deutet – also nicht Alexis selbst das mythologische Wissen des Dichters zumutet –, vermag die (auch von Schöne herangezogene) erstaunliche Parallele des Schlusses der *Pandora* restlos zu überzeugen. Phileros, der nicht nur in seiner Phantasie, wie Alexis, sondern wirklich einen Fremden durch die (von der Geliebten für ihn selbst) angelehnte Gartenpforte hat eindringen sehen (V. 542 ff.), stürzt sich schließlich in eifersüchtiger Verblendung von einem Felsen ins Meer, wird aber durch die Delphine, die Schützer der Liebenden, gerettet (V. 1009 ff.). Wie bekannt dieses Motiv zur Zeit Goethes gewesen ist, sei nur durch den Hinweis auf Schillers Elegie *Das Glück* belegt, welche die göttliche Charis in ähnlichen Bildern schildert wie Goethe am Ende der *Pandora*. Auch dort erscheint der »brausende Delphin« und bietet dem Glücklichen den Rükken zur Rettung an.[27] Gewiß hat Goethe nicht damit gerechnet, daß jeder den geheimen Sinn des Delphin-Motivs bemerkt; für das Verständnis des Gedichts ist das auch nicht entscheidend. Wie im Falle von Orange und Feige verteilt Goethe über seine Dichtung geheime Winke, die nur der

27 Vgl. dazu: Dieter Borchmeyer, »Goethes *Pandora* und der Preis des Fortschritts«, in: *Etudes Germaniques* 38 (1983) S. 30.

mythologisch bewanderte oder mit den Chiffren der erotischen Dichtung vertraute Leser versteht. Wer sie nicht erfaßt, dem bleibt der Sinn des Ganzen darum doch nicht verschlossen; denn *Alexis und Dora* ist keine kryptische Dichtung, zu der nur Eingeweihte den Schlüssel haben.

Schillers Deutung der Elegie

Abschließend sei der Blick noch einmal auf Schillers Briefe über *Alexis und Dora* zurückgelenkt. In seinem Brief vom 18. Juni 1796 hat Schiller bedeutend die Goethesche Eingebung charakterisiert, daß sich die jahrelang verdrängte Liebe zwischen Alexis und Dora in dem durch die zeitliche Bedrängnis so konzentrierten Moment der Abreise in einem Nu offenbart: »Durch die Eilfertigkeit, welche das wartende Schiffsvolk in die Handlung bringt, wird der Schauplatz für die zwei Liebenden so enge, so drangvoll und so bedeutend der Zustand, daß dieser Moment wirklich den Gehalt eines ganzen Lebens bekommt.«[28] Und in dem bereits zitierten Brief vom 3. Juli fügt er hinzu, daß dieser Moment, der »eine ganze lange Liebesgeschichte«, ja ein ganzes Leben ersetzt, sich in einem »einzigen Wort« verdichtet: dem »Ewig« Doras. Wie immer man zu Schillers Urteilen über Goethes Dichtungen stehen mag, in diesem Falle erweist er sich wirklich »als der berufenste Leser«.[29] Der wie das Lösungswort eines Rätsels alles erhellende *Augenblick*, der mehr wiegt als eine lange, gleichgültig verlaufende Zeit, der nicht nur einen Wendepunkt des Lebens bedeutet, eine neue Zukunft aufreißt, sondern auch die Vergangenheit plötzlich in einem neuen Licht erscheinen läßt, der Kairos, in dem einem das Licht aufgeht über den Sinn des eigenen Daseins und den man zur *Ewigkeit* erheben möchte: das ist das große, bewegende Thema der Goetheschen Elegie.

28 *Gedenkausgabe* (Anm. 9) S. 172.
29 Staiger (Anm. 22) S. 223.

»›Ewig!‹ lispeltest du, o Dora« (V. 109). Doch die erhoffte Ewigkeit des Augenblicks, so scheint die plötzlich ausbrechende Eifersucht des Alexis zu bedeuten, ist dem Menschen versagt. Das ist die anscheinend unklassische Wendung des Schlußteils der Elegie, die bezeichnenderweise nicht mehr innerhalb ihres Handlungsrahmens ausgeglichen wird, sondern allein durch den Rekurs auf die Katharsis der Dichtung als solcher. Darin zeigt sich eine erstaunliche Nähe zum Schluß des *Tasso*, auf den schon die Vision des Schiffbruchs zurückweist (*Alexis und Dora*, V. 151 ff.; *Tasso*, V. 3448). Für Tasso gibt es keinen Ausweg mehr im Leben selbst, sondern nur noch in der Dichtung als Dichtung: »Und wenn der Mensch in seiner Qual verstummt, / Gab mir ein Gott zu sagen, wie ich leide.« (V. 3432 f.) Alexis steht freilich, anders als der gänzlich auf sich selbst zurückgeworfene Tasso, noch unter dem Schutz der Götter; das Delphin-Motiv ist ja ein geheimer Wink, daß er nicht zugrunde gehen wird. Aber die Handlung der Elegie bricht in einem Moment der Verstörung ab, verzichtet auf das Dakapo jener »glücklichen Trunkenheit«, die Schiller seinem Brief vom 18. Juni 1796 zufolge so »gerne immer« festgehalten hätte.[30]

Schiller hat freilich betont, daß seine Vorbehalte gegenüber dem abrupten Eifersuchtsausbruch des Alexis nur vor seinem »Gefühl« gelten, er will sie ausdrücklich nicht als grundsätzlichen kritischen Einwand verstanden wissen.[31] Goethe hat ihm, wie erwähnt, in seinem Brief vom 22. Juni 1796 zwei

30 *Gedenkausgabe* (Anm. 9) S. 172. Daß der Augenblick sich nicht zur Ewigkeit verlängern läßt, ist gewissermaßen die unklassische Antithese zur Maxime »Der Augenblick ist Ewigkeit«, dem berühmten Vers 30 des Goetheschen Gedichts *Vermächtnis*. Dieser unklassischen Tendenz entspricht der Abbruch der Handlung mit der – die klassische Proportionalität sprengenden – Eifersuchtsvision und die beschriebene Verunklärung der Perspektive. Zur typisch klassischen Auffassung des Augenblicks als Ewigkeit vgl. Fritz Strich, *Deutsche Klassik und Romantik oder Vollendung und Unendlichkeit*, Bern/München [5]1962, S. 49 (und das Stichwort »Augenblick« im Register S. 370).

31 Das ist gegenüber Schöne (Anm. 4) zu betonen, der S. 92 ff. behauptet, Schiller sei hier im Systemzwang seiner Idyllentheorie befangen.

Gründe für die Eifersucht des Alexis angegeben: einen »aus der Natur« – er wurde schon zitiert – und einen »aus der Kunst: weil die Idylle durchaus einen pathetischen Gang hat und also das Leidenschaftliche bis gegen das Ende gesteigert werden mußte«.[32] Daß dem »auf seine Idyllen-Definition eingeschworenen Theoretiker« Schiller dieses Argument fremd geblieben sei,[33] da nach jener Definition die Idylle das Pathetische, »allen Streit der Empfindungen« gerade ausschließe,[34] trifft durchaus nicht zu. Die Idylle ist bei Schiller ein Idealtypus, der sich als solcher nicht realisieren läßt. Das hat er selbst 1795 erfahren, als er seine an das Gedicht *Das Ideal und das Leben* anknüpfende *Idylle* plante, welche die Gattung vollständig repräsentieren sollte. Er hat bald einsehen müssen, daß eine solche Idylle »unausführbar« war, weil sich eben das »Ideal nicht individualisieren« läßt.[35] Die rein empirische Gattungspoetik, welche er in den nächsten Jahren im Briefwechsel mit Goethe entwickelt hat, zielt gerade darauf, bei der konkreten Realisierung einer poetischen Gattung formale Elemente, welche dieser entgegenstehen, als Gegengewicht zum reinen Gattungscharakter einzubeziehen, da ein Werk, das nichts als das Bild seiner Gattung ist, poetisch ohne Leben bleibt. In seinem Brief an Goethe vom 26. Dezember 1797 entfaltet er die großartige Konzeption einer dialektischen Wechselwirkung der poetischen Gattungen, ihres

32 *Gedenkausgabe* (Anm. 9) S. 177. Goethe bemerkt allerdings im letzten Teil des zitierten Satzes, daß die Elegie dann »durch die Abschiedsverbeugung des Dichters wieder ins Leidliche und Heitere zurückgeführt wird«. Die pathetische Steigerung soll also dem Stimmungscharakter der Idylle gemäß wieder ›heiter‹ ausgeglichen werden. Diesen Schluß des Satzes läßt Schöne (Anm. 4) in seiner gegen Schiller gerichteten Anmerkung S. 98, Anm. 120, aus.

33 Schöne (Anm. 4) S. 98.

34 Schiller (Anm. 12) S. 751.

35 *Der Briefwechsel zwischen Friedrich Schiller und Wilhelm von Humboldt*, hrsg. von Siegfried Seidel, Berlin 1962, Bd. 1, S. 243. Vgl. dazu Dieter Borchmeyer, »Über eine ästhetische Aporie in Schillers Theorie der modernen Dichtung«, in: *Jahrbuch der Deutschen Schillergesellschaft* 22 (1978) S. 303–354, bes. S. 332.

»wechselseitigen Hinstrebens« zueinander. So müsse etwa die dem strengen Gattungsbegriff nach unpathetische Epopöe sich zur Tragödie hinüberneigen, also einiges von dem für diese Gattung spezifischen »pathologischen Interesse« in sich aufnehmen u. ä.[36] Nichts anderes geschieht, wenn Goethe seiner »Idylle« einen »pathetischen Gang« vorschreibt. Daran hat der in Gattungsfragen unerbittliche Schiller[37] in diesem Fall durchaus keine grundsätzliche Kritik geübt. Mit den beiden Gründen, die Goethe für den schroffen Affektwechsel im letzten Teil von *Alexis und Dora* anführt, hat er sich offensichtlich zufriedengegeben. Goethe durfte sich von ihm nun wohl verstanden fühlen. In der Korrespondenz über *Alexis und Dora* offenbart sich die Begegnung zwischen Goethe und Schiller also durchaus als *Glückliches Ereignis*.

36 *Gedenkausgabe* (Anm. 9) S. 476 f. Vgl. dazu Borchmeyer (Anm. 35) S. 323 f.

37 Vgl. seine Kritik an der »auf epische Art« verfehlten *Iphigenie* (*Gedenkausgabe* [Anm. 9] S. 477).

Literaturhinweise

Pickering, Frederick P.: Der zierlichen Bilder Verknüpfung. Goethes *Alexis und Dora* – 1796. In: Euphorion 52 (1958) S. 342–355.

Richter, Werner: Alexis und Dora, Phyllis und Demophoon. In: Jahrbuch der Goethe-Gesellschaft 5 (1918) S. 99–107.

Schallehn, Franz: Ursprung und Entstehung der Elegie *Alexis und Dora*. In: Jahrbuch der Goethe-Gesellschaft 16 (1930) S. 166–182.

Schöne, Albrecht: Liebeszauber: Alexis und Dora. In: A. Sch.: Götterzeichen – Liebeszauber – Satanskult. Neue Einblicke in alte Goethetexte. München 1982. S. 53–106.

PAUL MICHAEL LÜTZELER

Hermann und Dorothea (1797)

Zur Rezeption

Dieses Büchlein war einmal ein deutscher Bestseller, und heute ist es ein Ladenhüter, der auf den Regalen der Buchhandlungen verstaubt. Der Rezeptionsverlauf von *Hermann und Dorothea* erinnert eher an die Struktur der klassischen Tragödie als an die einer bürgerlichen Epopöe: Nach hoffnungsfrohen Anfängen und berauschenden Triumphen erfolgt der unaufhaltsame Niedergang mit katastrophalem Ende. Ob deswegen beim derzeitigen Publikum mit Katharsis samt Furcht und Mitleid zu rechnen ist, bleibt zweifelhaft. Der heutige Leser erinnert sich mit einer Intensität und Teilnahme an das Buch, wie man sie etwa für entfernte, längst – sicherlich vor 1918 – verstorbene Verwandte aufbringt. Dabei gäbe die Geschichte seiner Verbreitung während der ersten hundertzwanzig Jahre Stoff ab für eine so erinnerungswürdige wie imponierende Success-Story. *Hermann und Dorothea* war das rechte Lieblings-, Volks- und Schulbuch des deutschen Bürgertums im 19. Jahrhundert. Als Goethe im Sommer 1797 nach etwa einjähriger Arbeit an dem Werk von seinem Berliner Verleger Friedrich Vieweg dreihundert kaiserliche Dukaten als Honorar erhielt,[1] war noch nicht abzusehen, daß dieser relativ kleine Betrag der Schneeball sein würde, welcher sich in der Zirkulation der Kulturindustrie zu einer riesigen Kapitalslawine akkumulieren sollte. Oder hatte Goethe einen solchen Erfolg doch geahnt? Noch während der Niederschrift der letzten Gesänge spricht er in einem Brief vom 28. April 1797 an seinen kunsthistorisch versierten

1 Siegfried Scheibe, »Neue Zeugnisse zur Druckgeschichte von Goethes ›Hermann und Dorothea‹«, in: *Goethe. Neue Folge des Jahrbuchs der Goethe-Gesellschaft* 23 (1961) S. 286.

Freund Heinrich Meyer davon, daß er diesmal den »Gegenstand [. . .] äußerst glücklich« gewählt habe, daß hier ein »Sujet« vorliege, »wie man es in seinem Leben vielleicht nicht zweimal findet«.[2] Goethe konnte bekanntlich von der Entstehungszeit bis ins hohe Alter nie ohne große Rührung aus dem Werk vorlesen, aber diese gefühlsmäßige Involviertheit schloß eine kühle Kalkulation der zeitgenössischen Leserreaktion keineswegs aus. Schiller vertraute er ein Vierteljahr nach Erscheinen des Buches an: »In Hermann und Dorothea habe ich, was das Material betrifft, den Deutschen einmal ihren Willen getan, und nun sind sie äußerst zufrieden. Ich überlege jetzt, ob man nicht auf eben diesem Wege ein dramatisches Stück schreiben könnte? das auf allen Theatern gespielt werden müßte und das jedermann für fürtrefflich erklärte, ohne daß es der Autor selbst dafür zu halten brauchte«.[3] Auf diese Briefstelle mit dem Erfolgsrezept kommt Schiller wenige Monate später zurück, wenn er am 18. Mai 1798 angesichts der »ungeheuren Ausbreitung« des Buches Goethe zustimmt: »Sie haben sehr recht gehabt, zu erwarten, daß dieser Stoff für das deutsche Publikum besonders glücklich war, denn er entzückte den deutschen Leser auf seinem Grund und Boden«.[4] Der Verleger Vieweg tat das Seine, damit gleich die erste Auflage unters Volk kam. Zur Michaelismesse von 1797 brachte er es »in Taschenformat mit einem Kalender für 1798« heraus, »mit und ohne Kupfer in Bänden von gewirkter Seide, von Maroquin oder auch bloß geheftet«, auf daß es für jede Geldbörse und besonders für die Damen »in allen soliden Buchhandlungen zu haben seyn« werde.[5] Die Feuilletonisten der zeitgenössischen Gazetten

2 Zit. nach: *Erläuterungen und Dokumente. Johann Wolfgang Goethe. Hermann und Dorothea*, hrsg. von Josef Schmidt, Stuttgart 1970 [u. ö.] (Reclams Universal-Bibliothek. Nr. 8107 [2]), S. 83.

3 *Goethe. Der Briefwechsel mit Schiller*, Ausw. und Einf. von Walter Flemmer, München [o. J.], S. 293.

4 Ebd., S. 340.

5 Zit. nach: *Goethe im Urtheile seiner Zeitgenossen*, Bd. 2, hrsg. von Julius W. Braun, Berlin 1884, S. 249.

priesen das Werk als »goldenes Sittenbüchlein«, als »unübertreffliches Meisterstück« angesichts des »herrlichen deutschen Mädchens« und des »kräftigen deutschen Jünglings«, die hier in »homerischer Einfalt« geschildert würden.[6] Hie und da meldete sich zwar auch Kritik, aber insgesamt wurde das Büchlein, wie ein damaliger Rezensent feststellte, »von allen Freunden neuer Lectüre begierig gelesen«.[7] Die Großschriftsteller und Meisterdenker der Zeit hielten ebenfalls mit ihrem Lob nicht zurück. Schiller souflierte dem Kunst-Meyer schon vor der Veröffentlichung in einem Brief vom 21. Juli 1797 die Stichworte zur künftigen Rezeption: »Sie werden gestehen, daß es der Gipfel seiner und unsrer ganzen neueren Kunst ist«.[8] Wilhelm von Humboldt stellt in seiner theoretischen Abhandlung über *Hermann und Dorothea* das Buch den großen Epen seit der Antike an die Seite: Homers *Ilias* und *Odyssee*, Ariosts *Orlando furioso*, Tassos *Gerusalemme liberata*, Miltons *Paradise Lost* und Klopstocks *Messias.*[9] August Wilhelm Schlegel, der damals – wie sein Bruder Friedrich – Goethe noch als Kronzeugen der kommenden romantischen Dichtung mißverstand, resümiert in seinem Essay zu dem Buch: »Hermann und Dorothea ist ein vollendetes Kunstwerk im großen Stil, und zugleich faßlich, herzlich, vaterländisch, volksmäßig; ein Buch voll goldner Lehren der Weisheit und Tugend«.[10] Herder las den Text »mit großer Freude«[11], und Hegel bezeichnet ihn in seiner *Ästhetik* stets als »Meisterwerk«[12]. Sieht man vom *Werther* ab, ist keine von

6 Ebd., S. 266.

7 Ebd., S. 306, 307.

8 *Goethe über seine Dichtungen*, Th. 1: *Die epischen Dichtungen*, Bd. 1, hrsg. von Hans Gerhard Gräf, Frankfurt a. M. 1901, S. 133.

9 Wilhelm von Humboldt, *Aesthetische Versuche über Goethe's Hermann und Dorothea*, mit einem Vorw. von Hermann Hettner, Braunschweig [4]1882, S. 144.

10 August Wilhelm Schlegel, »Goethes Hermann und Dorothea«, in: A. W. Sch., *Sämtliche Werke*, hrsg. von Eduard Böcking, Bd. 11, Leipzig 1847, S. 221.

11 *Erläuterungen und Dokumente* (Anm. 2) S. 98.

12 Georg Wilhelm Friedrich Hegel, *Vorlesungen über die Ästhetik*, hrsg. von Rüdiger Bubner, Stuttgart 1971 [u. ö.], T. 3: *Die Poesie*, S. 199.

Goethes Dichtungen gleich anfangs so positiv aufgenommen worden wie *Hermann und Dorothea*, und es wurde sein populärstes Werk. Anders als *Werther* war es nicht lediglich für eine gebildete Oberschicht gedacht. Auch in den folgenden Jahren blieb dem Buch die Gunst der Kritiker wie des breiten Publikums treu. Madame de Staël lobt den »Zauber«, der »in diesem Werke waltet«, und sie fährt fort: »Vom ersten bis zum letzten Vers fühlt man eine süße, aber unausgesetzte Erregung, und in den geringsten Einzelheiten zeigt sich eine natürliche Würde, die selbst den Helden Homers nicht zur Unzierde gereichen würde«.[13] Ab und an übt ein sensibler Ästhet wie August Graf von Platen Kritik an den Hexametern, die noch Fontane als »schaudervoll«[14] bezeichnen wird. Aber auch in Platens Epigramm von 1829 herrscht das Lob vor, wenn es heißt: »Holpricht ist der Hexameter zwar; doch wird das Gedicht stets / Bleiben der Stolz Deutschlands, bleiben die Perle der Kunst«.[15] Gegen die verbreitete Kritik an Goethes sogenannten »unreinen« Hexametern hatte sich 1797 schon Friedrich Schlegel im *Lyceum der schönen Künste* gewandt, als er, noch ganz Goethe-Verehrer, fragte: »Sollten aber die Gesetze der deutschen Hexameter wohl so consequent und allgemeingültig sein, wie der Charakter der Götheschen Poesie?«[16] Dazu, daß *Hermann und Dorothea* schon bald als eine Art säkularisiertes Gebetbuch zur quasi-metaphysischen Stärkung der deutsch-bürgerlichen Seele fungierte, gibt es viele Anekdoten. Theodor Storms Vater zum Beispiel besaß nur ein einziges Buch, eben *Hermann und Dorothea*, das er ständig griffbereit auf seinem Nachttisch liegen hatte. Und bei den Mendelssohns war es üblich, daß jeder Sprößling das ganze Buch auswendig lernte.[17] Die Jung-

13 Germaine de Staël, *Über Deutschland*, nach der Übers. von Robert Habs hrsg. und eingel. von Sigrid Metken, Stuttgart 1962, S. 177.

14 *Erläuterungen und Dokumente* (Anm. 2) S. 114.

15 August Graf von Platen, *Sämtliche Gedichte*, T. 3: *Oden. Festgesänge. Eklogen und Idyllen. Epigramme*, hrsg. von Max Koch, Leipzig [o. J.], S. 194.

16 *Goethe im Urtheile seiner Zeitgenossen* (Anm. 5) S. 266.

17 Zit. nach: Heinz Helmerking, *Hermann und Dorothea. Entstehung, Ruhm und Wesen*, Zürich 1948, S. 61.

deutschen sorgten allerdings mit ihrer durchwegs ablehnenden Haltung gegenüber Goethe für einen leichten Knick in der Erfolgskurve des Buches, doch wurde diese Baisse durch eine steile Hausse in den folgenden Dekaden mehr als wettgemacht. Die eigentliche Massenverbreitung von *Hermann und Dorothea* fängt in den 1850er Jahren an. Goethe-Forscher wie Karl Rosenkranz, Literarhistoriker wie Georg Gottfried Gervinus oder Hermann Hettner und Ästhetiker wie Friedrich Theodor Vischer loben das Buch als das vollendetste von Goethes Werken. Jetzt beginnt *Hermann und Dorothea* seinen Platz auf den obersten Rängen der Pflichtlektüre-Listen deutscher Schulbehörden zu behaupten, wo es in erhabener Höhe nur noch mit Schillers *Glocke*, mit dem *Tell* oder dem *Faust* von gleich zu gleich verkehrt. Die Schulbuchindustrie nimmt sich des Büchleins an, und zahllose kommentierte, um die »bedenklichen Stellen« gereinigte Schulausgaben erblikken das Licht der vor Patriotismus dampfenden deutschen Klassenzimmer. Nicht erst die älteren, sondern bereits die mittleren Jahrgänge der Gymnasien werden – so im Königreich Bayern – durch Ministerialbeschluß instruiert, sich mit *Hermann und Dorothea* zu befassen.[18] Die Aufsatzthemen, mit denen jene Mittelklässler gequält werden, lauten etwa: »Wie sah das Städtchen aus, das Goethe zum Schauplatz seines Gedichtes ›Hermann und Dorothea‹ erwählt hat?«[19] Die didaktische Nutzung des Werkes war durchaus in Goethes Sinne. Nachdem er im Sommer 1814 die in Wiesbaden nach Pestalozzischem Muster errichtete Schule De l'Aspées besucht hatte, schickte er den Zöglingen eine Anzahl von Exemplaren.[20] Die Art und Weise, wie dann ein halbes Jahrhundert später die Wilhelminischen Schulmänner das kleine

18 Wolfgang Leppmann, *Goethe und die Deutschen. Vom Nachruhm eines Dichters*, Stuttgart ²1982, S. 171 ff.

19 Hermann Heinze, *Aufgaben aus »Hermann und Dorothea«*. Leipzig 1910, S. 16.

20 Konrad Albrich, *Goethe und Christian Gotthilf Salzmann*, Erstes Heft: *Goethes »Hermann« und Salzmanns »Conrad Kiefer«*, Langensalza 1918, S. 59.

Werk zum »eisernen Bestand der Schullektüre« bzw. zum »Eckstein des deutschen Unterrichts« und zum »Grund humaner deutscher Geistesbildung« überhaupt[21] erklärten, wäre ihm allerdings wohl kaum geheuer gewesen. Den Deutschlehrern wollten die Lateinpauker der Jahrhundertwende in Sachen Nationalismus nicht nachstehen, und so gehörte es, wie sich Lion Feuchtwanger erinnert, zu den ausgeklügelten Martern für Primaner, Goethes deutsch-klassische Hexameter ins klassische Latein zu übersetzen.[22]

Die Vorliebe der Pädagogen für *Hermann und Dorothea* blieb nicht auf Deutschland beschränkt. Während der Dekaden vor der Jahrhundertwende herrschte in den USA eine deutschlandfreundliche Stimmung, und entsprechend populär waren die Werke der Weimarer Klassiker, die von zahllosen deutschen Kulturvereinen und Schiller- bzw. Goethe-Societies unters Volk und an die High Schools bzw. Colleges gebracht wurden. Bis zum Eintritt der USA in den Ersten Weltkrieg war kein Buch im amerikanischen Deutschunterricht so beliebt wie *Hermann und Dorothea.*[23] Man verband mit dem Namen Goethe vor allem diese Dichtung und den *Faust*[24]. Die Übersetzung des Werkes in alle europäischen Sprachen sicherte ihm eine internationale Verbreitung und Anerkennung, wenn auch von einer vergleichbaren Wirkung wie im Deutschen Reich und in den USA in anderen Ländern nicht die Rede sein konnte. Nach dem Deutsch-Französischen Krieg von 1870/71 mochte man sich in Frankreich, wo das Werk vorher sehr beliebt gewesen war, nicht mehr so recht für einen Hermann erwärmen, der kriegsbereit die

21 Georg Neudecker, *Die innere Komposition in Goethes epischer Dichtung »Hermann und Dorothea«. Zur ersten Zentenarfeier ihrer Entstehung*, Programm Würzburg 1896, S. 37.

22 Lion Feuchtwanger, »Aus meinem Leben«, in: *Neue Texte. Almanach für deutsche Literatur* 3 (1963) S. 407.

23 *Goethe's Hermann und Dorothea*, hrsg. von Waterman Thomas Hewett, Preface S. 7–10, Introduction S. 11–46. New York / Cincinnati / Chicago 1908, S. 7.

24 Helmerking (Anm. 17) S. 41.

Wacht am Rhein hält. Hatte früher der französische Kritiker und Schriftsteller Charles Augustin de Saint-Beuve die Dichtung noch »die erste aller Idyllen und die göttlichste« genannt, so erklärte sein Kollege und Landsmann Paul Binsse de Saint-Victor nach dem verlorenen Krieg in seiner Schrift *Barbares et Bandits* (1871): »Wir werden nie mehr in den Wald der deutschen Idylle gehen, seine Vergißmeinnicht sind mit Blut bespritzt; wir wissen jetzt, wie Hermann, von den Preußen in ein Regiment gesteckt, sich im besetzten Land aufführt.«[25] Briefe eines fiktiven preußischen Besatzungs-Hermanns an seine Verlobte Dorothea in Berlin erschienen 1872 in der *Revue des deux Mondes.* Dieser Briefwechsel, der sich vom Sommer 1870 bis zum Frühjahr 1871 erstreckt, schließt mit Hermanns Ausruf: »O grande Allemagne, patrie de l'idéal, ô Vaterland!«.[26]

Wen wundert es, wenn bei einer derartigen Bekanntheit das Werk zu Nachdichtungen aller Art inspirierte? Von den zahlreichen Dramatisierungen der Dichtung sei vor allem jene des Karl Töpfer erwähnt, deren Uraufführung am 20. Oktober 1823 in Berlin stattfand und die Goethe sich ein Jahr später am 2. Oktober 1824 in Weimar anschaute.[27] Um Anverwandlungen und Variationen handelt es sich bei Eduard Mörikes *Idylle vom Bodensee* (1846), Friedrich Hebbels *Mutter und Kind* (1859), Ferdinand von Saars *Hermann und Dorothea* (1902) und Gerhart Hauptmanns *Anna. Ein ländliches Liebesgedicht* (1921). Einen Abglanz von Dorothea und Hermann tragen ferner Nathalia Tarona und Heinrich Drendorf in Adalbert Stifters *Nachsommer* (1857). In diesem Roman schenkt Mathilde Tarona ihrem Sohn Gustav eine Gesamtausgabe der Werke Goethes, und sein Ziehvater und Lehrer, der Freiherr von Risach, soll für Gustav das Passende

25 Ebd., S. 37.

26 P. Albane [d. i. Pauline Caro], »Les lettres de Hermann et Dorothée«, in: *Revue des deux Mondes* (15. 2. 1872) Nr. 97, S. 774.

27 Karl Goedeke, *Grundriß zur Geschichte der deutschen Dichtung*, 3., neu bearb. Aufl., Bd. 4, Abt. 3, Dresden 1912, S. 352 f.

aussuchen: seine Wahl fällt auf *Hermann und Dorothea*. Auch in anderen europäischen Ländern fand Goethes Werk Anklang, und seine Spuren lassen sich leicht in folgenden Dichtungen nachweisen: beim dänischen Autor Jens Baggesen: *Parthenais* (1803)[28], bei dem finnisch-schwedischen Schriftsteller Johan Ludvig Runeberg: *Hanna* (1836)[29], bei dem russischen Dichter Nikolai Gogol: *Ganc Kjuchel'garten* (1829) sowie bei den Polen Kasimir Brodzinski: *Wieslaw* (1820) und Adam Mickiewicz: *Pan Tadeus* (1834)[30]. In Frankreich hat *Hermann und Dorothea* Einfluß gehabt auf George Sand: *André*, Jacques Jasmin: *Marthe l'inoucènto* (1847), Fréderic Mistral: *Mirèio* (1859) sowie auf *Jocelyn* (1836) von Alphonse de Lamartine, der so begeistert war, daß er 1859 verkündete: »Wenn ich Regierungsgewalt hätte, würde ich Millionen Exemplare von *Hermann und Dorothea* drucken lassen, und ich würde sie kostenlos in allen Städten und auf dem Lande verbreiten«.[31] In den USA verdankt Henry Wadsworth Longfellows *Evangeline* (1847) dem Goetheschen Vorbild einiges.

Die beiden Opern, die im 19. Jahrhundert nach dem Werk komponiert wurden (von Frédéric Le Rey, E. Schönfeld) sind heute vergessen. Robert Schumann hatte in der Jahrhundertmitte mit der Opernvertonung des Buches begonnen, doch blieb das Werk Fragment; nur die Ouvertüre für Orchester (von 1851, Opus 136) wurde vollendet. Auffallend ist, wie diese Ouvertüre im Thema ganz von der Marseillaise bestimmt ist. Bekannter sind die Illustrationen geblieben, wie sie uns von Daniel Chodowiecki, Joseph Führich, Artur von Ramberg, Benjamin Vautier und Ludwig Richter überliefert sind.

28 Otto Zürcher, *Jens Baggesens Parthenais. Eine literarhistorische Untersuchung*, Leipzig 1911. Vgl. ferner: Alois Schmidt, *Das idyllische Epos nach Goethes Hermann und Dorothea*, Diss. Wien 1911.

29 Arne Häggqvist, »Runebergs ›Hanna‹ och Goethe«, in: *Finsk tidskrift för vitterhet, vetenskap, konst och politik* 123 (1937) Nr. 2, S. 304–314.

30 Gustav Karpeles, *Goethe in Polen*, Berlin 1890, S. 124, 145.

31 Helmerking (Anm. 17) S. 35.

Die einzige Nachdichtung, die sich als wirkliche Neufassung von Goethes Werk versteht, ist das »Idyll in fünf Gesängen« *Hermann und Dorothea* des österreichischen Schriftstellers Ferdinand von Saar. Es wurde konzipiert in den Jahren um die Jahrhundertwende, als die deutschsprachige Oberschicht der Donaumonarchie angesichts der Nationalitätenkämpfe und Souveränitätsbestrebungen in den Einzelländern um ihre Privilegien und um den Bestand des Staates zu fürchten begann. Hermann Mattusch, Sohn begüterter deutschstämmiger Eltern, hat seine militärische Dienstpflicht beendet und kehrt in seinen mährischen Heimatort zurück. Im Gespräch mit der verwitweten Mutter fallen herabsetzende Worte über das »slavische Wesen«; und beim »Fest der Deutschen« bahnt sich die »rechte« Ehe an, als Hermann die Wiener Lehrerin Dorothea Grosser kennenlernt. »Umbraust von tschechischer Hochflut« rezitiert Dorothea Goethes Epos. Mit dem Fahrrad eilt von Saars Held zu seiner Verehrten und gesteht ihr am Waldesrand seine Liebe. Mattusch ist Landwirt, und die stadtüberdrüssige Dorothea folgt ihm auf die heimische Scholle. Sowohl Held wie Heldin wurden in einer früheren Liebe zu Menschen tschechischer Herkunft enttäuscht. Deutschtümelei verbindet sich hier mit Restaurationsideologie und Technikfeindschaft. Wenn *Hermann und Dorothea* auch das einzige Buch Goethes ist, das hinübergeht in Ehe und Heim, so bleibt doch die Saarsche »Idylle« eine äußerst simplifizierte und ideologisierte Interpretation bzw. Variation des Goetheschen Werkes.

Deutschtümelei, engstirniger Nationalismus und bürgerlich-antirevolutionäre Besitztumsideologie haben von Anfang an die Rezeption von *Hermann und Dorothea* bestimmt, und daran ist Goethe bis zu einem gewissen Grade selbst schuld. Nicht nur, daß er in den Schlußversen glaubt festlegen zu müssen, was »dem Deutschen geziemt« (9,305)[32], er hat auch

32 Zitiert wird in der Folge nach: Johann Wolfgang Goethe, *Hermann und Dorothea*, Stuttgart 1982 [u. ö.] (Reclams Universal-Bibliothek. Nr. 55).

Anfang 1814, als sich der Erfolg im Befreiungskrieg gegen Napoleon abzeichnete, Heinrich Eichstädt, den Herausgeber der *Jenaischen allgemeinen Literatur-Zeitung*, gebeten, auf die angeblich prophetisch-patriotischen Stellen in seinem Epos hinzuweisen. Im Brief an Eichstädt heißt es: »Man hat *Hermann und Dorothea* dem Zeitgeist auch als ein Opfer darbringen wollen. Ich kann es nicht mißbilligen; denn ich wundre mich selbst, da ich das Büchlein lange nicht angesehen, wie genau nach so großen Veränderungen der Sinn noch paßt und zutrifft. Mag einer Ihrer würdigen Mitarbeiter in dieser Rücksicht etwas darüber sagen, so wird es mir sehr angenehm sein. Ich lege deßhalb ein Exemplar zu beliebigem Gebrauche bei«.[33] Der beliebige Gebrauch wurde gemacht. Im März 1814 erschien in Eichstädts Zeitung unter der Rubrik »Schriften über die Tagesgeschichte in Deutschland« eine politische Würdigung von *Hermann und Dorothea*. Goethe wurde als »ein *Deutscher* und *welcher*!« gefeiert, der »glühend den Wunsch für die deutsche Nation« fühle und daß »sie als solche aufstehen und sich herrlich beweisen möchte. Unerlöschlich schlägt dieser Wunsch aus seinem Gesang hervor; und *jetzt* endlich ist er über alle Erwartung in Erfüllung gegangen«.[34] Goethe, der bisher im Geruch unpatriotischer Napoleon-Verehrung gestanden hatte, schrieb daraufhin erleichtert und verbindlich an Eichstädt: »Danken Sie dem Verfasser auf's schönste; ich lasse keines seiner Worte weder jetzt noch künftig unbeachtet«.[35] Für die jungen Befreiungskrieger wurde *Hermann und Dorothea* eine Saison lang zum Kultbuch. Der Historiker Karl Ludwig von Woltmann erinnert sich aus eigenem Erleben an die Situation von 1814: »Hermanns Worte am Schluß des Gedichtes sind fast sprichwörtlich in Deutschland geworden, und tausende jener

Die erste Ziffer bezieht sich auf den Gesang, und nach dem Komma folgt die Zeilenzahl.

33 *Erläuterungen und Dokumente* (Anm. 2) S. 106.

34 Ebd., S. 107.

35 Ebd., S. 94.

Heldenjünglinge, die gegen den Feind Hermanns erlagen und kämpften, trugen sie glühend in ihrer Brust«.[36] Wann immer der deutsche Nationalismus im 19. Jahrhundert Höhepunkte erreichte, wurden *Hermann und Dorothea*-Zitate wie Losungen des Tages ausgegeben. Als die Frankfurter Nationalversammlung im Frühjahr 1849 die Wahl Friedrich Wilhelms IV. zum deutschen Kaiser beschloß, war es erneut die »dem-Deutschen-geziemt«-Stelle (nämlich nicht »zu wanken hierhin und dorthin«), die Martin Eduard von Simson, Präsident der Versammlung, in seiner Rede zitierte.[37] Daß nach dem Sieg über Frankreich im sogenannten »Heldenjahr« 1871 die Schlußworte Hermanns als prophetisch, als Plädoyer für das Nationalitätenprinzip ausgelegt wurden, versteht sich von selbst.[38] Das Buch wird nun als ideologischer »Damm« verstanden, der »geeignet erscheint«, die »von Frankreich hereindringende, alles Bestehende erschütternde Bewegung abzuwehren«[39], es wird als »Bibelwerk deutscher Religion und Tugend«[40] gefeiert. Hermann, so will es Wilhelm Scherer, vertritt »die ungebrochene Volkskraft der Deutschen« und sein »Appell« zünde »in allen patriotischen Herzen«[41]. Gegen Ende des Jahrhunderts wurden die nationalistischen Interpretationen immer einseitiger und aggressiver: »Kein vaterlandsloser ›Kosmopolitismus‹, sondern eine Erhebung des deutschen Volkstums zu seinem Weltberuf« sei die Botschaft des Werkes.[42] Man wird an die chauvinistischen Reden eines Diederich Heßling aus Heinrich Manns *Der Untertan* erinnert, liest man von Hermanns »Mannes- und Bürger-

36 Helmerking (Anm. 17) S. 94.
37 *Erläuterungen und Dokumente* (Anm. 2) S. 111 f.
38 Neudecker (Anm. 21) S. 37.
39 Albert Huther, »Über die realistischen Elemente von Goethes Hermann und Dorothea«, in: *Zeitschrift für den deutschen Unterricht* 2 (1888) S. 86.
40 Joseph Hillebrand, *Die Deutsche Nationalliteratur im XVIII. und XIX. Jahrhundert*, Bd. 2, Gotha ^{3}1875, S. 236.
41 Wilhelm Scherer, *Geschichte der deutschen Literatur*, Berlin ^{2}1884, S. 570.
42 Hans Draheim, »Zu Goethe. Der Pfarrer in ›Hermann und Dorothea‹«, in: *Zeitschrift für den deutschen Unterricht* 5 (1891) S. 560.

tugend, die den Gewalten des Umsturzes wie den der äußeren Feinde mit gleicher Tapferkeit die Brust entgegenzustellen bereit ist«.[43] Den Jugendlichen an den Schulen wird zur gleichen Zeit eingebleut, daß es sich bei *Hermann und Dorothea* um ein »deutsches Epos« handle, das gewachsen sei »auf deutschem Grund«, auf »deutscher Erde« und von einer »deutschen Familie« handle, kurz ein Buch sei »von deutscher Gesinnung«.[44] Die Formulierung Viktor Hehns, der gleichermaßen Nationalismus und Besitztumsideologie predigte, war repräsentativ für seine Zeit: »*Hermann und Dorothea* ist das Epos von der deutschen Bürgertugend, das Epos von der Familie und dem Privatbesitz, dieser Substanz des deutschen Geistes«.[45]

Was die Einzelinterpretation betrifft, werden die für den Positivismus des 19. Jahrhunderts typischen Fragen nach den Quellen, Vor- und Urbildern gestellt. In den meisten Aufsätzen wird darum gestritten, wo der ursprüngliche Schauplatz des Geschehens gelegen, welche Kleinstadt Goethe im Auge gehabt habe, als er das Werk schrieb. Die Germanisten überprüften Goethes Briefe und Tagebücher nach Hinweisen auf Orte mit Gaststätten zum Goldnen Löwen, Engelapotheken, Weinbergen, mit Törchen in Stadtmauern, überdeckten Wasserläufen, Brunnen und Birnbäumen[46], und sie wurden durchaus fündig. Folge dieser Forschungen war, daß Städte wie Artern, Ilmenau, Gera und Pößneck in Thüringen, Bad Elster im Vogtland, Auerbach in Hessen und Emmendingen

43 Alfred Biese, »Die Lebensweisheit in Goethes ›Hermann und Dorothea‹ als Gegenstand des Unterrichts in der Prima«, in: A. B., *Pädagogik und Poesie*, Berlin ^{2}1908, S. 110.

44 Heinze (Anm. 19) S. 1 f.

45 Viktor Hehn, *Über Goethes Hermann und Dorothea*, aus dessen Nachlaß hrsg. von Albert Leitzmann und Theodor Schiemann, Stuttgart ^{2}1898, S. 45.

46 Franz Sintenis, »Zu Hermann und Dorothea«, in: *Goethe-Jahrbuch* 25 (1904) S. 227–232. – Charles Julius Kullmer, *Pößneck und Hermann und Dorothea*, Heidelberg 1910. – Eduard Trauer, »Adorf, Elster und Goethes Hermann und Dorothea, zugleich mit Bezug auf Dr. Kullmers Schrift ›Pößneck‹«, in: *Mitteilungen. Verein für Vogtländische Geschichte und Altertumskunde*, Plauen i. V. 21 (1911) Nr. 2, S. 1–38.

in Baden um die Ehre stritten, Goethe inspiriert zu haben. In Bad Elster entwickelte sich ein regelrechter *Hermann und Dorothea*-Tourismus mit einer Festspielaufführung auf der Freilichtbühne als Mittelpunkt. An dieser Art von Rezeption wäre Goethe nicht gelegen gewesen. Schon zu seinen Lebzeiten fing man mit solchen Spekulationen an, und der Dichter reagierte verärgert: »Da wollen sie wissen, welche Stadt am Rhein bei meinem Hermann und Dorothea gemeint sei. Als ob es nicht besser wäre, sich jede beliebige zu denken! Man will Wahrheit, man will Wirklichkeit und verdirbt dadurch die Poesie«.[47] Beliebt waren auch die detektivischen Suchspiele nach den Vorbildern der Protagonisten. Man glaubte sicher zu sein, daß Goethes Mutter für die Wirtin Modell gestanden habe, und erkannte den Vater des Autors im Löwenwirt wieder. Für die Gestaltung des Hermann habe der Dichter sich in seine eigenen Jugendjahre zurückversetzt,[48] und mit Dorothea sei Goethes ehemaliger Verlobten Elisabeth (Lili) Schönemann ein literarisches Denkmal errichtet worden. Wie die Heldin der Dichtung sei sie vor den französischen Revolutionsheeren ins Rechtsrheinische geflohen.[49] Andere entdeckten dagegen in Minchen, der schnippischen Kaufmannstochter, Züge von Lili.[50] Zu den Vorbildern Dorotheas wird auch Helene Elisabeth Jacobi gezählt, die Goethe im Haus seines Düsseldorfer Bekannten Fritz Jacobi kennenlernte. Eben hier habe er auch Jacobis Schwager Johann Arnold von Clermont getroffen, der für den weltbürgerlichen Richter Pate gestanden habe.[51] Allgemein stimmt die positivistische Forschung darin überein, Herder

47 *Erläuterungen und Dokumente* (Anm. 2) S. 72.

48 Huther (Anm. 39), S. 73. – H. R. Chillingworth, »Goethe's ›Hermann und Dorothea‹«, in: *Hermathena* (Dublin) 69 (1947) S. 55.

49 Albert Bielschowsky, »Die Urbilder zu Hermann und Dorothea«, in: A. B., *Friederike und Lili. Fünf Goethe-Aufsätze*, München 1906, S. 153–178.

50 Huther (Anm. 39) S. 73.

51 Josef Liese, »Das Urbild des Weltbürgers in Goethes ›Hermann und Dorothea‹«, in: *Türmer* 35 (1932/33) Nr. 9, S. 209–211. – Josef Liese, *Das klassische Aachen*, Aachen 1936.

als Urbild des Pfarrers anzunehmen.[52] Nicht nur konkrete Personen, sondern auch literarische Figuren werden zu Vorbildern ernannt. So weise Hermann frappierend viele Züge eines jungen Mannes auf, der in Johann Heinrich Mercks novellistischer Skizze *Geschichte des Herrn Oheim* (1778) vorkomme.[53] Ein anderer Forscher entdeckt in Christian Gotthilf Salzmanns Conrad Kiefer einen Vorläufer Hermanns und in Kiefers Braut Mariechen die literarische Vorlage zu Dorothea.[54] Die Vergleiche sind oft an den Haaren herbeigezogen und tragen wenig zum Verständnis der Dichtung bei.

Nach dem Ersten Weltkrieg wurde es eigenartig ruhig um dieses Werk Goethes. Während der Zeit der Weimarer Republik beschränkt sich die Forschung vor allem auf stilistisch-metrische Untersuchungen.[55] In den dreißiger Jahren erlebt hie und da die alte chauvinistische Interpretation Neuauflagen, wenn etwa die Rede ist vom »Hort deutscher Art und einem Bollwerk gegen welschen Wahn«[56] bzw. von der »beharrenden Staatsgesinnung« und der Entschlossenheit, »dem Feind bewaffnet die Brust entgegenzustellen«[57]. Aber die Zeit war vorbei, daß man sich in den Protagonisten des Buches wiedererkennen zu können glaubte. Robert Petsch erklärt *Hermann und Dorothea* zwar 1935 zur »heldischen Idylle«[58], aber die ansonsten vom Heroischen schwärmenden

52 Hehn (Anm. 45) S. 34. – Draheim (Anm. 42) S. 558.

53 R. Löbell, »Zum Kapitel ›Goethe ein großer Nehmer‹ (Goethe und J. H. Merck)«, in: *Zeitschrift für den deutschen Unterricht* 5 (1891) S. 771 f.

54 Albrich (Anm. 20).

55 Franz Hüller, »Der Versschluß in Goethes ›Hermann und Dorothea‹. Eine stilistisch-metrische Studie«, in: *Festschrift August Sauer. Zum 70. Geburtstag des Gelehrten am 12. Oktober 1925*, Stuttgart 1925. – Hans Steckner, *Der epische Stil von Hermann und Dorothea*, Halle a. d. S. 1927.

56 Zit. nach: Robert Leroux, »La Révolution Française dans *Hermann et Dorothée*«, in: *Etudes Germaniques* 4 (1949) S. 174.

57 Johann Georg Sprengel, *Der Staatsgedanke in der deutschen Dichtung*, Berlin 1933, S. 221.

58 Robert Petsch, »Hermann und Dorothea, ein Epos vom deutschen Bürgertum«, in: *Deutsche Grenzlande* 14 (1935) S. 131.

Nationalsozialisten beachteten das Werk trotzdem nicht. Rudolf Alexander Schröder stellte 1941 mit Recht fest, daß einem aus dieser Dichtung das »Gesicht eines früheren Deutschland entgegenblickt«.[59] Ein Jahr später wünschte sich Melitta Gerhard – sie tat dies im antifaschistischen Sinne –, daß *Hermann und Dorothea* wieder »Wegweiser« werden möge.[60] Ein Volksbuch aber ist die Dichtung nie mehr geworden, und als solches sind ihre Tage gezählt. Zum Scheitern verurteilt sind Aktualisierungsversuche wie die von Anton Lübbering, der meint, in Zeiten, in denen man ein Weltflüchtlingsjahr begehe und in denen die UNO einen Weltflüchtlingskommissar eingesetzt habe, solle man sich doch dieser Dichtung mit dem Vertriebenenthema erinnern.[61] Das gilt auch für Ferdinand Bergenthals etwas peinliches Bestreben, mit *Hermann und Dorothea* den Abtreibungsparagraphen 218 zu verteidigen.[62] Oskar Seidlin hat so unrecht nicht, wenn er feststellt, daß man heute mit dieser Dichtung »keinen Hund [...] hinter dem Ofen hervorlockt«.[63] Die chauvinistische Vereinnahmung des Buches im 19. Jahrhundert hat den Blick auf die Qualitäten und für die Nuancen des Werks verstellt und getrübt, und es ist an der Zeit, es wieder unbefangen zu lesen. Gerade die Tatsache, daß es so gut wie vergessen ist, daß es zur Stützung von keinerlei Legitimationsideologie herhalten muß, erleichtert die neue Lektüre.

59 Rudolf Alexander Schröder, »Zu Hermann und Dorothea«, in: R. A. Sch., *Die Aufsätze und Reden*, Bd. 1, Berlin 1952, S. 581.

60 Melitta Gerhard, »Chaos und Kosmos in Goethes Hermann und Dorothea«, in: M. G., *Leben im Gesetz. Fünf Goethe-Aufsätze*, Bern/München 1966, S. 52.

61 Anton Lübbering, »Goethes Hermann und Dorothea im heutigen Deutschunterricht«, in: *Wirkendes Wort* 11 (1961) S. 226.

62 Ferdinand Bergenthal, *Heimruf und Hoffnung. Goethes »Hermann und Dorothea« in der Stunde der deutschen Entscheidung*, Augsburg 1947, S. 18.

63 Oskar Seidlin, »Über Hermann und Dorothea«, in: O. S., *Klassische und moderne Klassiker*, Göttingen 1972, S. 20.

Gemischte Gattung

Schon vor der Publikation wurde *Hermann und Dorothea* im Freundeskreis mit der Idylle *Luise* (1795) von Johann Heinrich Voss verglichen. Goethe selbst machte keinen Hehl daraus, daß er Voss entscheidende Anregungen verdankte. In seiner Ende 1796 geschriebenen, aber erst im Jahre 1800 veröffentlichten Elegie »Hermann und Dorothea« – die in späteren Ausgaben oft als Vorrede abgedruckt wurde – heißt es verbindlich und kollegial: »Uns begleite des Dichters Geist, der seine Luise / Rasch dem würdigen Freund, uns zu entzükken, verband«.[64] Bald setzte in den Feuilletons ein Streit darüber ein, ob *Luise* oder *Hermann und Dorothea* die bedeutendere idyllische Dichtung sei. Gleim und Klopstock nahmen für ihren Freund Voss Partei. Klopstock wurde gar ausfällig und meinte, Goethes Werk gehöre »auf den Jahrmarkt«.[65] In holprigen Versen versicherte Gleim dem Verfasser der *Luise* im Januar 1798 seine Sympathie: »Luise Voß und Dorothea Goethe / Schön, beyde, wie die Morgenröthe, / Stehn da zur Wahl, / Und Wahl macht Qual; / – Hier aber, seht! ist nichts zu quälen! / Hier kann die Wahl nicht fehlen. / Luise Voß ist mein, im Lied und im Idill, / Die andre nehme, wer da will.«[66] Gleim griff damit folgende Zeile aus dem an ihn gerichteten Brief Vossens vom 24. September 1797 auf: »Aber ebenso ehrlich denke ich für mich, und sage es Ihnen: die Dorothea gefalle, wem sie wolle, Luise ist sie nicht.« Aus dem gleichen Schreiben geht aber auch hervor, daß Voss seinen Autorenneid auf ein Minimum zu reduzieren trachtete. Es heißt nämlich weiter: »Ich werde mich herzlich freuen, wenn Griechenlands Geist uns Deutschen ein vollendetes Kunstwerk gewährt, und nicht engherzig nach meiner Luise

64 *Erläuterungen und Dokumente* (Anm. 2) S. 75.
65 Helmerking (Anm. 17) S. 58.
66 Wolfgang Stammler, »Zeitgenossen über Goethe«, in: *Goethe-Jahrbuch* 33 (1912) S. 22.

mich umsehen«.[67] Im Kritikergefecht brach August Wilhelm Schlegel eine Lanze für Goethe. Er prophezeite: »Bey der Nachwelt wird es Luisen empfehlen, daß sie Dorotheen zur Taufe gehalten hat«.[68] Gleim, dem die positiven Besprechungen bzw. Studien Schlegels und Wilhelm von Humboldts ein Dorn im Auge waren, blieb bei seiner ablehnenden Haltung. Am 22. März 1799 schreibt er an Voss: »Mögen sie versuchen, so viel sie wollen, sie werden doch eine Dorothea nicht unter die Sterne versetzen!«[69] Goethes Werk trat schon bald seinen Siegeszug um die Gunst des Publikums an und lief Vossens Idylle den Rang ab. In den ersten Monaten und Jahren war jedoch die Meinung der Leserschaft noch geteilt. Eine Stellungnahme wie jene in der *Neuen allgemeinen deutschen Bibliothek* von 1799 war durchaus typisch: »Ob Luise oder Hermann und Dorothea vorzüglicher sey, – wer mag es entscheiden, und wozu bedürfte es der Entscheidung? Der Rec. gesteht unverholen, daß die patriarchalische Einfalt, die sich in dem Vossischen Gedichte so mannigfaltig und schön offenbart, ihn mit stärkeren Banden anzieht, als das bunte Leben des Göthischen.«[70] Gleims Opposition war verständlich. Als anakreontischer Idyllen- und Romanzenliebhaber spürte er gleich, daß Goethe etwas ganz anderes im Sinne hatte als Voss. Auch Schiller stellte – in einem Brief an seinen Freund Christian Gottfried Körner vom 28. Oktober 1796 – fest, daß *Hermann und Dorothea* »Voß völlig entgegengesetzt« sei.[71] Schiller hatte die Idyllenauffassung in seiner Schrift *Über naive und sentimentalische Dichtung* zu revolutionieren getrachtet, indem er diese Gattung aus ihrer Vergangenheitsorientierung, aus ihrer Arkadien-Verhaftung zu befreien wünschte und ihr mit der Devise ›vorwärts nach Elysium‹

67 Helmerking (Anm. 17) S. 57.
68 *Goethe im Urtheile seiner Zeitgenossen* (Anm. 5) S. 283.
69 Stammler (Anm. 66) S. 24.
70 *Goethe im Urtheile seiner Zeitgenossen* (Anm. 5) S. 330.
71 *Erläuterungen und Dokumente* (Anm. 2) S. 77.

eine von der Gegenwart ausgehende, auf die Zukunft zielende »sentimentalische«, d. h. utopische Richtung zuweisen wollte. Damit befand Schiller sich im Gegensatz zu Autoren der älteren Generation wie Salomon Geßner, der die Idylle traditionell definiert hatte als eine Dichtung, die »uns ein goldnes Weltalter [schildert], das gewiß einmal da gewesen ist, denn davon kann uns die Geschichte der Patriarchen überzeugen, und die Einfalt der Sitten, die uns Homer schildert«.[72] Geßner knüpfte an die Idyllentradition bukolischer Dichter der Antike wie Theokrit und Vergil an. Mehr noch als Theokrit und Vergil, die Trauer, Leidenschaft und Tod aus ihren Eklogen nicht völlig ausschließen,[73] ging es Geßner um die Darstellung einer konfliktlosen Welt, einer im Sinne der Empfindsamkeit des 18. Jahrhunderts graziös-innerlichen Schäferdichtung. Was die Dimension der Zeit betrifft, so flieht man aus der geschichtlichen Gegenwart in ein nebulös-mythologisches Es-war-einmal; und für die Raumgestaltung der Idylle ist charakteristisch die Eingegrenztheit und Abgeschlossenheit, die Abgesichertheit gegen die Außenwelt. Dieses Refugium, dieses Wunschbild von einem in sich ruhenden, ungefährdeten Dasein, war bei Geßner im Stil antiker Arkadiendichtung in einer harmonischen Naturszenerie angesiedelt. Voss übernahm in seiner »bürgerlichen« bzw. »deutschen« Idylle *Luise* die Prämissen und Zielrichtungen der Geßnerschen Dichtungen, nur wählte er als Kulisse nicht die arkadische Landschaft, sondern den deutschen Wald, nicht die Schäferhütte, sondern ein protestantisch-bürgerliches Pfarrhaus. Zeit und Ort waren damit aus ihrer Unbestimmtheit herausgelöst, nämlich in das Jetzt und Hier transponiert worden. So wurde der spielerische, bewußt imaginäre bzw. traumhafte Charakter der traditionellen

72 Ebd., S. 46.

73 Renate Böschenstein, *Idylle*, Stuttgart 1967, S. 9. – Jens Tismar, *Gestörte Idyllen. Über Jean Paul, Adalbert Stifter und Thomas Bernhard*, München 1973, S. 7 ff.

Idylle zerstört. Was Voß wollte, war zu widersprüchlich, um auf die Dauer überzeugen zu können: zeitlose Gegenwart, Prosa der Verhältnisse im Gewand der Poesie, Statik in der Dynamik der Geschichte, das Bürgerhaus als Insel der Ruhe inmitten der bürgerlichen Revolution. Mit diesem Konzept artikulierte Voss zwar das Wunschdenken bestimmter bürgerlicher Schichten im Deutschland der Revolutionsjahre, aber das Idyllische in *Luise* ist zu künstlich angestrengt, gewollt und verkrampft, als daß es mehr als eine Lesergeneration hätte ansprechen können. Bei Goethe wird das Idyllische in seiner massiven Gefährdung gezeigt, hier gibt es keine Flucht aus der Historie, vielmehr werden Idylle und Geschichte in einer spannungsvollen Dialektik gezeigt:[74] Ohne Störung und Gefährdung würde die Idylle platt, steril und leblos, und ohne jene Vorstellungen von Friede und Harmonie, wie sie sich mit der Idylle verbinden, würde die Geschichte ziellos, chaotisch und unmenschlich. *Hermann und Dorothea* ist weder reine Idyllen- noch bloße Geschichtsdichtung; sie ist beides. Disharmonie und Schöpfungsriß werden deutlich durch Revolution und Krieg, aber zu Wort kommen auch Hilfsbereitschaft, Freundschaft und Liebe. Dem Schrecken von Flucht und Verfolgung stehen gegenüber Momente idyllischer Harmonie. Nichts lag Goethe ferner als eine bloße »Verklärung und Steigerung der idyllisch deutschen Zustände« – hier irrte Gundolf.[75]

Wenn *Hermann und Dorothea* auch nicht einfach mit dem Gattungsetikett »Idylle« versehen werden kann, so steckt das Werk doch voller idyllischer Momente. Goethe verzichtet – im Gegensatz zu Voss – auf die bekannten Waldenklaven, und eins der beliebtesten Versatzstücke idyllischer Dichtung, die Grotte, wird nicht im üblichen Sinn eingesetzt. Ausge-

74 Ähnlich sieht es Rolf Geißler, doch stimme ich nicht mit seiner These überein, daß diese Dialektik »einseitig zugunsten des Idyllischen« durchgeführt sei. Vgl. Rolf Geißler, »Goethes Hermann und Dorothea im Unterricht«, in: *Wirkendes Wort* 13 (1963) S. 54.

75 Friedrich Gundolf, *Goethe*, Berlin ^{8}1920, S. 500.

rechnet der Apotheker, der Spießbürger, die komische Figur in der Dichtung, hat sich vor Jahr und Tag eine künstliche Grotte errichtet, aber niemand interessiert sich mehr für diese Mode von gestern: »Ja, wer sähe das jetzt nur noch an!« (3,98). So verkommt die Grotte unbesucht und unbeachtet, ist schon »verstaubt und halb verfallen« (3,91). Das Überholte und Weltfremde der üblichen Idylle wird hier durch die Karikierung ihres prominenten Requisits deutlich gemacht. Aber es gibt echte, durch keine Ironie relativierte idyllische Momente, bei deren Gestaltung Goethe auf das Repertoire bewährter Idyllenmetaphern wie Baum und Brunnen zurückgreift. Man denke an Dorothea, die »unter dem Apfelbaum sitzt und Kindern Kleider verfertigt« (6,174), oder an Hermann, der mit seiner Mutter bzw. mit Dorothea unter dem Birnbaum sitzend die sein Schicksal bestimmenden Gespräche führt (4,65; 8,52). Baum- und Brunnenmotive werden im 5. und 7. Gesang gekoppelt. Der Brunnen vor der Stadt ist »von dem würdigen Dunkel erhabener Linden umschattet« (5,151). Hier wartet Hermann auf die Nachricht der beiden Nachbarn, und hier findet die zweite Begegnung zwischen Hermann und Dorothea statt. Nicht von ungefähr wird dieser *locus amoenus* als Stelle der Erquickung, als »Lustort« mit einer Quelle bezeichnet, »die immer lebendig hervorquoll« (5,154.157). Dorothea wird hier geschildert als »den größeren Krug und einen kleinern am Henkel / Tragend in jeglicher Hand« (7,12 f.). So erinnert sie an die im Buch Mose erwähnten jungen Frauen Rebecca und Rahel, um die ebenfalls am Brunnen geworben wird.[76] Goethe hat übrigens diese Szene der Stelle in einer von Geßners Idyllen nachgebildet.[77] In den idyllischen Teilen von *Hermann und Dorothea*

76 1 Mose 24,15 und 1 Mose 29,2.

77 Salomon Geßner, *Sämtliche Schriften*, Bd. 2, hrsg. von J. L. Klee, Leipzig 1841, S. 53. Vgl. dazu: W. Blakemore Evans, »A passage in Hermann und Dorothea«, in: *Modern Language Notes* 19 (1904) Nr. 3/4, S. 78 f. – Maria Lypp, *Ästhetische Reflexion und ihre Gestaltung in Goethes »Hermann und Dorothea«*, Diss. F. U. Berlin 1969, S. 58.

werden momenthaft Verwüstung, Krieg, Chaos und Flucht vergessen. Bezeichnenderweise sind sie situiert zwischen der Stadt mit ihrer bürgerlichen Normalität und dem Lager der Flüchtlinge, der Entwurzelten. Die idyllische Episode schildert zum einen konventionell die augenblickhaft-zeitvergessene Begegnung der Liebenden, aber sie stellt zum anderen – und das ist neu – auch den Kreuzungspunkt und Versöhnungsort jener geschichtlichen Gegebenheiten und Tendenzen dar, deren Repräsentanten bzw. Opfer Hermann und Dorothea sind, d. h., sie ist im Sinne von Schillers Idyllendefinition zukunftsorientiert.

Goethe spricht zwar zu Beginn der Arbeit an *Hermann und Dorothea* von dem Werk als einer »Idylle«, aber in der Folge nennt er es meistens nur sein »Gedicht« bzw. »episches Gedicht«.[78] Daß er von Anfang an nicht daran dachte, eine Idylle im Geßnerschen Stil zu schreiben, versteht sich von selbst. Bereits im August 1772 hatte er in einer Rezension für die *Frankfurter gelehrten Anzeigen* die Geßnerschen Idyllen als leblose Naturmalereien bezeichnet, die mit »Schattenwesen« bevölkert seien, welche kein »wahres Interesse an- und miteinander« hätten.[79] Goethe gab seinem Werk keinen Untertitel, aus dem die Gattungszugehörigkeit zu entnehmen wäre. Es ist weder ganz Idylle noch eindeutig Epos, sondern weist sowohl idyllische wie epische Züge auf. Mit dem Hexameter wurde für *Hermann und Dorothea* ein Versmaß gewählt, das für beide Dichtungsgattungen kennzeichnend war. Von Theokrit und Vergil bis Ewald von Kleist und Johann Heinrich Voss waren in diesem Versmaß Idyllen geschrieben worden, aber gleichzeitig assoziierte man mit dem Hexameter das klassische Epos Homers wie das zeitge-

78 *Erläuterungen und Dokumente* (Anm. 2), S. 72–87.

79 Zit. nach: Geißler (Anm. 74) S. 53. Zum Thema Idylle und Epos vgl. auch: Jane K. Brown, »Schiller und die Ironie von *Hermann und Dorothea*«, in: *Goethezeit. Studien zur Erkenntnis und Rezeption Goethes und seiner Zeitgenossen. Festschrift für Stuart Atkins*, hrsg. von Gerhart Hoffmeister, Bern/München 1981, S. 203–216.

nössische Klopstocks. Der Philologe Friedrich August Wolf hatte 1795 (also im gleichen Jahr, als Vossens *Luise* erschien) dem Geniekult um den »göttlichen« Homer die Basis entzogen. In seinen *Prolegomena ad Homerum* bestritt er die Existenz des *einen* Dichters Homer und vertrat die Theorie, daß dessen Epen von mehreren Rhapsoden, verschiedenen Einzelschöpfern, sogenannten Homeriden, stammten. Darauf bezieht sich Goethe in seiner Widmungs-Elegie, wenn er Wolf hochleben läßt: »Laß im Becher nicht fehlen den Wein! Gesprächige Freunde, / Gleichgesinnte, herein! Kränze, sie warten auf euch. / Erst die Gesundheit des Mannes, der endlich vom Namen Homeros / Kühn befreiend, uns auch ruft in die vollere Bahn. / Denn wer wagte mit Göttern den Kampf? und wer mit dem Einen? / Doch Homeride zu sein, auch nur als letzter, ist schön«.[80] Bereits in den frühesten Rezensionen wurde nicht nur der Bezug zu Vossens Idylle, sondern auch zum Homerischen Epos hergestellt.[81] Von Homer übernahm Goethe den Musenanruf, der zwar nicht – wie bei dem griechischen Dichter – am Anfang, sondern am Ende von *Hermann und Dorothea* vorkommt. Die Grammatiker hatten nicht nur die Geschichte Herodots nach der Zahl der Musen in neun Bücher geteilt, sondern auch den Homer nach neun Gesängen geordnet und jedem Gesang eine Überschrift gegeben, die dessen Inhalt andeuten sollte.[82] Vergleichbar verfährt Goethe in seinem Werk. Die Musennamen stehen assoziativ in inhaltlicher Beziehung zu den einzelnen Gesängen.[83] Wieviel Aufmerksamkeit die Zeitgenossen der Benennung der Gesänge nach Musen schenkten, geht aus Karl Varnhagen von Enses Epigramm hervor: »Goethe'n empfing gastfreundlich der Chor süßtönender Musen; / Diese Gesänge darauf

80 *Erläuterungen und Dokumente* (Anm. 2) S. 74, 75.
81 *Goethe im Urtheile seiner Zeitgenossen* (Anm. 5) S. 280.
82 Hehn (Anm. 45) S. 65 f.
83 Erich Trunz bestreitet dies. Vgl. seinen Kommentar in: *Goethes Werke. Hamburger Ausgabe*, Bd. 2: *Gedichte und Epen II*, München 1982, S. 751.

ließ er zum Danke zurück.«[84] Der erste Gesang ist Kalliope, der Muse der epischen Dichtung, in den Mund gelegt, womit ein Hinweis auf die Gattungszugehörigkeit gegeben wird. Kalliope singt von »Schicksal und Anteil«, vom Geschick der Flüchtlinge und der (nicht ganz unproblematischen) Hilfe durch die Bürger. Terpsichore, die Muse des Tanzes und Führerin der Chorreigen, stellt »Hermann« vor. So wie beim Tanz die erotische Annäherung der Verliebten beginnt, fängt im zweiten Gesang Hermanns Werbung um Dorothea an. »Die Bürger« werden von Thalia, der Muse des Lustspiels, vorgestellt. An Spott und Ironie läßt Goethe es bei der Darstellung seiner Kleinstadtbewohner nicht fehlen. Den Gesang »Mutter und Sohn« gibt auf ihrer Doppelflöte Euterpe, die Erfreuende, zum besten. Im Gespräch mit der Mutter legt sich Hermanns Zorn und gesteht er seine Liebe zu Dorothea. Polyhymnia, die Muse des ernsten Gesanges, stellt den »Weltbürger«, den Richter, vor, dem es aufgegeben ist, die Flüchtlinge zu führen. Klio, die Muse der Geschichtsschreibung, verzeichnet in ihrer Buchrolle Geschehnisse aus dem wichtigsten Ereignis des »Zeitalters«, aus der Französischen Revolution. Sie läßt darüber den Weltbürger berichten. Als Muse der Liebesdichtung ist es Erato aufgetragen, mit ihrer Kythara den Gesang von »Dorothea« zu begleiten, in dessen Mittelpunkt die idyllische Begegnung der Liebenden am Brunnen steht. Melpomene, die Leiterin der düsteren Chöre, hält ihre tragische Maske vors Gesicht, wenn sie »Hermann und Dorothea« rezitiert. Dieser Gesang der Mißverständnisse und Irrtümer droht in tragischen Verwicklungen zu enden. Zu einem solchen Schluß kommt es aber nicht. Urania, die Muse der Astronomie, singt von der »Aussicht« der Verlobten. Als Sterndeuterin entläßt sie den Zuhörer mit viel- und mehrdeutigen Hinweisen: die Zukunft ist offen.

84 Karl August Varnhagen von Ense, *Vermischte Gedichte*, Frankfurt a. M. 1816, S. 172.

Die Homer-Nachahmung Goethes in *Hermann und Dorothea* ist im 19. Jahrhundert überschätzt worden. Den deutschen Hexameter hatte Goethe ja nicht von Homer, sondern von Voss übernommen, und die Benennung der Gesänge nach den neun Musen kommt bei Homer selbst nicht vor. Nach Goethes eigener Aussage stand ihm bei der Gestaltung seines Werks weniger die *Ilias* als die *Odyssee*, also Homers weniger heroisches Epos, vor Augen.[85] Schon dieser Hinweis läßt die Gleichsetzung der Goetheschen Protagonisten mit den Helden der *Ilias* als fragwürdig erscheinen. Während der Wilhelminischen Ära wurde der Löwenwirt mit Agamemnon, seine Frau mit Thetis, Hermann mit Achilles, der Pfarrer mit Nestor verglichen und der Disput im Wirtshaus dem Fürstenstreit im achäischen Lager parallelisiert.[86] Ein andermal steht Hermann für Telemach, Dorothea für Andromache, der Pfarrer für den Seher Kalchas[87] oder die Mutter für Hermes.[88] Die patriotischen Eiferer meinten, Goethe habe die Dichtung gleichsam auf einem antiken Palimpsest geschrieben, in dem der Homersche Text noch durchscheine. Der Bürger sah sich als Heros, und im Revolutionskrieg zwischen Frankreich und den deutschen Ländern erkannte man den Krieg zwischen Achäern und Troern wieder.[89] Solche Analogien sind zwar nicht immer von der Hand zu weisen, aber insgesamt sind es weniger inhaltliche Details als formale Züge, die man als episch im Sinne Homers bezeichnen kann. Der Epiker schafft Distanz zum Erzählten, und um diese epische Distanz, die schon August Wilhelm Schlegel auffiel, bemüht sich auch Goethe in seinem Werk. Im griechischen Epos schafft der Rhapsode die Distanz. »Wie ein bloß be-

85 *Goethes Briefe*, Bd. 13: *1798*, Weimar 1893, S. 145.
86 Wilhelm Braubach, »Woher stammt die Verwicklung in Goethes Hermann und Dorothea?«, in: *Zeitschrift für den deutschen Unterricht* 23 (1909) S. 128.
87 Hehn (Anm. 45) S. 97.
88 Karl Rosenkranz, *Goethe und seine Werke*, Königsberg ^{2}1856, S. 278.
89 M. Beheim-Schwarzbach, »Homer in der deutschen Literatur«, in: *Preußische Jahrbücher* 66 (1890) S. 610–633.

schauendes Wesen steht er über seinen Helden und über seinen Göttern« heißt es bei Schlegel.[90] Einen Erzähler gibt es auch in *Hermann und Dorothea*, aber so unbewegt und so unengagiert wie der antike Rhapsode ist er nicht. Das wird besonders zu Beginn des letzten Gesanges deutlich, wenn er die Musen um Hilfe für die Protagonisten anruft. Goethes Erzähler findet aber ebenfalls ein Mittel wirkungsvoller Distanzierung: Er erteilt das Wort ständig anderen Erzählern, nämlich dem Wirt und der Wirtin, Hermann, dem Pfarrer, dem Richter, dem Apotheker und schließlich auch Dorothea. Direkte Aktion schildert der Erzähler der Dichtung selten; er delegiert diese Aufgabe vielmehr an die übrigen Figuren, die vor allem berichtend auftreten. Ob es sich um die Ankunft der Flüchtlinge, um die erste Begegnung zwischen Hermann und Dorothea, um den Brand in der Stadt, Dorotheas Vergangenheit oder um die Auswirkungen der Revolution handelt: ständig wird Bericht erstattet, wird in der Gegenwart über Vergangenes erzählt und damit Distanz zu den erinnerten Vorfällen geschaffen. Ein weiteres konstituierendes Merkmal des antiken Epos ist das »Wunderbare«, das sich im direkten Eingriff der Götter bemerkbar macht. Schon Humboldt[91] hat darauf hingewiesen, daß es der »Zufall« ist, der in *Hermann und Dorothea* an die Stelle des Wunderbaren tritt, und nach ihm haben noch viele Interpreten diese These wiederholt.[92]

Hegel hat als erster erkannt, daß die idyllische und die epische Gattung in Goethes Werk eine Symbiose eingegangen sind, und er belegte die Dichtung daher mit der Bezeichnung »idyllisches Epos«.[93] Weder die alte Idylle noch das »echte Epos« sind für Hegel im nachantiken Weltzustand möglich. Hegel kritisiert die »Süßlichkeit und weichliche Schlaffheit« der zeitgenössischen Idylle und macht sich über die »Wohlbehä-

90 Schlegel (Anm. 10) S. 190.
91 Humboldt (Anm. 9) S. 86 f.
92 Hehn (Anm. 45) S. 77 ff. – Seidlin (Anm. 63) S. 22 ff.
93 Hegel (Anm. 12) T. 3, S. 199.

bigkeit eines guten Kaffees im Freien« in Vossens *Luise* lustig.[94] In der Gegenwart ist aber nach Hegel eine Erneuerung des Epos nur durch die Idylle und eine Renaissance der Idylle bloß durch das Epos möglich. Die Idylle ohne epische, d. h. welthistorische Dimension habe sich »in ihrer süßlichen Sentimentalität und Verwässerung zugrunde gerichtet«,[95] und das Epos wiederum vermöge in der Neuzeit nur dann Totalität darzustellen, wenn es sich bei seiner Schilderung auf jenen Bezirk ländlicher Insellagen beschränke, der üblicherweise Gegenstand der Idylle sei. Nur hier hätten gesellschaftliche Ordnungen und geistige Dispositionen überwintert, in denen der an sich antike Zustand der Entsprechung zwischen Subjektivität und Objektivität noch zu finden wäre. In dieser Mischgattung »idyllisches Epos« – wofür Hegel Goethes *Hermann und Dorothea* als prominentestes Beispiel anführt – wird durch die episch-welthistorische Spannweite dem Werk just jene Naivität wieder genommen, die an sich Voraussetzung für seine Totalitätsgestaltung war. So spiegelt auch das idyllische Epos im Sinne Hegels – ähnlich wie (und nur auf andere Weise als) der Roman – den in sich gespaltenen Zustand der modernen Welt.[96] Als Hegelianer sah es auch Friedrich Theodor Vischer so, daß Goethe in *Hermann und Dorothea* »die Idylle in den Styl des Epos gehoben« habe.[97] Das Ineinanderspiel von Idyllischem und Epischem, von Statischem und Fortschreitendem, von Idealität und Geschichte meinte Goethe, als er der Herzogin Louise am 13. Juni 1797 mitteilte, daß er in seiner neuen Dichtung »die zwey Gesinnungen in die sich beynahe die ganze Welt theilt neben einander« darstelle.[98]

94 Ebd., T. 1/2, S. 279.
95 Ebd., T. 3, S. 199.
96 Vgl. dazu Lypp (Anm. 77) S. 32. – Gerhard Kaiser, *Wandrer und Idylle. Goethe und die Phänomenologie der Natur in der deutschen Dichtung von Geßner bis Gottfried Keller*, Göttingen 1977, S. 47.
97 Friedrich Theodor Vischer, *Ästhetik oder Wissenschaft des Schönen*, Bd. 3, Stuttgart 1854, S. 141.
98 *Goethes Briefe*, Bd. 12: *1797*, Weimar 1893, S. 158.

August Wilhelm Schlegel entwickelte schon vor Hegel eine neue Epos-Theorie am Beispiel von *Hermann und Dorothea*. Den Mythos (und damit auch das »Wunderbare«) des antiken Epos sieht Schlegel hier nicht wie Humboldt durch den »Zufall«, sondern durch »die großen Weltbegebenheiten im Hintergrunde« ersetzt, d. h. durch das Einbeziehen von Geschehnissen im Umkreis der Französischen Revolution. »In einem Epos aus unserer Zeit«, argumentiert Schlegel, dürfe kein mythisches Sujet der Antike aufgenommen werden, vielmehr müsse es »das Gepräge des ewig denkwürdigen Jahrhunderts« tragen und »eine Aufforderung zur Theilnahme, an die Menschheit gerichtet«, enthalten.[99] Der antike Mythos habe keine Wirk- und Überzeugungskraft mehr; die großen Menschheitsideen der Neuzeit fänden ihren Ausdruck im weltgeschichtlichen Ereignis der Französischen Revolution. Ihr wird also von Schlegel quasi-mythische Qualität zugesprochen. Dies tut auch Goethe selbst in *Hermann und Dorothea*. Den Richter, einen Moses, einen Patriarchen der Gegenwart (5,210), läßt er sagen: »Wahrlich, unsere Zeit vergleicht sich den seltensten Zeiten, / Die die Geschichte bemerkt, [...] wir [...] dürfen uns wohl mit jenen vergleichen, / Denen in ernster Stund' erschien im feurigen Busche / Gott der Herr; auch uns erschien er in Wolken und Feuer« (5,229–237). Anders als Hegel sieht Schlegel Goethes Werk nur im Kontext der epischen Dichtung und geht auf seine idyllischen Züge nicht ein. Der Doppelaspekt von idyllischer Idealität und epischer Historizität, der in Goethes Werk so zentral ist, klingt bereits an in den Eklogen Vergils, deren Idyllen sich vor dem Hintergrund der römischen Revolution abspielen. Das Thema der ersten Ekloge ist die Begegnung des Vertriebenen mit dem Seßhaften, der dem Flüchtling Zuflucht gewähren will. Was aber bei Vergil relativ peripher ist, wird bei Goethe ins Zentrum der Dichtung gerückt.

99 Schlegel (Anm. 10) S. 207.

Aber nicht nur Strukturmerkmale der Idylle und des Epos weist *Hermann und Dorothea* auf, sondern auch solche des Dramas. In ihrem Briefwechsel kommen Goethe und Schiller häufig auf die für die nachantike Dichtung bezeichnenden Mischformen zu sprechen, und sie entdecken sie in ihren eigenen Werken. So meint Schiller, daß Goethes *Iphigenie* zum Epos tendiere, und bei *Hermann und Dorothea* stellt er eine »Hinneigung zur Tragödie« fest.[100] Als Elemente des Dramas sind leicht die knappe Fabel mit ihrer dramatischen Bewegungslinie, der szenenhafte Aufbau, die Dialoge, die Spannung auf das kausal bedingte und potentiell tragische Ende hin sowie die aristotelische Einheit von Ort, Zeit und Handlung zu erkennen. Bei der Diskussion über das Epos entdeckten Goethe und Schiller, daß die Selbständigkeit der Teile ein Hauptcharakteristikum des Epos ausmache. Aber gerade in *Hermann und Dorothea* fehlt diese Eigenständigkeit; vielmehr schreitet die Handlung rasch – wie im Drama – auf das Ende zu.[101] Goethe und Schiller hatten in ihrer Skizze *Über epische und dramatische Dichtung* gemeint, daß »der Epiker die Begebenheit als vollkommen *vergangen* vorträgt und der Dramatiker sie als vollkommen *gegenwärtig* darstellt«.[102] *In Hermann und Dorothea* liegt auch bezüglich dieser epischen bzw. dramatischen Ausdrucksweisen eine Mischform vor: die Begebenheiten werden zum großen Teil erzählt, also episch-distanziert als vergangen vorgeführt, aber dieses bereits Geschehene ragt unmittelbar in die ebenfalls gestaltete Gegenwart hinein. Goethe hat hier Elemente der erinnernden rhapsodisch-epischen mit der vorstellenden mimisch-dramatischen Tradition verschmolzen. So sind auch die Dialoge nicht rein dramatisch, sondern kommen nur in

100 *Goethe. Der Briefwechsel mit Schiller* (Anm. 3) S. 288.

101 Vgl. Steckner (Anm. 55) S. 165 f. – Lypp (Anm. 77) S. 25. – Ernst Busch, »Das Verhältnis der deutschen Klassik zum Epos. Goethes ›Hermann und Dorothea‹«, in: *Germanisch-Romanische Monatsschrift* 29 (1941) S. 265 f.

102 *Goethes Werke* (Anm. 83) Bd. 12: *Kunst und Literatur*, München 1981, S. 249.

episierter Form vor, da sie durch ganz undramatische rhapsodische Formeln eingeleitet werden. Ferner sind auch die Szenen ohne Rücksicht auf ein bühnenmäßiges Gleichgewicht aufgebaut.[103] Das Verhalten und die Entwicklung der Protagonisten erinnert wiederum sehr viel mehr an das neuzeitliche Drama als an das klassische Epos. Denn es werden nicht – mit Goethe und Schiller zu sprechen – »außer sich wirkende«, sondern »nach innen geführte Menschen«[104] vorgeführt. In einem Brief an Schiller vom 23. Dezember 1797 stellt Goethe unter ausdrücklichem Hinweis auf *Hermann und Dorothea* fest, daß »wir Moderne die Genres so sehr zu vermischen geneigt sind, ja daß wir gar nicht einmal imstand sind, sie voneinander zu unterscheiden«.[105]

Wilhelm von Humboldt aber hielt an der Gattungsbezeichnung »Epos« für Goethes Werk fest. Er sah durchaus die Einflüsse anderer Dichtungsformen, aber er vermochte sie aufgrund seiner Epos-Definition als untergeordnet zu betrachten. Humboldt schreibt: »In der Epopöe werden [...] nacheinander alle Arten der Empfindung erregt; das Lächerliche und das Tragische, das Sanfte und das Erhabene, das Furchtbare und das Liebliche, alles steht harmonisch neben einander, und wir umfassen und bewahren alles zugleich«.[106] Neben den tragischen weist *Hermann und Dorothea* in der Tat auch komische Züge auf. Die Ironisierung und Satirisierung einer Reihe von Figuren ist nicht zu übersehen. Gleim hatte das sofort erkannt und glaubte, es handle sich um eine Parodie auf Vossens *Luise*. Am 4. Oktober 1797 empört er sich Voss gegenüber: »Dieser Hermann und Dorothea ist eine goethische Sünde wider meinen heiligen Voß, ist zu Götter, Helden und Wieland das Seitenstück, ist, ich laß es mir nicht ausreden, eine gottlose Satire, meines Voß. Luise will der Bube lächerlich machen! [...] Varro

103 Vgl. Steckner (Anm. 55) S. 173.
104 *Goethes Werke* (Anm. 83) Bd. 12, S. 250.
105 *Goethe. Der Briefwechsel mit Schiller* (Anm. 3) S. 284.
106 Humboldt (Anm. 9) S. 131.

begieng kein größeres Bubenstükk!«[107] Denkt man an so symptomatische *Luise*-Utensilien wie den Schlafrock oder Konventionen wie das Kaffeetrinken, dann hatte er mit seiner Vermutung durchaus recht, denn die werden bei Goethe der Lächerlichkeit preisgegeben. Hermanns Vater trauert dem verschlissenen Schlafrock nach, wenn die Flüchtlinge um ihre nackte Existenz kämpfen (1,33), und der Apotheker schwärmt im Kriegschaos vom ehemals so genußreichen Kaffeetrinken in der Grotten-Idylle (3,90). Das Epitheton »der menschliche Hauswirt« (1,151) ist angesichts der Tatsache, daß der Vater sich die Flüchtlinge vom Hals halten will, offensichtlich satirisch gemeint. Ironischerweise hatte Goethe den Apotheker kritisch bemerken lassen, daß der Mensch »zu gaffen sich freut, wenn den Nächsten ein Unglück befället« (1,71), und genau dies tut er selbst. Noch größer als seine uneingestandene Lust, sich am Unglück anderer zu delektieren, ist die Freude des Apothekers darüber, daß er sich als Junggeselle nie um eine Familie sorgen muß: »O glücklich, wer in den Tagen / Dieser Flucht und Verwirrung in seinem Haus nur allein lebt« (2,83 f.). Wenn der Wirt seine Gattin lobt: »Trefflich hast du gehandelt, o Frau, daß du milde den Sohn fort / Schicktest, mit altem Linnen und etwas Essen und Trinken« (1,13 f.), so hört man heraus, daß die Betonung auf »alt« und »etwas« liegt. Auch die Mutter treffen ironische Streiflichter. Allzu lange »kramet« sie, »die alten Stücke zu suchen« (2,13), und man kann sich des Eindrucks nicht erwehren, als habe sie – vielleicht unbewußt – das Packen verzögert, um ihre Sachen doch nicht hergeben zu müssen. Von Mitleid ist bei den Wirtsleuten wenig zu spüren. Die Not der Vertriebenen wollen sie nicht sehen. Statt dessen sitzen sie »unter dem Torweg«, sich »über das wandernde Volk mit mancher Bemerkung ergötzend« (1,59 f.). Die Kraft zur Konfrontation mit dem Elend haben sie nicht; lieber lassen sie sich gemütlich beim Wein im »hin-

107 Stammler (Anm. 66) S. 22.

teren Raum« (1,160) von den Nachbarn das Sensationelle, das »Schauspiel« (1,42) erzählen. Lustvoll und ausführlich schildern Pfarrer und Nachbar dann das Flüchtlingselend, und der Kommentar des Wirts lautet: »Frisch, Herr Nachbar, getrunken!« (1,174). Konfrontiert mit dem Revolutions- und Kriegsgeschehen erscheint die ganze verwinkelte Kleinbürgerwelt mit ihrer Betulichkeit und ihrem Hang zur Idylle in einem ironischen Licht. Bei dem Ineinanderblenden von bürgerlicher Idylle und heroischem Epos konnte es gar nicht ohne Parodie abgehen. Oskar Seidlin beobachtet, daß »ein guter Schuß Ironie« viele Szenen durchwalte, etwa wenn »Hermann ›das neue bequeme Kütschchen‹ anschirrt, als handele es sich um den Kampfeswagen, mit dem Achilles sich in das Schlachtgewühl stürzt«.[108] Ein ähnlich signifikantes Beispiel führen Ryder und Bennett an. Sie vergleichen die Unterredung zwischen Achilles und Thetis in der Ilias mit jener Hermanns und seiner Mutter. Hermann erkläre mit äußerster Bestimmtheit, daß er »im tiefsten Herzen beschlossen« (4,103) habe, am vaterländischen Krieg teilzunehmen, aber seine Mutter verstehe es, ihm innerhalb von ein paar Zeilen diese Idee wieder auszureden. Thetis dagegen könne nur wenig unternehmen, um den Kampfeszorn ihres Sohnes zu mildern.[109] Maria Lypp hat wegen der Ironie stiftenden Disproportionen zwischen den modernen, kleinbürgerlich-idyllischen und den antik-heroischen Tendenzen das Werk zur Gattung des »komischen Epos« gezählt. Sie reiht es ein in

108 Seidlin (Anm. 63) S. 26. Ähnlich auch: Richard Samuel, »Goethes *Hermann und Dorothea*«, in: *Publications of the English Goethe Society* 31 (1961) S. 94.

109 Frank G. Ryder / Benjamin Bennett, »The Irony of Goethe's Hermann und Dorothea. Its Form and Function«, in: *Publications of the Modern Language Association of America* 90 (1975) S. 437. Zum Thema Ironie vgl. auch die Anmerkungen von Karl Eibl, dessen interessante Studie erst nach Fertigstellung meines Aufsatzes erschien: K. E., »*Anamnesis* des ›Augenblicks‹. Goethes poetischer Gesellschaftsentwurf in *Hermann und Dorothea*«, in: *Deutsche Vierteljahrsschrift für Literaturwissenschaft und Geistesgeschichte* 58 (1984) S. 125 f.

die Tradition eines Nicolas Boileau *(Das Chorpult)*, Alexander Pope *(Der Lockenraub)*, Alessandro Tassoni *(Der geraubte Eimer)* oder Justus Zachariae *(Das Schnupftuch)*. Eine solche eindeutige Zuordnung ist wohl nicht zulässig, aber Elemente des komischen Epos sind sicherlich in der Goetheschen Dichtung enthalten.[110]

Schon die Zeitgenossen hatten Mühe, *Hermann und Dorothea* mit einem passenden Gattungsetikett zu versehen. Humboldt glaubte, es in der Bezeichnung »bürgerliches Epos« gefunden zu haben. Ihm war klar, daß das heroische Epos des Homer und das romantische des Ariost in der Moderne dichterisch nicht mehr möglich waren. Er prägte in Analogie zum aktuellen ›bürgerlichen Trauerspiel‹ den Begriff der ›bürgerlichen Epopöe‹. Humboldt schuf den Begriff des ›bürgerlichen Epos‹, ohne ihn soziologisch zu begründen, und August Wilhelm Schlegel[111] lieferte die historisch-gesellschaftliche Analyse, ohne den Terminus zu verwenden. In den »mittleren Ständen«, d. h. im Bürgertum, findet Schlegel jene soziale Schicht, die einerseits »entfernt von steifen Konventionen« des Adels sei und andererseits nicht in der »dumpfen Beschränktheit« der Besitzlosen lebe. Die Politik des Adels, die reine Verstandesangelegenheit sei, lasse eine poetische Behandlung nicht zu. Lediglich im privaten Bereich des bürgerlichen Mittelstandes habe sich jene Sphäre »sittlicher Verhältnisse« erhalten, die Gegenstand poetischer Darstellung sein könne. Nur wo die gegenwärtige politische Verfassung »ächt republikanisch« sei, könne sie zum Sujet der Dichtung werden. Da dies aber hier und heute nicht gegeben sei, müsse das moderne Epos sich mehr »mit dem Privatleben als mit öffentlichen Thaten und Verhältnissen beschäftigen«.

›Idyllisches Epos‹ (Hegels Begriff) und ›bürgerliches Epos‹ (Humboldts Bezeichnung) sind jene Gattungsnamen, die in der Sekundärliteratur am häufigsten auftauchen. Doch diese

110 Lypp (Anm. 77) S. 157 f.
111 Humboldt (Anm. 9) S. 153 f. – Schlegel (Anm. 10) S. 201–203.

Charakterisierungen scheinen mir zu einseitig zu sein. Das Werk trägt Züge der idyllischen und epischen, aber auch der dramatischen (tragischen wie komischen) Gattungen, und es läßt sich keinem Genre eindeutig zuordnen. Hier liegt etwas Neues, Modernes, ein literarischer Einzelfall vor, und anstatt dem Werk um jeden Preis ein Genre-Etikett aufzukleben, beläßt man es lieber bei der Umschreibung ›gemischte Gattung‹.

Das zentrale Thema: Die Brautwerbung

Alle möglichen Fragen ästhetischer, mythischer, historischer, soziologischer und politischer Art hat man an dieses Werk Goethes gestellt, aber das zentrale Thema der Brautwerbung ist so gut wie nie beachtet worden. Dabei besteht, inhaltlich gesehen, einzig in der Brautwerbung eine Ähnlichkeit zwischen *Hermann und Dorothea* und der so oft als Vorbild betrachteten *Luise* von Voss. Betrachtet man *Hermann und Dorothea* im Kontext epischer Dichtungen, so fällt eine größere Nähe zu den Brautwerbungs- und Brautfahrtepen des deutschen Mittelalters auf als zu Homers *Ilias* oder *Odyssee*.[112] Die Brautwerbung oder besser der Brautraub haben zwar in der *Ilias* eine auslösende Funktion, aber den Inhalt des Homerschen Epos macht der Trojanische Krieg aus. Anders in den mittelhochdeutschen Helden-, Vers- und Spielmannsepen: Dort dreht sich häufig alles um die Brautwerbung, und oft kommt das Thema in Verdoppelungen und Verschränkungen vor. Da es Goethe darum ging, ein deut-

112 Einige Hauptmotive der Brautwerbung sind bereits in der Quelle enthalten, die Goethe mit zu seinem Werk anregte. (Vgl. die historischen Berichte über die Salzburger Emigrantin in *Erläuterungen und Dokumente* [Anm. 2] S. 65 ff.) Man kann allerdings nicht kurzschlüssig wie die Positivisten des 19. Jahrhunderts direkt Goethes *Hermann und Dorothea* aus dieser Quelle ableiten. Ohne die reiche Tradition der Brautwerbungsepen wäre Goethe diese Quelle, die ja in nuce den Handlungsverlauf eines Brautwerbungsepos enthält, wohl gar nicht aufgefallen.

sches Nationalepos zu schreiben, liegt es nur nahe, daß er auf Motive und Themen der Epen des deutschen Mittelalters zurückgriff.
Im *Nibelungenlied* etwa resultieren alle Konflikte aus den Brautwerbungen Gunthers um Brünhild, Siegfrieds um Kriemhild und Etzels um Kriemhild. Auch in der *Kudrun* findet sich eine vergleichbare Vervielfachung des Themas. Zunächst schickt König Hetel als Brautwerber Hagen und seine Helden aus, um Hilde zu entführen. Im zweiten Teil dann bestimmen die Brautwerbungen Herwigs, Siegfrieds und Hartmuts um Kudrun, die Tochter Hetels und Hildes, die Handlung. Ähnliches läßt sich von der Brautwerbungsfahrt im Heldenepos *Ortnit und Wolfdietrich* sagen. Das tragische Geschehen in Gottfried von Straßburgs *Tristan* ist ebenfalls Ergebnis der Brautwerbung. Der Werber Tristan, der Isolde für König Marke gewinnen soll, wird zum Brautwerber in eigener Sache. Ferner steht eine Brautwerbungsgeschichte im Mittelpunkt der Spielmannsepen *König Rother* und *Orendel*. Zwar hatte Goethe diese mittelhochdeutschen Epen zur Zeit der Entstehung von *Hermann und Dorothea* noch nicht im Original gelesen, doch kannte er ihren Inhalt seit seiner Kindheit und Jugend aus den gleichnamigen Volksbüchern und Sagen. Vergleicht man die mittelalterlichen Brautwerbungsepen mit *Hermann und Dorothea*, fallen zahlreiche gemeinsame Motive auf. In der Sekundärliteratur der Wilhelminischen Zeit hat man Goethe häufig vorgeworfen, er habe offenbar einen Irrtum begangen, als er Hermanns Alter mit neunzehn Jahren bestimmte. »Ein 19jähriger Hermann« sei ein »Unding, eine unerträgliche Vorstellung«, grollte Gustav Rümelin 1875; man müsse ihn sich »5–6 Jahre älter«, auf »dem Höhepunkt jugendlicher Kraft und Schönheit« vorstellen.[113] Goethe verfährt aber ähnlich wie die Verfasser der Spielmannsepen. Hier wie dort legen Eltern und Mannen bzw. Nachbarn dem an der Schwelle zum Mannes-

113 Gustav Rümelin, »Zu Hermann und Dorothea«, in: G. R., *Reden und Aufsätze*, Freiburg i. Br. 1875, S. 383.

alter stehenden Helden nahe, sich eine Frau zu nehmen, damit das Reich bzw. das bürgerliche Haus einen Erben erhalte. Fast stets sind sie einzige Söhne, Glückskinder, deren edle Geburt sich schon an ihrem Aussehen verrät.[114] Die Beratung des Fürsten in Sachen Brautwahl durch die Mannen findet sich im *König Rother*, in *Salman und Morolf*, im *Ortnit*, in *Herzog Ernst*, im *Tristan*, im *Nibelungenlied* und in der *Kudrun*. In *Hermann und Dorothea* übernehmen die Nachbarn (Pfarrer und Apotheker) eine entscheidende Rolle bei der Beratung sowohl des Vaters wie Hermanns, ja sie treten sogar als kundschaftende Informanden auf, d. h. in einer Rolle, wie sie jener der Brautwerber und Helfer aus den mittelalterlichen Epen nahekommt.[115] Der »würdige Geistliche« (4,249) fungiert als Werber sowohl für Hermann als auch für Dorothea, und vor dem Wirt singt er das Lob auf die beiden Verliebten. Zu den Helferfiguren gehört ferner die Mutter (4,232 ff.). Die Brautwerbung im engeren Sinne ist bei Goethe allerdings Hermann selbst überlassen. Die früher in bürgerlichen Kreisen übliche Art, einen »Freund vom Hause« als »Freiersmann« zu den Eltern der Braut zu schikken, um herauszufinden, wie die Chancen des potentiellen Bräutigams stehen, wird in Goethes Werk ironisiert, da sie vom Apotheker – der selbst Junggeselle ist – schwärmerisch verfochten wird (6,226 ff.). In *Hermann und Dorothea* wie in den mittelalterlichen Epen treten angesehene Personen als Werber bzw. Helfer auf: Im *Nibelungenlied* wirbt Rüdiger für Etzel, in der *Kudrun* Wate für Hetel, bei Gottfried Tristan für Marke, und im Goetheschen Werk der Pfarrer für Hermann wie Dorothea. Bezeichnend ist hier wie dort die Liebe auf den ersten Blick, die Faszination durch die weibliche Schönheit und der »Die-oder-keine«-Entschluß des Werbenden. Hartmut in der *Kudrun* ruft aus: »ich wéllé mich lâzen ê ze stücken houwen / mir envolge hinnen von Hegelinge lant

114 Friedmar Geißler, *Brautwerbung in der Weltliteratur*, Halle a. d. S. 1955, S. 77.

115 Ebd., S. 16.

diu juncfrouwe«.[116] Ähnliche Äußerungen finden sich in *Salman und Morolf*, im *Ortnit* und im *Tristan*. Auch Hermann ist auf Biegen und Brechen entschlossen, Dorothea zu gewinnen und ins elterliche Haus zu führen. Falls der Vater sich dagegen ausspricht, ist er zum Bruch mit ihm bereit, will er das ganze Besitztum verlassen (4,211 ff.). Wie Siegfried im *Nibelungenlied*, Hartmut in der *Kudrun* und Ortnit im gleichnamigen Epos ist Hermann von Ungeduld erfüllt, kann es nicht abwarten, der Geliebten zu begegnen. Tarnung und Verkleidung, bei den Brautwerbungsepen beliebte Motive (man denke an das *Nibelungenlied*, an *Ortnit*, *Tristan* und *Salman und Morolf*), kommen auch in *Hermann und Dorothea* vor. Die nachbarlichen Kundschafter sind sozusagen in Geheimmission tätig, und Hermann schützt vor, eine Magd statt eine Braut werben zu wollen. Sogar das in den alten Dichtungen (z. B. im *Tristan* und in der *Kudrun*) häufig variierte Thema der Brautentführung kehrt abgeschwächt bei Goethe wieder. Als nämlich Dorothea wie eine »zweite Mutter« (7,197) von den ihr während der Flucht anvertrauten Kindern Abschied nimmt, wird Hermann aktiv wie bei einem Brautraub: Er »zog sie hinweg« und »entriß sie« den Flüchtlingen (7,195.203.204). Auch die Sprachgewinnung der Liebenden fand Goethe in den Sagen des Mittelalters als Motiv vor. In der Sage von Robert dem Teufel wirbt im zweiten Teil Robert, der zur Buße stumm ist, um die ebenfalls stumme Kaisertochter. Sie gewinnt die Sprache wieder und heiratet Robert. Dem schüchternen, sprechfaulen Hermann geht mit dem Herzen auch der Mund auf. Mit »geflügelten Worten« (5,89) weiß er von der Begegnung mit Dorothea zu berichten und stellt sie später »mit fliegenden Worten« (9,60) vor. Der Vater wundert sich: »Wie ist, o Sohn, dir die Zunge gelöst, die schon dir im Munde / Lange Jahre gestockt und nur sich dürftig bewegte!« (5,109 f.). Auch Dorothea, die eher durch Taten als durch Worte von sich reden macht, beginnt »lieb-

116 *Kudrun*, hrsg. von Karl Bartsch, Leipzig [4]1880, Str. 757, V. 3 f.

lich zu schwätzen« (7,105), und Hermann horcht »fleißig den Worten« (7,102). Ein beliebtes Motiv in den Brautwerbungssagen ist der Nebenbuhler; man denke an die Herbort-Sage und an *Tristan* (in beiden Fällen betrügt der Werber seinen als Nebenbuhler empfundenen Herrn) sowie an das *Kudrun*-Epos.[117] Und dieser Nebenbuhler spielt auch in *Hermann und Dorothea* eine wichtige Rolle. Wie Herwigs Werbung in der *Kudrun* scheitert die Hermanns nicht am Widerstand des Vaters, der relativ leicht überwunden wird, sondern zunächst am Nebenbuhler. In der *Kudrun* ist Hartmut, in Goethes Werk Dorotheas erster Verlobter der Nebenbuhler. Dorothea trägt noch den Brautring, und Hermann vermutet, daß Dorothea gebunden sei (6,247 f.). Der Ring des ersten Verlobten, »das schmerzliche Zeichen« (8,65), verschlägt Hermann auch die Sprache, als er seine Brautwerbung formulieren will. Angesichts des Rings wagt er »kein weiteres Wort« (8,63), und so sitzen die beiden Verliebten »still und schweigend nebeneinander« (8,66). Erst im letzten Gesang erfährt Hermann, daß der Nebenbuhler nicht mehr lebt und daß seinem Verlöbnis nichts im Wege steht. Freilich muß vorher noch eine Hürde genommen werden. Wie in den mittelalterlichen Epen hat der Bräutigam den Nebenbuhler zu besiegen; das ist in der *Kudrun* nicht anders als in Goethes Werk. Dorothea stellt ihren ersten Verlobten als bedingungslosen, sein Leben opfernden Revolutionär dar, der hofft, daß aus »Chaos und Nacht« die Welt »neu sich gestalte« (9,274). Der erste Verlobte verläßt Dorothea, geht nach Paris, und er setzt die Liebe zur revolutionären Sache über die Liebe zur Braut. In seiner Schlußrede (9,299–318), in der es um die Überwindung des Nebenbuhlers geht, bietet Hermann seiner Braut in allem das Gegenteil dessen, was sie von ihrem ersten Verlobten erwarten konnte. Er strebt nicht fort, sondern will ein Heim gründen; nicht Chaos und Tod reizen ihn, sondern

117 Hertha Marquardt: »Die Hilde-Gudrunsage in ihrer Beziehung zu den germanischen Brautraubsagen und den mittelhochdeutschen Brautfahrtepen«. In: *Zeitschrift für deutsches Altertum* 70 (1933) S. 12.

Stabilität und Leben. Das revolutionäre Frankreich lockt ihn nicht, vielmehr will er mithelfen, dessen Übergriffe auf Deutschland militärisch abzuwehren. Erst jetzt glaubt Hermann, seinen Nebenbuhler besiegt zu haben, und so ist das letzte Ehehindernis beseitigt. Ganz so einfach liegen die Dinge allerdings nicht. Denn Dorothea steckt die Ringe des alten und des neuen Verlobten »nebeneinander« (9,297), damit andeutend, daß ihr das Andenken, die »Erinnrung« (9,256) an ihren ersten Verlobten so wichtig ist wie das Leben mit dem neuen Bräutigam. Sie hält die vergangene Erfahrung und die Erwartung in die Zukunft fest im Bild vom »endlich gelandeten Schiffer«, dem auch »der sicherste Grund des festesten Bodens zu schwanken« (9,295 f.) scheint.

Goethe hat Dorothea als starke, streitbare junge Frau geschildert. Das geht aus dem Bericht über ihre heroische Selbstverteidigung und ihren Einsatz für die ihrem Schutz empfohlenen Mädchen hervor. »Ein Trupp verlaufnen Gesindels« (6,108) fällt über sie her, um sie zu vergewaltigen. Über Dorotheas Verhalten heißt es hier: »Aber sie riß dem einen sogleich von der Seite den Säbel, / Hieb ihn nieder gewaltig; er stürzt' ihr blutend zu Füßen. / Dann mit männlichen Streichen befreite sie tapfer die Mädchen, / Traf noch viere der Räuber; doch die entflohen dem Tode« (6,114–117). August Wilhelm Schlegel nannte Dorothea wegen dieser Tat ein »wunderbar großes Wesen«,[118] aber Wilhelm von Humboldt mokierte sich über den »heroischen Muth der Jungfrau«. Er findet in dieser Kampfszene »etwas Grelles, einen Sprung« in der Charakterzeichnung Dorotheas, und er deutet an, daß »der Dichter« hier »gefehlt« habe. »Der weibliche Heroismus«, meint Humboldt, sei in der Moderne ohnehin »wenig zu einer poetischen Behandlung tauglich«.[119] Die mittelalterlichen Epen weisen zahlreiche amazonenhaft gezeichnete Frauen auf. Es wird hier zwischen dem Brünhilden- und dem Bride-Typus unterschieden. Brünhilde sträubt sich gegen

118 Schlegel (Anm. 10) S. 209.
119 Humboldt (Anm. 9) S. 69, 71.

eine Liebesbindung. Bride – Heldin des Spielmannsepos *Orendel* – verfügt wie Brünhilde über männliche Kräfte, aber mit ihren heldischen Eigenschaften streitet sie nicht gegen den Werber, sondern steht ihm helfend bei. In der Schlacht kämpft Bride an der Seite ihres Gatten, und zwar mit der eisernen Stange, der typischen Riesenwaffe.[120] Um einen Bride-Typus handelt es sich auch bei Dorothea. Ihre Kraft und Entschlossenheit wird noch dadurch unterstrichen, daß Goethe einen anspielungsreichen Rollentausch vornimmt. Denn während in den Heldenepen – man denke an *Virginal* – es stets ein Mann, ein Ritter ist, der seine Tapferkeit dadurch unter Beweis stellt, daß er eine Jungfrau aus den Klauen des Unholds oder Drachens befreit, ist es in Goethes Werk eine Frau, die jenen Befreiungsakt übernimmt: Dorothea bewahrt die ihrem Schutz anvertrauten Mädchen vor der Schändung durch die Söldner. Auch andere Züge in Dorotheas Charakter zeigen, daß es Goethe nicht um die Darstellung konventioneller Männerphantasien von der Frau ging. »Das Grundgefüge des Charakters Dorotheas« ist nicht, wie man es in der Wilhelminischen Ära gerne sah, »ihre Dienstfertigkeit«.[121] Vielmehr ist sich Dorothea der Dialektik von Dienst und Herrschaft bewußt, wenn sie klarmacht, daß sie »durch Dienen [. . .] zum Herrschen« (7,115) gelangen will.

Kein Thema dominiert in *Hermann und Dorothea* so wie das der Brautwerbung. Gleich zu Anfang verbindet der Vater seine Friedenswünsche mit der Hoffnung auf eine baldige eheliche Verbindung seines Sohnes: »Möge mein Hermann doch auch an diesem Tage, Herr Pfarrer, / Mit der Braut, entschlossen, vor Euch am Altare sich stellen« (1,202 f.). Und am Schluß ruft der Dichter die Musen an: »Helfet auch ferner den Bund des lieblichen Paares vollenden, / Teilet die Wolken sogleich, die über ihr Glück sich heraufziehn!« (9,4 f.). Bei dem Wirt zum Goldnen Löwen sind die seinen Sohn betreffenden Eheerwartungen aufs engste mit ökonomischen

120 Marquardt (Anm. 117) S. 19. – Geißler (Anm. 114) S. 4, 55.
121 Heinze (Anm. 19) S. 13.

Expansionswünschen verknüpft. Vor allem muß die Schwiegertochter wohlhabend sein; das ist die *conditio sine qua non* für den väterlichen Segen. Die Nachbarstochter wünscht er seinem Sohn zur Frau, weil ihr Vater, der Kaufmann, reich ist und »täglich reicher« (2,191) wird. Um »des Geldes mehr zu erwerben« (2,168), soll Hermann eine »Braut mit schöner Mitgift« (2,170) wählen. »Mit dem gewünscheten Weibchen« soll auch »in Körben und Kasten die nützliche Gabe hereinkommen« (2,172 f.). Nicht den geringsten Zweifel läßt der Vater daran, daß er »nur wohlausgestattet [. . .] im Hause die Braut sehn« möchte (2,183). Die Einstellung des Wirts läßt einen an Georg Simmels *Philosophie des Geldes* denken, wo der monetär begründete Wandel von den Substanz- zu den Funktionswerten beschrieben wird. Das Geld, fundamentales Symbol neuzeitlicher Kultur, bestimmt alle menschlichen Beziehungen, von den äußerlichsten bis zu den intimsten. Den Höhepunkt in der Entwicklungsreihe der Reduktion von Qualität auf Quantität bildet, als substanzgewordene Relativität, das Geld. Von diesem Funktionsdenken noch nicht beeinflußt sind die Wirtin und Hermann. Zwar unterstützt die Mutter die Absichten des Löwenwirts, wenn sie ihrem Sohn rät, um die Hand der Kaufmannstochter anzuhalten, aber sie tut dies nicht aus ökonomischen Gründen, sondern weil sie zu wissen glaubt, daß Minchen ihm »immer gewogen« (2,240) war. Nicht das Geld, sondern Zuneigung und Liebe werden von ihr als Gründe für die Gattenwahl angeführt. Sie erinnert daran, daß sie und der Wirt vor zwanzig Jahren nach der Brandkatastrophe, als aller Besitz zerstört war, zueinander fanden (2,117 ff.). Ihre »Seele« (4,209) sagt ihr, daß Hermann sich in seinem »Herzen« (5,47) für Dorothea entschieden hat. Noch deutlicher wird die Opposition zur väterlichen Geldideologie bei Hermann. »Ewig umsonst gedeiht mir die reiche Besitzung« (4,215), vertraut er seiner Mutter an, wenn er nicht um Dorothea, die arme Vertriebene, werben darf. Gegen das Kapitalsdenken des Vaters gewandt, fährt er fort: »Nicht das Sparen allein, um spät zu genießen, / Macht das Glück, es macht nicht das Glück der Haufe beim Haufen, / Nicht der Acker am Acker« (4,181–183). Im Vater-Sohn-Konflikt stehen sich zwei typisch bürgerliche Denk- und Argumentationsweisen des 18. Jahrhunderts gegenüber: die des bürgerlichen Besitzdenkens und die bürgerlicher Empfindsamkeit. Erst am Ende verbinden sich diese beiden gegensätzlichen Tendenzen in Hermann, wenn er der Empfindsamkeit durch die Wahl Dorotheas zu ihrem Recht verhilft, gleichzeitig aber auch die Position des stolzen Besitzbürgers vertritt. Hermann gerät nun in die paradoxe Situation, daß er seine Brautwerbung um Dorothea mit ökonomischen Argumenten führt: Wegen des vermeintlichen Nebenbuhlers verkehrt sich die Braut- in Magd-Werbung. Wie ein Arbeitstier taxiert er Dorothea, deren »Stärke des Arms« und »volle Gesundheit der Glieder« (7,68) als Qualitäten der künftigen Dienerin herausgestellt werden. Die Mutter bittet er, der noch kurz vorher alle wirtschaftlichen Gesichtspunkte seinen Herzensregungen untergeordnet hatte, Dorothea »sogleich nach dem ganzen Umfang der Wirtschaft« (9,63) zu befragen. Wie im Lustspiel sind die Rollen vertauscht: Der auf die Mitgift versessene Vater hat sich bereits damit abgefunden, eine besitzlose Schwiegertochter zu erhalten. Und der verliebte Brautwerber spielt die Charge des rein ökonomisch kalkulierenden Hausherrn. Die Komödienszene scheint ins Tragische umzuschlagen, und die katastrophale Wendung wird nur dadurch verhindert, daß ein weiterer Rollentausch vorgenommen wird. Der Konvention nach müßte sich Hermann vor Dorothea erklären, doch ist es die selbständige und selbstbewußte Dorothea, die ihre Liebe zuerst bekennt (9,149 ff.). Erst jetzt gesteht auch Hermann seine Neigung, und so wird der Tragödienschluß verhindert. Held und Heldin finden einander nach überstandenen Gefahren und Prüfungen wie Tamino und Pamina in Mozarts *Zauberflöte*: im nachbarlichen Kaufmannshaus hatte Hermann den Spitznamen Tamino erhalten (2,237). (Goethe plante seit 1796 – dem Jahr der Konzipierung von *Hermann und Dorothea* – eine Fortsetzung der *Zauberflöte.*)[122]

Eng verbunden mit Hermanns Brautwerbung ist seine Entwicklung zum selbstbewußten und mündigen Mann. Anfangs wird er als Stubenhocker (3,42) vorgestellt, der sich unter der Fuchtel des Vaters, von dem er täglich eine Portion »Schelten und Tadeln« (3,56) abbekommt, nicht entfalten kann. Er hemme »allen Mut in der Brust« (3,57) des Sohnes, beschwert sich die Mutter beim Vater. Eigenständigkeit und Eigen-Sinn demonstriert Hermann erst, nachdem er sich in Dorothea verliebt hat. Die ersten Schritte in die Unabhängigkeit sind noch unsicher. Statt geradeheraus zu bekennen, daß er dem Vater ganz entgegengesetzte Vorstellungen von einer Braut hat, flüchtet er sich zunächst in die heroische, todesverliebte Pose des patriotischen Franzosenfressers (4,106 ff.). Es bedarf des Zuspruchs der Mutter, damit er sich und ihr seine wahren Gefühle eingesteht (4,113 ff.). Diplomatisch vermittelt die Wirtin im Vater-Sohn-Konflikt. Sie erkennt als erste die Mündigkeit des noch jugendlichen Hermann an, wenn sie Gatten und Sohn gleichberechtigt als Männer anspricht: »Stehen wie Felsen doch zwei Männer gegeneinander!« (4,229). Wenn Hermann im Gespräch mit Dorothea seine Stellung im elterlichen Haus bezeichnet, nennt er sich selbstbewußt an erster Stelle und streicht heraus, daß seine Rolle ebenso wichtig sei wie die von Vater und Mutter: »Alle Felder besorg ich, der Vater waltet im Hause / Fleißig, die tätige Mutter belebt im ganzen die Wirtschaft« (7,59 f.). Zur Emanzipierung Hermanns gehört auch seine Kritik am Vater, dem er mangelnde Menschenkenntnis vorwirft (8,34–36). Goethe parallelisiert Hermanns individuellen Emanzipationsprozeß mit jenem der französischen Revolutionäre. Denn wie Hermann im Zuge seiner Selbstbehauptung und Befreiung von der Bevormundung durch den Vater eine ihm bisher abgehende Sprachgewandtheit findet, so wächst auch den Revolutionsbegeister-

122 Viktor Junk, *Goethes Fortsetzung der Mozartschen Zauberflöte*, Berlin 1899.

ten »der Mut und der Geist und die Sprache« (6,19). »Da war jedem die Zunge gelöst« (6,38), berichten die Vertriebenen von ihrem pfingsthaften Revolutionserlebnis; und mit den gleichen Worten wundert sich der Vater über Hermanns neue rhetorische Fähigkeiten (5,109). Der Pfarrer – im Gegensatz zum Vater ein guter Psychologe – erkennt gleich, daß Hermann nach seiner Begegnung mit Dorothea »als veränderter Mensch« (2,6) ins Haus tritt. Heißt es im ersten Gesang noch, daß Hermann »den fröhlichen Tanz, den alle Jugend begehret« (1,210), meide, so ist Terpsichore, der Muse des Tanzes, der zweite Gesang geweiht. Tanz und Eros sind untrennbar miteinander verbunden, und es ist die Macht des Erotischen, die Hermanns Emanzipationsprozeß entscheidend fördert. Auch hier ist die Parallele zur Französischen Revolution nicht zu übersehen. Die Revolutionsbegeisterung wird mit Tanz und Brautwerbung verglichen, wenn es heißt: »Und der muntere Tanz begann um die neue Standarte. / So gewannen sie bald, die überwiegenden Franken, / Erst der Männer Geist, mit feurigem, munterm Beginnen, / Dann die Herzen der Weiber, mit unwiderstehlicher Anmut. / [. . .] Oh, wie froh ist die Zeit, wenn mit der Braut sich der Bräut'gam / Schwinget im Tanze, den Tag der gewünschten Verbindung erwartend!« (6,27–35). Dem Bruch der Revolutionäre mit den traditionellen politischen und sozialen Vorstellungen einerseits sowie ihren Hoffnungen auf eine neue, erst noch herbeizuführende Gesellschaftsordnung andererseits entspricht Hermanns Werbung, an deren Ende seine Emanzipation von den Eltern und die Begründung einer eigenen, neuen Familie steht. Dem revolutionären Enthusiasmus aber folgen Schrecken und Kampf. Denkt man die Parallele im Hinblick auf das Leben der Verliebten nach der Heirat weiter, so drängen sich Visionen von Ehekrieg und Zerrüttung auf, Vorstellungen, die angesichts der ironischen Züge des Werkes keineswegs von der Hand zu weisen sind, auch wenn Hermann sich – was aber Rhetorik bleibt – vornimmt, eine Familie zu gründen, die ein Muster an Stabilität abgeben soll.

Hermann ist vor allem für erotische Signale empfangsbereit. Der »vollkommene Körper« (6,158), die »hohe Gestalt« (7,10), der »gewölbte Busen« (5,169) des »herrlichen Mädchens« (7,10), der »herrlichen Jungfrau« (5,192) haben es ihm gleich angetan. Dorotheas »Brust« und »Schultern« sind es, die Hermanns »Arm sehr zu umschließen begehret«; er sehnt sich nach ihrem »Mund«, von »dem ein Kuß und das Ja« ihn »glücklich macht auf ewig« (6,283–286). »Süßes Verlangen« (7,107) ergreift die Liebenden, wenn sich ihre Blicke auf dem Spiegel des Brunnens begegnen. Als Dorothea sich ihm »leis auf die Schulter« lehnt, als »Brust [. . .] an Brust und Wang' an Wange« gesenkt sind, als »er die herrliche Last, die Wärme des Herzens / Und den Balsam des Atems, an seinen Lippen« intensiv verspürt, bedarf es des »ernsten Willens«, sie »nicht fester« an sich zu drücken (8,92–97), den erotischen Funken zu verlöschen, bevor er die Flamme der Leidenschaft zum Lodern bringt. Doppeldeutig heißt es von Dorothea an dieser Stelle, daß sie »fehlte« und »drohte zu fallen« (8,90). Erst am Schluß, beim Verlöbnis werden »Umarmung und Kuß« als »Gipfel der Freude« (9,223) nicht länger vermieden. Der Mutter vertraut Hermann schon bald sein Liebesbegehren mit dem Geständnis an: »Ich entbehre der Gattin« (4,196). Die Wirtin versteht, daß ihr Sohn nichts mehr wünscht, als »die Braut in die Kammer zu führen«, auf daß ihm »die Nacht zur schönen Hälfte des Lebens« (4,198 f.) werde. »Kann, darf eine Mutter dieß zum Sohn sagen?« entrüstete sich im vorigen Jahrhundert Friedrich Theodor Vischer über jene Stelle. »Nein, nein! wird jedes richtige Gefühl urtheilen«, so fährt er fort sich zu ereifern; Goethe »ist naiv, der Geschlechtsgenuß kommt ihm eben so ungemein vergnüglich vor, daß er gern, gar gern, gerner als der Zusammenhang erlaubt, darauf zurückkommt«.[123] Wilhelm Brandes und Heinrich Düntzer dagegen deuteten die Stelle einfach idealisierend um. Für Düntzer geht es hier um »die Öffnung der Herzen in der

123 Friedrich Theodor Vischer, »Kleine Beiträge zur Charakteristik Goethes«, in: F. Th. V., *Altes und Neues. Neue Folge*, Stuttgart 1889, S. 202–204.

heiligen Stille«,[124] und Brandes assoziiert die »reinste Höhe goethischen Empfindens und Denkens«.[125] Die Pädagogen der Wilhelminischen Zeit trauten dieser vergeistigten Interpretation jedoch nicht und verbannten die Stelle von der Nacht als der »schönen Hälfte des Lebens« dann doch lieber aus den Schulausgaben.

In *Hermann und Dorothea* spielt die Erotik des Blicks eine wichtige Rolle. Erstellte man eine Begriffskonkordanz des Werkes, würde man wohl feststellen, daß »Auge«, »Blick« und »sehen« zu den am häufigsten vorkommenden Wörtern zählen. Hermann fällt der Wagen Dorotheas gleich »ins Auge« (2,22), woraufhin ihn auch »das Mädchen erblickte« (2,27). Wenn er von der Begegnung mit ihr berichtet, sind seine »Blicke so lebhaft« wie »noch niemals« (2,6 f.). »Wohin er die Blicke nur wendet«, schwebt Hermann »ihr Bild« (7,4) vor Augen. Dorothea wird mit der Sonne in Verbindung gebracht (7,1), die »mit glühenden Blicken« aus »dem Schleier« (8,3) hervorstrahlt. Die Metaphorik des Sehens ist besonders reich in der zentralen Szene des gegenseitigen Sich-Erkennens auf dem Spiegel des Brunnens gestaltet: »Und sie sahen gespiegelt ihr Bild in der Bläue des Himmels / Schwanken und nickten sich zu und grüßten sich freundlich im Spiegel« (7,41 f.).[126] Deutlich wird hier der Anti-Narzißmus der Liebenden, denn anders als Narziß verlieben sie sich beim Blick in den Wasserspiegel ineinander und nicht in sich selbst. Der Brunnengrund ist eine Art kosmisches, Höhe und Tiefe symbolisierendes Auge, in dem sich die Blicke der Liebenden wie im Unendlichen treffen. Hermann ist Dorotheas »offener Blick des schwarzen Auges« (6,282) unvergeßlich. Kennzeichnend für Hermann wie für Dorothea ist, daß sie ihre

124 Heinrich Düntzer, »Ein böser Angriff auf Goethes ›Hermann und Dorothea‹«, in: *Goethe-Jahrbuch* 21 (1900) S. 240.

125 Wilhelm Brandes »Die schöne Hälfte des Lebens«, in: *Die Grenzboten* 58 (1899) Nr. 22, S. 488.

126 Vgl. dazu: Vista Clayton, »The Relation of ›Joseph‹ by Paul Jeremias Bitaubé to Goethe's Hermann and Dorothea«, in: *Romantic Review* 28 (1937) S. 146 f.

Gefühle, ihr sexuelles Begehren kontrollieren und aus Schüchternheit oder Vorsicht zu verbergen suchen. So blickt denn auch während der Brunnen-Szene Dorotheas Auge zwar »freundlich«, spricht aber nicht »von Liebe« (7,49 f.), und Hermanns »schüchterner Blick« kann »die Neigung« ihres »Herzens nicht sehn« (9,217 f.). Nur selten hat Goethe in *Hermann und Dorothea* Eros und Sexus der Liebenden direkt zur Sprache gebracht. Die triebhaften Regungen Hermanns (wie auch ihre Beherrschung) hat er vielmehr durch leitmotivische Anspielungen deutlich gemacht. Das wichtigste Bild in diesem Zusammenhang ist das der Pferde. Hermann wird als Pferdeliebhaber und -züchter vorgestellt, der im Hause »die herrlichen Pferde, die Hengste, selber besorgte, / Die er als Fohlen gekauft und die er niemand vertraute« (4,5 f.). Vom Vater muß er sich den Vorwurf gefallen lassen, daß er »zu Pferden nur und Lust nur bezeigte zum Acker« (2,247). Allerdings kommt auch der kritische Wirt um ein Kompliment nicht herum: »Was der Junge doch fährt! und wie er bändigt die Hengste!« (1,16). In Hermanns Kontrolle der Pferde, in ihrem Zügeln oder ihrem Antreiben, spiegelt sich sein triebhaftes Begehren, dessen naturhafte Macht wie seine Beherrschung. Nicht von ungefähr hat Goethe für Hermann das Bild des Pferdebändigers gewählt, denn in ihm ist schon immer das Naturhafte in seiner kulturellen Meisterung symbolisiert worden. Hermann hält anfangs »die Pferde noch an« (2,61), als er nicht sicher ist, ob er seine ganzen Gaben Dorothea anvertrauen oder ob er ins Flüchtlingsdorf fahren soll. Aufschlußreich ist es, daß Dorothea sich »den Pferden gelassen« (2,27) nähert. Hermanns Erregung, sein erotisches, psychophysisches Erwachen wird deutlich, als er zur Stadt zurückeilt (2,81) und man beim Wirt »der stampfenden Pferde / Fernes Getöse sich nahn« hört und der »rollende Wagen« mit »gewaltiger Eile nun donnert' unter den Torweg« (1,211–213). Sein Entschluß, die Geliebte wiederzusehen und aufzusuchen, ist gefaßt: Er will die Pferde anschirren (5,125), geht in den Stall, »wo die mutigen Hengste / Ruhig standen« (5,132 f.), führt »die Pferde heraus in den Hof« (5,138), spannt sie vor die Kutsche, schwingt sich auf den Bock und »rollt' in den Torweg«. »Hermann faßte die Peitsche« (5,142), heißt es dann, und die sexuelle Anspielung ist kaum zu übersehen. Dem Zögern, seiner Unsicherheit und momentanen Unentschlossenheit bei der Brautwerbung entspricht sein Anhalten der Pferde (5,150.159 f.). Hermanns Ruhelosigkeit, seiner Begierde und dem Drängen nach der neuen Begegnung mit Dorothea wiederum entspricht die Unruhe der Pferde. Als die nachbarlichen Kundschafter zum wartenden Hermann zurückkehren, heißt es: »Die Pferde zerstampften / Wild den Rasen« (6,221 f.). Hinzugesetzt wird, daß er sie »im Zaum« (6,222) hielt. Wenn Hermann befürchtet, daß Dorothea schon verlobt sei, stellt er sich vor, daß er »sachte die Pferde herum nach Hause« (6,247) werde lenken müssen. Bei der Gestaltung der Brunnen-Szene, die ja mit allen Requisiten der Idylle ausgestattet ist, hat Goethe bewußt auf das Pferde-Motiv verzichtet. Gelenkt vom Pfarrer als Kutscher, heißt es von ihnen: »Und die Hengste rannten nach Hause, begierig des Stalles« (6,313). »Vertraulich« fragt Dorothea, wie Hermann »ohne Wagen und Pferde« (7,46) zum Brunnen komme. Aus dieser Szene ist alles, was an animalisches Begehren erinnert, verbannt, und wohl deshalb kann es hier noch zu keinem Liebesgeständnis kommen.[127]

Am Ende von Goethes Werk ist Hermanns Entwicklung vom »Jüngling [. . .] zum Manne« (5,76) abgeschlossen, womit Brautwerbungsepos und Bildungsroman gleichsam eine Synthese eingehen. Schon der Titel »Hermann und Dorothea« deutet aber an, daß es hier um die Entwicklung von zwei Protagonisten geht. Dorothea ist zwar lebenserfahrener als Hermann, aber auch sie muß sich erst zur Wahrheit und zum Bekenntnis ihrer Gefühle durchringen. Sowohl an den Miß-

127 Zum Thema allgemein vgl.: L. A. Willoughby, »The Image of the Horse and Charioteer in Goethe's Poetry«, in: *Publications of the English Goethe Society* 15 (1946) S. 47–70.

verständnissen wie auch an dem schließlichen Zustandekommen des Verlöbnisses ist Dorothea so sehr beteiligt wie Hermann. Ähnlich wie Hermann die Magdwerbung nur vortäuscht, geht Dorothea bloß zum Schein auf das Angebot des Dienstverhältnisses ein. Gleich Hermann spielt sie bis zur potentiell tragischen Verwicklung das Rollenspiel mit, das sie dann aber im entscheidenden Augenblick aufgibt.[128] Die heroische Dorothea domestiziert sich zur Hausherrin, und der schüchtern-häusliche Hermann wird zum kampfbereiten Vaterlandsverteidiger, auf daß er seinem heldischen Namen, der an den Cherusker erinnert, Ehre bereitet.[129] Am Ende des Werks macht Goethe Zugeständnisse an die konventionellen Bilder von den sozialen Rollen der Geschlechter, von Rollen, die er im Text durchgehend mittels Verkehrung in Frage gestellt hatte. Ähnlich wie in anderen Büchern Goethes überzeugt auch hier eher die prozeßhafte Darstellung menschlicher Verwicklung und Entwicklung als die Gestaltung von Abschluß und Ende.

Fragt man sich, wie der Erfolg von Vossens *Luise* und Goethes *Hermann und Dorothea* bei den Zeitgenossen der Jahre 1795 bzw. 1797 zu erklären ist, so geht man wohl nicht fehl, wenn man die Rezeption im Kontext der Diskussion über die Französische Revolution sieht.[130] In der *Luise* sahen die Gegner der Revolution die deutschen Verhältnisse mit ihrer Ruhe und Ordnung verklärt. Hier wurden harmonische und gerechte gesellschaftliche Verhältnisse bereits als verwirklicht

128 Vgl. Seidlin (Anm. 63) S. 32.

129 Vgl. dazu Hans Geulen, »Goethes ›Hermann und Dorothea‹. Zur Problematik und inneren Genese des epischen Gedichts«, in: *Jahrbuch des Freien Deutschen Hochstifts* (1983) S. 19.

130 Friedrich Sengle erklärt den Erfolg der beiden Bücher damit, daß beide Dichtungen für das Lesepublikum eine »beglückende Befreiung aus dem überkultivierten, sterbenden Rokoko« waren. Vgl. Friedrich Sengle, »›Luise‹ von Voß und Goethes ›Hermann und Dorothea‹. Didaktisch-epische Form und Funktion des Homerisierens«, in: *Europäische Lehrdichtung. Festschrift für Walter Naumann zum 70. Geburtstag*, hrsg. von Hans Gerd Rötzer und Herbert Walz, Darmstadt 1981, S. 222.

vorgeführt, Verhältnisse, die ja erklärtes Ziel der Revolution waren, deren Gegenteil sie aber während der Schreckensjahre herbeigeführt hatte. Die idyllische Welt des norddeutschen Pfarrhauses wird zum Sinnbild antirevolutionärer, auf Stabilität und Frieden ausgerichteter politischer Tendenzen in Deutschland. Ähnlich – aber doch anders – liegen die Dinge im Fall von Goethes Werk. Auch hier ist letztlich eine deutsche Alternative von Evolution und Kontinuität gegenüber der Revolution und Diskontinuität in Frankreich im Spiel. Im Gegensatz zu Voss bezieht Goethe die revolutionären Vorgänge jedoch mit ins Werk ein. Statt ein bloßes Antibild zu entwerfen, macht Goethe den Blick frei auf mögliche Synthesen. Hermann, der nun Empfindsamkeit und Besitzdenken verbindet, ist auf die Sicherung des Gegebenen und Überlieferten bedacht; Dorothea aber bringt in den Ehebund nicht nur die negativen Erfahrungen mit den Folgen der Revolution ein, sondern auch die als kostbar empfundene Erinnerung an ihren ersten Verlobten, der für die großen Menschheitsideale der Revolution sein Leben einsetzte. Der im Wortsinne konservative Hermann geht einen Bund ein mit Dorothea, die zwar selbst kein Kind der Revolution ist, die aber deren ursprüngliche Ziele nicht aufzugeben bereit ist. Goethe konnte also der Zustimmung jener Schichten sicher sein, die einerseits an eine deutsche nicht-revolutionäre Alternative zur Entwicklung im Nachbarland glaubten, die aber andererseits auf die langfristige Einlösung der menschheitlichen Ziele der Revolution nicht verzichten wollten. Am Ende dieser Goetheschen Dichtung gehen die gegensätzlichen Tendenzen zeitgenössischen bürgerlichen Denkens und Handelns eine Synthese ein: Empfindsamkeit, Besitzdenken, Nationalismus und Weltbürgertum versöhnen sich im Bündnis von Hermann und Dorothea. Goethe spricht hier auf dichterische Weise eine Einstellung aus, wie sie für das 19. Jahrhundert im bürgerlichen Deutschland kennzeichnend sein wird, und es überrascht nicht, daß das Buch zur Legitimierung jener Ideologie gebraucht wurde. Goethe war allerdings nicht so naiv, die Synthese von besitzbürgerlich-nationalkonservativer Praxis und weltbürgerlich-revolutionärer Zielsetzung als unproblematisch anzusehen. *Hermann und Dorothea* bricht nicht mit einem Märchenschluß ab, in welchem dem jungen Paar Glück bis ans Lebensende verheißen wird. Zur Versinnbildlichung der sozio-politischen Synthese führt Goethe ein Ehebündnis vor, auf dessen zukünftige Konflikte er im Text ironisch bereits hingewiesen hatte. Im Wilhelminischen Deutschland hatte man keinen Blick für die ironischen Züge des Werkes, und so basiert der Legitimationsgebrauch von *Hermann und Dorothea* zum großen Teil auf Mißverständnissen und Vereinfachungen.

Literaturhinweise

Brown, Jane K.: Schiller und die Ironie von *Hermann und Dorothea*. In: Goethezeit. Studien zur Erkenntnis und Rezeption Goethes und seiner Zeitgenossen. Festschrift für Stuart Atkins. Hrsg. von Gerhart Hoffmeister. Bern/München 1981. S. 203–216.

Eibl, Karl: *Anamnesis* des ›Augenblicks‹. Goethes poetischer Gesellschaftsentwurf in *Hermann und Dorothea*. In: Deutsche Vierteljahrsschrift für Literaturwissenschaft und Geistesgeschichte 58 (1984) S. 111–138.

Erläuterungen und Dokumente. Johann Wolfgang Goethe. Hermann und Dorothea. Hrsg. von Josef Schmidt. Stuttgart 1970 [u. ö.]. (Reclams Universal-Bibliothek. Nr. 8107[2].)

Geißler, Rolf: Goethes Hermann und Dorothea im Unterricht. In: Wirkendes Wort 13 (1963) S. 52–58.

Gerhard, Melitta: Chaos und Kosmos in Goethes Hermann und Dorothea. In: Leben im Gesetz. Fünf Goethe-Aufsätze. Bern/München 1966. S. 52–63.

Geulen, Hans: Goethes »Hermann und Dorothea«. Zur Problematik und inneren Genese des epischen Gedichts. In: Jahrbuch des Freien Deutschen Hochstifts 1983. S. 1–20.

Hehn, Viktor: Über Goethes Hermann und Dorothea. Aus dessen Nachlaß hrsg. von Albert Leitzmann und Theodor Schiemann. 2., verb. Aufl. Stuttgart 1898.

Helmerking, Heinz: Hermann und Dorothea. Entstehung, Ruhm und Wesen. Zürich 1948.

Humboldt, Wilhelm von: Aesthetische Versuche über Goethe's Hermann und Dorothea. Mit einem Vorw. von Hermann Hettner. Braunschweig ^{4}1882.

Leroux, Robert: La Révolution Française dans »Hermann et Dorothée«. In: Etudes Germaniques 4 (1949) S. 174–186.

Lypp, Maria: Ästhetische Reflexion und ihre Gestaltung in Goethes »Hermann und Dorothea«. Dissertation FU Berlin 1969.

– Bürger und Weltbürger in Goethes Hermann und Dorothea. In: Goethe. Neue Folge des Jahrbuchs der Goethe-Gesellschaft 31 (1969) S. 129–142.

Ryder, Frank G. / Bennett, Benjamin: The Irony of Goethe's Hermann und Dorothea. Its Form and Function. In: Publications of the Modern Language Association of America 90 (1975) S. 433–446.

Samuel, Richard: Goethes *Hermann und Dorothea.* In: Publications of the English Goethe Society 31 (1961) S. 82–104.
Schlegel, August Wilhelm: Goethes Hermann und Dorothea. In: A. W. Sch.: Sämtliche Werke. Hrsg. von Eduard Böcking. Bd. 11. Leipzig 1847. S. 183–221.
Schneider, Helmut J.: Idyllen der Deutschen. Frankfurt a. M. ²1981.
Schröder, Rudolf Alexander: Zu Hermann und Dorothea. In: R. A. Sch.: Die Aufsätze und Reden. Bd. 1. Berlin 1952. S. 561–582.
Seidlin, Oskar: Über Hermann und Dorothea. In: O. S.: Klassische und moderne Klassiker. Göttingen 1972. S. 20–37.
Stapfer, Paul: Hermann et Dorothée. In: P. St.: Etudes sur Goethe. Paris 1906. S. 131–235.
Steckner, Hans: Der epische Stil von Hermann und Dorothea. Halle a. d. S. 1927.
Sengle, Friedrich: ›Luise‹ von Voß und Goethes ›Hermann und Dorothea‹. Didaktisch-epische Form und Funktion des Homerisierens. In: Europäische Lehrdichtung. Festschrift für Walter Naumann zum 70. Geburtstag. Hrsg. von Hans Gerd Rötzer und Herbert Walz. Darmstadt 1981. S. 209–223.

WOLFGANG DIETRICH

Die Geheimnisse (1784/85), Achilleis (1799), Das Tagebuch (1810)

Die Geheimnisse

Unter den zahlreichen Fragmenten Goethes gibt es auch Bruchstücke von zwei – mit großem formalem und inhaltlichem Anspruch begonnenen und eben deshalb gescheiterten – Epen: *Die Geheimnisse* und *Achilleis*. Sie werden in diesem Beitrag zusammen mit der Verserzählung *Das Tagebuch* untersucht, die aufgrund ihrer bescheideneren Intention und des Gleichgewichts von Form und Inhalt zu glücklicher Vollendung gelangte – die freilich von Goethe selbst aufgrund ihres heiklen Inhalts sekretiert und von einer prüden Philologie lange gemieden wurde. – Das Fragment *Die Geheimnisse*, das zunächst betrachtet werden soll, ist wie die abschließend interpretierte Versnovelle *Das Tagebuch* in Stanzen gedichtet, in einer Strophenform also, die sich – aus Gründen, die auch zum Scheitern der *Geheimnisse* geführt haben – in der deutschsprachigen Epik nicht allzu oft findet. Wilhelm Heinse führte diese Strophenform, die in der italienischen Poesie eine bedeutende Tradition hatte, 1773 in die deutsche Literatur ein. Seine erotische Erzählung *Stanzen an Laidion* reizte damals den jungen Goethe zur Nachahmung,[1] doch schuf er seine ersten Stanzen erst zehn Jahre später in dem religiösen Epos *Die Geheimnisse*, dessen Prolog er nachträglich unter dem Titel *Zueignung* von den *Geheimnissen* abtrennte.[2] Elf Jahre danach schrieb er ein zweites Stanzengedicht, die »Zueignung« zum *Faust* (1797). Hier handelt es

1 Albert Leitzmann, *Wilhelm Heinse im Urteil seiner Zeitgenossen*, Jena 1938, S. 11.

2 Vgl. Wolfgang Kayser, »Goethes Dichtungen in Stanzen« (1959), in: Wolfgang Kayser, *Kunst und Spiel*, Göttingen 1961, S. 86–100, bes. S. 88.

sich, wie bei dem gleichnamigen Prolog von 1784 und bei den meisten Stanzengebilden Goethes, um ein kürzeres lyrisches Gedicht.[3] Die zeitlichen Abstände zwischen Heinses *Stanzen an Laidion*, den *Geheimnissen* und der »Zueignung« des *Faust* sind beträchtlich. Sie bezeugen ein abgekühltes Verhältnis Goethes zu der von ihm noch 1774 begeistert begrüßten neuartigen Strophenform. Die Ursache dieser Sinnesänderung ist bisher nie gesehen worden. Dazu einige historische Erläuterungen.

Um 1340 verfaßte Giovanni Boccaccio erstmals Epen in Stanzen, so den *Filostrato* (1340) und die *Ninfale fiesolano* (1344). Beide Werke, die als komisch-erotisch zu charakterisieren sind, stattete er mit einer »leisen, aber sehr durchgeführten Zweideutigkeit aus«.[4] Ludovico Ariosto variierte diesen ironischen Ton in den berühmten Publikumsanreden seines Ritterepos *Orlando furioso* (1504–36) im Stil eines vertraulichen Gesprächs zwischen Gebildeten. In dieses geistreiche fiktive Gespräch gleichsam hineingezogen, schrieben andere bekannte Autoren ebenfalls komische Epen in Stanzen.[5] So bildete sich eine komisch-narrative Tradition dieser Strophenform, die von 1340 bis etwa 1870 reicht. Goethe jedoch rückt von dieser Tradition ab, indem er die Stanze als Form der *Lyrik* und der *Spruchdichtung* in Deutschland einbürgert.[6] 1821 bemerkt er in einer Besprechung von Lord Byrons Stanzenepos *Don Juan:* »Dem wunderlichen, wilden, schonungs-

3 Die chronologische Reihenfolge aller Stanzendichtungen Goethes wurde rekonstruiert von Werner Simon, »Zu Goethes Stanzendichtung«, in: *Festschrift für Leopold Magon*, Berlin 1958, S. 239–249.

4 Friedrich Schlegel, »Nachrichten vom poetischen Leben des Johannes Boccaccio«, in: F. Sch., *Kritische Schriften*, hrsg. von Ernst Behler, Abt. 1, Bd. 2, Darmstadt/Paderborn 1958, S. 400.

5 Beispiele: Leonardo Pulci: *Morgante Maggiore* (1463–81); Matteo Maria Boiardo: *L'Orlando innamorato* (1474–94); Edmund Spenser: *Fairy Queene* (1599); Christoph Martin Wieland: *Idris und Zenide* (1768), *Oberon* (1780); Lord Byron: *Child Harold* (1813); Alexander Puschkin: *Eugen Onegin* (1830); Detlev von Liliencron: *Poggfred* (1900).

6 Diese von Goethe gestiftete Stanzentradition ist bisher noch nie umfassend dargestellt worden.

losen Inhalt ist auch die technische Behandlung der Verse ganz gemäß: der Dichter schont die Sprache ebensowenig wie die Menschen, und wie wir näher hinzutreten, so sehen wir freilich, daß die englische Poesie schon eine *gebildete komische Sprache* hat, welcher wir Deutschen gänzlich ermangeln.«[7]

Die kühne technische Behandlung der Stanzenstrophe, die Goethe beim *Don Juan* hervorhebt, besteht vor allem in der Wahl der Reime, unter denen die gespaltenen besonders hervorstechen. Er ist jedenfalls überzeugt, daß die kunstvolle dreifache Reimverschlingung, die einzig der Stanzenstrophe zukommt (Schema: abababcc), dieser beim mündlichen Vortrag nur dann einen graziösen Klang verleiht, wenn der Dichter in seiner Muttersprache genug komisch-zündende Reimwörter vorfindet. Die deutsche Sprache ist jedoch bekanntlich arm an klingenden Endreimen und witzigen Wendungen. Deshalb sah Goethe einzig im groben Knittelvers das komische Versmaß der deutschen Literatur[8] und hat bewußt darauf verzichtet, ein komisches Epos in Stanzen zu schreiben – weil ihm eben die deutsche Sprache keinen ausreichenden Vorrat an passenden komischen Reimwörtern bot. So sehr er auch die Epen Ariosts und Byrons bewunderte, nachahmen wollte er sie nicht.[9] Das bedeutet für *Die Geheimnisse*: sie sind bewußt nicht als komisches, sondern als ernstes Epos angelegt worden.

Sein Inhalt sollte ungefähr folgender sein: Im Gebirge verirrt, stößt ein junger Mönch auf ein gastliches Kloster. Hier sieht er zwölf Rittermönche, die ihr bisher vom Krieg bestimmtes Leben nun ganz Gott weihen. Ein Dreizehnter, den sie zum Ordensleiter gewählt haben, liegt im Sterben. Nach seinem

7 »Byrons *Don Juan*«, in: *Werke*, hrsg. im Auftrage der Großherzogin Sophie von Sachsen, Weimar 1887 ff. (im folgenden zit. als: WA), Abt. I, Bd. 41, S. 244–249, bes. S. 247.

8 Ebd., S. 248.

9 Nach Horst Rüdiger, »Ariost in der deutschen Literatur«, in: Willi Hirdt / Horst Rüdiger, *Studien über Petrarca, Boccaccio und Ariost in der deutschen Literatur*, Heidelberg 1976, S. 56–84, bes. S. 74.

Tod wird der Neuankömmling von den Rittermönchen zu seinem Nachfolger gewählt. Die Hauptfiguren des Epos sind ein alter Menschenfreund, dessen Vorbild wohl Lessings Nathan ist,[10] und ein naiver junger Mönch. Lessings Einfluß auf *Die Geheimnisse* reicht übrigens weiter. Ein Jahr vor und nach *Nathan der Weise* (1779) hat Lessing in zwei Teilen die Freimaurergespräche *Ernst und Falk* herausgegeben. Hier kennzeichnet er die Freimaurer als eine Gemeinschaft, welche (freilich nur der Idee nach) die Schranken von Nationalität und Konfessionalität transzendiert – wie zuvor schon der Templerorden. Auch Johann Gottfried Herder hat in seinen *Briefen über Templer, Freimäurer und Rosenkreuzer* (1782)[11] eine Verbindung zwischen beiden Geheimorden hergestellt. Auf diese Schriften rekurriert auch Goethe, wenn er in den *Geheimnissen* das Wirken einer Geheimgesellschaft darstellt, welche die Gebräuche verschiedener Orden der Geschichte (Tempelritter, Freimaurer, Rosenkreuzer) in sich vereinigt.[12] Eine weitere wichtige Quelle der Dichtung sind Herders *Ideen zur Philosophie der Geschichte der Menschheit* (1784–91), an denen Goethe selbst mitgearbeitet hat. In dieser Geschichtstheorie wird dargestellt, daß die uneinigen und in ihrer Einzelheit unvollkommenen Religionen zu unterschiedlichen Zeitpunkten die notwendige Reife erlangen, um sich durch die Vermittlung bedeutender Geister einander anzunähern. In diesem Sinne tritt in den *Geheimnissen* ein edler Menschenführer auf, unter

10 Vgl. Max Morris, »Goethes Fragment: *Die Geheimnisse*«, in: *Goethe-Jahrbuch* 27 (1906) S. 131–145.

11 In: *Teutscher Merkur* (März, April, Juni 1782).

12 Die Ahnenkette des Klostergründers Humanus reicht über einige Rosenkreuzer bis zu den Tempelrittern (vgl. Morris [Anm. 10] S. 140). Die Schilde, die über den dreizehn Stühlen der Rittermönche im Kapitelsaal des Klosters aufgehängt sind, gehen nach Herder auf die Schilde im Kapitelsaal eines französischen Templerklosters zurück (vgl. Morris [Anm. 10] S. 135). Das rosenumwundene Kreuz am Torbogen des Klosters ist jenes der Rosenkreuzer (*Geheimnisse*, St. 10 f.). Durch die Aufnahmeriten der Freimaurer ist die Eingangsprüfung des Bruders Markus inspiriert (Morris [Anm. 10] S. 132 f.).

dessen Anleitung die Ritter verschiedener Länder und Glaubensrichtungen zu einem einmütigen Mönchsorden zusammenwachsen.

Dies geht nicht aus dem Fragment der *Geheimnisse* selbst hervor, wohl aber aus einem erläuternden Aufsatz, den Goethe am 9. April 1816 verfaßte.[13] »Eine Gesellschaft studierender Jünglinge in einer der ersten Städte Norddeutschlands« beschäftigte sich mit dem Bruchstück der *Geheimnisse* und bat um Auskunft über den weiteren Handlungsverlauf. Diesen konnte Goethe jedoch nur aus dem Gedächtnis angeben. Es existierte kein Handlungsschema für das Gedicht, d. h.: Goethe mußte ein großes Epos, von dem er nur einen unbedeutenden Bruchteil überhaupt ausgeführt hatte und in dessen Grundstimmung er sich als Sechzigjähriger nicht mehr ganz einfühlen konnte, mit Hilfe seiner Einbildungskraft vor einem größeren Publikum neu zusammensetzen. Wiewohl sein Gedicht-Kommentar denn auch einige Erinnerungslükken aufweist,[14] läßt er doch vier wesentliche Abschnitte oder Handlungsstufen der *Geheimnisse* erkennen. Zuerst soll der Neuankömmling Bruder Markus die Bekanntschaft aller Mönche im Kloster machen und ihre charakterlichen Qualitäten schätzen lernen.[15] Darauf wird die Lebensgeschichte des sterbenden Klostergründers Humanus erzählt, und zwar in zwölffacher Variation, aus der Sicht jedes einzelnen Mönches.[16] Bei dieser Gelegenheit soll drittens der Augenblick herausgearbeitet werden, zu dem sich die Mönche, jeweils durch innere Neigung veranlaßt, dem Klostergründer angeschlossen haben: »Hier würde sich denn gefunden haben, daß jede besondere Religion einen Moment ihrer höchsten Blüte und Frucht erreicht, worin sie jenem obern Führer und Ver-

13 *Die Geheimnisse*, Fragment von Goethe, in: *Morgenblatt für gebildete Stände*, Wiederabdr. in: WA I,41,100–105.

14 Nachgewiesen hat sie Heinrich Düntzer, »Goethes Bruchstück *Die Geheimnisse*«, in: *Zeitschrift für deutsche Philologie* 28 (1896) S. 484–509, bes. S. 484 ff.

15 WA I,41,103.

16 Ebd., S. 104.

mittler sich angenaht, ja mit ihm vollkommen vereinigt. Diese Epochen sollten in jenen zwölf Repräsentanten verkörpert und fixiert erscheinen.«[17] Die Einsicht eines jeden Mönchs in dieser Reihe entspricht also der Vernunft und Reifung einer bestimmten Religion, die sich zunehmend selbst vollendet. Am Schluß sollte der Tod des Klostergründers erzählt werden sowie die Ernennung des armen, jungen Bruders Markus zu seinem Nachfolger.[18]

Es ist bisher nicht geklärt worden, warum Goethe *Die Geheimnisse* so bald abbrach. Hatte er doch ihren Kerngedanken zusammen mit seinem Freund Herder entwickelt, mit Knebel und mit Frau von Stein wiederholt besprochen.[19] Jedenfalls meldete er Knebel am 28. März 1785: »Auch bin ich wieder fleißig an meinem großen Gedichte gewesen, und bin bis zur vierzigsten Strophe gekommen. Das ist wohl noch sehr im Vorhofe. Das Unternehmen ist zu ungeheuer für meine Lage; indessen will ich fortfahren und sehen, wie weit ich komme.«[20] Goethe wußte von seinem kongenialen Freund Christoph Martin Wieland, dem Virtuosen des deutschen Versepos, daß die Niederschrift eines epischen Gedichtes in Stanzen durchaus ein Jahrfünft oder ein Jahrzehnt füllen kann. Wieland brauchte für den *Oberon* sechs Jahre (1774–80), Ariosto für den *Orlando furioso* sogar zweiunddreißig (1504–36). Daran dachte Goethe offenbar, wenn er sagte, er sei mit den *Geheimnissen* nach vierzig Stanzen noch »sehr im Vorhofe«. Hier spielt noch eine zweite historische Gesetzmäßigkeit der Stanzendichtung herein. Wer die Novellenkränze und Einzelnovellen der italienischen Erzähler und das deutsche Feenmärchen *Oberon* je miteinander verglichen hat, muß das gemeinsame Merkmal dieser geistreichen Erzählungen erkannt haben: Jede zweite Stanze enthält hier eine treffende Schilderung irgendeiner Sache, Gegend oder

17 Ebd., S. 105.
18 WA I,41,273.
19 Morris (Anm. 10) S. 137.
20 Zit. nach: Düntzer (Anm. 14) S. 498.

Kreatur. Eine große Anzahl von Lebewesen, in schnelle Handlungen verwickelt, wird vorgeführt und soll dem Zuhörer dieser öffentlich vorgetragenen Gedichte Abwechslung verschaffen. So sagt etwa Ariost von zwei kämpfenden Frauen, denen in der Schlacht eine lebende Beute entgeht:

»Wie wohl ein Windhund, der mit gier'gem Blicke
Sieht, wie das Wild im Forste flieht und rennt,
Und doch nicht folgen kann, weil ihn am Stricke
Der Jäger hält, von heft'gem Zorn entbrennt,
Sich härmt und quält ob seinem Mißgeschicke,
Und bellt und zerrt und doch nicht los sich trennt:
So war Marfisa heut bis diese Stunde,
So Bradamant erzürnt aus gleichem Grunde.«[21]

Solche Aktionsschilderungen und Naturstilleben, die den Raum einer Stanzenstrophe meist ausfüllen, fehlen in den *Geheimnissen* vollständig. Goethes Gedicht ist im Gegenteil arm an Schilderungen, die außerdem wenig plastisch sind (vgl. etwa die Stanzen 9, 20, 21, 38). Das Gedicht ist, offenbar seiner religiösen Botschaft wegen, durchaus im erhabenen Stil durchgeführt und entbehrt demnach der unterhaltsamen Einzelheiten. Sie wären allenfalls in komischen Gedichten von Nutzen. Eben das, wozu die geräumige achtzeilige Stanzenstrophe die Erzähler seit 1340 ständig einlud: der zwanglose, amüsante und mitunter drastische Ausdruck, kommt in den *Geheimnissen* nirgends vor. So gelangen ihre Leser auch nicht mehr in den Genuß der angenehmen Wirkungen, welche die Erzählungen in Stanzen von Boccaccio bis zu Lord Byron bei ihren Hörern ausgelöst haben. Goethe hat dies wohl geahnt und das zeitraubende Gedicht rechtzeitig abgebrochen.
In den *Geheimnissen* gestaltet Goethe den ewigen Menschheitstraum eines rein menschlichen Erbes, das von weisen Männern selbst durch finstere Zeiten weitergetragen wird. Er

21 Canto 34,10. Zit. nach der Ausgabe von Horst Rüdiger: *Der Rasende Roland*, München 1980.

bricht das Gedicht ab, weil es einen erhabenen Ton anschlägt, der zur Versform der Stanze nicht sonderlich passen will, schließlich wohl auch, weil ein Epos in Stanzen ein Lebenswerk darstellt, an dem ein Dichter unermüdlich feilen muß. Dieses Lebenswerk aber war im Falle Goethes der *Faust*.

Achilleis

In den Jahren 1798 und 1799 studierte Goethe erneut die *Ilias*. Seine Identifikation mit den Werken Homers ging so weit, daß er plante, an ihnen weiterzudichten, als seien es seine eigenen. Die Hexameter der *Achilleis*[22] bezeugen eine beispiellose Selbstentäußerung Goethes – die Max Morris freilich als Hybris auslegte.[23] Mit diesem Gedicht wollte Goethe nämlich die Handlungslücke zwischen der *Ilias* und der *Odyssee* schließen,[24] d. h. den Tod des Achill, der in der *Ilias* lediglich angekündigt wird, in der *Odyssee* aber bereits eingetreten ist, in einer eigenen Erzählung würdigen. Hierbei konnte er sich immerhin auf einige antike Quellen zum Tod des Achill beziehen.[25] In seiner Anlehnung an die antiken Stoffe ging er so weit, den ersten Vers der neuen Dichtung nahtlos an den letzten der *Ilias* anzuschließen. Dadurch erreichte er zweierlei: Erstens konnte er sich den Homeriden, den angeblichen Verfassern der Homerischen Epen,[26] als letzter ihrer ruhmreichen Zunft beigesellen, zweitens verfügte er durch den unmittelbaren Anschluß an die *Ilias* sofort

22 Der Text der *Achilleis* wird zitiert nach: *Goethes Werke*, Hamburger Ausgabe, hrsg. von Erich Trunz, Bd. 2, Hamburg 1948 [u. ö.], S. 515–536.

23 Max Morris, »Die Achilleis«, in: M. M., *Goethe-Studien*, Bd. 2, Berlin 1902, S. 129–173.

24 »Eine solche auf die Lücken im Homerischen Stoffkomplex gerichtete Betrachtung war durch Friedrich August Wolfs *Prolegomena ad Homerum* ganz neuerdings in Fluß gekommen« (ebd., S. 158).

25 Vgl. ebd., S. 159.

26 Hierzu Wolfgang Schadewaldt, »Fausts Ende und die Antike« (1960), In: W. Sch., *Goethestudien*, Stuttgart/Zürich 1963, S. 283–301.

über eine Fülle von Handlungsfäden, die nur weiterzuspinnen waren. Der Einsatz der Handlung ist vorgegeben: In Troja geht ein elfjähriger Waffenstillstand zwischen Trojanern und Griechen zu Ende. Goethe muß nun zuerst Polyxena, die nach einigen Quellen Achills Tod verursacht,[27] in die Handlung einführen, denn in der *Ilias* ist sie nicht erwähnt. Achill lebt im griechischen Zeltlager, Polyxena hingegen in Troja. Goethe fingiert deshalb eine trojanische Sühnegesellschaft, die den Griechen, natürlich als Pfand für die geraubte Helena, ihrerseits ein Mädchen zusendet. So lernt Achill Polyxena im Lager kennen und lieben. Darauf folgt nach den Quellen der Tod Achills im Tempel von Thymbra. Goethe verkürzt die Handlung und drängt die Trauung Achills mit Polyxena sowie seine spätere Tötung in eine Szene zusammen: schon während der Hochzeit wird er erschlagen. In den Schluß arbeitet Goethe zwei weitere Stoffe aus dem Umkreis des Trojanischen Kriegs hinein: die Raserei des Ajax (nach Sophokles) und das Verderben Agamemnons durch seine Beziehung zu Kassandra (nach Aischylos). Wenn Goethe die Katastrophe durch eine glückliche Handlung (Hochzeit) einleitet, benutzt er ein typisches Kunstmittel der Tragödie: Er steigert so die Wucht des Endes. Zum tragischen gesellt er ein modern-sentimentales Sujet: den Liebeswahn Achills im griechischen Zeltlager. Goethe verbindet im Stoff der *Achilleis* also ein nichtepisches Element (Tragik) mit einem nichtantiken (Sentimentalität), die er beide durch eine realistische Behandlung des Stoffes im antik-epischen Sinne ausgleichen möchte.[28] Dennoch tritt das sentimentale Element im ersten Gesang, der ja als einziger fertig geworden ist, stärker hervor, als Goethe wünschen konnte. So wertet er Achill zum Kolonisator um, der, wiewohl selbst ein Zerstörer, doch friedlichen Menschen Siedlungsboden bereitet:

27 Vgl. Morris (Anm. 23) S. 160.
28 Brief Goethes an Schiller vom 12. Mai 1798.

»Städte zerstört er nicht mehr, er baut sie; fernem
Gestade
Führt er den Überfluß der Bürger zu; Küsten und Syrten
Wimmeln von neuem Volk, des Raums und der
Nahrung begierig.
Dieser aber baut sich sein Grab.« (V. 377 ff.)

Die *Ilias* kennt die Gestalt des Kolonisators nicht, die zitierten Verse weisen im übrigen sentimentale Antithesen auf (»Städte zerstört er nicht mehr, er baut sie«; »Dieser aber baut sich sein Grab«), wie sie der antike Dichter nicht benutzt hätte. Ähnlich Achills Klage um den gefallenen Patroklos:

»So wird kommen der Tag, da bald von Ilios' Trümmern
Rauch und Qualm sich erhebt, von thrakischen Lüften
getrieben,
Idas langes Gebirg' und Gargaros' Höhe verdunkelt;
Aber ich werd' ihn nicht sehen! Die Völkererweckerin
Eos
Fand mich Patroklos' Gebein zusammenlesend, sie
findet
Hektors Brüder anjetzt im gleichen frommen Geschäfte,
Und dich mag sie auch bald, mein trauter Archilochos,
finden,
Daß du den leichten Rest des Freundes jammernd
bestattest.« (V. 17–23.)

Hier werden »eine vergangene, eine gegenwärtige und eine zukünftige Handlung zu einer stimmungserregenden Reihe zusammengefaßt«,[29] was in der *Ilias* undenkbar wäre. Goethe weicht also von Stoff und Ton der Homerischen Epen deutlich ab. Bereits 1796 hat er in *Hermann und Dorothea* den Hexameter für bürgerliche Gegenstände verwendet und empfindsame Stimmungen in ihm ausgedrückt. Die an dem bürgerlichen Epos gewonnene verstechnische Routine wirkt

29 Vgl. Morris (Anm. 23) S. 166.

in der *Achilleis* spürbar nach. Auch die Gliederung des Versstromes in Absätze, die Goethe hier einführt, ist in *Hermann und Dorothea* vorgeprägt.[30] Am nächsten glaubte Goethe der *Ilias* bei der Verwendung des Motivs des »göttlichen Einflusses« und der »Gleichnisse« zu stehen,[31] so zum Beispiel, wenn er den Tod Achills in der Einleitung als unvermeidlich erscheinen läßt, wenn er das Verhängnis als eine Macht darstellt, an der kein Götterrat noch ein einzelner Gott etwas ändern können (V. 71–391). Wie in der *Ilias* durchkreuzen sich auch in der *Achilleis* die Pläne der Götter, ja heben einander wechselseitig auf. (Es entsteht so fast ein satirisches Bild der vergeblichen Geschäftigkeit der Menschen.)
Bekanntlich werden bei Homer der mythischen Weltsicht gemäß immer wieder Dinge und Begriffe zu ›Personen‹, so »das Schiff, das seinen Pfad durch das Meer läuft«, der »schamlose Stein« u. a. m.[32] Der Naturforscher Goethe wendet sich dieser naiven Praxis besonders gern zu und personifiziert sogar die Schubkräfte der Erdrinde, wenn er z. B. die Entstehung der erratischen Blöcke erklärt:

> »Hier! zwei Platten sondert' ich aus, beim Graben gefundne
> Ungeheure; gewiß der Erderschüttrer Poseidon
> Riß vom hohen Gebirge sie los und schleuderte hierher
> Sie, an des Meeres Rand, mit Kies und Erde sie deckend.« (V. 434 f.)

Der Abbruch des Epos ist nicht leicht zu erklären, ahmt Goethe doch die naive Sehweise des *Ilias*-Dichters durchaus erfolgreich nach. Die *Achilleis* hätte die Krönung der fruchtbaren epischen Epoche Goethes (1793–99) werden können, in der *Reineke Fuchs* (1793), *Hermann und Dorothea* (1796) sowie die Entwürfe der *Jagd* und des *Wilhelm Tell* entstan-

30 Vgl. ebd., S. 169.
31 Brief Goethes an Schiller vom 12. Mai 1798.
32 Vgl. Morris (Anm. 23) S. 172.

den. Überdies hatte Goethe die vollständigen Schemata für die acht Gesänge der *Achilleis* in der Schublade, in denen kein Kapitel ausgelassen wird. Demnach liegen formale Gründe für den Abbruch nicht vor. Für diesen hat Wolfgang Schadewaldt 1960 zum erstenmal einen überzeugenden inhaltlichen Grund gefunden.[33] Unter Hinweis auf vier ungewöhnliche Bildelemente, in denen die *Achilleis* (1. Gesang) vollständig mit dem *Faust II* (5. Akt) übereinstimmt, zog er den Schluß, daß sich ein und derselbe Bildkeim, das Grab am Meer, in den beiden nebeneinander geschriebenen Dichtungen auch gleichartig ausgebildet habe. Die vier Bildelemente, in denen die Gedichte übereinstimmen, sind folgende: 1. Der Tod eines tüchtigen Mannes steht bevor. 2. Er überblickt von seinem Grab aus das Meer und freut sich des von ihm kolonisierten Landes. 3. Er ahnt unsterblichen Ruhm voraus. 4. Er freut sich des Fortschritts, den der Bau seines Grabes macht, ja sogar des Geklirrs der Spaten.[34] Der *Faust* nun absorbierte Goethes poetische Imagination in einem solchen Maße, daß er die genannten Bildelemente ganz in ihn hinüberzog und das heroische Epos schließlich zugunsten des »modernen Epos« *Faust II*[35] vernachlässigte. Die *Achilleis* scheiterte, anders als die vorab behandelten *Geheimnisse*, mithin nicht aus formalen, sondern aus inhaltlichen Gründen.

Das Tagebuch

Goethe klassifizierte *Das Tagebuch*, das er im Gegensatz zu den *Geheimnissen* und zur *Achilleis* vollendete, als eine »moralische Erzählung in Stanzen«.[36] Ihr Inhalt: Ein älterer verheirateter Reisender, der es sich zur Gewohnheit gemacht hat, ein Tagebuch zu führen, läßt sich in einem Landgasthof

33 Schadewaldt (Anm. 26) S. 286–292.
34 Vgl. ebd., S. 292.
35 Ebd., S. 299 f.
36 Aus dem Tagebuch vom 27. April 1810 (WA III,3,112).

auf ein erotisches Abenteuer mit einem zwar unbescholtenen, aber sehr selbstbewußten Zimmermädchen ein. Die venezianischen Poeten des 18. Jahrhunderts haben derlei leicht geschürzte Themen häufig in Stanzen erzählt.[37] Besonders die erotischen Novellen des Satirikers Abbate Giambattista Casti (1724–1803) waren in Europa berühmt. Goethe selbst hörte einige von ihnen während seiner Italienreise aus dem Munde des auch als Rezitator hochbegabten Autors: »Ich speiste bei Graf Fries; Abbe Casti, der mit ihm reist, rezitierte eine seiner Novellen, der *Erzbischof von Prag*, die nicht sehr ehrbar, aber außerordentlich schön in Ottave rime geschrieben ist.«[38] Diente nun diese Novelle *L'Arcivescovo di Praga*,[39] die bislang – da nahezu verschollen – von den *Tagebuch*-Interpreten meist übersehen worden ist,[40] als Stoffquelle für *Das Tagebuch*?[41] Immerhin sprach Goethe am 30. August 1808 mit seinem Sekretär Riemer »über eine Geschichte in Castischem Styl und Sinne«,[42] die er in Stanzen abfassen wollte und die Riemer zwei Jahre darauf zweifelsfrei als *Das Tagebuch* identifizierte. Die Fabel des *Erzbischofs von Prag* ist folgende: Ein älterer Kleriker, der nur der Jagd ergeben ist und hierüber Tagebuch führt, wird Erzbischof von Prag. Bei einem Opern-

37 Rüdiger (Anm. 9) S. 72 f.

38 17. 7. 1787 (*Goethes Werke* [Anm. 22] Bd. 11, S. 368). Rüdiger (Anm. 9) S. 73 will von Ernst Johann auf diese Quelle hingewiesen worden sein. Das war 1976. Wolfgang Kayser (Anm. 2) weist die gleiche Verbindung zwischen Giambattista Castis Novelle *L'Arcivescovo di Praga* und Goethes *Tagebuch* schon 17 Jahre früher nach.

39 *Le novelle di Giambattista Casti. Tipografia dei Classici Italiani*, Firenze 1914, Bd. 2, S. 123–141.

40 Zwei Interpreten haben die Novellen Giambattista Castis als Vorlagen für das *Tagebuch* ausgeschlossen: Siegfried Unseld, *»Das Tagebuch« Goethes und Rilkes »Sieben Gedichte«*, Frankfurt a. M. 1978, S. 61; Hans Rudolf Vaget, *Goethe. Der Mann von 60 Jahren*, Königstein (Taunus) 1982, S. 47–49.

41 Rüdiger (Anm. 9) S. 73 stellte dieselbe Frage erstmals 1976, jedoch allgemeiner: »Ob nun Goethe den ariostischen Stoff [zum *Tagebuch*] aus einer von Castis Stanzennovellen übernommen hat, oder ob er ihn, durch Casti aufmerksam gemacht, Ariost direkt verdankt, bleibt festzustellen.«

42 Goethes Äußerungen zu den Quellen seines *Tagebuchs* finden sich nachgewiesen bei Unseld (Anm. 40) S. 57–64 und Vaget (Anm. 40) S. 123–130.

besuch verliebt er sich – das erstemal in seinem Leben – in eine Ariensängerin, die er mehrfach in seinen Palast einlädt. Ihre geldgierige Mutter, die sie überallhin begleitet, verkuppelt die Tochter an den Erzbischof und läßt die angebliche Jungfrau durch den völlig Unerfahrenen verführen. Der Bischof geht mit der Tochter, sein Sekretär aber mit der immer noch stattlichen Mutter ein Verhältnis ein. Wie sie richtig kalkulierten, erhalten die beiden geldgierigen Frauen dann auch riesige Summen.

Achtet man allein auf den Handlungsablauf, so hat die Fabel mit der des *Tagebuchs* wenig gemeinsam. Lediglich das Grundmuster ist dasselbe: Ein ebenso wohlhabender wie pflichtbewußter älterer Herr nutzt eine Gelegenheit und verführt ein armes Mädchen, das sich zwar als Jungfrau bezeichnet, aber doch recht ungeniert sein Zimmer betritt. Ihre Erzieherin, im *Tagebuch* die Wirtin, im *Erzbischof von Prag* hingegen eine Opernsängerin, lauert neugierig im Hintergrund. Vergleicht man Eigenart und Konstellation der Figuren in beiden Novellen, ergeben sich unleugbare Entsprechungen. So erfährt die Gestalt des Mädchens hier und da eine ähnliche Behandlung. Goethes Zimmermädchen im »Stern«-Gasthof ist sehr lebenserfahren, weil es von klein auf hart arbeiten mußte (vgl. Schlußsentenz der 13. Stanze). Deshalb vermag sie sich auch gegenüber Männern zu behaupten, ja sie pflegt ihre Liebhaber kritisch auszuwählen. Man sieht dies an der Gelassenheit, mit der sie reagiert, als sie von dem Gast umarmt wird (St. 7), an der Geistesgegenwart, mit der sie den Zwischenfall gegenüber der neugierigen Wirtin kaschiert (St. 8), an der Unverfrorenheit, mit der sie eine Verabredung mit dem Lüsternen trifft (St. 7), sowie an der Routine, mit der sie ihn zurückweist und zugleich anlockt:

»Rasch meinem Arm entwindet sie die Glieder
Und eilet fort und kommt nur dienend wieder.
Doch blickend auch! So daß aus jedem Blicke
Ein himmlisches Versprechen sich entfaltet.

Den stillen Seufzer drängt sie nicht zurücke,
Der ihren Busen herrlicher gestaltet.
Ich sehe, daß am Ohr, um Hals und G'nicke,
Der flücht'gen Röte Liebesblüte waltet.« (St. 7 f.)

Zur verabredeten Zeit eilt sie zu ihm, und er schreitet sogleich zur Sache: »Mit gier'gem Blick die Hochgestalt umschweif ich / Sie senkt sich her, die Wohlgestalt ergreif ich.« (St. 9.) Der gleiche Ablauf wiederholt sich in Castis Erzählung. Zuerst seufzt, blickt und errötet das Mädchen in der genannten Reihenfolge, worauf sie wegen des Nahens der Erzieherin rasch entschlüpft (Stanzen 73–76) und erst zu geeigneter Zeit zu ihm ›schleicht‹ (St. 82, vgl. im *Tagebuch*: »Nun hör ich sie, wie leise sie auch gleitet«). Der Bischof erwartet sie und schreitet gleichfalls zur Tat. Beide Male herrscht dieselbe Konstellation: die spionierende Alte, welche die Liebesbegegnung verzögert, das ›verführte‹ Mädchen und der wohlsituierte Liebhaber.
Dazu tritt eine weitere Gemeinsamkeit: Beide Mädchen erteilen sich im Arm des Mannes zunächst ein langes Unbescholtenheitszeugnis: die »Stern«-Kellnerin:

»Sie macht sich los: Vergönne, daß ich rede,
damit ich dir nicht völlig fremd gehöre.
Der Schein ist wider mich, sonst bin ich blöde.
Stets gegen Männer setzt ich mich zur Wehre.
Mich nennt die Stadt, mich nennt die Gegend spröde:
nun aber weiß ich, wie das Herz sich kehre:
Du bist mein Sieger, laß dich's nicht verdrießen,
ich sah, ich liebte, schwur, dich zu genießen.« (St. 10.)

»Du hast mich rein, und wenn ich's besser wüßte,
so gäb ich's dir, ich tue was ich sage.« (St. 11.)

Die Sängerin Beatrice:

»Euch, sagte sie, mein liebster Hochwürden,
nur euch weihe ich meine jungfräuliche Blüte
die ich bis zur Stunde auf's Sorgsamste bewahrte.
Ich begreife, antwortete Hochwürden.« (St. 89.)

Jedesmal erwählt die junge Frau sehr bestimmt den Liebhaber, der dieser Wahl nur zu gerne zustimmt. Jedesmal ist sie niederen Standes, der Mann dagegen höher- bzw. hochgestellt. Hans Rudolf Vaget beruft sich auf die Philine des *Wilhelm Meister*, wenn er die »Stern«-Kellnerin als eine »plebejische Repräsentantin des Goetheschen Humanismus« bezeichnet.[43] Er hält sie also für eine literarische Figur, die aus der Erfahrungssphäre Goethes selbst stammt. Anscheinend sind ihm die Figuren der Galanten Novelle nicht bekannt, die Goethe selbstverständlich noch geläufig waren: denn wie die Typenkomödie Gozzis und Goldonis besaß auch die venezianische erotische Novelle feststehende Figurentypen.[44] Hierzu gehört eben die Verführerin, die einem weltoffenen Dienstleistungsberuf angehört (Kellnerin, Dienerin, Schauspielerin) und sich im Umgang mit der Welt von klein auf bewährt hat. Deshalb erscheinen ihre pflichtbewußten Gegenspieler (Gelehrte, Kaufleute, Priester) um so mehr als Stiefkinder des Lebens.

Die Kuppler und Intriganten sind, als dritter Figurentyp, damit beschäftigt, das Liebespaar der Geschichte entweder zu vereinigen oder zu trennen. Auf den *Erzbischof von Prag* übertragen läßt sich die Konstellation folgendermaßen darstellen: Der erzbischöfliche Sekretär Martino und die Opernsängerin Pantesilea wirken als Kuppler. Das Liebespaar besteht aus Beatrice, der lebenserfahrenen Tochter der Sängerin, und dem lebensfremden, aber genußsüchtigen Erzbischof (vgl. St. 5 f.). Am Novellenschluß ordnen sich die vier Mitspieler menuettartig zu zwei festen Paaren: Beatrice wird

43 Vaget (Anm. 40) S. 92.

44 Vgl. Richard Alewyn, »Maske und Improvisation. Goldonis Theater«, in: R. A., *Gesammelte Aufsätze*, Frankfurt a. M. 1974, S. 20–42, 43–54.

zur reichen Mätresse des Bischofs, ihre Mutter zur Geliebten seines Sekretärs.
Ohne diese Figurenkonstellation in seiner Novelle vollständig nachzubilden, hat Goethe ihr doch bestimmte Elemente entlehnt. Eine solche Figurenentlehnung stellt auch der »Alte Drachen« dar, der im *Tagebuch* den »Stern«-Gasthof leitet, denn Casti gestaltet öfters den Typ der verdorbenen Erzieherin (Mutter, Verwandte). Diese gefährdet einerseits fortwährend die Ehre ihres Mündels, indem sie es mit gutsituierten Herren verkuppeln will; andererseits spioniert sie ihm nach, sobald sich eine ernste Liebschaft anzubahnen scheint. So berichtet die resolute Pantesilea dem Erzbischof von Prag, wie sie ihre Tochter förmlich auf Geldgeschenke von Reichen »abrichtete«:

»Deshalb, wenn ihr einer ein Geschenk macht,
so nimmt sie es nicht übel, noch ist sie beleidigt.
Und ich geh an den Freiern vorbei und sie lassen etwas springen.
Und sie nimmt, was immer sich ihr bietet.
Denn so, Dank sei dem Herrn,
machen wir Moneten und behalten die Ehre.« (St. 54.)

Erliegt das Mädchen dem Freier, so achtet die Mutter darauf, daß ausreichende Geldmengen fließen, die schließlich auch ihr zugute kommen (St. 58f.). Immer verbindet sie Geiz mit Geschäftstüchtigkeit: »Ich bin grundgut, doch wenn gewisse Dinge / mich reizen, werd' ich zum *Drachen.*« (St. 29.) Dasselbe tut die Wirtin im »Stern«-Gasthof des *Tagebuchs*:

»Die Muhme drunten lauscht, ein alter Drache,
Sie zählt bedächtig des Geschäfts Minute;
Sie denkt sich unten, was ich oben mache,
Bei jedem Zögern schwenkt sie frisch die Rute.«
(St. 7.)

Damit ist ausgedrückt, daß sie gegen Geld durchaus bereit wäre, das Mädchen dem Gast zu überlassen; nur da dieses sich kostenlos hingibt, muß es das Rendezvous gegenüber der durchtriebenen Tante verheimlichen.
Es steht noch aus, die Gestalt des pflichtbewußten und tagebuchführenden Helden vorzustellen, der in gereiftem Alter in die Gruppe der verstohlenen Liebhaber eintritt. Goethe bedient sich wie Casti des Bildes der mechanischen Arbeit für die Liebesbemühung des bejahrten Mannes. Dies entspricht der Absicht des galanten Novellisten, den Leser zum erkenntnisfreudigen Mitgenießer des erotischen Akts zu machen.[45] Casti berichtet:

»Macht langsam, sagte Cice, als sie
den Erzfeind an ihrer Bauchpforte verspürte.
Langsam, Hochwürden, ich bin noch Jungfrau.
Und im gleichen Augenblick ergab sich die vorgebliche Jungfrau
auch schon dem Angreifer, damit er leichter
in den Fels eindringen und ihn wieder verlassen könne;
und richtig, er arbeitete mit, so gut er konnte,
um die Früchte seiner Arbeit besser einheimsen zu können.« (St. 88.)

Goethes Reisender führt aus:

»So schließt sie mich an ihre süßen Brüste,
als ob ihr nur an meiner Brust behage,
und wie ich Mund und Aug und Stirne küßte,
so war ich doch in wunderbarer Lage:
Denn der so hitzig sonst den Meister spielet,
weicht schülerhaft zurück und abgekühlet.« (St. 11.)

45 Die distanzierte Haltung, die das Anhören erotischer Stanzengedichte bei den Hörern erzeugt, hat Friedrich Gundolf untersucht in: F. G., *Goethe*, Berlin 1918, S. 438.

Goethe hat also die Auffassung des Liebesspiels als einer Arbeit wahrscheinlich von Casti. Das kräftige Wort vom Meister Phallus hingegen stammt offenbar von ihm selbst. Dazu kommt eine weitere Entsprechung, in der sich beide Dichter bei der Gestaltung der Liebesszene treffen. Sie statten ihren Helden mit einer Alterserscheinung aus, die sich im intimen Moment als ausgesprochen störend erweist. So bereitet Casti (St. 24) den Leser darauf vor, daß der Bischof bei den unpassendsten Gelegenheiten die Phrase »Ich begreife« von sich gibt. Tatsächlich tut er dies auch noch dann, als seine Geliebte schon unverhohlen in Liebesraserei gerät:

»Los, versetzte Cice, so ist's gut. Sehr tüchtig.
Preßt mich, küßt mich auf's Herz.
Teurer Hochwohlgeboren, ich sterb vor Vergnügen.
Und er? Ich begreife, antwortete er. Ich begreife.«
(St. 90.)

Entsprechend schildert Goethe (St. 11), wie sein Held die Potenz verliert. Als sie unverhofft wiederkehrt, weckt er nicht etwa das schlafende Mädchen, sondern verläßt das Bett, um gewissenhaft sein Tagebuch zu vervollständigen.[46] Die unbefriedigten Liebhaber stoßen sogar Verwünschungen aus, die sich auf ein vermeintliches Versagen (Impotenz im *Tagebuch*, verschenkte Jugend im *Erzbischof*) beziehen. Bei Goethe heißt es:

»Doch als ich länger mein Geschick bedachte,
von tausend Flüchen mir die Seele kochte,
mich selbst verwünschend, grinsend mich belachte,
nichts besser ward, wie ich auch zaudern mochte;
[...]« (St. 13).

Entsprechend bei Casti:

46 Eine interessante Deutung der Stelle unternimmt Vaget (Anm. 40) S. 74.

»Ich weine, weil ich mich zu spät dem widmete,
was man zur rechten Stunde tun muß;
ich weine über die verlornen Jugendjahre,
die ich viel schöner hätt verbringen können;
und endlich über meine Trottelhaftigkeit wein ich,
daß ich damit nicht eher angefangen habe.« (St. 98.)

Liest man die Stanzen 13–19 des *Tagebuchs* sowie die Stanzen 93–96 des *Erzbischofs von Prag* im Zusammenhang, so findet man, daß die Verwünschungen nicht für sich stehen. Vielmehr sind sie lediglich der Hebel, der im Herzen beider Männer eine Jugenderinnerung auslöst. Die Parallele ist um so bedeutsamer, als die elegische Erinnerung in beiden Novellen das am stärksten exponierte Motiv ist: im *Erzbischof von Prag* folgt sie auf den geglückten Liebesakt, im *Tagebuch* auf den mißglückten. Dabei entsinnt sich der Herr im *Tagebuch* besonders der Zeit, da er und seine Frau in Blüte standen und einander an den ungewöhnlichsten Orten liebten. Hierbei ist ihm das Ereignis der Hochzeit am peinlichsten, denn er entbot, erregt durch die Nähe seiner Braut, dem Kruzifix einen gleichsam phallischen Gruß:

»Und als ich endlich sie zur Kirche führe,
gesteh ich's nur, vor Priester und Altare,
Vor deinem Jammerkreuz, blutrünst'ger Christe,
verzeih mir's Gott, es regte sich der Iste.« (St. 17.)

Casti nun stellt dar, wie der Bischof die Sängerin Beatrice just in demselben Kabinett verführt, das er sonst dreimal täglich als Betstätte zu benutzen pflegt. Sobald er den mitbetenden Gehilfen hinausgeschickt hat, preßt er sich an die Liebeserfahrene. In beiden Fällen bedeutet die Erektion einen »Aufstand der Natur gegen das Kreuz«.[47] Für Castis Novelle ist das als sicher anzunehmen, da der Bischof die Reglementie-

47 So deutet Dieter Borchmeyer den Schluß der 17. Stanze des *Tagebuchs* in: D. B., *Die Weimarer Klassik*, Königstein (Taunus) 1980, Bd. 1, S. 139.

rung der Natur, der er als Kleriker unterworfen ist, so bitter beklagt (St. 98). Für das *Tagebuch* ist es wenigstens zu vermuten, wie Dieter Borchmeyer und Hans Rudolf Vaget dargelegt haben. Es ist nicht mehr notwendig, die Stelle allein aus der bekannten Abneigung Goethes gegenüber dem Kruzifix zu erklären, wie dies noch Hans Rudolf Vaget unternimmt,[48] sondern die Stanzen 88–90 von Castis Novelle stellen eine dezidierte Quelle für Stanze 17 des Goetheschen *Tagebuchs* dar.

Daß Goethe wie der Abbate Casti den Klerus provoziert, darf freilich noch nicht als Zeichen dafür gewertet werden, daß sein *Tagebuch* tatsächlich der Gattung der frivolen venezianischen Novelle angehört. Casti verhöhnt in seinen erotischen Satiren die doppelte Moral der Venezianer, wie dies auch Lord Byron, sein bedeutendster Nachahmer, in den Stanzen der Faschingsgeschichte *Beppo* (1817) getan hat. Goethe hingegen, der das *Tagebuch* vor der Öffentlichkeit konsequent verborgen hat, war kein satirischer Gesellschaftsrichter. So lieferte er das Versagen des alten Liebhabers nicht dem Spott der Leser aus. Vielmehr drückte er sein Erstaunen über das Phänomen aus, daß der Mensch durch seine bloße Vorstellungskraft an der mechanischen Durchführung des Liebesaktes gehindert werden kann. Der Reisende vermag sich eben deshalb nicht zu dem Mädchen zu legen, weil er die abwesende Gattin im Kopf hat (St. 22). Ethik ist die Folge der menschlichen Gedächtniskraft. Dies ist die Lehre des moralischen Gedichtes in Stanzen, als das Goethe selbst das *Tagebuch* bezeichnet hat. Es ist der eigentliche Sinn der einleitenden Stanze, in der Goethe die »Tugend« über den »Dämon« siegen läßt.

Zweifellos ist Goethe also im *Tagebuch* über die Gattung der frivolen Stanzen-Novelle hinausgewachsen. In der Impotenz des geistig abwesenden Liebhabers gestaltet er als Dichter ein neuartiges Thema, konstatiert sozusagen als Naturforscher

48 Vaget (Anm. 40) S. 66–68

ein biologisches Phänomen. Anders als die anerkannten Meister der Stanze: Ariosto, Casti, Lord Byron, verbindet er in seiner Versnovelle künstlerisches Gestalten mit wissenschaftlichem Begreifen. Andererseits schließt er sich aber durch die Konkretheit seiner erotischen Beschreibung wieder an die italienische Stanzentradition an, die er in den *Geheimnissen* ignoriert hatte. Indem er das ausführlich sagt, was man sonst aus Anstand verschweigt, gibt er der großen Stanzenstrophe auch formal ihren tieferen Sinn wieder.[49] Und wenn er am Ende des *Tagebuchs* eine Moral der Geschichte anbietet: »Und weil zuletzt bei jeder Dichtungsweise *Moralien* uns ernstlich fördern sollen, / So will ich denn in so beliebtem Gleise / Euch gern bekennen, was die Verse wollen« (St. 25), so hat er Casti jene (den erotischen Inhalt freilich nur bemäntelnde) Moralformel abgeschaut, die dieser fast stets in die Anfangs- und Schlußstanzen seiner Novellen einfügt, ohne daß sie auch nur das Geringste mit seiner tatsächlichen moralischen Überzeugung zu tun hat: „Doch wenn ich euch mit meinen *Moralitäten* langweile, / so gesteht mir wenigstens zu, meine Damen, / daß dies die natürliche Schwäche alter Dichter ist.«[50] Goethes »Moralien« entsprechen Castis »Moralitäten«. Sind es also unverbindliche Publikumsanreden, ohne Bezug zum ethischen Kern des *Tagebuchs*? Daß Goethe sich ausdrücklich einer konventionellen Formel bedient (»in so beliebtem Gleise«), könnte das nahelegen. Doch bleibt die Konvention nicht Konvention. Wie der Figuren- und Motivschatz der erotischen Stanzen-Novelle, den Goethe im *Tagebuch* äußerlich übernimmt, erhält die Moralformel einen ernsthaften Sinn. Das nur Vorgetäuschte wird – wie immer auch ironisch relativierte – Wahrheit.

49 Dieser Sinn ist von Gundolf (Anm. 45) S. 438 erhellt worden.

50 Giambattista Casti, *Le Novelle di Giambattista Casti*, Vol. 1.2, Firenze 1914, hier Vol. 2, S. 155 (Schluß der Novelle *La pistola*). Übersetzung: Wolfgang Dietrich.

Literaturhinweise

Düntzer, Heinrich: Goethes Bruchstück *Die Geheimnisse*. In: Zeitschrift für deutsche Philologie 28 (1896) S. 482–509.
Morris, Max: Goethe-Studien. Berlin ²1902. S. 129–173.
– Goethes Fragment *Die Geheimnisse*. In: Goethe-Jahrbuch 27 (1906) S. 131–145.
Schadewaldt, Wolfgang: Goethestudien. Stuttgart/Zürich 1963. Bes. S. 283–356.
Unseld, Siegfried: *Das Tagebuch* Goethes und Rilkes *Sieben Gedichte*. Frankfurt a. M. 1978.
Vaget, Hans Rudolf: Goethe. Der Mann von 60 Jahren. Königstein (Taunus) 1982.

DAVID E. WELLBERY

Die Wahlverwandtschaften (1809)

Desorganisation symbolischer Ordnungen

Meine Überlegungen zu diesem Roman, dem ich mich wie keinem zweiten der deutschen Literatur unterlegen fühle, nehmen ihren Ausgang von einem Begriff des Symbolischen, der zu dem im germanistischen Schrifttum üblichen quer steht. Symbolisch möchte hier bedeuten: alles was einen Platz, eine systematische Position hat und also seiner Stelle entrückt werden kann. Das Symbolische ist kein bloß ästhetisches, sondern ein allgemein kulturelles Phänomen und ist somit immer auf eine Ordnung bezogen, die Gesetzescharakter hat. Symbolische Ordnungen regeln die Trennungen und Verbindungen in der Gesellschaft, grenzen gesellschaftliche Positionen und Rollen voneinander ab. Die steuernde, regulierende Funktion des Symbolischen erstreckt sich auch auf das Gebiet der Ökonomie, ja sowohl Ökonomisches als auch Symbolisches entsteht in den elementaren Formen des Tausches. Übergänge wie Geburt und Tod, mit denen eine Gesellschaft fertig werden muß, um sich zu erhalten, werden symbolisch erfaßt und sinnvoll gemacht; das zeigen Rituale jeglicher Art. Schließlich bestimmt das Symbolische auch die in einer Gesellschaft akzeptablen Pfade des Begehrens.
Geht man von diesem, in den heutigen Sozialwissenschaften gängigen Begriff des Symbolischen aus, dann schrumpft Goethes Bemerkung, er wolle in den *Wahlverwandtschaften* »sociale Verhältnisse symbolisch darstellen«,[1] zu einer Platitüde. Es geht in dem Roman um Trennungen und Verbindungen, um Ökonomie, Geburt, Tod, Ritual und natürlich auch um die Ausrichtung des Begehrens; es geht also um

1. Hans Gerhard Gräf, *Goethe über seine Dichtungen*, T. 1: *Die epischen Dichtungen*, repr. Nachdr. Darmstadt 1968, Nr. 672.

Themen, die von vornherein in symbolischen Ordnungen artikuliert sind. Das Symbolische in diesem Roman ist also keine nachträglich hinzugefügte Bedeutungsschicht, keine semantische ›Tiefe‹, die der geniale Autor hinter der Handlungswelt seiner Figuren entdeckt, sondern schlicht das Material, das der Roman zu behandeln unternimmt. Die Antithese ›mimetisch – symbolisch‹ oder ›Wirklichkeit – versteckter (symbolischer) Sinn‹, die vielen Deutungen der *Wahlverwandtschaften* zugrunde liegt, ist daher aufzugeben; sie führt nur zur Erdichtung von quasi-metaphysischen ›Weltanschauungen‹. Der Interpret hat sich vielmehr mit dem Symbolischen als mit einem durchaus weltlichen Phänomen zu befassen, d. h. mit den Organisationsformen von Erfahrung, die die Handlungswelt des Romans – und den Roman selbst – bestimmen. Und damit komme ich zur These, die ich hier zur Diskussion stellen möchte: Der geschichtlich-kulturelle Vorgang, den die *Wahlverwandtschaften* inszenieren, läßt sich als der Zusammenbruch des Symbolischen, als dessen Desorganisation verstehen. Es handelt sich im Roman um die Auflösung eines verbindlichen Allgemeinen, deren Symptomen, Gründen und Konsequenzen in den verschiedensten Lebensbereichen nachgespürt wird.

Am greifbarsten wird diese innere Zersetzung des Symbolischen durch die drei im Roman geschilderten Rituale exemplifiziert: Grundsteinlegung, Richtfest und Taufe. An dieser Reihe läßt sich die Verkümmerung des Rituals zur Selbstparodie, das systematische Fehlgehen der rituellen Vermittlung, ablesen. Im Zentrum der Grundsteinlegung steht die festliche Rede des Maurers. Während die ausführliche Wiedergabe und traditionsreiche Lexik noch eine verhältnismäßige Stabilität des Symbolischen anzeigen, deutet die »unvollkommene«[2] Übertragung der gereimten Rede in die Romanprosa schon darauf hin, daß die festliche Sprache ihre

2 Seitenangaben beziehen sich auf die Ausgabe: Johann Wolfgang Goethe, *Die Wahlverwandtschaften*, mit einem Nachw. von Ernst Beutler, Stuttgart 1956 [u. ö.] (Reclams Universal-Bibliothek, Nr. 7835 [3]); hier S. 63.

Wirksamkeit einzubüßen anfängt. Beim Richtfest, das an Ottiliens Geburtstag stattfindet und damit gänzlich von Eduards übermäßiger Leidenschaft geprägt ist, wird eine weitere Festrede gehalten, deren Botschaft jedoch nicht bei der Gemeinschaft ankommt. »Bunt flatterten die Bänder und Tücher in der Luft, und eine kurze Rede verscholl zum größten Teil im Winde.« (100.) Schließlich wird an der Taufrede Mittlers die völlige Pervertierung der rituellen Sprache sichtbar. Die Worte, die das neugeborene Kind in die Gemeinschaft der Lebendigen hätten einholen sollen, verursachen statt dessen den Tod des alten Geistlichen.

Der in diesen Episoden zum Vorschein kommende Verlust der »efficacité symbolique« (Lévi-Strauss) ist von drei Tendenzen gekennzeichnet, die auf tiefgreifende kulturelle Transformationen hinweisen. Als erste wäre die Ersetzung des symbolischen Amtes durch eine berufliche Funktion zu nennen. Mittler ist jemand, der sein geistliches Amt aufgegeben hat, um, ausgerüstet mit einem säkularen Wissen über rechtliche und psychologische Sachverhalte, das Geschäft der Vermittlung ganz außerhalb der kirchlichen Institution zu betreiben. Daß er sich während der Taufszene »an die Stelle des Geistlichen« (189) versetzt, deutet auf diese Verberuflichung symbolischer Ämter hin und zeigt zugleich deren katastrophale Folgen. Die zweite Tendenz, die in diesem Zusammenhang zu erwähnen ist, ist die Loslösung des Signifikanten aus einer vorgegebenen symbolischen Ordnung. Seinem Kontext entrissen, wird das Zeichen in seiner Buchstäblichkeit zu einer autonomen Macht, die auf die Menschen beinahe magisch wirkt. Man denke an die abschließende Floskel in Mittlers leerer Taufrede, die, indem sie den Tod nennt, dem alten Geistlichen seinen Tod bringt. Aber auch das Glas, das bei der Grundsteinlegung in die Luft geworfen und aufgefangen wird, illustriert diese Tendenz: Die in sich verschlungenen Buchstaben E und O, die ins Glas eingeritzt sind, werden Eduard zu einem Fetisch, einer buchstäblichen Garantie, daß seine Liebe zu Ottilie in Erfüllung gehen wird. Schließlich manifestiert sich als dritte Tendenz in diesen Ritualen die Annullierung der väterlichen Autorität; die gesetzgebende Funktion des Vaters oder des Herrn fällt aus. Charlotte erkennt die Gefahr: »nun sollte der Vater auch bei der Geburt des Sohnes nicht gegenwärtig sein; er sollte den Namen nicht bestimmen, bei dem man ihn künftig rufen würde.« (188.) Nur die »entschiedene Zudringlichkeit« (188) Mittlers, der seinerseits den Namen des Kindes wählt, beseitigt Charlottes Bedenken. Aber auch bei der Grundsteinlegung ist ein vergleichbares Fehlen der männlichen Autorität zu bemerken. Der Maurer hebt in seiner Rede hervor, es sei »das Vorrecht des Grundherrn, daß er sage: hier soll meine Wohnung stehen und nirgends anders« (63). Daß Eduard und Ottilie nicht wagen, sich bei diesen Worten anzusehen, hat seinen guten Grund: Eduard hatte nämlich sein Vorrecht und seine Pflicht als Gutsherr an Ottilie delegiert; sie war es, die die Stelle des Baus bestimmt hatte.

Die Konstellation von Kräften, die in den rituellen Szenen zur Desintegration des Symbolischen führen, verleiht der ganzen Romanwelt ihr Gepräge. So ist die Entstehung einer beruflich ausgeübten Wissenschaft vom Menschen, die sich an Mittler, diesem Eheberater *avant la lettre* nachweisen läßt, auch an der Figur des Gehülfen zu beobachten. Sein pädagogisches Programm wird zunächst in der Gegenüberstellung mit den Ansichten der Vorsteherin eingeführt. Diese bildet Mädchen für die Welt aus, für *le monde*, jenen öffentlichen Raum der aristokratischen Gesellschaft, in der die künftigen Damen sich darstellen werden. Ergebnis ihrer Praktiken ist immer etwas, das »äußerlich und deutlich« (26) zu sehen ist, eine symbolische Ausstattung, die im theatralischen Raum der Aristokratie den Damen ihren Platz anweist. Deshalb kulminiert diese Ausbildung auch in einer »öffentlichen Prüfung« (39), in der für gelungene Leistungen Preise erteilt und somit individuelle Wertunterschiede registriert werden. Dem Gehülfen ist aber solches nach außen gerichtete und abmeßbare Können ein bloßer Schein. Seine Pädagogik zielt nicht darauf ab, die Mädchen in die symbolische Ordnung der aristokratischen Gesellschaft zu integrieren. Er spezialisiert sich vielmehr auf die »verschlossenen Früchte« (26); es geht ihm um das ›Innere‹ seiner Zöglinge. In diesem Sinne beurteilt er die pädagogischen Bemühungen von Charlotte und Ottilie: »Übrigens fand er zu seiner großen Befriedigung nichts auf den Schein und nach außen getan, sondern alles nach innen und für die unerläßlichen Bedürfnisse.« (177.) Daß dieses Innere im öffentlichen Raum schlechthin unvertretbar ist, zeigt der gescheiterte Versuch des Gehülfen, den Vorstehenden der Pension Ottiliens inneren Wert begreiflich zu machen. Denn das Innere läßt sich nicht durch das Parlieren und Exponieren der französischen Sprache oder die Wiederholung geschichtlich bedeutender Namen – also nicht im Meistern eines vorgegebenen symbolischen Codes – repräsentieren. Im Gegenteil, es bedarf zu seiner Erfassung einer einfühlenden Hermeneutik, die der Gehülfe allein zu praktizieren vermag. »Ottilie schien gelassen für jeden anderen, nur nicht für mich. Eine innere, unangenehme, lebhafte Bewegung, der sie widersteht, zeigt sich durch eine ungleiche Farbe des Gesichts. Die linke Wange wird auf einen Augenblick rot, indem die rechte bleich wird. Ich sah dies Zeichen und meine Teilnehmung konnte sich nicht zurückhalten.« (42.)

Aber nicht nur die Innerlichkeit, die die Pädagogik des Gehülfen deutend ausformt, fällt außerhalb des symbolischen Raumes, sondern auch das Ziel, das seine Praxis leitet. Das zeigt folgende Überlegung: »Man betrachte ein Frauenzimmer als Liebende, als Braut, Hausfrau, Mutter, immer steht sie isoliert, immer ist sie allein, und will allein sein. [. . .] Jede Frau schließt die andre aus, ihrer Natur nach: denn von jeder wird alles gefordert, was dem ganzen Geschlecht zu leisten obliegt.« (176 f.) Bei dieser Definition von ›Frau‹ bedient sich der Gehülfe keines empirischen Begriffs, der eine Subklasse aus der ihr übergeordneten durch ein unterscheidendes Merkmal aussondert. Ein solcher Begriff lautete etwa:

›menschliche Wesen weiblichen Geschlechts‹ und umfaßte eine Reihe wirklicher Frauen, die sich dann durch individuelle Differenzen – körperliche und symbolische – voneinander abhöben. Aber in der Definition des Gehülfen wird eine jede Frau in bezug zu einem Begriff gesetzt, der statt einer empirisch gegebenen Klasse die Totalität des Geschlechts meint. Solche Begriffe heißen nach Kant Ideen: »Ich verstehe unter der Idee einen notwendigen Vernunftbegriff, dem kein kongruierender Gegenstand in den Sinnen gegeben werden kann. Also sind unsere jetzt erwogenen reinen Vernunftbegriffe *transzendentale Ideen.* Sie sind Begriffe der reinen Vernunft; denn sie betrachten alle Erfahrungserkenntnis als bestimmt durch eine absolute Totalität der Bedingungen.«[3] Der Pädagogik des Gehülfen zufolge hat jede individuelle Frau die Idee der ›Einen‹ Frau, die die Totalität des Geschlechts in sich schließt, zu verwirklichen. Die Konturen dieser Idee lassen sich an der lapidaren Maxime seines Erziehungsprogramms deutlich ablesen: »Man erziehe die Knaben zu Dienern und die Mädchen zu Müttern, so wird es überall wohl stehen.« (177.) Die Idee der Totalität des weiblichen Geschlechts ist die Idee ›reiner Mütterlichkeit‹. Die Mutter als Idee macht das Telos der neuen Pädagogik aus.

Diese Neudefinition der Frau kündet einen Wandel in der Struktur des begehrten Gegenstandes an, der ins Zentrum der Romanhandlung führt. Im aristokratischen System wird die Identität der Frau durch eine Koppelung von körperlichen und symbolischen Werten bestimmt. So stellt sich der Graf, als Vertreter des aristokratischen Eros, Charlottes Vorzüge auf folgende Weise vor: »Der Graf verlor sich in vorige Zeiten, gedachte mit Lebhaftigkeit an die Schönheit Charlottens, die er als Kenner mit vielem Feuer entwickelte. Ein schöner Fuß ist eine große Gabe der Natur. Diese Anmut ist unverwüstlich. Ich habe sie heute im Gehen beobachtet; noch immer möchte man ihren Schuh küssen, und die zwar etwas

3 Immanuel Kant, *Kritik der reinen Vernunft*, hrsg. von Raymund Schmidt, Hamburg 1956, S. 359.

barbarische, aber doch tief gefühlte Ehrenbezeugung der Sarmaten wiederholen, die sich nichts Bessers kennen, als aus dem Schuh einer geliebten und verehrten Person ihre Gesundheit zu trinken.« (81.) Der Fuß, der Charlotte auszeichnet, ist körperlich und symbolisch zugleich, steht er doch metonymisch für das Geschlecht; und das Begehren, das er in Bewegung setzt, zielt auf eine erotisch-symbolische Zeremonie, eine Feier der körperlichen Schönheit. Aber wenn die begehrte Frau eben die Idee der Totalität des Geschlechts ist, wird sie in solch leibhaftiger Vorhandenheit nicht gegeben. Denn »kein einzelnes Geschöpf« vermag, »unter den Bedingungen seines Daseins, mit der Idee des vollkommensten seiner Art« zu kongruieren.[4] Nicht als empirisch gegebene Kombination von körperlichen und symbolischen Werten ist die Frau begehrenswert, sondern nur als Bild – und zwar als Bild der idealen Mutter. Bedenkt man, daß dieses Bild seine perfektionierte Form in der Vorstellung der ›Jungfrau-Mutter‹ annimmt, dann hat man gleichsam den Schlüssel zur Figur Ottiliens, der Lieblingsschülerin des Gehülfen: ihr Schicksal inszeniert die neue Struktur des begehrten Gegenstandes. Die Ottilie lieben, lieben nicht einen Teil des Geschlechts, sondern dessen Idee, die in ihr eine imaginäre Präsenz gewinnt. Das prekäre Verhältnis nicht nur zur symbolischen Ordnung, sondern auch zur eigenen Körperlichkeit, das die Figur Ottiliens kennzeichnet, ist nur die Konsequenz dieses Sachverhalts: dem Feld der symbolisch organisierten Körper entrückt, bleibt der begehrten Frau nur die problematische Existenzweise eines Bildes, in der ja Ottilie schließlich ganz aufgeht.

Wie der Gehülfe durch sein pädagogisches Programm einen neuen Menschen ins Leben ruft und damit eine theoretische Herrschaft über dessen Psyche ausübt, so verfügt der Hauptmann über eine Wissensmacht, die der Herrschaft sowohl über die Natur als auch über die menschlichen Verhältnisse

4 Ebd., S. 352.

dient.[5] Diese Entsprechung hat ihre präzise Motivation. Was die Erziehung männlicher Zöglinge anbetrifft, vertritt nämlich der Gehülfe die Ansicht, daß eine militärische Organisationsform die Knaben am besten zu »Dienern« (177) ausbildet. Genau diesem Pfad, vom Soldaten zum Staatsdiener, ist der Hauptmann gefolgt. Und wie der Gehülfe Methode und Zusammenhang an die Stelle eines hergebrachten Repertoires symbolischen Wissens setzt, so führt auch die Tätigkeit des Hauptmanns zu einer Rationalisierung auf Gebieten, wo früher der Zufall und die Laune eine bestimmende Rolle spielten. Man denke diesbezüglich an die Einteilung in Geschäft und Leben, an die Verbesserung von Charlottes Landschaftsprojekt, an den Umbau der Dorfmauer, an die Herbeirufung eines Chirurgen. Im Hauptmann wird Herrschaft zu einem Beruf, dessen mächtigstes Werkzeug die planende *Ratio* ist. Dieser Rationalisierungsprozeß greift zum Teil in die traditionellen symbolischen Ordnungen ein und gestaltet sie um; dies zeigt die vom Hauptmann initiierte Neuordnung von Eduards Papieren. Aber gleichzeitig zertrümmert dieser Rationalisierungsprozeß jene symbolische Codierung, die vor allen anderen dem europäischen Menschen seinen Platz in der Gesellschaft und im Kosmos angewiesen hatte; er zerstört die Religion. In diesem Sinne führt die methodische, wissensgeleitete Praxis des Hauptmanns, wie die des Gehülfen, über die Grenzen der symbolisch ausgelegten Welt hinaus.

Zwei Episoden veranschaulichen diese Ablösung der Religion. In der einen entwirft der Hauptmann einen Plan, der der Kontrolle der Bettelei gilt. Im Grunde handelt es sich um eine kluge Strategie, die einerseits die Bettler aus dem Dorf entfernt, andererseits den Akt des Gebens institutionalisiert. Die Bedeutung dieser polizeilichen Anordnung gibt sich aber allererst zu erkennen, wenn man sie mit dem hergebrachten

5 Zum historischen Typus, den der Hauptmann verkörpert, s. Friedrich A. Kittler, »Ottilie Hauptmann«, in: *Goethes Wahlverwandtschaften. Kritische Modelle und Diskursanalysen zum Mythos Literatur*, hrsg. von Norbert W. Bolz, Hildesheim 1981, S. 260–275.

System vergleicht. Dieses wird in der Rede des Bettlers evoziert: »[...] als aber der Kerl sich murrend, ja gegenscheltend, mit kleinen Schritten entfernte, auf die Rechte des Bettlers trotzte, dem man wohl ein Almosen versagen, ihn aber nicht beleidigen dürfe, weil er so gut wie jeder andere unter dem Schutze Gottes und der Obrigkeit stehe, kam Eduard ganz aus der Fassung.« (49.) Der Bettler insistiert auf eine symbolische Codierung, die ihm einen Platz, wenn auch den niedrigsten, unter Gottes Kreaturen zuweist. Nach dieser Codierung hat auch der Bettler, als im System integriert, gewisse Rechte, vorab das Recht auf seine Bettlerexistenz. Die Anordnung des Hauptmanns befreit zwar den Bettler von der Kontingenz individueller Launen, schließt ihn aber effektiv aus der Gesellschaft aus. Eine religiöse Symbolik umfaßt nicht mehr die Gesamtheit der Menschen; die Besitz- und Arbeitslosen werden in ein asymbolisches Jenseits geschickt, wo sie kulturell unsichtbar werden. Die moderne Soziologie nennt solche Menschen ›marginal‹.
Das andere Beispiel, das ich hier anführen möchte, hat nicht mit gesellschaftlichen Verhältnissen, sondern mit der Herrschaft über die Natur zu tun. Es handelt sich um die Karte von Eduards Gut, die der Hauptmann, mit »Magnetnadel« und anderen »Gerätschaften« (22) arbeitend, herstellt. »Schnell war auch alles laviert und illuminiert, und Eduard sah seine Besitzungen auf das deutlichste, aus dem Papier, wie eine neue Schöpfung hervorgewachsen. Er glaubte sie jetzt erst kennen zu lernen; sie schienen ihm jetzt erst recht zu gehören.« (22.) An dieser Stelle ist zweierlei wichtig. Zunächst wird hervorgehoben, daß das Wissen und technische Können des Hauptmanns eine Wahrnehmung ermöglichen, die der unmittelbaren Erfahrung nicht zugänglich ist. Die Landschaft, in der man sonst steht und die man also nur partiell sieht, wird in dem raffiniert konstruierten Bild als Totalität erfaßbar. Eduard glaubt nun, sie erst zu besitzen, wenn er über sie als Ganzheit verfügen kann. Dieses Bildwerden der Natur steht jedoch noch in einem zweiten Bedeu-

tungszusammenhang, der für meine Argumentation von Belang ist. Eduard sieht im Bilde »eine neue Schöpfung«. Indem der Mensch einen Standpunkt außerhalb der Natur einnimmt, um sie zu seinem Vergnügen umzugestalten, übernimmt er den Standpunkt Gottes, dem das Gewahrwerden der ganzen Schöpfung, der hergebrachten religiösen Symbolik zufolge, vorbehalten war. Schon bei seinem ersten Besuch der Mooshütte wünscht Eduard »die neue Schöpfung zu sehen« und sich »daran zu erfreuen« (3). Und die Hütte bietet ihm auch von der Tür und den Fenstern aus »verschiedene Bilder, die die Landschaft gleichsam im Rahmen« zeigen (4). Landschaftsverschönerung, das technische Herstellen von Landkarten und die Ablösung der alten symbolischen Ordnung gehen also Hand in Hand: sie lassen den Menschen aus seinem Platz *in* der Ordnung der Schöpfung heraustreten und geben ihm diese Schöpfung als Bild, das dann der Gegenstand seines Begehrens und seiner Lust wird.

Soviel zur Entstehung von beruflich ausgeübten Wissensmächten als einer der zentralen kulturellen Verschiebungen, die im Roman zur Desorganisation hergebrachter symbolischer Ordnungen führen. Ein Ergebnis der Analyse ist an dieser Stelle besonders hervorzuheben. In beiden Fällen nämlich geht es um denselben Prozeß: Aus der Zerstörung der traditionellen symbolischen Ordnung entsteht eine Situation, in der das menschliche (und vor allem das männliche) Begehren sich auf einen unendlich entfernten und damit unerreichbaren Gegenstand richtet, den es allerdings nur im Imaginären, im Bilde hat (›besitzt‹). Das heißt aber, es hat (›besitzt‹) ihn nicht, denn das Bild ist durch eine ontologische Leere gekennzeichnet, setzt die Abwesenheit seines Gegenstandes voraus. Deshalb werden in diesem Roman die Bilder als »Denkmale« (135) klassifiziert: sie weisen auf den fürs Bildsein konstitutiven ›Tod‹ des Gegenstandes hin.[6] In dem ver-

6 Entscheidend für die Deutung des Bildes in den *Wahlverwandtschaften* ist Ottiliens erste Tagebucheintragung, in der das Verhältnis Bild – Tod besonders stark hervorgekehrt ist (135 f.). Diesem Passus entnimmt der Roman

lockenden Bild selbst, in dem das Subjekt die Totalität – die Idee ›Frau‹ oder die Ganzheit der Natur – zu haben wähnt, steckt ein Totes. Das Begehren, das sich nach einem Unendlichen richtet, hat den Tod als seine Erfüllung. Dieser Situation entspringt, wie noch zu zeigen sein wird, die Tragik des Romans.

Um nun zur zweiten der oben genannten kulturellen Tendenzen zu kommen, nämlich der Kontraktion des Signifikanten zu einer opaken Eigenmacht, so läßt sich in der deutschen Literatur schwerlich ein Roman finden, in dem der Signifikant, und zwar in seiner Materialität, so emphatisch wie hier thematisiert wird. Man denke nur an die Blumenbuchstaben, die Eduard beim Richtfest aufstellen lassen will, oder an die handlungsführende Funktion von Briefen, die nicht von ihrem Inhalt, sondern von den reellen Bedingungen ihres Vorhandenseins herrührt, wie im Falle der unheilvollen Begegnung im Wirtshaus. Manchmal handelt es sich um die Produktion von gleichsam präsignifikanten Schriftzeichen, die als die Spuren eines Irrationalen anzusehen sind. Dies ist der Fall beim Tintenfleck, mit dem Charlottes Angst den Brief an den Hauptmann »verunstaltet« (18), oder bei den »starken und derben« (58) Strichen, die der leidenschaftlich bewegte Eduard mit Bleistift auf der Landkarte zeichnet. Aber was die Thematisierung des Signifikanten im Roman am entschiedensten charakterisiert, ist der Versuch, ihn in ein Imaginäres zu verwandeln und damit der symbolischen Ordnung zu entkommen. Am deutlichsten zeigt sich dies in Ottiliens Abschrift des Aufsatzes für den Vorwerksverkauf. Die allmähliche Angleichung ihrer Handschrift an Eduards löscht die symbolischen Differenzen zwischen ihnen aus: die Handschriften der beiden treten in ein wechselseitiges Spiegelverhältnis, sie werden zu Bildern voneinander. Am Schrift-Bild erkennt Eduard Ottiliens Liebe zu ihm, und das Dokument

seinen problematischen Schluß, was darauf hinweist, daß die Frage des Bildes nicht nur im Roman, sondern auch für den Roman von zentraler Bedeutung ist.

wird ihm zu einem Fetisch, den er »tausendmal« (91) küßt. Jedoch reicht diese Auslöschung des Symbolischen noch nicht hin; die Abschrift ist »entstellt durch die Handschrift eines Dritten« (91), unterhält also noch einen Bezug zur symbolisch organisierten Öffentlichkeit. Deswegen erträumt sich Eduard später eine noch gründlichere Verwandlung des Signifikanten in ein Bild: »Bald unterschreiben wir einen Kontrakt; da ist ihre Hand und die meinige, beide löschen einander aus, beide verschlingen sich.« (120.) Die symbolische Funktion der Signatur, nämlich durch ihre Differenz von allen anderen Signaturen die Individualität des rechtlichen Subjekts zu verbürgen, wird außerstand gesetzt. Der Signifikant wird zum Bild einer Vereinigung, die außerhalb jeglicher symbolischen Unterscheidung stattfindet. Und natürlich auch außerhalb des Gesetzes, denn ein Kontrakt, der nicht von zweien unterschrieben wird, ist keiner.[7] Eduards Liebe wendet sich also immer von der Ordnung des Symbolischen ab; sie ist wesenhaft an ein Bild gebunden, das ihm das restlose Aufgehen im Anderen verspricht.

Betrachtet man nun, im Hinblick auf diesen Problemzusammenhang, die berühmte chemische Gleichnisrede, die dem Roman seinen Titel verleiht, so treten einige bislang unbemerkt gebliebene Aspekte ans Licht. Hier wird ein Gespräch vorgeführt, das ein nicht ganz durchsichtiges Fragment wissenschaftlichen Diskurses unversehens in ein Bild verwandelt, in dem die Teilnehmer sich selbst zu erkennen meinen. Zu bedenken ist, daß das Gespräch eingeleitet wird von Eduards Wort: »der Mensch ist ein wahrer Narziß.« (32.) Ein Mythos, der vom Verstricktsein im Bilde, von der Koinzidenz von Identitätsfindung und Identitätsverlust und von der Unerreichbarkeit des begehrten Gegenstandes erzählt, breitet also sein tristes Licht über die ganze Diskussion aus. Die Redenden werden aber hier nicht durch ein echtes Spiegelbild in den narzißtischen Irrtum geleitet, sondern durch die Figür-

7 Vgl. Wolf Kittler, »Goethes Wahlverwandtschaften: Soziale Verhältnisse symbolisch dargestellt«, in: *Goethes Wahlverwandtschaften* (Anm. 5) S. 242.

lichkeit ihrer eigenen Sprache. So warnt Eduard seine Frau am Anfang des Gesprächs: »Es ist eine Gleichnisrede, die dich verführt und verwirrt hat« (32), um dann seinerseits am Schluß der Unterhaltung die chemische Formel als »Gleichnisrede« (38) zu deuten, die er unbekümmert auf sich und seine Gesprächspartner anwendet. Dabei entspricht sein Verfahren seiner sonstigen Praxis genau: Er läßt die Buchstaben A, B, C, D in ein Bild übergehen, das das von ihm Begehrte im Schein präsent macht.

Die Erfindung dieses Buchstabenbilds wird im Laufe des Gesprächs auf eine höchst aufschlußreiche Weise motiviert. Das chemische Phänomen ließe sich nämlich in unmittelbarer Anschauung und also als echtes Bild wahrnehmen, wenn nur das »chemische Kabinett« (35), das man aus der Ferne bestellt hatte, schon angekommen wäre. Auf dieses Kabinett werde ich später zurückkommen; hier möchte ich lediglich auf seine Wirkung hinweisen, die im folgenden Passus evoziert wird:

»Man sollte dergleichen, versetzte der Hauptmann, nicht mit Worten abtun. Wie schon gesagt! sobald ich Ihnen die Versuche selbst zeigen kann, wird alles anschaulicher und angenehmer werden. Jetzt müßte ich Sie mit schrecklichen Kunstworten hinhalten, die Ihnen doch keine Vorstellung gäben. Man muß diese totscheinenden und doch zur Tätigkeit innerlich immer bereiten Wesen wirkend vor seinen Augen sehen, mit Teilnahme schauen, wie sie einander suchen, sich anziehen, ergreifen, zerstören, verschlingen, aufzehren und sodann aus der innigsten Verbindung wieder in erneuter, neuer, unerwarteter Gestalt hervortreten: dann traut man ihnen erst ein ewiges Leben, ja wohl gar Sinn und Verstand zu« (37 f.).

Der Rede des Hauptmanns zufolge besteht der Vorteil des durchs Experiment hergestellten Bildes darin, daß es die »schrecklichen Kunstworte« der Wissenschaftssprache vermeidet. Aber warum sind diese Worte so »schrecklich«?

Warum will man sie in etwas Anschaulicheres und Angenehmeres verwandeln? Die Antwort ergibt sich aus dem Folgenden. Die bloße Sprache beläßt nämlich die Elemente in ihrem Totsein; erst im Bild nehmen sie »ein ewiges Leben« an. Daß dieses Leben aber seinerseits Schein ist, läßt sich an den Verben ablesen, die in der Beschreibung verwendet werden: »ergreifen, zerstören, verschlingen, aufzehren«. Der eigentliche Inhalt des Bildes ist eine Synthese aus sexueller Vereinigung und Destruktion. Mit der schönen »Gestalt« verschleiert also das Bild ein wahrhaft Schreckliches, und zwar den Tod als den eigentlichen Gegenstand des Begehrens. Genauso verfährt Charlotte bei der Renovierung des Kirchhofs: Sie transformiert das beschriftete, steinige Chaos in einen »angenehmen Raum«, auf dem »das Auge und die Einbildungskraft gerne« (15) verweilen.[8]

Auf die dritte der eingangs genannten kulturellen Tendenzen, die Annullierung des väterlichen Prinzips, ist hier nur kurz einzugehen. Daß sie mit den ersten zwei Tendenzen eng zusammenhängt, dürfte auf der Hand liegen, denn der Vater ist ja die gesetzgebende Instanz sowohl der religiösen als auch der aristokratischen Symbolik. Es ist natürlich Eduard, an dem die Vermeidung des väterlichen Gesetzes am deutlichsten zum Vorschein kommt. So ist seine Namenswahl nichts anderes als ein Versuch, die ihm von seinem Vater erteilte Identität, mitsamt ihren Pflichten und Verantwortungen, zu leugnen. Seinem eigentlichen Namen zieht er einen vor, der »von angenehmen Lippen ausgesprochen einen besonders guten Klang hat« (20). Die »lakonische« (20) Artikuliertheit von »Otto« ersetzt er also durch eine fließende Vokalkombination, die an eine weibliche Sprechinstanz erinnert, an die Mutter, die er dann in jeder Geliebten sucht. Überhaupt verträgt sich Eduards Liebe nur schlecht mit dem väterlichen Gesetz. Das zeigt sich an seiner Ehe mit Charlotte, die eine

8 Was Goethe alles in seinen Text »hineingelegt« (Gräf [Anm. 1] Nr. 833) hat, läßt sich an unscheinbaren Wörtern wie »angenehm« erkennen, die auseinanderliegende Stellen miteinander verketten.

Rückkehr zum vom Vater Verbotenen darstellt, aber ausdrücklicher noch an seiner Liebe zu Ottilie. Diese ist nämlich durch das Miniaturbild von ihrem Vater, das sie auf ihrer Brust trägt, ans väterliche Gesetz gebunden. Indem sie Eduards Wunsch nachgibt und das Bild von ihrer Person entfernt, begibt sie sich außerhalb des väterlichen Schutzes. Die »Scheidewand« (56) zwischen Eduard und Ottilien, in dieser Geste beseitigt, ist nichts anderes als das väterliche Verbot, das die beiden trennt.[9] Mit dessen Aufhebung entkommt das Begehren der symbolischen Ordnung und etabliert sich im Imaginären.

Im gleichen Zusammenhang sind auch die »Pappeln und Platanen« (21) zu sehen, die in der Romanhandlung eine so bedeutende Rolle spielen. Was für eine Bewandtnis es mit diesen Bäumen hat, erfährt man bei ihrer ersten Erwähnung: »Diese habe ich, rief er [Eduard] aus, in meiner Jugend selbst gepflanzt. Es waren junge Stämmchen, die ich rettete, als mein Vater, bei der Anlage zu einem neuen Teil des großen Schloßgartens, sie mitten im Sommer ausroden ließ. Ohne Zweifel werden sie auch dieses Jahr sich durch neue Triebe wieder dankbar hervortun.« (22.) In den Bäumen, die »frisch, gesund, empor und in die Breite« (22) streben, ist ein vom Vater verbotener Wunsch aufbewahrt, der sich im Laufe des Jahrs, wie Eduard mit blinder Prophetie voraussagt, in aller Virulenz zeigen wird. Denn »der Tag, das Jahr jener Baumpflanzung ist«, so entdeckt Eduard nachträglich, »zugleich der Tag, das Jahr von Ottiliens Geburt« (99). Ottilie ist also der Gegenstand des Begehrens, das der Vater auszuroden versucht hatte; in seiner Liebe zu ihr sieht Eduard, der sein Leben lang ein Kind bleiben möchte, die Erfüllung seines

9 Daß es sich bei dieser »Scheidewand« um ein Verbot handelt, geht aus einem Vergleich mit *Werther* hervor: »Nie will ich es wagen, einen Kuß euch aufzudrücken, Lippen, auf denen die Geister des Himmels schweben. – Und doch – ich will – Ha! siehst du, das steht wie eine Scheidewand vor meiner Seele« (*Die Leiden des jungen Werthers*, Nachw. von Ernst Beutler, Stuttgart 1948 [u. ö.], S. 103).

jugendlichen Wunsches.[10] Was den eigentlichen Gegenstand dieses Wunsches jedoch ausmacht, wird gleichfalls an den Bäumen ersichtlich. Die Pappel ist nämlich »der antike Todesbaum«.[11] Deshalb ist die Baumgruppe Ottiliens Ziel bei der unglücklichen Kahnfahrt, die zum Tod des Kindes führt. Und deshalb bekommen Eduard und Ottilie, unter den gleichen Bäumen sitzend, im Feuerwerk ihr eigenes Schicksal zu sehen: »Ottiliens zartem aufgeregtem Gemüt war dieses rauschende blitzende Entstehen und Vergehen eher ängstlich als angenehm. Sie lehnte sich schüchtern an Eduard, dem diese Annäherung, dieses Zutrauen das volle Gefühl gab, daß sie ihm ganz angehöre.« (103.)

Bild – Begehren – Tod

Diese Analyse der Faktoren, die im Roman zur Desorganisation des Symbolischen führen, hat folgendes Ergebnis gebracht: Es handelt sich in den *Wahlverwandtschaften* um einen konkret gedachten geschichtlichen Wandel: aus einer nach den Symboliken der Religion und der Aristokratie organisierten Erfahrungswelt geht eine neue Welt hervor, die entscheidend von theoretischen Mächten geprägt wird. Diese Transformation, die die Soziologie als den Übergang von einem stratifizierten zu einem funktional differenzierten Gesellschaftssystem denkt, wird im Roman als eine dargestellt, die vor allem die Struktur des Begehrens betrifft. Dieses wird in Bezug gesetzt zu einem unendlichen Gegenstand, der als die Ganzheit der Natur oder als die Idee der Frau erscheinen kann. Aus diesem Grunde werden im Roman die Handlungslinien ›Landschaftsverschönerung‹ und ›Liebesge-

10 Die Metapher ›jugendlicher Wunsch / in der Jugend gepflanzter Baum‹ erhält eine aufschlußreiche lyrische Bearbeitung in dem Gedicht »Sag' ich's euch, geliebte Bäume«. Vgl. *Goethes Werke*, Hamburger Ausgabe, hrsg. von Erich Trunz (im folgenden zit. als: HA), Bd. 1, München, 12., neubearb. Aufl. 1981, S. 126.

11 Kittler (Anm. 7) S. 253.

schichte‹ enggeführt. Was in beiden Fällen die neue Form des Begehrens auszeichnet, ist die Bindung an ein Bild, in dem sich der Gegenstand zugleich gibt und entzieht. Denn hinter diesem Bilde lauert der Tod, und zwar im doppelten Sinn: einmal als der Tod des Gegenstandes in seinem Bildsein (der Roman nennt dies ›Erstarren‹), und zum zweiten als der Tod, der das eigentliche Ziel des Begehrens ausmacht. Die neue kulturelle Organisationsform, die aus der Dekadenz der hergebrachten symbolischen Ordnung geboren wird, wird für tot erklärt: sie teilt das Schicksal des Kindes Otto, das auf den Leibern der Aristokratie von Bildern gezeugt wird.

Weitere Einsicht in die kulturelle Bedeutsamkeit der Grundkonstellation Bild – Begehren – Tod läßt sich anhand von zwei anderen, eng verflochtenen Tendenzen gewinnen, die den Roman prägen. Diese nenne ich Entgrenzung und Entortung. Unter der ersten verstehe ich die Öffnung der Handlungswelt auf ein Unendliches hin: das Subjekt richtet sich auf einen Gegenstand, der außerhalb jeder um- und einfassenden Ordnung existiert. Diese Struktur kennzeichnet zumal Eduards Leidenschaft, die »ihn ins Unendliche« (92) treibt, die »grenzenlos« ist und »kein Maß« (98) kennt. Kein Zufall also, daß Eduard Ottiliens Vorschlag aufgreift, das »Lustgebäude« ganz oben zu errichten, wo es keinen Bezug mehr zum Schloß hat und in »eine andere und neue Welt« (58) hineinsieht. Aber das Phänomen ist nicht auf eine einzelne Figur beschränkt. So notiert der Gehülfe, es sei ein Problem bei der Erziehung der »höheren Stände«, daß man sie »leicht ins Grenzenlose« (178) treibe. Von ihm stammt auch die Bemerkung, daß bei der Landschaftsverschönerung überhaupt »Liebhaberei und Aufwand [. . .] ins Weite und Unendliche« (185) gehen. Charlotte sieht diese Ausbreitungstendenz als charakteristisch für den »ganzen Zeitraum« (185):

»Von jenen Zuständen, da jede kleine Stadt ihre Mauern und Gräben haben mußte, da man jeden Edelhof noch in einen Sumpf baute, und die geringsten Schlösser nur durch eine

Zugbrücke zugänglich waren, davon können wir uns kaum einen Begriff machen. Sogar größere Städte tragen jetzt ihre Wälle ab, die Gräben werden ausgefüllt, die Städte bilden nur große Flecken, und wenn man so auf Reisen das ansieht, sollte man glauben: der allgemeine Friede sei befestigt und das goldene Zeitalter vor der Tür. Niemand glaubt sich in einem Garten behaglich, der nicht einem freien Lande ähnlich sieht; an Kunst, an Zwang soll nichts erinnern, wir wollen völlig frei und unbedingt Atem schöpfen.« (185f.)

Der Recodierung des Raumes von einem geschlossenen, der die Macht des Herrschers nach der Opposition Innen/Außen gestaltet, zu einem offenen und unendlichen, der sich in allen Richtungen ausdehnt, entspricht eine Entgrenzung des Wissens, welche sich an einigen Stellen des Romans bemerkbar macht. So meint Eduard: »Unsere Vorfahren hielten sich an den Unterricht, den sie in ihrer Jugend empfangen; wir aber müssen jetzt alle fünf Jahre umlernen, wenn wir nicht ganz aus der Mode kommen wollen.« (32f.) Mit solcher Beschleunigung der Wissensproduktion hält der alte Gärtner nicht Schritt. Ihm sind »die neuen Zierbäume und Modeblumen einigermaßen fremd geblieben«, und er hat »vor dem unendlichen Feld der Botanik, das sich nach der Zeit auftat, und den darin herumsummenden fremden Namen, eine Art von Scheu« (192). Die entgrenzte Welt ist eine des universellen Verkehrs, in der wissenschaftliche Erkenntnisse und Moden immer neu hervorgebracht und ausgetauscht werden.
Entortung meint, daß Gegenstände und Symbole von ihrem Entstehungsort entfernt und transportierbar gemacht werden. Ein Beispiel hierfür sind die »frisch erhaltenen Pfropfreiser« (3), die im ersten Satz des Textes erwähnt werden. An ihnen wird erkennbar, daß die Natur in diesem Roman nicht mehr ans Lokale gebunden ist: Pflanzen werden über »Handelsgärtner« (192) bestellt, mit denen der alte Gärtner ebensowenig zurechtkommt wie mit der neuen Botanik. Noch deutlicher kommt diese Tendenz an Charlottes Reno-

vierung des Kirchhofs zum Vorschein. Gegen die Anreihung der Denkmäler entlang der Mauer protestieren einige aus der Gemeinde; sie mißbilligen, »daß man die Bezeichnung der Stelle, wo ihre Vorfahren ruhten, aufgehoben und das Andenken dadurch gleichsam ausgelöscht: denn die wohlerhaltenen Monumente zeigen zwar an, wer begraben sei, aber nicht wo er begraben sei, und auf das Wo komme es eigentlich an« (127). Charlotte hingegen, die eigentlich nichts anderes als aus dem Kirchhof ein angenehmes Bild machen wollte, zieht eine beweglichere Form des Andenkens vor: »Das Bild eines Menschen«, sagt sie, »ist doch wohl unabhängig; überall wo es steht, steht es für sich und wir werden von ihm nicht verlangen, daß es die eigentliche Grabstätte bezeichne.« (130 f.) Die Entortung der Denkmäler negiert ihre Funktion als »Merkzeichen« (128), um ihnen statt dessen einen Ausstellungswert zu verleihen. Daß dies ein weitverbreiteter Prozeß ist, zeigt die Sammlung des Architekten. Sie enthält »verschiedene Nachbildungen und Entwürfe von alten Grabmonumenten, Gefäßen und anderen sich dahin nähernden Dingen« sowie »mancherlei Waffen und Gerätschaften«, die er Grabhügeln entnommen hat und »reinlich und tragbar« bei sich führt (133). Die »Zerstreuung der Kunstschätze«, die laut Goethe Winckelmann noch nicht erlebt hat, scheint in der Welt der *Wahlverwandtschaften* im vollen Gang zu sein.[12] Mit der Verwandlung der Natur in ein Bild hat es eine ähnliche Bewandtnis. Der reisende Engländer, der seinerseits an keine Heimat mehr gebunden ist, trägt ein großes Portefeuille von Bildern bei sich, das die ganze Welt dem Blick der Frauen anbietet: »Sie freuten sich, hier in der Einsamkeit die Welt so bequem zu durchreisen, Ufer und Häfen, Berge, Seen und Flüsse, Städte, Kastelle und manches andre Lokal, das in der Geschichte einen Namen hat, vor sich vorbeiziehen zu sehen.« (198.)

Diese kurze Skizze der Tendenzen ›Entgrenzung‹ und ›Entortung‹ läßt erkennen, daß die Handlungswelt der *Wahlver-*

12 HA 12,128.

wandtschaften nicht so »hermetisch«[13] ist, wie man allgemein angenommen hat. Im Gegenteil, das Tun der Figuren nimmt teil an Prozessen, die die neue ›unendliche‹ Welt prägen. Diese Welt dringt in die vermeintliche Privatheit ihrer Existenz ein, macht diese gleichsam zu einem Marionettendasein. Das ist nun konkret aufzuzeigen anhand eines Paradigmas, das der Roman entlang seiner Handlungsachse entfaltet. Es geht dabei um eine Reihe von Gegenständen, die der Welt des Verkehrs entstammen und die eine bedeutende Rolle in der erzählten Geschichte spielen. Aus leicht einsehbaren Gründen nenne ich es das K-Paradigma:

1. Das »chemische Kabinett« – bestellt aus der »wissenschaftlichen Welt« (32); es ließe (denn das Kabinett kommt nicht an) »Versuche sehen [. . .], die sehr unterhaltend sind« (35), vor allem natürlich das Experiment mit den wahlverwandten Elementen.
2. Der »Kahn« (86) – »mit ansehnlichen Kosten aus der Ferne verschrieben« (86); er setzt die Menschen dem »treulosen unzugänglichen Element« (226) aus, führt sowohl zur verbotenen Umarmung von Charlotte und dem Hauptmann als auch zum Tod des Kindes.
3. Der »Koffer« (98) – Eduard läßt ihn durch seinen Kammerdiener bestellen, »der seine Garderobe besorgte und mit Handelsleuten und Modehändlern in beständigem Verhältnis blieb«; der Koffer ist Eduards Geburtstagsgeschenk an Ottilie, er enthält den Stoff zu ihrem Brautkleid, ist Aufbewahrungsort von Ottiliens Liebesreliquien und findet schließlich einen Platz in der gemeinsamen Grabstätte der zwei Liebenden.
4. »Kataloge« (115) hängen mit der neuen Handelsgärtnerei zusammen; aus ihnen werden die Pfropfreiser bestellt.
5. Das »Kästchen« (133) des Architekten – dem »Kästchen eines Modehändlers« (133) ähnlich; es enthält die Sammlung

13 Burkhardt Lindner, »Goethes ›Wahlverwandtschaften‹ und die Kritik der mythischen Verfassung der bürgerlichen Gesellschaft«, in: *Goethes Wahlverwandtschaften* (Anm. 5) S. 28.

von Waffen und Gerätschaften, die der Architekt aus alten Grabstätten genommen hat.

6. Das »Naturalienkabinett« (184) – von Ottilien in ihrem Tagebuch als ein Phänomen der wissenschaftlichen Welt erwähnt; es kommt ihr vor »wie eine ägyptische Grabstätte, wo die verschiedenen Tier- und Pflanzengötzen balsamiert umherstehen« (184).

7. Die »tragbare dunkle Kammer« (198) oder *camera obscura* des Engländers; sie trägt der Engländer auf seinen Reisen immer mit; es lassen sich damit Bilder von der Landschaft »auffangen« (198) und zeichnen, sie verwandelt also die Natur in eine Bildersammlung.

8. Das »Kästchen« (212) des Begleiters; es entstammt der (pseudo)wissenschaftlichen Welt, wird immer von dem Begleiter auf seinen Reisen bei sich geführt und enthält den »Apparat«, mit dem dieser Spezialist für innere Konflikte seine Experimente ausführt.

Das K-Paradigma setzt die Gegenstände, die es umfaßt, in einen metaphorischen Bezug zueinander, der mannigfaltige Interpretationspfade aktualisierbar macht. So nimmt, um ein einfaches Beispiel heranzuziehen, die »dunkle Kammer« des Engländers – nicht nur etymologisch der Vorgänger der photographischen Kamera – eine Konnotation des ›Tödlichen‹ an: sie wird gleichsam zur Grabstätte der Natur, die sie in Bildern auffängt und fixiert. Dem »Portefeuille« (198) des Engländers haftet also, wie auch dem Naturalienkabinett, ein Element des Ägyptisch-Starren an. Diese Assoziationsreihe erstreckt sich auch auf die Kunst, wie sie durch jenes »Portefeuille« (133) von Bildern vertreten wird, das der Architekt bei sich trägt. Es ist kein Zufall, daß diese Bilder dann auf den Wänden von Eduards und Ottiliens Grabstätte reproduziert werden: der Übergang der Liebenden in den Tod ist gleichzeitig ihr Übergang ins Bildsein. Von hier aus läßt sich die Konnotation des ›Tödlichen‹ auf den Text selbst übertragen; der Roman erstarrt zur Grabstätte der Figuren, von denen er erzählt. Durch seine Eingliederung in den Verkehr der Bilder ist der Roman – wie auch die eingelegte Novelle von den ›Wunderlichen Nachbarskindern‹[14] – vom Tode tangiert.

Weitere Interpretationspfade, die das K-Paradigma offenhält, ließen sich natürlich verfolgen. Eins dürfte jedoch schon bei der kommentarlosen Aufstellung des Paradigmas klar geworden sein: nämlich daß historische Mächte, die das Gesamtleben der Gesellschaft betreffen, im Roman am Werk sind. Es sind dies die Verflüssigung der Verhältnisse durch den Handel und die Mode, die technische Reproduktion von Bildern, die Ersetzung von natürlichen und symbolischen Bindungen durch den Ausstellungswert, die Reifikation und Sensationalisierung der Natur – auch die des Menschen – durch die Wissenschaften. Die Elemente des K-Paradigmas, dessen Konstruiertheit offensichtlich ist, sind Operatoren, die die abstrakte Ebene der gesamtgesellschaftlichen Tendenzen mit der konkreten Ebene der erzählten Handlung verbinden. Diese narrative Strategie ist vor allem an den Elementen »Kahn« und »Koffer« erkennbar, die stärker noch als die anderen die Handlungsführung motivieren. Durch sie knüpft der Roman das Tun seiner Figuren an ein Überindividuelles, das sie entmächtigt und zu bloßen Funktionen herabsetzt. Die schicksalhafte Verstrickung der wahlverwandten Menschen entspringt keiner außergeschichtlichen Macht. Sie wird vielmehr gezeitigt durch die Macht der Geschichte selbst, von der dieser gründlichst durchkonstruierte Roman ein Modell abgibt.

Die aufgezeigten Prozesse der Desymbolisierung, der Entgrenzung und Entortung verdichten sich überall zur Grundkonstellation Bild – Begehren – Tod. Diese ist die Matrix, aus

14 Daß das glückliche Ende der Novelle, die ihrerseits dem Verkehr der Bilder und Geschichten entspringt, den wirklichen Tod der Geliebten verschleiert, hat Friedrich Kittler (Anm. 5) nachgewiesen. Das Mädchen hat sein Ziel erreicht, als »totes Bild« (207) den späteren Hauptmann zu verfolgen. Die Deutung der Novelle als utopische Gegenwelt innerhalb des Romans ist aus diesem Grunde aufzugeben.

der die ganze Romanhandlung hervorgeht. Anders ausgedrückt: Die Entfaltung der Geschichte entlang dem narrativen Syntagma gehorcht der Logik eines Begehrens, dem nur im Bilde sein Gegenstand präsent wird. Im Bild jedoch ist dieser Gegenstand ein Totes; es ist der Tod selbst, in dem das Begehren seine Erfüllung findet. Diese These zur Semantik der *Wahlverwandtschaften* hat sich, wie jede andere auch, an den Einzelheiten der erzählten Geschichte zu bewähren. Zu diesem Zweck möchte ich mich nun abschließend dem Teil der narrativen Verarbeitung zuwenden, der dem Kind Otto gewidmet ist. Die Fiktion des Kindes ist ein besonders geeigneter Prüfstein für eine Lektüre des Romans, und zwar wegen ihrer offensichtlichen Phantastik. Da sie den Bereich des Wahrscheinlichen mit solcher Kühnheit übersteigt, ist sie nicht ohne weiteres auf wirkliche Tatbestände – etwa auf gesellschaftliche Zustände – reduzierbar. Es ist vielmehr die Entstellung der Wirklichkeit selbst, die hier einer Erklärung bedarf. Die leitende Frage ist also: Warum greift der Roman zu dieser spezifischen Deviation?

Meine Antwort lautet: Die Erfindung des Kindes geht über die Wirklichkeit hinaus, um auf diese Weise die Logik der Grundkonstellation Bild – Begehren – Tod narrativ zu inszenieren. Freilich, die medizinische Literatur seit Hippokrates kennt Fälle, wo Kinder ihr Aussehen einem Bild verdanken. Solche monströsen Geburten weisen immer auf eine gleichsam irrtümliche Wendung des weiblichen Begehrens hin. So berichtet Nicolas Malebranche von einer Frau, die während ihrer Schwangerschaft von dem Bild eines Heiligen so sehr gefesselt worden war, daß das Kind, welches sie gebar, genau die Züge des Bildes, und zwar bis auf die perspektivischen Entstellungen, trug.[15] Solche Fälle indizieren also eine Krise der Legalität. Das Begehren der Frau richtet sich auf einen falschen Gegenstand und reißt dadurch das genetische Band zwischen Vater und Kind ab. Mit der Erzeugung des Kindes

15 Nicolas Malebranche, »De la recherche de la vérité«, in: N. M., *Œuvres*, Paris 1979, S. 179 f.

Otto jedoch hat es eine andere Bewandtnis. Hier werden beide Eltern durch Bilder ersetzt, und die Bilder, um die es geht, sind nicht äußerliche Gegenstände, die das Begehren sozusagen vom richtigen Gegenstand ablenken, sondern Projektionen des Begehrens selbst. Die Bindung ans Bild ist also nichts Sekundäres, dem normalen Zustand von außen Hinzukommendes, sondern sie wohnt dem Begehren ursprünglich inne. Es handelt sich in den *Wahlverwandtschaften* nicht um eine Leidenschaft, die von der Legalität abweicht, also nicht um einen Konflikt von Natur und Gesetz. Es geht vielmehr um ein Begehren, dessen Gesetz es ist, nur im Imaginären seinen Gegenstand zu haben.

Wie oben gezeigt wurde, ist diese Struktur des Begehrens das Ergebnis einer bestimmten sozio-kulturellen Konstellation. Die Bilder vom Hauptmann und von Ottilie, die dem Kind seine Identität verleihen, sind Zukunftsprojektionen; in ihnen erträumt sich das aristokratische Paar seine eigene historische Ablösung.[16] Aber das Paar, das der Hauptmann und Ottilie bilden, fungiert nicht nur als neuer historischer Typus, und das Verhältnis der beiden zu Eduard und Charlotte ist nicht bloß eines der Sukzession. Die Viererkonstellation drückt nämlich auch eine Isolierung von Momenten aus, die als gleichzeitig zu denken sind. Was den Hauptmann auszeichnet, ist die Verinnerlichung der Pflicht; sein Leben ist durch den Verzicht geprägt. Eduard hingegen geht ganz in dem auf, was dieser Verzicht ausschließt: im kindlichen Wunsch. Die zwei Männer, die in ihrer Jugend ununterscheidbar waren, jedenfalls bis zu Eduards Namenswechsel, stellen also eine wahrhaftige »Sonderung« (29) dar, eine »Spaltung« (vgl. »spalten«, 29), die durch das männliche Innere geht. Bei den Frauenfiguren liegt eine ähnliche Teilung vor, vorerst die zwischen der wirklichen und der idealen Mutter. Charlotte übernimmt die sittliche Funktion der

16 Hier folge ich Friedrich Kittler (Anm. 5), der die geflissentlich ausgeschlossene Verbindung Ottilie – Hauptmann ins Zentrum seiner Lektüre gestellt hat.

Frau, ist gleichsam die Hera des Romans, während Ottilie der Gegenstand des Begehrens ist. Zu bemerken ist in dieser Hinsicht, daß alle Männer im Roman, bei denen überhaupt vom Begehren geredet werden kann – alle natürlich bis auf den Hauptmann – Ottilie lieben. Der Hauptmann hat schon auf seinen Jugendwunsch verzichtet, dem Architekten gelingt es, seine Liebe in der Kunst zu sublimieren, dem Gehülfen ist Ottilie die Muse seiner Pädagogik. Nur Eduard läßt von dem Wunsch nicht los; er will das Bild der idealen Mutter, d. h. Ottilie, in der Wirklichkeit umarmen.
In der Beziehung des Kindes zum Hauptmann und zu Ottilie drückt sich ein Zweifaches aus. An der Ähnlichkeit des Kindes zu Ottilie wird erkennbar, daß die Erfüllung des ans Bild gebundenen Begehrens der Tod ist. Deshalb trägt Ottilie, und zwar genau dann, wenn die Erfüllung unmittelbar bevorzustehen scheint, die Schuld am Tod des Kindes. Der Umarmung mit Eduard (»Sie [. . .] drückte ihn aufs zärtlichste an ihre Brust«, 225) folgt sofort die Umarmung des toten Kindes. Die Todesszene, gleichsam vom Kahn umrahmt, ist ein Bild, in dem Eros und Tod ununterscheidbar sind:

»Sie entkleidet das Kind und trocknets mit ihrem Musselingewand. Sie reißt ihren Busen auf und zeigt ihn zum erstenmal dem freien Himmel; zum erstenmal drückt sie ein Lebendiges an ihre reine nackte Brust, ach! und kein Lebendiges. Die kalten Glieder des unglücklichen Geschöpfs verkälten ihren Busen bis ins innerste Herz. Unendliche Tränen entquellen ihren Augen und erteilen der Oberfläche des Erstarrten einen Schein von Wärm' und Leben.« (226.)

Die Ähnlichkeit des Kindes mit dem Hauptmann weist auf ein anderes Moment hin, auf die Tatsache, daß der Mensch es jetzt unternimmt, durch seine Wissensmächte den Menschen selbst zu formen. Es wurde schon darauf hingewiesen, daß die planende *Ratio* des Hauptmanns den Menschen an die Stelle Gottes setzt, indem sie ihm die Schöpfung als Bild gibt.

Am Kind wird ersichtlich, daß die gleiche Substitution im Hinblick auf den Menschen selbst geschieht. So erkennt der Hauptmann im Leichnam des Kindes »sein erstarrtes Ebenbild« (228). Das Theologem von der Ebenbildlichkeit des Menschen mit Gott wird hier durch eine rein immanente Beziehung des Menschen zu sich selbst ersetzt. Das prometheische Projekt, das Abhängigkeitsverhältnis zum Gott-Vater abzuschaffen und Menschen »nach meinem Bilde«[17] zu formen, ist im Kind verwirklicht. Das Produkt dieser Selbsterzeugung des Menschen ist aber ein im Tod Erstarrtes. In diesem Sinne verkörpert das Kind jenes »gewaltsam Entbundene« (93), das sich nicht mehr in die alte Ordnung einbringen läßt. In seiner Konzeption – im Roman und als Figur des Romans – behauptet »die Gegenwart ihr ungeheures Recht« (85).

17 Vgl. die Schlußstrophe der Ode *Prometheus* (HA 1,46).

Literaturhinweise

Allemann, Beda: Goethes Wahlverwandtschaften als Transzendentaler Roman. In: Studien zur Goethezeit. Erich Trunz zum 75. Geburtstag. Hrsg. von Hans-Joachim Mähl und Eberhard Mannack. Heidelberg 1981. S. 9–32.

Atkins, Stuart: Die Wahlverwandtschaften: Novel of German Classicism. In: German Quarterly 53 (1980) S. 1–45.

Benjamin, Walter: Goethes Wahlverwandtschaften. In: W. B.: Gesammelte Schriften. Bd. 1,1/2: Abhandlungen. Frankfurt a. M. 1974.

Blessin, Stefan: Erzählstruktur und Leserhandlung. Zur Theorie der literarischen Kommunikation am Beispiel von Goethes »Wahlverwandtschaften«. Heidelberg 1974.

– Die Romane Goethes. Königstein (Taunus) 1979.

Ehrke-Rotermund, Heidrun: Gesellschaft ohne Wirklichkeit. Eine Untersuchung von Goethes Roman »Die Wahlverwandtschaften«. In: Jahrbuch des Freien Deutschen Hochstifts 1981. S. 131–188.

Erläuterungen und Dokumente. Johann Wolfgang Goethe. Die Wahlverwandtschaften. Hrsg. von Ursula Ritzenhoff. Stuttgart 1982. (Reclams Universal-Bibliothek. Nr. 8156 [3].)

Goethes Roman »Die Wahlverwandtschaften«. Hrsg. von Ewald Rösch. Darmstadt 1975. (Wege der Forschung. Bd. 113.)

Goethes »Wahlverwandtschaften«. Kritische Modelle und Diskursanalysen zum Mythos Literatur. Hrsg. von Norbert W. Bolz. Hildesheim 1981.

Hankamer, Paul: Spiel der Mächte. Ein Kapitel aus Goethes Leben und Goethes Welt. Tübingen 1943. Bes. S. 207–343.

Kaiser, Gerhard: Wandrer und Idylle. Goethe und die Phänomenologie der Natur in der deutschen Dichtung von Geßner bis Gottfried Keller. Göttingen 1977.

Nemec, Friedrich: Die Ökonomie der Wahlverwandtschaften. München 1973.

Schaeder, Grete: Gott und Welt. Drei Kapitel Goethescher Weltanschauung. Hameln 1947. S. 276–323.

Schlaffer, Heinz: Exoterik und Esoterik in Goethes Romanen. In: Goethe Jahrbuch 95 (1978) S. 212–226.

Tanner, Tony: Goethe's »Die Wahlverwandtschaften«. In: T. T.: Adultery in the Novel. Contract and Transgression. Baltimore/London 1979. S. 179–232.

Turk, Horst: Goethes »Wahlverwandtschaften«: »der doppelte Ehebruch durch Phantasie«. In: Urszenen. Hrsg. von Friedrich A. Kittler und Horst Turk. Frankfurt a. M. 1977. S. 202–222.
Vaget, Hans Rudolf: Ein reicher Baron. Zum sozialgeschichtlichen Gehalt der »Wahlverwandtschaften«. In: Jahrbuch der Deutschen Schillergesellschaft 24 (1980) S. 123–161.
Wiese, Benno von: Goethes »Wahlverwandtschaften«. In: Goethes Werke. Hamburger Ausgabe. Bd. 6. Hamburg 1951.
Wiethölter, Waltraud: Legenden. Zur Mythologie von Goethes »Wahlverwandtschaften«. In: Deutsche Vierteljahrsschrift für Literaturwissenschaft und Geistesgeschichte 56 (1982) S. 1–64.

GISELA BRUDE-FIRNAU

Aus meinem Leben. Dichtung und Wahrheit (1811–31)

»Wahrheit und Dichtung« lautete anfangs der Titel von Goethes Selbstdarstellung, den der Autor dann aus euphonischen Gründen zu »Dichtung und Wahrheit« veränderte.[1] Mit dieser Änderung ist die Rezeptionsgeschichte des Werkes vorweggenommen: Von Gervinus über Hettner zu Scherer gilt der Text als »Muster einer wissenschaftlichen Biographie«[2] und »Kausalerklärung der Genialität«,[3] wie Scherers berühmte Formel lautet. Noch Dilthey ist der Ansicht: »Einem Biographen hat aber Goethe wirklich von Essentiellem nichts übriggelassen.«[4] Erst Friedrich Gundolf befreit das Werk von seinem Dokumentationsstatus, mit dem es der Goethe-Forschung als Grundlage dienen mußte. Er betont: »Denn *Dichtung und Wahrheit* ist nicht als Quelle für Goethes Leben, nicht als Kommentar zu Goethes Dichten gemeint, und wenn man sich gewöhnt hat es so aufzufassen und zu benutzen, so können Enttäuschungen und sogar

1 *Aus meinem Leben. Dichtung und Wahrheit* lautet der vollständige, aber selten gebrauchte Titel. Dazu vgl. *Goethes Werke*, Hamburger Ausgabe in 14 Bdn., hrsg. von Erich Trunz, Bd. 9, München 1974. S. 632 f. Für diese Arbeit wurden die Bände 9 und 10 der Hamburger Ausgabe benutzt: *Autobiographische Schriften I/II.* Zitate aus diesen beiden Bänden werden im Text nachgewiesen.

2 Paul Böckmann, »Goethes Dichtertum in seiner Bedeutung für das Lebensverständnis«, in: *Deutsche Vierteljahrsschrift für Literaturwissenschaft und Geistesgeschichte* 23 (1949) S. 380–408.

3 Zit. nach: *Goethe im Urteil seiner Kritiker. Dokumente zur Wirkungsgeschichte Goethes in Deutschland*, T. 3: *1870–1918*, hrsg., eingel. und komm. von Karl Robert Mandelkow, München 1979, S. XXII.

4 Wilhelm Dilthey, »Über die Einbildungskraft der Dichter. Mit Rücksicht auf: Hermann Grimm, Goethe. Vorlesungen«, in: *Zeitschrift für Völkerpsychologie und Sprachwissenschaft* (1878) S. 42–104, zit. nach: *Goethe im Urteil seiner Kritiker* (Anm. 3) S. 94.

törichte Stoßseufzer oder stupider Entdeckerjubel über Goethische ›Irrtümer‹ und ›Fälschungen‹ nicht ausbleiben. *Dichtung und Wahrheit* gibt Goethes Leben nicht als Stoff seines Werkes, sondern als eine selbstgenugsame Form.«[5] Solche Perspektive einer ›dichterischen Wahrheit‹ setzte sich jedoch nur langsam durch; erst 1949 sieht Paul Böckmann das Werk als intendierte Dichtung,[6] während noch Erich Trunz *Dichtung und Wahrheit* nur unter Vorbehalt den Charakter einer »Erzählung« zugesteht, die »die Spannung eines Romans« habe, »dem Wesen nach ein großes Epos« sei.[7] Damit wird letztlich nur die Absicht des Autors selbst zitiert: Das meistgebrauchte Stichwort lautet um der Knappheit willen zwar »Biographisches«; aber immer wo es um Hinweis und Erläuterung geht, bezeichnet Goethe das Werk als »mein biographisches Poëm«[8], eine »Art von Fiction«[9], und Gesprächspartner wiederholen, er habe geäußert, »nun auch seinen eigenen Roman«[10] schreiben zu wollen.
Gemäß dem endgültigen Titel und im Sinne seines Autors ist *Dichtung und Wahrheit* als Roman zu lesen.[11] Nicht jedoch

5 Friedrich Gundolf, *Goethe*, Berlin 1916, zit. nach: *Goethe im Urteil seiner Kritiker* (Anm. 3) S. 436.
6 Böckmann (Anm. 2) S. 385.
7 *Goethes Werke* (Anm. 1) Bd. 9, S. 615.
8 An S. Boisserée, 17. 12. 1811, zit. nach: *Die Entstehung von Goethes Werken in Dokumenten*, hrsg. von Momme Mommsen unter Mitw. von Katharina Mommsen, Bd. 2, Berlin 1958, S. 405.
9 An Ludwig I. von Bayern, 17. 12. 1829, zit. nach: *Die Entstehung von Goethes Werken in Dokumenten* (Anm. 8) S. 512.
10 Knebel an Henriette von Knebel, 1. 5. 1811, zit. nach: *Die Entstehung von Goethes Werken in Dokumenten* (Anm. 8). S. 385.
11 Die Gattungsfrage kann in diesem Rahmen nicht diskutiert werden. Zu verweisen ist jedoch auf Bernd Witte, »Autobiographie als Poetik. Zur Kunstgestalt von Goethes ›Dichtung und Wahrheit‹«, in: *Neue Rundschau* 89 (1979) S. 384–400. Die umfassende Arbeit, die mir erst nach Abschluß dieses Aufsatzes bekannt wurde, bestätigt und ergänzt mit anderer Argumentation mehrere der hier vorgetragenen Ergebnisse. Sonst pendelt die Forschung der letzten Jahre deutlich zwischen einer Akzentuierung des Historiographischen und des Fiktionalen. Vgl. Hans Mayer, *Zur deutschen Klassik und Romantik*, Pfullingen 1963, S. 93–121. Andererseits Pierre Grap-

als eine Art historischer Roman, der zum Kaleidoskop geschichtlicher Vignetten und gern zitierter Sentenzen reduziert, selten dagegen zusammenhängend gelesen und gedeutet wird. Das nur scheinbar leicht zugängliche Alterswerk ist für die wiederholte Lektüre geschrieben: denn Einheitlichkeit und Fortschritt wird dem Roman weniger durch einen linearen Handlungsverlauf als vielmehr durch gedankliche Systeme und Prozesse verliehen. Diese sind radial auf die Zentralfigur hin angeordnet und konkretisieren sich in einzelnen Handlungsabschnitten, in Erlebnissen der Hauptfigur, ihr zugeordneten Gruppen oder Nebenfiguren sowie in Erzählerreflexionen. Sie sind sämtlich unter die Entwicklungsidee gestellt. Eines dieser offenen, ständig sich ändernden Systeme ist das Bezugsverhältnis von Autor, Text und Leser: ein mobiles System, in dem der heranwachsende Autor teils auch als Leser fungiert und mit anderen Lesern oder Hörern die Vielfalt und Veränderlichkeit von Leseakten und Rezeptionsweisen demonstriert. Wir richten unsere Aufmerksamkeit vor allem auf den Leser, indem wir ihn als einen dem werdenden Dichter zugeordneten dynamischen Gegenpol sehen: Produktion und Rezeption literarischer Werke in ständiger Wechselbeziehung. Es wird gleichfalls deutlich, wie der Leser in *Dichtung und Wahrheit* seine eigene, fast dramatische Entwicklung erfährt: Auf der Fiktions- wie auf der Reflexionsebene durchläuft er einen Emanzipationsprozeß. Wird der Kämmerer aus dem Mohrenland im 8. Kapitel der Apostelgeschichte gefragt: »Verstehst du auch, was du liesest?«, so lautet die Frage an den Leser in und von *Dichtung und Wahrheit* schließlich: »Wie verstehst du, was du

pin, »Dichtung und Wahrheit – 10. und 11. Buch. Verfahren und Ziele autobiographischer Stilisierung«, in: Goethe-Jahrbuch 97 (1980) S. 103 bis 113; Robert Gould, »Literary Quotations and References in the Friederike und Lili Episodes of ›Dichtung und Wahrheit‹«, in: *Carleton Germanic Papers* 9 (1981) S. 41–71; ders., »Claudine von Villa Bella in Dichtung und Wahrheit: A Revised View«, in: *Carleton Germanic Papers* 10 (1982) S. 69–71.

liesest?« Der Beitrag der Literatur zur individuellen Emanzipation wird in *Dichtung und Wahrheit* zum Thema der Handlung.[12]

Der fiktionale Leser

Das Erzählte und die Erzählhaltung zielen auf die Entlassung des Lesers aus bevormundender Textinterpretation. Doch ehe wir diesen Prozeß auf der Handlungsebene verfolgen, wird uns die Entwicklung des meist defekten und inadäquaten Lesers vorgeführt: Wie ein physiologisches Ereignis setzt beim Frankfurter Bürgerkind der erste Lesehunger ein. Er wird an der väterlichen Bibliothek ebenso befriedigt wie an Unterrichtstexten und den auf Löschpapier gedruckten »Volksbüchern«, die statt »irgendeiner Näscherei [. . .] verschlungen werden« (I,36). Eine Kette meist exemplarischer Leseerfahrungen läuft ab: wahllos greift das Kind nach Bibel, Chroniken, »Fabeln, Mythologien und Seltsamkeiten«: »so war mein junges Gehirn schnell genug mit einer Masse von Bildern und Begebenheiten, von bedeutenden und wunderbaren Gestalten und Ereignissen angefüllt, und ich konnte niemals Langeweile haben, indem ich mich immerfort beschäftigte, diesen Erwerb zu verarbeiten, zu wiederholen, wieder hervorzubringen« (I,35). Die Imagination wird gespeist und aktiviert; das Textverständnis besteht jedoch fast nur in der bewußtseinsmäßigen Reproduktion von Bildern und Handlungselementen. Das räumlich-geographische und zeitlich-historische Vorstellungsvermögen wird geweckt. Darüber hinaus bewirken dann Dichtungen wie Fénelons *Telemach* einen »frömmern, sittlichern Effekt

12 Wolfgang Iser, *Der Akt des Lesens. Theorie ästhetischer Wirkung*, München 1976. – Die Fragestellung dieser Arbeit wurde angeregt durch die Wirkungsästhetik Isers, mit dessen Theorien aber keine Auseinandersetzung stattfindet. Einige Ergebnisse sind jedoch als Frage an seine Abhandlung *Der Akt des Lesens* aufzufassen.

als jene mitunter rohen und gefährlichen Altertümlichkeiten« (I,35).

Neben diesen ersten Leseerfahrungen, ihrer sensibilisierenden, Phantasie und Intellekt stimulierenden Wirkung, wird die Gedankenlosigkeit der Heranwachsenden gegenüber dem Inhalt und der Form eines literarischen Werkes nicht vergessen: »So pflegen Kinder und Volk das Erhabene in ein Spiel, ja in eine Posse zu verwandeln; und wie sollten sie auch sonst imstande sein, es auszuhalten und zu ertragen!« (I,82) heißt es über die eigene frühe *Messias*-Rezeption. Aber weit entfernt, das Werk vor dieser inadäquaten Rezeption in Schutz zu nehmen, liefert es der Erzähler dem Leser geradezu aus; ja der Text soll dem jugendlichen Fassungsvermögen gemäß zurechtgestutzt werden. Und für einen jungen Wildling sind Prosaübersetzungen »vorteilhafter als die poetischen; denn es läßt sich bemerken, daß Knaben, denen ja doch alles zum Scherze dienen muß, sich am Schall der Worte, am Fall der Silben ergetzen, und durch eine Art von parodistischem Mutwillen den tiefen Gehalt des edelsten Werks zerstören« (I,493). An oberster Stelle steht damit die Erziehung des jungen Menschen zum Lesen überhaupt, auch unter Einbuße poetischer Valeurs. Denn wichtiger als Reim und Rhythmus ist »das eigentlich tief und gründlich Wirksame, das wahrhaft Ausbildende und Fördernde«, nämlich »der reine vollkommene Gehalt« (I,493).

Bei einer so robusten Auffassung vom dichterischen Text ist es völlig gleichgültig, wie dieser rezipiert wird: ob zerstükkelt, ob zitiert oder durch spontanes Anstreichen subjektiv akzentuiert, alles trägt zum Verstehensprozeß bei: »Sind wir doch nicht immer so gefaßt und so geistreich, daß wir ein ganzes Werk nach seinem Wert in uns aufzunehmen vermögen« (I,493). Die den Leser am nachhaltigsten aktivierende Rezeptionsweise ist eine Synthese vieler möglicher Begegnungen mit dem Text, unterschiedlicher, sich ergänzender Leseakte, gemeinschaftlicher Diskurse und Vorlesungen, wie Goethe aufgrund der Shakespeare-Rezeption zusammenfaßt:

»Und so wirkte in unserer Straßburger Sozietät Shakespeare, übersetzt und im Original, stückweise und im ganzen, stellen- und auszugsweise, dergestalt, daß, wie man bibelfeste Männer hat, wir uns nach und nach in Shakespeare befestigten, die Tugenden und Mängel seiner Zeit, mit denen er uns bekannt macht, in unseren Gesprächen nachbildeten, an seinen Quibbles die größte Freude hatten, und durch Übersetzung derselben, ja durch originalen Mutwillen mit ihm wetteiferten« (I,494). Die Mißachtung der Integrität des Textes ist für Kinder und junge Erwachsene bezeichnend. Gemeinsam aber ist beiden auch die emotional bejahende Rezeption, ohne jede kritische Reflexion: »gegenwärtig wollten wir nur freudig teilnehmen, lebendig nachbilden, und, bei so großem Genuß, an dem Manne, der ihn uns gab, nicht forschen und mäkeln, vielmehr tat es uns wohl, ihn unbedingt zu verehren« (I,494), heißt es nochmals über das eigene Shakespeare-Erlebnis. Diese jugendliche, auf den Autor übertragene Heldenverehrung bleibt eine Voraussetzung intensiven Textverständnisses.

Der bunte Katalog von Leseakten, der in *Dichtung und Wahrheit* aufgeblättert wird, zeigt nur ein durchgehendes Charakteristikum: literarische Rezeption läßt sich weder systematisieren noch normieren. Sie verläuft und intensiviert sich zwar in einer gemeinsamen Richtung, kann aber jederzeit durch subjektive oder allgemeine Störfaktoren beeinflußt und abgebrochen werden. Dazu nur einige Beispiele: Die Lektüre der *Ilias* wird durch eine »mit Kupfern im französischen Theatersinne gezierte« Ausgabe desaströs beeinträchtigt: »Diese Bilder verdarben mir derart die Einbildungskraft, daß ich lange Zeit die Homerischen Helden mir nur unter diesen Gestalten vergegenwärtigen konnte« (I,42).

Notwendig und verhängnisvoll für das Textverständnis sind ebenso die Gefühle und Stimmungen des Rezipienten; die psychologische Palette reicht von völliger Verweigerung bis zur selbstzerstörerischen Identifikation: Einer der ersten

Rezipienten des *Werther*, der Kriegszahlmeister Merck, hat von dem Text, den der Verfasser ihm mit steigendem Pathos vorträgt, »nichts gesehen noch gehört«, wie er dem darob innerlich schwer blessierten Autor später gesteht (I,589); ein emotionales Problem hatte ihn de facto betäubt. Spätere Leser, nahe Freunde und das weite Publikum meinen dagegen, »man müsse die Poesie in Wirklichkeit verwandeln, einen solchen Roman nachspielen und sich allenfalls selbst erschießen« (I,588). Unsere zitierte Gegenfigur, der Kämmerer aus dem Mohrenland in der Apostelgeschichte, steigt vom Wagen herab und läßt sich taufen: in orthodoxer Weise wird der Text – dort Jesaja, hier *Werther* – als Anweisung zur Beendigung der bisherigen Lebensweise verstanden und befolgt. Spätestens beim Bericht über die *Werther*-Rezeption beginnt der Leser von *Dichtung und Wahrheit* über seine eigene Haltung zum Text zu reflektieren. Hemmend und fördernd spielen auch Charakter und Biographie eines Lesers mit. So heißt es von Friedrich Maximilian Klinger, der sich durch »Festigkeit und Beharrlichkeit« auszeichnet: »Einem solchen Jüngling mußten Rousseaus Werke vorzüglich zusagen. ›Emil‹ war sein Haupt- und Grundbuch, und jene Gesinnungen fruchteten um so mehr bei ihm, als sie über die ganze gebildete Welt allgemeine Wirkung ausübten, ja bei ihm mehr als bei andern« (II,13).

Der Leser rezipiert nicht nur als Individuum, mit ganz privaten Hemmschuhen oder Beschleunigungen, ebenso wichtig ist die Mentalität der eigenen Epoche, das Leserkollektiv, dem er angehört; der Bestseller *Werther* exemplifiziert es: »so war auch die Explosion, welche sich hierauf im Publikum ereignete, deshalb so mächtig, weil die junge Welt sich schon selbst untergraben hatte, und die Erschütterung deswegen so groß, weil ein jeder mit seinen übertriebenen Forderungen, unbefriedigten Leidenschaften und eingebildeten Leiden zum Ausbruch kam« (I,589 f.). Ähnlich im politischen Bereich: Klopstocks *Hermannschlacht* erregt zunächst nur ein gesteigertes nationales »Selbstgefühl«, das sich jedoch in den friedlichen Jahren um 1770 an keinem äußeren Feind orientieren kann. Es steigert sich zu einem »kriegerischen Trotzgefühl« und mündet – der Erzähler gehört der Restaurationszeit an – in destruktive Obrigkeitskritik (I,535 f.). Das sympathisierende Verständnis, das der Erzähler für den einzelnen Leser und seine inadäquate Textrezeption aufbringt, wandelt sich gegenüber dem Kollektiv in dezidierte Verurteilung: »Man kann von dem Publikum nicht verlangen, daß es ein geistiges Werk geistig aufnehmen solle« (I,590). Der Leser im Plural ist stets voller Unart gegenüber Werk und Autor; er stellt Forderungen, die – zeitunabhängig gleichbleibend – jedes Verständnis zu blockieren scheinen: kennzeichnend ist die Übertragung des Interesses vom Text auf seinen Verfasser. Der Dichterkult wird durchschaut und als kannibalistischer Ritus entlarvt: bedrängt man doch den Autor »durch Teilnahme wie durch Kälte, durch Lob und durch Tadel« (I,594), er wird »geschulmeistert«, gepeinigt mit »Forderungen des Alltagsverstandes« und durch Änderungsvorschläge verunsichert (II,32), »weil man denkt, man könne von seiner Persönlichkeit etwas abzupfen und sich zueignen« (II,85).

Ausbund solch kollektiven Fehlverhaltens sind die Rezensenten: »Sie leben nämlich in dem Wahn, man werde, indem man was leistet, ihr Schuldner, und bleibe jederzeit noch weit zurück hinter dem, was sie eigentlich wollten und wünschten« (I,594). Und mit Abscheu wird berichtet, wie Voltaire zur Zielscheibe mißgünstiger Kritiker wurde, die, »verneinend, herunterziehend, mißredend« das Publikum gegen ihn aufbrachten und »eine solche literarische Gärung« erzeugten, daß bewährte Maßstäbe und Werte verlorengingen (I,484). Ähnlich ungerecht wie gegenüber dem Autor verhält sich das Kollektiv in seinen Forderungen an den Text: man ignoriert Vorreden und Einleitungen, »mag ein Autor bevorworten so viel er will, das Publikum wird immer fortfahren, die Forderungen an ihn zu machen, die er schon abzulehnen suchte« (I,594). Und stets veranlaßt »die Würde des gedruckten Buches« die ungerechtfertigte Forderung, daß es »einen didaktischen Zweck haben müsse« (I,590). All diese kollektiven Unverbesserlichkeiten bieten Gelegenheit, in geschliffenen Sentenzen über das eigentliche Wesen literarischer Werke und ihre adäquate Rezeption aufzuklären. So durchläuft der Leser von *Dichtung und Wahrheit* eine Hohe Schule richtigen Leseverhaltens, während er sich noch mit dem Erzähler über sein eigenes Spiegelbild entrüstet. Ständig wiederkehrend, wenngleich ebenso verfehlt, ist die kollektive Forderung nach Wahrheit; vor allem nach der »wahren« Übereinstimmung von praktisch erfahrener Alltagswelt und Welt der Dichtung. Das Märchen *Der neue Paris* wird von der Publikumsfrage nach der empirischen Wahrheit gerahmt: der jugendliche Fabulierer erzählt seinen Spielkumpanen die phantastischen Erlebnisse hinter dem Pförtchen an der »schlimmen Mauer« als wirklich durchstandene Abenteuer. Die erste Reaktion ist grundsätzliche Glaubensbereitschaft: die Hörer wollen, daß das Erzählte wahr sei, meinen selber daran zu partizipieren und stellen nicht die Frage, wie einer von ihnen habe »Zeit und Raum zu solchen Abenteuern finden können«. Befriedigt vermerkt der Erzähler: »Sie mußten sich daher mehr selbst betrügen, als ich sie zum besten haben konnte« (I,50). In subtilem Wechselspiel werden nun für den Leser zwei gegensätzliche Wahrheitsbegriffe bereitgestellt: die unauffindbare, wenngleich immer wieder verlangte Wahrheit der Wirklichkeit und die Wahrheit der Kunst. Die vier Zuhörer, beharrlich auf der Suche nach dem empirischen Wahrheitsgehalt des Gehörten, inspizieren jeder für sich den Ort an der Stadtmauer, wo Nußbäume, eingemauerte Tafel und Brunnen die erzählte Aventiure und die eigene Erfahrungswelt zu verbinden, also überprüfbare Wahrheit zu garantieren scheinen. Doch in den folgenden Berichten nehmen die drei Objekte der Nachforschung eine jeweils veränderte Stellung ein, sie scheinen sich sogar selbständig zu bewegen. Die unterschiedlichen Berichte über die Beobachtungen vor Ort geben »ein Beispiel, wie die Menschen von einer einfachen und leicht zu erörternden Sache die widersprechendsten

Ansichten haben und behaupten können« (I,65). Die anscheinend unumstößlichen Kategorien, unter denen Wirklichkeit rezipiert wird, sind ad absurdum geführt, und damit der Wahrheitsanspruch der Empirie. Die Wahrheit des Kunstwerks dagegen entsteht im Bewußtsein des Lesers: es ist die innere Stimmigkeit, der allmählich erkannte Beziehungssinn, die vom Erzähler geleistete Verknüpfung aller »Luftgestalten und Windbeuteleien zu kunstmäßigen Darstellungen« (I,50). Es ist eine Wahrheit sui generis: der zu erkennende Sinn, der in seiner Unveränderlichkeit einer ständig veränderten Lebenswirklichkeit überlegen ist. Der jugendliche Märchenerzähler erkennt, daß der Sinn seiner Dichtung an die Unveränderlichkeit ihrer Form, an ihr sprachliches Gefüge gebunden ist: »Ich hütete mich, an den Umständen viel zu verändern, und durch die Gleichförmigkeit meiner Erzählung verwandelte ich in den Gemütern meiner Zuhörer die Fabel in Wahrheit« (I,65).

Die textbezogene Kommunikation zwischen Autor und Rezipienten hat deren inadäquaten Wahrheitsanspruch zu verstehendem Für-wahr-Halten verändert: Es ist die Wunschvorstellung jedes Autors, hier als fiktive Kindheitsidylle dargestellt. Denn der Erzähler bleibt gegenüber seinem meist störrischen Visavis eher skeptisch und erinnert später mit sphinxhaftem Lächeln daran, »daß Autoren und Publikum durch eine ungeheure Kluft getrennt sind, wovon sie, zu ihrem Glück, beiderseits keinen Begriff haben« (I,593). Neben einzelnen Idealmodellen wird bald deutlich, daß auch der Erzähler einen Lernprozeß durchmacht. Es geht ihm letztlich gar nicht um Veränderung des Bewußtseins seiner Leser, um rezeptionsästhetische Beeinflussung und Lenkung. Wichtig ist vielmehr die Entwicklung des Lesers zu einem Rezipienten, der einem literarischen Werk mit seelischer und intellektueller Unabhängigkeit begegnen kann, sich befreiend von eigenen Vorurteilen wie von den Krücken ihm aufgedrängter Verständnisanweisungen.

Diese Einsicht des Erzählers wird an drei einander folgenden

Lehrbeispielen, gleichsam einem szenischen Tryptichon gewonnen: Jeweils ein Vorleser oder Erzähler im Kreise jugendlicher Hörer – drei Modelle für die Ohnmacht und die Möglichkeit literarischer Rezeptionslenkung. Die einander gegenübergestellten Außenseiten zeigen die negative und die positive Variante der Vermittlung desselben Textes: erst Herder, dann der Student Goethe lesen Oliver Goldsmiths Roman *Der Landpriester von Wakefield* vor. In der Mitte, als liebender und geliebter, charismatisch strahlender Dichter, Goethe, märchenerzählend im Kreise der Sesenheimer Jugend – vielleicht das lebendigste Monument, das er sich selbst schrieb.

Zunächst die monochrom getönte Vorlesung des Theologen Herder, dem sein recht irdisch gesonnener Chirurg und der Student Goethe zuhören: Herder liest »ernst und schlicht«, im Stil seiner Predigten, ohne gestisch-mimische oder akustische Akzentuierung. Um den Kunstcharakter des Romans deutlich zu machen, vermeidet er jede Illusionssteigerung. Vor allem aber gibt er Vorschriften zum Rezeptionsverhalten: er will ungeduldig »sogleich Wirkungen sehen«, mit denen er dann aber höchst unzufrieden ist. Denn seine Hörer wissen Gehalt, Form und erzähltechnische Finessen nicht zu würdigen, nehmen das Werk nicht als »Kunstprodukt«, sondern als »Naturerzeugnis«. Worauf er ihnen »eine gewaltige Strafpredigt« über ihren unverbesserlichen Stumpfsinn hält (I,426–429). Der Theologe vertritt die orthodoxe Textvermittlung und versteht sich selbst als erleuchtete Autorität. Von seinen Hörern erwartet er entsprechend eine Konversion: sie sollen sich dem Kunstwerk gegenüber ausschließlich intellektuell verhalten. Folglich verurteilt er jede Sinnlichkeit: »er tadelte das Übermaß von Gefühl, das bei mir von Schritt zu Schritt mehr überfloß«, notiert sein Musterschüler. Und die Anmerkungen des Chirurgen, »die nicht von den feinsten waren, wurden noch übler aufgenommen« (I,430), ebenso die kindliche Freude beider über das gute Finale. Aber die autoritäre Rezeptionslenkung bleibt wirkungslos: der sonst so lernbegierige Eleve läßt sich »durch Herders Invektiven keineswegs irre machen«: er verarbeitet die Wirkung des Werkes, ohne sich darüber Rechenschaft geben zu können, und erreicht schließlich die »Übereinstimmung mit jener ironischen Gesinnung, die sich über die Gegenstände, über Glück und Unglück, Gutes und Böses, Tod und Leben erhebt, und so zum Besitz einer wahrhaft poetischen Welt gelangt« (I,429 f.).

Damit zeigt das erste Lehrbeispiel den autoritären, aber wirkungslosen Interpreten gegenüber den sich allen Anweisungen widersetzenden, jedoch frei dem Werk begegnenden Rezipienten. Die andere Seite der triadischen Bildfolge stellt den Besucher im Sesenheimer Pfarrhaus dar, umgeben von der gesamten Familie. Wenig wird über ihn und seinen Lesestil gesagt; ohne die Absicht einer Rezeptionslenkung liest er »heiter und freimütig« (I,463). Seine Wirkung zeigt sich in den Reaktionen der Zuhörer: gleichfalls voll Heiterkeit erleben sie das Werk in seiner gemeinschaftsbildenden Funktion, erkennen es als literarische Analogie ihrer eigenen sozialen und familiären Konstellation, identifizieren sich vorbehaltlos mit dem jeweiligen, moralisch soviel schöneren Spiegelbild und fühlen sich – nicht ohne Selbstgefälligkeit – in ihrem besseren Ich bestätigt. Doch dieses ebenso inadäquate Verhalten wird nicht getadelt, sondern auf der Reflexionsebene vom Erzähler zum Anlaß genommen, über die ethische und psychologische Bedeutung der verpönten Leseridentifikation nachzudenken. Der liberale Vermittler des zweiten Modells toleriert die Naivität seiner Hörer. Er erkennt einen Sinn in ihrer undifferenzierten Textrezeption und deren Bedeutung für die individuelle Lebenspraxis.

Im glänzend plazierten Mittelteil unseres wirkungsästhetischen Tryptichons wird der Dichter als Erzähler seines Märchens *Die neue Melusine* vorgeführt, besonders aber die mögliche, ins Ideale gesteigerte Wirkung eines dichterischen Werkes auf seine Rezipienten: »mir gelang, was den Erfinder und Erzähler solcher Produktionen belohnt, die Neugierde zu erregen, die Aufmerksamkeit zu fesseln, zu voreiliger Auflösung undurchdringlicher Rätsel zu reizen, die Erwartung zu täuschen, durch das Seltsamere, das an die Stelle des Seltsamen tritt, zu verwirren, Mitleid und Furcht zu erregen, besorgt zu machen, zu rühren, und endlich durch Umwendung eines scheinbaren Ernstes in geistreichen und heiteren Scherz das Gemüt zu befriedigen, der Einbildungskraft Stoff zu neuen Bildern und dem Verstande zu fernerm Nachdenken zu hinterlassen« (I,446 f.). Sternstunde literarischer Vermittlung: der jugendliche Dichter, der sein Werk ohne Anmaßung und feste Erwartung – »in Gedanken mochte ich mich gern mit solchen Späßen, ohne weitere Beziehung, beschäftigen« (I,450) – einem jugendlichen, emotional und rational ansprechbaren Kreis vorträgt. Die erzählerische Deutung dieses unwiederholbaren Idealfalls gipfelt in einer der verblüffendsten Sentenzen des alten Goethe, die seinem gesamten Lebenswerk zu widersprechen scheint: »Schreiben ist ein Mißbrauch der Sprache, stille für sich lesen ein Surrogat der Rede. Der Mensch wirkt alles, was er vermag, durch seine Persönlichkeit [. . .]« (I,447). Nicht der Akt des Lesens, sondern der Sprechakt, die aus einem gesellschaftlichen Kontext hervorgehende direkte Kommunikation von Autor und Rezipient ist Voraussetzung für die optimale literarische Wirkung.

Doch welche Möglichkeiten bleiben neben dem zum Kunstwerk gestalteten idealen Modell? *Dichtung und Wahrheit* ist kein Herbarium defektiver Leserfiguren und gestörter oder idealisierter Textbeziehungen, es ist mehr. Im Rahmen des anfangs genannten Systems ist es der Entwicklungsroman des Lesers. An der Mittelpunktsfigur werden Haltungen und Reaktionen deutlich, die auf ein selbstbewußteres Leseverhalten verweisen, als es sich bei anderen Figuren zeigt; aber dieses selbständige Urteilsvermögen, die Toleranz gegenüber anderen Rezeptionsweisen sowie andere dichtungsgemäße Bewußtseinshaltungen haben sich entwickelt, sind erworben. Sie verweisen auf ein Emanzipationserlebnis des jugendlichen

Lesers. Dieses wird in einen lutherischen Rahmen gesetzt, ins säkularisierte Frankfurter Barfüßerkloster, wo sich im Sommer 1762 der Schüler Goethe und Rektor Johann Georg Albrecht, der gelehrteste Schulmann der Stadt, zum Bibelstudium zusammenfinden. Der Junge ist bereits ein kompetenter Bibelleser, der ganze Passagen des Alten Testaments auswendig gelernt und viele biblische Motive imaginativ verarbeitet hat (s. I,89,158). Die grundsätzliche Bedeutung der Bibel für die eigene Entwicklung betont noch der sechzigjährige Autor: »Es schlingt sich die daher gewonnene Kultur durch mein ganzes Leben« (I,664). Jetzt geht es ihm ums Hebräische, das er zum besseren Verständnis des Alten Testaments sowie des Judendeutsch bei Albrecht erlernen will. Der sarkastische Lehrer schraubt die Ambitionen des Schülers gleich anfangs mit der Bemerkung zurück, er solle zufrieden sein, wenn er »nur lesen lernte« (I,126).

Die biographischen Fakten und Publikationen Albrechts dokumentieren, er »war ein Aufklärer, ein Neologe, seine scharfe Kritik machte vor nichts Halt, selbst nicht vor ehrwürdigen Anschauungen und Dingen, obwohl er sich im Amt als strenger Lutheraner gab«.[13] Sorgfältig stilisiert der Autor den streitbaren und umstrittenen Pädagogen zum janusgesichtigen Präzeptor (I,124 f.), denn es bedarf dieser sokratisch-mephistophelischen Figur, um im Schüler den Mut zu unorthodoxen Fragen zu entfesseln: Nach bald erledigten Sprachlektionen lenkt er die Unterredung zielsicher auf den Inhalt der biblischen Schriften, denn »dieser war es eigentlich, über welchen ich von meinem alten Herrn Aufklärung verlangte« (I,127). Die Unstimmigkeiten der Schrift, ihre Widersprüche zur Wirklichkeit, mit denen er seine konventionellen Hauslehrer nur in Verlegenheit brachte, versetzten ihn in Erregung. Schließlich geht es dem Schüler kaum mehr um aufklärende Belehrung als darum, seine Zweifel endlich mit rebellischer Vitalität vorzutragen. Die Verben

13 Elisabeth Mentzel, *Wolfgang und Cornelia Goethes Lehrer. Ein Beitrag zu Goethes Entwicklungsgeschichte*, Leipzig 1909.

verraten die Dynamik: er beginnt sogleich »auf den Sinn der Sache loszugehen«, außer der Reihenfolge drängt es ihn, »mancherlei Dinge zur Sprache zu bringen«, »voller Zudringlichkeit« wird er immer »lebhafter und kühner« (I,128). Der Lehrer hütet sich, »eine Auskunft zu geben, die ihn hätte kompromittieren können«, und beobachtet das intellektuelle Draufgängertum unter Husten und Lachen. Die Szene – sie säkularisiert das Muster vom zwölfjährigen Jesus im Tempel – endet wie eine Kafka-Parabel: »Übrigens konnte ich nichts aus ihm bringen, als daß er ein über das andere mal mit einem baucherschütternden Lachen ausrief: ›Er närrischer Kerl! Er närrischer Junge!‹« (I,128). Schüler und Lehrer im gemeinsamen Bemühen um ein Werk; der Schüler stellt unübliche, die Würde des Textes bezweifelnde Fragen. Der Lehrer liefert keine Antwort, agiert jedoch als wohlwollender Zuhörer: ein Leser wird flügge! Da dieser jugendliche, sich an der Bibel befreiende Rebell jedoch Goethe heißt und den Vorgang im Jahre 1811 als Wirklicher Geheimer Rat zu Papier bringt, muß die pädagogische Provokation in auch später noch vertretbare Bahnen einlenken: Rektor Albrecht empfiehlt schließlich einen Bibelkommentar, der zwischen unterschiedlichen Deutungen vermittelt (I,128). Und der Erzähler bemüht sich zu zeigen, wie die provozierenden Fragen, die der Zwölfjährige an die Bibel stellte, zugleich den liberal-aufklärerischen Zug der zeitgenössischen protestantischen Theologie charakterisierten. Die erfolgte Emanzipation wird subtiler und adäquater an einem zehnseitigen Kommentar zum Alten Testament bewiesen. In der sprachlichen Wiedergabe der Patriarchengeschichten zeigt sich die Säkularisation des Leserinteresses, das nicht mehr vom Glauben, sondern von historischen und soziologischen Fragestellungen bestimmt wird: Imagination erweitert den Text (»wenn unsere Einbildungskraft kühn genug ist«, I,131), Reflexion (»so geben uns auch die Ehen der Erzväter zu eigenen Betrachtungen Anlaß«, I,133) und eigene Konstruktion (»von dieser können wir nicht reden, ohne vorher noch mancherlei Betrachtungen anzustellen«, I,134) verfahren selbständig mit seinen Elementen. Die gewonnene Freiheit drückt sich in den narratologischen Formeln aus. Sentenzen und Hypothesen zeigen den Interpreten, ein häufiges »wir« oder »man« den Erzähler am Werk. Kritik wird an den alten Opferriten geübt, die der Erzähler als »einen seltsamen, für uns ganz widerlichen Gebrauch«, die Opferung der eigenen Kinder als »Wahnsinn« bezeichnet (I,137). Die provozierendste Wirkung dieses Bibelkommentars geht von der pluralischen Bezeichnung der metaphysischen Instanz aus. Überwiegend heißt es »die Elohim«, »die Gottheiten«, »die Götter«, »die Himmlischen«, selten dagegen »Gott« oder »jenes hohe Wesen«. Gewiß, hier brilliert der erzählende Hebraist mit der Kenntnis des Sprachgebrauchs in den elohistischen und jahwistischen Schriften. Die eigentliche Intention ist jedoch die indirekte, sprachliche Polemik gegen ein textkritisch nicht haltbares Gottesbild. Dem Leser von *Dichtung und Wahrheit* wird es schwergemacht, wenn es über Abrahams Bereitwilligkeit, seinen Sohn zu opfern, heißt: »aber die Götter, welche manchmal um uns zu versuchen, jene Eigenschaften hervorzukehren scheinen, die der Mensch ihnen anzudichten geneigt ist, befehlen ihm das Ungeheure« (I,126). Ist der vielzitierte Wille Gottes menschliche Projektion oder metaphysische Manifestation? Die Bedeutung, die der Autor dem eigenen philologisch geschulten Bibelverständnis und seiner kritischen Lesehaltung beimaß, wird nochmals deutlich, wenn es über Lavaters fundamentalistische Auffassung heißt, »daß er sich an den Buchstaben der Bibel, ja der Bibelübersetzung hielt, und freilich für das, was er suchte und beabsichtigte, hier genugsame Nahrung und Hülfsmittel fand« (II,18). Der Kritiker Lavaters dagegen liest und denkt sich immer wieder an der Bibel frei. Denn auch für ihn wird der einmalige Emanzipationsakt nicht zur festverfügbaren Eigenschaft: Als er im Sommer 1768 – krank und somit sensibler und schutzbedürftiger – unter den Einfluß des gelehrt-orthodoxen Hofmeisters Langer kommt, läßt er sich bald zum Proselyten machen, der die Bibel wie in Kinderzeiten wieder als direkte göttliche Manifestation liest (I,340). Doch später in Frankfurt, bei erneutem, historisch orientiertem Bibelstudium, gewinnt er seine kritisch-distanzierte Haltung zurück (I,511). Schließlich bildet er sich, wie er lapidar formuliert, »ein Christentum zu meinem Privatgebrauch«, das aber auf »fleißiges Studium« gegründet bleibt (II,45). Der nach eigenen Erwägungen übersetzende Faust ist die dramatische Replik auf die in diesen Jahren in Auseinandersetzung mit der Bibel gewonnene autonome Leserhaltung. Daß ein unabhängiges Textverständnis zugleich eine Voraussetzung für die dichterische Produktivkraft ist, macht schon der Frankfurter Schüler deutlich: Weil er die Josephsgeschichte als zu knapp empfindet – und Thomas Mann wird dies nachempfunden haben –, ergänzt er sie durch ein eigenes Prosaepos (I,141). Immer wieder dient die Bibel in *Dichtung und Wahrheit* als grundlegendes ›Lese-Buch‹: An ihr wird gezeigt, daß Lesen ein schwieriges Navigieren zwischen den Direktiven anderer und den eigenen Projektionen bleibt. An ihr wird auch gezeigt, daß der emanzipierte Leser mit intellektueller Beweglichkeit unkonventionelle, selbst scherzhafte, stets jedoch adäquate Fragestellungen an den Text richtet und ihn dadurch zu neuer Bedeutung weckt.

Seiner eigenen Natur gemäß gewinnt der Leser zwei Wahrheiten, eine des Empfindens und eine des Denkens: Die Wahrheit des Gefühls liegt beispielsweise in der »friedlichen Wirkung«, die das Werk Spinozas hervorbringt (II,78), innerer »Friede« wird durch die Lektüre der Erzvätergeschichten erzeugt (I,140); und vor den Zerstreuungen allzu phantastischer Lektüre flüchtet der junge Leser in die biblischen Gegenden, wo er sich unter den vertrauten Gestalten »zugleich in der größten Einsamkeit und in der größten Gesellschaft« befindet (I,149). Die genaue Kenntnis des Goldsmithschen Romans verschafft – wie bereits erwähnt – dem ungebundenen Leser geradezu göttliche Einsicht und Souveränität. Demgegenüber ist die denkend erkannte Wahrheit die aufklärerische Einsicht, daß unablässig bemühte Wahrheitssuche die dem Text angemessene Umgangsform bleibt. Denn was auf jeweils unterschiedlichen Erkenntnisstufen formuliert werden kann, bleibt nur bedingt gültig. Bereits dem Studenten wird anläßlich des Spinoza-Streits bewußt, »daß niemand den andern versteht, daß keiner bei denselben Worten dasselbe was der andere denkt, daß ein Gespräch, eine Lektüre bei verschiedenen Personen verschiedene Gedankenfolgen aufregt« (II,78).

Findet sich jenseits dieser vielfach beeinflußbaren, bedrohten und relativierten Begegnung von Leser und Text ein letzter Sinn im Lesen? Die Antwort gibt Goethes Auffassung vom Text, die besagt: »[. . .] bei allem was uns überliefert, besonders aber schriftlich überliefert werde, komme es auf den Grund, auf das Innere, den Sinn, die Richtung des Werks an; hier liege das Ursprüngliche, Göttliche, Wirksame, Unantastbare, Unverwüstliche, und keine Zeit, keine äußere Einwirkung noch Bedingung könne diesem inneren Urwesen etwas anhaben, wenigstens nicht mehr als die Krankheit des Körpers einer wohlgebildeten Seele« (I,509). Lesen wird demnach als Begegnung zweier lebendiger Existenzen gesehen, die weder reguliert noch dirigiert werden kann. Der Sprachkörper des Werkes unterliegt zwar den Veränderungen durch die Zeit, sein Wirkungszentrum bleibt erhalten. Entsprechend ist der Leser niemals fähig, das Überlieferte »rein« zu erfassen. Dies nicht nur wegen mangelhafter, verstümmelnder Tradierung, sondern auch »wegen des Unterschieds der Zeiten, der Orte, besonders aber wegen der Verschiedenheit menschlicher Fähigkeiten und Denkweisen« (I,509). Aus einer derart mangelhaften, immer wieder veränderten und relativierten Begegnung von Text und Leser geht jedoch die Einsicht in die darin enthaltenen unvergleichlichen Möglichkeiten hervor, sie verweist auf das Ziel alles Lesens: »Das Innere, Eigentliche einer Schrift, die uns besonders zusagt, zu erforschen, sei daher eines jeden Sache, und dabei vor allen Dingen zu erwägen, wie sie sich zu unserm eignen

Innern verhalte, und inwiefern durch jene Lebenskraft die unsrige erregt und befruchtet werde« (I,510). Beim Lesen wird der Leser befreit zu sich selbst, er erfährt einen Identitätszuwachs: über dem »Erforschen« und »Erwägen« des Textes gewinnt er den Mut, die eigenen Reaktionen, die Anregungen, die er erfährt, zum Maßstab literarischer Wertung zu machen. Der naive Leser hat sich über den kompetenten zum emanzipierten und schließlich zum autonomen Leser entwickelt: selbstsicher steht er auf seinem »eigentlichen Grund« (I,510), auf dem ihn keine Kritik mehr verunsichern kann.

Der intendierte Leser

Von der Reflexionsebene hebt sich der intendierte Leser ab, an den sich der Erzähler von *Dichtung und Wahrheit* richtet. Nur bedingt subsumieren sich ihm die Zeitgenossen, deren der Autor bei Abfassung seines »biographischen Scherzes« gedenkt, um »der Gefahr, ihnen bey Lebzeiten abzusterben«, zu entgehen[14]: Die Niederschrift von *Dichtung und Wahrheit* wurde 1809, bereits in biblischem Alter begonnen, und erst im letzten Lebensjahr, nach einer Unterbrechung zwischen 1813 und 1816 abgeschlossen. In dieser späten Lebensepoche mußte der Autor über den begrenzten Kreis der Zeitgenossen hinaus auch an die ihm abstrakt bleibende Schar von »entfernten Freunden und Geistesverwandten« denken.[15] Dementsprechend ist der Leser, der vom Erzähler hofiert, genarrt, über erzähltechnische Probleme informiert, dann wieder als strategischer Vorwand genommen wird, weniger Figur als Funktion. Er ist eine diskursbereite Bewußtseinshaltung, eine subtil kalkulierte und konstruierte

14 An C. F. von Reinhard, 13. 8. 1812, zit. nach: *Die Entstehung von Goethes Werken in Dokumenten* (Anm. 8) S. 417.

15 An J. F. Rochlitz, 11. 9. 1811, zit. nach: *Die Entstehung von Goethes Werken in Dokumenten* (Anm. 8) S. 396.

Perspektive des Textes. Doch trotz solcher Abstraktion gewinnt er an Kontur: Anvisiert wird primär eine reiche seelische Reaktionsbereitschaft. Sucht der Erzähler doch vor allem die affektive Beziehung zu seinen Lesern: »meine Wohlwollenden« (I,8), »meine Freunde» (I,426,429) apostrophiert er sie. Er vermutet »liebende Seelen« (II,107) unter ihnen, ja erwartet, daß die eingeschalteten Lili-Lieder »aufmerksam vorgelesen, lieber noch mit Gefühl vorgesungen« werden, damit »ein Hauch jener Fülle glücklicher Stunden« spürbar sei (II,96).

Ein langjähriger Goethe-Fan sollte der gewünschte Leser sein, sich an seinen Werken gebildet haben, Anspielungen und Zitate verstehen (I,7 f.). Nie jedoch, wie das Bisherige vermuten läßt, wird er zur Verleugnung der eigenen Identität veranlaßt; als Kultfigur entzieht sich ihm der Erzähler. Vielmehr erfährt der fiktionale Adressat selbst eine Rangerhöhung: als interessierter und kompetenter Leser avanciert er zum Dialogpartner, der an der Entstehung des Buches teilhat. Denn mit Hilfe des als Vorwort gesetzten fingierten Briefes wird glaubhaft gemacht, *Dichtung und Wahrheit* sei ausschließlich auf das Ersuchen von Goethe-Lesern entstanden, die – anläßlich der Ausgabe von 1806/08 – weiteren Aufschluß über Autor und Werk erwarteten. Hier gesteht nun der Erzähler, ganz im Gegensatz zur einstigen jugendlich passionierten Ungeduld bei derlei Ansinnen, seine Dankbarkeit für das »so freundlich geäußerte Verlangen«, das ihn »zu einer neuen Tätigkeit« anrege (I,8). Wie weit wir damit vom historischen Anlaß entfernt sind, wie sehr das Werk also schon anfangs als Dichtung konzipiert wurde, ergibt sich aus der Überlegung, die Goethe während der Arbeit an der Biographie des Malers Hackert anstellte: »[. . .] ich hatte Ursache mich zu fragen, warum ich dasjenige, was ich für einen andern tue, nicht für mich selbst zu leisten unternehme? Ich wandte mich daher noch vor Vollendung jenes Bandes an meine eigene frühste Lebensgeschichte«.[16] Über der sorgsam

16 *Tag- und Jahreshefte. 1811* (*Goethes Werke* [Anm. 1] Bd. 10, S. 509).

fingierten und gepflegten emotionalen Harmonie wird der Dialog zwischen Erzähler und Leser zelebriert. Stellenweise schafft er die Illusion, als unterhielte man sich von Gleich zu Gleich. Sprachlich gelingt dies teilweise durch das Indefinitpronomen »man«, durch den Plural »wir«, die sich beide deutlich vom ausschließenden »ich« abheben: »Wenn man sich erinnern will, was uns in der frühsten Zeit der Jugend begegnet ist« (I,10). Derart in die gedankliche Handlung einbezogen, richtet sich das Bewußtsein des Lesers zurück auf die vom Erzähler gewiesene Epoche der eigenen Biographie. Er substituiert das Erzählte mit eigenen Erinnerungen. Das Erinnerte und das Fiktive verschmelzen. Der Leser kann die Fiktion als »wahr« und exemplarisch akzeptieren. Wie autoritär der Verfasser dagegen diese anscheinend behutsame Wirkung einkalkulierte, zeigt die briefliche Bemerkung, »daß Jeder, der das Büchlein liest, *mit Gewalt* auf sich selbst und seine jüngeren Jahre zurückgeführt wird«.[17]

Sentenzen, Reflexionen und Deutungen sind der Ort, sich des Einverständnisses des Lesers zu versichern, ihm Einwände und Fragen in den Mund zu legen, oder auch einen milden Tadel zu imputieren. All dies, um Erklärungen und Rechtfertigungen nur desto gewandter zu orchestrieren. Verschiedentlich wird dem intendierten Leser deutlich gemacht, auf welch olympischen Standpunkt er entrückt ist: er soll einsichtiger, besser unterrichtet sein als die Mitlebenden. Beispielsweise soll er mehr wissen als die Familie des Frankfurter Klippschülers, die sich über dessen scheinbar unvermutet erworbene Französischkenntnisse wundert (I,90). Gemeinsam mit dem Erzähler verfügt der Leser über Zeit und Ort, wenn er wie auf einem fliegenden Teppich eingeladen wird: »[. . .] begeben wir uns in die freie Luft, auf den hohen und breiten Altan des Münsters, als wäre die Zeit noch da« (I,415). Eine optimale Möglichkeit bietet der anvisierte

17 An C. F. von Reinhard, 13. 2. 1812, zit nach: *Die Entstehung von Goethes Werken in Dokumenten* (Anm. 8) S. 409.

Leser, wenn es darum geht, erzähltechnische Probleme und deren elegante Lösung bewußt zu machen: der publikumserfahrene Autor weiß, daß das Dilemma des Historiographen, wie mehrere gleichzeitige, aufeinander bezogene Handlungsverläufe aus einem Geschichtskontinuum zu lösen und hintereinander darzustellen sind, nur wenigen Lesern bewußt werden dürfte. Nicht gewillt, die eigene Kunstfertigkeit unbemerkt zu lassen, wird sie dem Leser höflichst erörtert (II,75). Ebenso wird ihm erklärt, warum eine Biographie nicht in einsinniger chronologischer Folge darzustellen sei (I,475). Antizipierte Zweifel helfen, die Glaubwürdigkeit des Erzählten desto nachhaltiger zu bekräftigen (I,447). Es wäre jedoch unzutreffend, die Instanz des intendierten Lesers nur taktisch, als Spiegelglas des Erzählers zu sehen; denn die Erörterung erzähltechnischer Probleme ist zugleich vorsichtige ästhetische Unterweisung. Ohne die verlebendigende Aufnahme durch den Leser bleibt das Werk eine literargeschichtliche Mumie; ihm vertraut sich der Erzähler deshalb in des Wortes ganzer Bedeutung an.

Während der fortschreitenden Lektüre erkennt der Leser jedoch: Was auf der fiktionalen Ebene vorgeführt wird, die Emanzipation des Lesers, wird auf der Reflexionsebene auch mit jedem potentiellen Leser versucht. Denn spätestens im 7. Buch merkt der Leser, daß er sich dem betulich um Einverständnis bemühten Erzähler nicht gänzlich anvertrauen darf: Während sich der Leser hier anstrengt, den literaturgeschichtlichen Exkursen des Erzählers einen zusammenhängenden Sinn abzugewinnen, zieht dieser ihm unvermutet den Boden scheinbarer Informationsvermittlung unter den Füßen weg und bemerkt spöttisch: »Habe ich durch diese kursorischen und desultorischen Bemerkungen über deutsche Literatur meine Leser in einige Verwirrung gesetzt, so ist es mir geglückt, eine Vorstellung von jenem chaotischen Zustande zu geben, in welchem sich mein armes Gehirn befand« (I,282). Die Erzählerintention entpuppt sich als eine völlig andere als anfangs vermutet. Ebenso ironisiert der Erzähler das bürgerliche Anstandsgefühl seines Lesers, die prüde Sprachregelung des Mittelstandes, wenn er beklagt, so manche Zitate und Namen aus *Hanswursts Hochzeit* nicht anführen zu können, da sein Buch sicher »in guter Gesellschaft, auch wohl im anständigen Familienkreise vorgelesen werde«. Und er bedauert, daß die Auslassung leider auch »heitere, neckische, unverfängliche Beziehungen und geistreiche Scherze« eliminiere (I,124). Sogenannter Anstand auf Kosten des Witzes: merkt der Leser die Absicht? Der Erzähler bietet verschiedentlich Alternativen, sucht damit immer wieder den Leser von sich zu lösen. Hat der Leser erst einmal kritische Distanz zu seinem Erzähler gewonnen, dann werden weitere skeptische Fragen und Zweifel lebendig: ob ihn der Erzähler, der so oft an seine Reflexionsfähigkeit appellierte, denn für derart rührselig hält, daß er einige Geschichten unterdrückt, weil diese »den Leser ermüden, wo nicht gar betrüben könnten« (I,379). Welch weniger fadenscheinige Gründe haben hier wohl mitgespielt? Ist der Erzähler wirklich so tolerant, wie er sich gerne darstellt? Entspringt die maliziöse Anmerkung zu dem populären Gleim nicht einer kollegialen Abneigung, wenn es heißt, daß man Gleim »für die reichlichen Wohltaten nichts zu erwidern vermochte als Duldung seiner Gedichte« (I,400)?[18]

Spricht der Erzähler ausschließlich zu »denkenden Männern« (II,122), so fragen sich seine Leserinnen, warum er der einen Hälfte der Menschheit kein Denkvermögen zutraut. Wie stimmt dies mit den Leseabenden überein, bei denen Goethe die ersten Teile von *Dichtung und Wahrheit* fast nur vor Hörerinnen vortrug und zur eigenen Erinnerung mehrfach notierte: »Abends den Frauenzimmern Biographisches vorgelesen.«[19] Zu einer Vorlesungsreihe bei Hofe: »Abends bei

18 Vgl. dazu die Bemerkungen über Gleims Kritik an Goethe in dem Beitrag von Paul Michael Lützeler in diesem Band.

19 *Tag- und Jahreshefte*, 18. März 1811. Ähnlich 19. und 31. März 1811 passim, zit. nach: *Die Entstehung von Goethes Werken in Dokumenten* (Anm. 8) S. 380.

Durchlaucht der Herzogin die Vorlesung fortgesetzt.«[20] Verzichtete der Autor dabei von vornherein auf irgendwelche verstandesgemäßen Wirkungen? Auf den rund achthundert Seiten von *Dichtung und Wahrheit* werden nicht einmal Leser *und* Leserinnen, viel weniger die letzteren alleine angeredet; wohl aber einige Male »Männer«. Wollte der Erzähler seine Leserinnen damit besonders wirksam von sich emanzipieren? Vorurteil, Unbedachtsamkeit und didaktische Absicht sind nicht immer klar zu scheiden.

Auf der Ebene der Fiktion wird der jugendliche Held bei der Lektüre der Bibel zum autonomen Leser. Auf der Reflexionsebene wird der intendierte und damit jeder mögliche Leser dazu angehalten, sich gleichfalls von der Übereinstimmung mit seinem Erzähler zu befreien. Doch hier verwirrt sich das Spiel: Gibt es eine gelenkte Befreiung? Nötig wäre dann die Befreiung vom Befreier. Aber welcher Leser möchte sich immer befreien? Denn selbst der eben erst kritisch gewordene Leser stimmt gerne wieder mit Goethe überein, wenn dieser über seine Werke behauptet: »Wer sie, und mein Wesen überhaupt, verstehen gelernt, wird doch bekennen müssen, daß er eine gewisse innre Freiheit gewonnen.«[21]

20 *Tag- und Jahreshefte*, 6. Mai 1811, zit. nach: *Die Entstehung von Goethes Werken in Dokumenten* (Anm. 8) S. 386.

21 Friedrich von Müller, 5. 1. 1831, zit. nach: *Goethes Gespräche. Eine Sammlung zeitgenössischer Berichte aus seinem Umgang auf Grund der Ausgabe und des Nachlasses von Flodoard Freiherrn von Biedermann*, erg. und hrsg. von Wolfgang Herwig, Zürich/Stuttgart 1972, Bd. 3, T. 2: *1825–1832*, S. 743.

Literaturhinweise

Aichinger, Ingrid: Künstlerische Selbstdarstellung. Goethes »Dichtung und Wahrheit« und die Autobiographie der Folgezeit. Bern / Frankfurt a. M. / Las Vegas 1977.

Becker, Karl Wolfgang: Denn man lebt mit den Lebendigen. Goethes »Dichtung und Wahrheit«. In: Studien zur Goethezeit. Festschrift für Lieselotte Blumenthal. Weimar 1968. S. 9–29.

Beutler, Ernst: Einführung. In: Gedenkausgabe der Werke, Briefe und Gespräche. Bd. 10. Zürich/München ^{3}1977. S. 881–955.

Böckmann, Paul: Goethes Dichtertum in seiner Bedeutung für das Lebensverständnis. In: Deutsche Vierteljahrsschrift für Literaturwissenschaft und Geistesgeschichte 23 (1949) S. 380–408.

Die Entstehung von Goethes Werken in Dokumenten. Bd. 2. Hrsg. von Momme Mommsen unter Mitw. von Katharina Mommsen. Berlin 1958.

Goethe im Urteil seiner Kritiker. Dokumente zur Wirkungsgeschichte Goethes in Deutschland. T. 3: 1870–1918. Hrsg. von Karl Robert Mandelkow. München 1979.

Meyer, Heinrich: Goethe. Das Leben im Werk. Hamburg 1951.

Müller, Klaus Detlef / Niggl, Günter: Geschichte der deutschen Autobiographie im 18. Jahrhundert. Stuttgart 1977.

Satonski, Dmitri: Die Entwicklungsidee in »Dichtung und Wahrheit«. In: Goethe-Jahrbuch 99 (1982) S. 105 f.

Spranger, Eduard: Goethe über sich selbst. In: Deutsche Vierteljahrsschrift für Literaturwissenschaft und Geistesgeschichte 23 (1949) S. 357–379.

Trunz, Erich: Anmerkungen des Herausgebers. In: Goethes Werke. Hamburger Ausgabe in 14 Bänden. Hrsg. von Erich Trunz. Bd. 9. München 1974. S. 599–816.

Witte, Bernd: Autobiographie als Poetik. Zur Kunstgestalt von Goethes »Dichtung und Wahrheit«. In: Neue Rundschau 89 (1979) S. 384–401.

PETER BOERNER

Italienische Reise (1816–29)

Die Teilnahme der Leser

Wohl kaum ein anderes Werk Goethes hat über einen langen Zeitraum hinweg eine so wohlwollende Aufnahme gefunden wie die *Italienische Reise*. Ohne jemals ein Bestseller gewesen zu sein, hat sie doch seit ihrem ersten Druck im Jahre 1816 bis in unsere Tage stets viele Leser angezogen. Zu keiner Zeit hat sich über sie ein ernsthafter Streit entwickelt, und keine Passage darin gab Anlaß zu Entrüstung oder Protest.
Diese ungeteilte Aufnahme spiegelt sich nicht zuletzt in der Art, wie das Werk in die meisten Darstellungen von Goethes Leben integriert wurde. Alle von ihm selbst entwickelten Motivstränge klingen auch bei den Biographen an: seine von Jugend an lebendige Sehnsucht nach dem Süden; die Flucht aus der Enge Weimars; das Gefühl, in Italien sein so lange verdrängtes Künstlertum zurückgewonnen, sich dort innerlich gewandelt, ja geradezu ein neues Leben begonnen zu haben. Das Schlüsselzitat lautet denn auch immer wieder: »Ich zähle einen zweiten Geburtstag, eine wahre Wiedergeburt, von dem Tage, da ich Rom betrat.«[1]
Die *Italienische Reise*, so heißt es, dokumentiere Goethes Erfahrung der antiken Kunst, sein Suchen nach Einheit in Natur und Menschenwerk und damit seine »klassische« Ästhetik. Sie gilt als Zeugnis einer Lebenskrise und zugleich als ein paradiesisches Interludium zwischen den Jahren der Hingabe im weimarischen Staatsdienst und der Kontroverse mit der Französischen Revolution, zwischen den Nachklängen des Sturm und Drang und den philosophischen Diskursen mit Schiller.

1 Rom, den 3. Dezember 1786.

Dieses Schema läßt sich mehr oder minder deutlich in allen Beschreibungen von Goethes Leben, auch denen sonst verschiedenster Ausrichtung, erkennen, von Bielschowsky und Gundolf bis zu Staiger und Friedenthal. Noch in Victor Langes kürzlich erschienener Monographie über das klassische Zeitalter der deutschen Literatur klingen verwandte Töne an.[2]

Nächst den Biographen waren es die deutschen Italien-Enthusiasten, die am meisten zur Beliebtheit des Werks beitrugen. Deren Drang, das Land Vergils und Petrarcas selbst zu erleben, führte seit dem 16. Jahrhundert manchen jungen Adligen, dann auch wohlhabende Bürgerliche über die Alpen nach Süden. Die Reise galt als »Bildungserlebnis«, man denke nur daran, wie schon Goethes Vater sein römisches Jahr als Krönung seiner akademischen Studien betrachtet hatte. Für solche von der Sehnsucht nach Italien erfüllten Menschen wurde dann im Eisenbahn- und Autozeitalter die Reise Goethes ein Modell, das sie glaubten, nachvollziehen zu dürfen, und Generationen von ihnen folgten in der Tat, Station für Station, der in seinem Bericht vorgegebenen Route. Eigens publizierte Reiseführer mit Schilderungen der Kunstdenkmäler, vor denen *er* gestanden hatte, dazu auch der Herbergen, in denen *er* eingekehrt war, zeugen von solch reger Teilnahme.[3] Selten, so scheint es, bestand zwischen den Deutschen und ihrem Dichterfürsten so viel Einverständnis wie bei der *Italienischen Reise*, und nicht zuletzt mit dem Blick auf dieses Einverständnis hat man von Goethe als »Schöpfer des Mythos Italiens in der deutschen Kultur« gesprochen.[4]

2 Victor Lange, *The Classical Age of German Literature 1740–1815*, New York 1982, S. 109–113.

3 So etwa George von Graevenitz, *Goethe unser Reisebegleiter in Italien*, Berlin 1904; *Auf Goethes Spuren in Italien*, hrsg. von der Ente Nazionale Industrie Turistiche, Rom 1949.

4 These Luciano Zagaris bei einer Tagung italienischer Germanisten in Rom im Dezember 1978. Vgl. Bericht von Brigitte Mohr in der *Frankfurter Allgemeinen Zeitung*, 12. Dezember 1978.

Reaktionen der Forschung

Im Vergleich zu dem Respekt, den das Werk bei Biographen und Bildungsreisenden so vielfach genoß und noch immer genießt, erscheinen die Reaktionen der etablierten Goethe-Forschung gering. Sieht man von der im Rahmen der *Weimarer Ausgabe* durchgeführten Textkritik ab, gibt es eigentlich nur eine einzige philologische Untersuchung von Rang, nämlich Erich Schmidts Vergleich des für Charlotte von Stein verfaßten Tagebuchs mit der redigierten Fassung der *Italienischen Reise*.[5] Die inhaltlichen Kommentierungen in neueren Werkausgaben stammen weitgehend von Kunsthistorikern, so von Herbert von Einem, Harald Keller und Christian Beutler.[6] Alle diese Gelehrten bezeugen höchste Bewunderung für Goethes Art, die italienischen Kunstdenkmäler anzuschauen; ganz unterschlagen können sie dabei allerdings nicht, daß er offenbar manchem Meisterwerk nicht seine volle Aufmerksamkeit schenkte, so etwa den Fresken Giottos in Padua und Assisi.

In allem, was sonst noch über die *Italienische Reise* geschrieben wurde, lassen sich kaum mehr als Behandlungen thematisch beschränkter Aspekte erkennen. Psychoanalytiker wie Kurt R. Eissler suchten und fanden darin Hinweise auf Goethes »erotisch-sexuelles Erwachen«, das sich ihrer Meinung nach auf seine Begegnung mit einer Serviererin in der römischen *Osteria alla Campagna* festlegen läßt.[7] Interpreten seiner wissenschaftlichen Arbeiten sahen in dem Werk ein wichtiges Zeugnis für seine Entwicklung als Erforscher und Deu-

5 *Tagebücher und Briefe Goethes aus Italien an Frau von Stein und Herder*, hrsg. von Erich Schmidt, Weimar 1886, S. I–XXXIV.

6 In den Anmerkungen der *Hamburger Ausgabe* von Herbert von Einem, (Bd. 11, München 1978), den Nachworten zur *dtv-Gesamtausgabe* von Harald Keller (Bd. 25/26, München 1962) und dem Register der *Artemis-Gedenkausgabe* von Christian Beutler (Bd. 11, Zürich 1950).

7 Kurt R. Eissler, *Goethe. A Psychoanalytic Study 1775–1786*, Detroit 1963, Bd. 2, S. 1019–32.

ter der Natur, insbesondere für sein allmähliches Hineinwachsen in die Metamorphosenlehre.
Auch wo von Goethes Vorstellungen über andere Völker die Rede ist, wird die *Italienische Reise* gern herangezogen. Als Beispiel für seine Reserve gegenüber nationalen Vorurteilen gelten seine Beobachtungen der neapolitanischen Lazzaroni und seine damit verbundene Schelte für ältere Reiseführer, darunter für seinen eigenen Cicerone: Volkmanns *Historisch-kritischen Nachrichten von Italien* (1770), in dem das Nichttätigsein dieser Menschen als regional-typische »Faulheit« getadelt wird.[8]
Goethes Methodik des Reisens gab Anlaß zu mehreren Untersuchungen, zuletzt noch durch Heinrich Niederer.[9] Danach entwickelte er in Italien eine in ihrer Art einmalige Kunst des Erlebens und Beobachtens. Bewußt habe er sich für ein Abstraktionskonzept entschieden, das ihm gewissermaßen eine eigene »Weltschöpfung« ermöglichen sollte. Auf dieses Ziel hin wählte er eine Fülle von Äußerlichkeiten seines Reisedaseins oder, um Niederers Worte zu gebrauchen, »eine ganze Palette von welterschließenden Techniken«.[10]
Über die unmittelbaren Belange der Goethe-Forschung hinausgreifend betrachteten Kulturhistoriker und Komparatisten das Werk als ein wichtiges Glied in der Entwicklung europäischer Italienfahrten, die sich von den Kavalierstouren des 17. Jahrhunderts bis zu romantischen Fußwanderungen und den Bildungsreisen der Moderne verfolgen läßt. Einige Interpreten sahen Goethe dabei als einen der letzten Vertreter des Ancien régime, andere – wie etwa René Michéa – betonten seine Originalität, besonders im Hinblick auf seine Tendenz zur Selbstdarstellung und seine Bereitschaft, wissenschaftlichen Observationen breiten Raum zu geben.[11]

8 Neapel, den 28. Mai 1787.
9 Heinrich Niederer, »Goethes unzeitgemäße Reise nach Italien 1786–1788«, in: *Jahrbuch des Freien Deutschen Hochstifts 1980*, S. 55–107.
10 Niederer (Anm. 9) S. 106.
11 René Michéa, *Le »Voyage en Italie« de Goethe*, Paris 1945.

Mit diesem Hinweis auf Vorschläge, die *Italienische Reise* im Kontext abendländischer Reisetraditionen zu betrachten, stehen wir bereits am Ende unserer Tour d'horizon über ihre Aufnahme bei Lesern und Forschern. Wie zu sehen war, genießt sie beträchtliches Ansehen als ein Werk Goethes, in dem zugleich die ästhetischen Grundlagen der Weimarer Klassik und die Italiensehnsucht der Deutschen erfaßt werden. Andererseits gibt es nur eine beschränkte Anzahl von wissenschaftlichen Behandlungen, und die meisten davon gelten einzelnen Aspekten des Werks. Eine Kontroverse hat sich kaum entwickelt. Hans Mayers These, der Grund für Goethes Aufbruch nach Italien sei nicht in seiner gestörten Beziehung zu Charlotte von Stein, sondern in seinem Scheitern als »Aufklärer und Reformator« des weimarischen Hofes zu suchen, bietet zwar eine wichtige Ergänzung, doch keine Entkräftung der bekannten Darstellungen.[12] Auch bei der zwischen Klaus Kiefer und Marianello Marianelli ausgetragenen Debatte, ob das beherrschende Motiv der *Italienischen Reise* in Goethes Wiedergeburt-Erfahrung, die den Konventionen eines pietistischen Bekehrungserlebnisses folge,[13] oder in der »Signatur des Schönen«, das heißt in seinem Gebrauch des Wortfeldes *edel – würdig – groß* zu erkennen sei, bestehen keine unversöhnlichen Positionen.[14]

Diskrepanzen in der Struktur

Aus dem Widerspruch, der darin liegt, daß die *Italienische Reise* zu den noch immer gern gelesenen Schriften Goethes zählt, in der Forschung aber keine bemerkenswerte Resonanz

12 Hans Mayer, »Italienische Reise«, in: H. M., *Zur deutschen Klassik und Romantik*, Pfullingen 1963, S. 51–81.

13 Klaus H. Kiefer, *Wiedergeburt und Neues Leben. Aspekte des Strukturwandels in Goethes Italienischer Reise*, Bonn 1978.

14 Marianello Marianelli, »Die Idee der Entwicklung im Spiegel von Goethes ›Italienischer Reise‹«, in: *Goethe Jahrbuch* 99 (1982) S. 117–132.

fand, ergeben sich im Zusammenhang dieses auf neue Interpretationen zielenden Bandes zwei Überlegungen: Einmal gilt es, die Frage aufzuwerfen, warum in der Tat so wenige Ansätze zu einer umfassenden Behandlung existieren; zum anderen soll hier postuliert werden, daß das Werk durchaus strittige Aspekte enthält, daß aber gerade diese Aspekte bisher weitgehend ignoriert wurden.

Um die Gründe für den Mangel an Gesamtinterpretationen zu verfolgen, erscheint es angebracht, an einige Gegebenheiten in der Struktur der *Italienischen Reise* zu erinnern. Als das zwischen *Dichtung und Wahrheit* und der *Campagne in Frankreich* stehende zweite Hauptstück von Goethes dreiteiliger Autobiographie ist sie selbst wieder in drei Abschnitte gegliedert: den die Fahrt von Karlsbad nach Rom und den römischen Aufenthalt bis zum Februar 1787 umfassenden *Ersten Teil*; den *Zweiten Teil*, der die Reise nach Neapel und Sizilien schildert; und schließlich den *Dritten Teil*, der – wie der Untertitel erklärt – dem »Zweiten römischen Aufenthalt« gewidmet ist.

Im Gegensatz zu der gleichmäßig fließenden Erzählform von *Dichtung und Wahrheit* besteht die *Italienische Reise* aus einer Kette lose aneinandergereihter Einzelberichte. Der *Erste Teil* zeigt dabei die stärkste Kontinuität, schildert er doch in der Form eines von Tag zu Tag geführten Journals die Fahrt des Verfassers nach Rom und sein anfängliches Vertrautwerden mit dieser »Hauptstadt der Welt«.[15]

In der Darstellung der Reise nach Neapel und Sizilien verschiebt sich das Schwergewicht auf einzelne, nur noch locker miteinander verbundene Briefe an die Freunde in Weimar. Diese Briefe werden ergänzt durch hier und dort eingeschobene Abschnitte, die Goethe, wie er sagt, »aus der Erinnerung« verfaßt hat.[16]

Beim *Dritten Teil* ist die Fiktion einer erzählerischen Einheit dann noch weiter preisgegeben. Der Autor bietet seine »Kor-

15 Rom, den 1. November 1786.
16 Taormina, den 8. Mai 1787.

respondenz« in monatlichen Bündeln, jeweils unterbrochen von kurzen, »Bericht« genannten Stücken, in denen er die Erlebnisse des Zeitraums nach Art der *Tag- und Jahreshefte* resümiert. In dieses Gerüst fügt sich eine Vielzahl sonstiger Texte: Essays zur italienischen Kunst; die Lebensgeschichte Philipp Neris, des »humoristischen Heiligen«; reportageartige Schilderungen wie *Das Römische Carneval*; eine Abhandlung über Karl Philipp Moritz' Schrift *Über die bildende Nachahmung des Schönen* und sogar längere Passagen, die, wie Tischbeins Briefe über das neapolitanische Volksleben, von fremder Hand stammen.

Was hier als ein Miteinander so vieler Erzählelemente erscheint, läßt sich weitgehend durch die Genese der *Italienischen Reise* erklären. Als Goethe beschloß, seine mit *Dichtung und Wahrheit* begonnene Lebensgeschichte durch einen Abriß seiner italienischen Erfahrungen weiterzuführen, stützte er sich zunächst auf das Journal seiner Fahrt von Karlsbad nach Rom. Je weiter er in der Beschreibung fortschritt, desto weniger stand ihm jedoch an authentischen Vorlagen zur Verfügung. Hier begann er nun, manches unabhängig von der Reise Geschriebene einzuschließen, vor allem eben die erwähnten Zusätze des *Dritten Teils.*

Im Gegensatz zu anderen Werken, wo Goethe eine ähnliche Montagetechnik anwandte, hat er bei der *Italienischen Reise* die Unterschiede zwischen den älteren und neueren Partien jedoch nur teilweise kaschiert. Insbesondere die resümierenden »Berichte«, zahlreiche Bemerkungen im Stil der *Maximen und Reflexionen*, auch einige kunsthistorische Essays mit ihrer kaum verhüllten Kritik der »neudeutschen religiospatriotischen« Malerschule tragen die Handschrift seiner späten Jahre.

Dazu kommt noch, daß er offenbar viele der von Rom nach Weimar gesandten Briefe vor der Drucklegung verändert hat, und zwar manchmal so sehr, daß ihr innerer Zusammenhang darunter leidet. Die im Weimarer Goethe- und Schiller-Archiv aufbewahrten Manuskripte bezeugen, wie rigoros er

bei seinen Editionsarbeiten vorging: Unzählige Stellen sind gekürzt, miteinander vertauscht oder ganz neu formuliert. Große Teile des Textes, darunter sämtliche Zeugnisse über den Aufenthalt in Neapel und Sizilien, hat er – wie es in den Anmerkungen der *Weimarer Ausgabe* heißt – »nach erfolgter Benützung« den Flammen übergeben.[17]
Ohne solche Diskrepanzen in der Struktur der *Italienischen Reise* hier weiter zu verfolgen, darf man festhalten, daß sie ein Konglomerat verschiedener literarischer Formen und zugleich eine Kollage von Stücken aus verschiedenen Schaffensperioden Goethes darstellt. Zieht man dazu noch in Betracht, daß sie – wie auch so viele andere Reisebücher – eine nahezu grenzenlose Vielfalt an behandelten Gegenständen und Gedanken aufweist, so mag es verständlich erscheinen, warum die Forscher kein Interesse an umfassenden Interpretationen entwickelten.

Unterm reinsten Himmel der unsicherste Boden

Mit solcher Einsicht in die äußerliche Heterogenität der *Italienischen Reise* wenden wir uns zu der bereits angedeuteten These, daß sie auch in bezug auf ihren Inhalt durchaus nicht der Kontroversen entbehrt. Wie läßt es sich erklären, so möchte man nämlich fragen, daß dieses formal so unausgeglichene Werk eines der heitersten Kapitel in Goethes Lebensgeschichte spiegeln soll? Ist es überhaupt möglich, daß einem derartig disparat-komplexen Text so viel innere Harmonie entsprechen kann? Darauf ist zu antworten, daß die bisherigen Interpreten, vor allem eben die Biographen mit ihrer Betonung von Goethes italienischer »Wiedergeburt«, zwar eine dominierende Erfahrung des Werks herausgestellt, da-

17 *Werke*, hrsg. im Auftrage der Großherzogin Sophie von Sachsen, Abt. 1, Bd. 30, Weimar 1903, S. 284.

mit aber auch mögliche Ansätze zur Verfolgung anderer Motivstränge blockiert haben.
Einer dieser Stränge, der gewissermaßen die Gegenstimmen zum Thema der Wiedergeburt einschließt, soll im folgenden näher betrachtet werden. Der erste Blick fällt dabei auf *Das Römische Carneval*, den einzigen Teil des nun vorliegenden Textes, den Goethe schon unmittelbar nach der Rückkehr aus Rom verfaßte und alsbald mit den Illustrationen von Georg Melchior Kraus drucken ließ.[18] Bei der späteren Redaktion der *Italienischen Reise* übernahm er den Text unverändert.
Weithin gelten diese Schilderungen des ausgelassenen Fastnachtspiels als Paradigma für das Einfühlen des Verfassers in das Dasein des römischen Volkes, einem Dasein, das so viel unbekümmerter war, als er es aus seiner Heimat kannte. Goethe, so heißt es, sei es hier gelungen, die Lebenslust und Lebenskunst des Südens einzufangen.
Eben solchen Interpretationen sind einige Bedenken entgegenzustellen. Nicht durchweg nämlich scheint der Verfasser das Fest mit ungeteilter Freude erlebt zu haben. Vielfach findet er sich, gemeinsam mit den heimischen Zuschauern, von den Akteuren provoziert, beschimpft, beleidigt. Hinter so mancher Gebärde der Masken stecken Obszönitäten, die er nur zögernd beschreibt. Und manchmal fühlt er sich von dem wilden Tanz derart bedrängt, daß er an sich selbst einen »engen, ja beinahe ängstlichen Zustand« bemerkt.[19]
Wie bewußt der Autor sich tatsächlich von den Tollheiten des Fests distanziert, wird insbesondere aus einem als »Aschermittwochsbetrachtung« deklarierten Postskriptum ersichtlich. Dort meint er, die Vergnügungen der vergangenen Tage seien vorbeifliegenden Pferden zu vergleichen, die uns für einen Augenblick erscheinen und rühren, die jedoch »kaum eine Spur in der Seele zurücklassen«. Ebenso wie diese

18 *Das Römische Carneval* erschien 1789 in einer Auflage von nur 250 Exemplaren, in Kommission bei Carl Wilhelm Ettinger, Weimar und Gotha. Goethe war nicht als Verfasser genannt.
19 *Das Römische Carneval:* Confetti.

Erscheinungen, so folgert er weiter, könnten »Freiheit und Gleichheit nur in dem Taumel des Wahnsinns« genossen werden. Die größte Lust reize nur dann am höchsten, »wenn sie sich ganz nahe an die Gefahr« dränge und wenn sie »ängstlich-süße Empfindungen« genieße.[20]

Das sind Worte, die – 1788 aufgezeichnet – auf die politischen Umwälzungen der folgenden Jahre vorausweisen. Unter der Oberfläche des Maskentreibens scheint Goethe Kräfte zu spüren, die denen nicht unähnlich sind, welche er später in revolutionären Phasen der Weltgeschichte oder – als Erforscher der Natur – in vulkanischen Erdbewegungen erkannte. In der Metapher der vorüberfliegenden Pferde klingt das *Egmont*-Zitat von den wie von unsichtbaren Geistern gepeitschten Sonnenpferden der Zeit an, mit dem er den letzten Teil von *Dichtung und Wahrheit* und zugleich seine dort entwickelten Reflexionen über das »Dämonische« beschloß. Wenn er meint, *Das Römische Carneval* spiegele ebenso wie das Leben im ganzen ein »unübersehliches, ungenießbares, ja bedenkliches« Geschehen,[21] darf man darin wohl gar eine Manifestation eben dieses »Dämonischen« erkennen? Auch eine Deutung als römisches Pendant zur nordischen oder klassischen Walpurgisnacht wäre nicht ganz von der Hand zu weisen.

Hat man erst einmal zugestanden, daß solche fremden Elemente in der *Italienischen Reise* einen Platz haben, fällt es leichter, sie auch an anderen Stellen des Werks wiederzuerkennen. Im Gegensatz zum *Römischen Carneval* erscheinen sie allerdings unter mannigfachen Hüllen und Umschreibungen.

Ein Beispiel dafür ist die Art und Weise, wie der Verfasser seinen Besuch in Pompeji darstellt. Da schildert er zunächst mit einiger Ausführlichkeit die an einem schönen Tag unternommene Fahrt von Neapel zum Ort der Ausgrabungen, spricht dann von den Gebäuderesten, die man angetroffen

20 *Das Römische Carneval:* Aschermittwoch.
21 *Das Römische Carneval:* Aschermittwoch.

habe und wie einzelne Zimmer, Gänge und Galerien noch Zeugnis von einer »heitersten« Bemalung ablegten. Schließlich räsoniert er darüber, wie sich der Aschenregen des Vesuv gebildet und eine Weile »wolkenartig in der Luft geschwebt« haben müsse, ehe er den Ort gleichmäßig damit bedeckt habe, so wie man es sich wohl von einem eingeschneiten Bergdorf vorstellen könne.[22]

Der Bericht über all diese Beobachtungen umfaßt kaum mehr als zwei Seiten und wäre hier nicht zu erwähnen, endete er nicht mit einer überraschenden Wendung. Als ginge es eigentlich nur darum, die Tafelfreuden zu rechtfertigen, zu denen er und seine Begleiter sich nach der Besichtigung entschlossen, wirft der Verfasser noch einmal einen Blick auf die alten Bauwerke: »Den wunderlichen, halb unangenehmen Eindruck dieser mumisierten Stadt wuschen wir wieder aus den Gemütern, als wir, in der Laube zunächst des Meeres in einem geringen Gasthof sitzend, ein frugales Mahl verzehrten und uns an der Himmelsbläue, an des Meeres Glanz und Licht ergötzten.«[23] Auf solch indirekte, verharmlosende Weise erfahren wir erst – wenn wir es nicht gar überlesen –, daß der Autor der *Italienischen Reise* von den pompejanischen Ausgrabungen enttäuscht, ja daß er durch deren »wunderlichen, halb unangenehmen Eindruck« verstört war.

Ein ähnliches Paradoxon enthält der Bericht seines Besuchs in Paestum, den er zusammen mit Heinrich Kniep, dem Landschaftsmaler, unternahm. Wieder beanspruchen die Präliminarien viel Raum. Nicht bevor er sich ausführlich über Knieps Gewohnheit, seine »besten englischen Bleistifte zu spitzen und immer wieder zu spitzen«, und über die »ganz einzig liebliche und fruchtbare Gegend« ausgelassen hat, wendet er sich dem Ziel des Ausflugs zu, den ersten rein großgriechischen Tempeln, die er überhaupt auf seiner Reise antraf. Da, so heißt es geradezu unvermittelt, hatte er das Gefühl, sich in einer »völlig fremden Welt« zu befinden. Die

22 Neapel, den 11. März 1787.
23 Neapel, den 11. März 1787.

»stumpfen, kegelförmigen, enggedrängten Säulenmassen« seien ihm »lästig, ja furchtbar erschienen«. Erst durch eine Reihe von kunsthistorischen Erinnerungen – die durchaus nicht wie spontane Äußerungen des Reisenden, sondern wie nachträgliche Reflexionen des alten Goethe klingen – habe er sich langsam mit dem Bauwerk befreunden können.[24]
Die Art, wie der Verfasser hier auf etwas Überraschendes, Dunkles, Abstoßendes, so gar nicht in das Bild vom heiteren Italien Passendes reagiert, wiederholt sich auch bei anderen Gelegenheiten. So konnte er schon in Venedig nicht umhin, in seine Hymne auf die »herrlichen Monumente« der Stadt ein Wort einzuflechten von den »bösen Dünsten«, die über den Lagunen schweben.[25] Als er bei seinen geologischen Studien in Kampanien auf den Krater eines halberloschenen Vulkans stieß, der neben einer üppigen Vegetation auch siedende Wasser, Schwefel aushauchende Grüfte, ja dem »Pflanzenleben widerstrebende Schlackenberge« auswies, notierte er lakonisch: »Unterm reinsten Himmel der unsicherste Boden.«[26]
Wohl die stärkste Ambivalenz dieser Art zeigt der Bericht über Sizilien. Folgt man den Biographen, so gehörten die sieben Wochen, die Goethe dort verbrachte, zu den ungetrübtesten seines Lebens.[27] In Palermo, Taormina und Messina vertiefte er sich ganze Tage lang in Homer und gewann den Eindruck, als werde ihm die *Odyssee* zum erstenmal »ein lebendiges Wort«.[28] Der Plan zu einem Trauerspiel über die Begegnung des Odysseus mit Nausikaa beschäftigte ihn zeitweilig so intensiv, daß es ihm in der Erinnerung erschien, als habe er darüber den größten Teil seines Aufenthaltes auf der

24 Neapel, den 23. März 1787.
25 Venedig, den 29. September 1786.
26 Neapel, den 1. März 1787.
27 Mit Beschämung paraphrasiert der Verfasser hier einen Abschnitt aus seiner eigenen Darstellung in dem Goethe-Band von *Rowohlts Monographien*, Reinbek bei Hamburg 1964, S. 75.
28 Neapel, den 17. Mai 1787.

Insel verträumt. Ein anderer Traum seiner Reise erfüllte sich, als er im botanischen Garten von Palermo glaubte, die so lange gesuchte Urpflanze »gefunden« zu haben, das »wunderlichste Geschöpf von der Welt, um welches mich die Natur selbst beneiden soll«.[29]

Aber etwas an dieser Schilderung Siziliens scheint nicht zu stimmen. Daß Goethe die Insel in einem so ungetrübten Licht sehen konnte, hat den Soziologen Wilhelm Emil Mühlmann, der sich mit der Entwicklung ihrer Bevölkerungsstruktur beschäftigte, drängende Fragen stellen lassen.[30] Wie konnte Goethe die gesellschaftliche Wirklichkeit, die schon im 18. Jahrhundert das ganze Elend des Mezzogiorno enthielt, auf derart provozierende Weise ignorieren? Haben nicht andere Reisende der Zeit immer wieder von Hungerkatastrophen, von der maßlosen Ausbeutung der Landarbeiter, von der Arroganz des Adels und des Klerus sowie von vielen anderen Mißständen gesprochen?

All das muß Goethe bewußt gewesen sein, allein er zögerte offenbar, die Leser der *Italienischen Reise* daran teilnehmen zu lassen. Da keine seiner auf Sizilien bezüglichen Notizen erhalten sind, wissen wir nicht, was er im einzelnen beobachtet hatte. Aber aus einem seiner Briefe vom Jahre 1831, gerichtet an Carl Friedrich Zelter, können wir erschließen, daß es Dinge gab, die er in seiner Darstellung überging. Zelter hatte ihm mitgeteilt, sein Schüler Felix Mendelssohn wolle auf einer beabsichtigten Italienreise auch Sizilien besuchen, dessen Vater habe ihm jedoch davon abgeraten. Dazu meinte Goethe nun, es sei wohl falsch, den jungen Mann nicht nach Sizilien zu schicken, er behielte eine »Sehnsucht ohne Not«. Und dann wies er auf seine eigenen Erfahrungen: »Es muß in meinen letzten sizilianischen oder darauffolgenden neapolitanischen Briefen eine Spur sich finden, welchen unangenehmen Eindruck mir diese vergötterte Insel zurückgelassen

29 Neapel, den 17. Mai 1787.

30 Wilhelm Emil Mühlmann, »Goethe, Sizilien und wir«, in: *Germanisch-Romanische Monatsschrift*, N. F. 26 (1976) S. 440–451.

hat; ich mag durch Wiederholung auf diesen Punkt nicht lasten.«[31]

Folgt man diesem seinem vertrauten Freund gegenüber ausgesprochenen Wink Goethes, so finden sich in der *Italienischen Reise* in der Tat eine Reihe von Textstellen, die auf einen durchaus »unangenehmen Eindruck« schließen lassen.

Da ist zunächst der ausführliche, mehrere Seiten einnehmende Bericht über die Kunstsammlungen des Fürsten Palagonia in Palermo, deren Besuch damals für den gebildeten Reisenden obligatorisch war. Ihre Anziehungskraft beruhte darauf, daß der Fürst lauter Gegenstände zusammengetragen hatte, die den ästhetischen Maßstäben der Zeit widersprachen, ein Kabinett voller Grotesken und Abscheulichkeiten: Skulpturen von Menschen und Tieren in merkwürdigen Verbildungen, Bucklige, Verwachsene, mythologische Gestalten mit fratzenhaften Zutaten, Pferdeköpfe auf Menschenkörpern, entstellte Affen, viele Drachen und Schlangen, Vasen mit Monstern und Schnörkeln.[32] Goethe läßt diese Gestalten – die wir heute geneigt sind, als eine parodistische Nachhut des Barock zu deuten – vor dem Leser in ähnlicher Weise passieren, wie er es mit den Masken des *Römischen Carnevals* tut, mit einer Faszination für das Ungewöhnliche, mehr aber noch voll Schrecken über die Abgründe, die sich hinter ihnen verbergen mögen. Hier und dort eingestreute Bemerkungen über das Widersinnige einer »geschmacklosen Denkart«, ja über das »unangenehme Gefühl, das einen jeden überfallen muß, wenn er durch diese Spitzruten des Wahnsinns durchgejagt« werde,[33] lassen ahnen, wie sehr er sich von dieser Gegenwelt zu den sonst so heiteren Erscheinungen Siziliens bedroht fühlte. Am Abend seines Besuches in dem palagonischen »Tollhaus« reflektierte er dann auch darüber, daß

31 *Der Briefwechsel zwischen Goethe und Zelter*, hrsg. von Max Hecker, Bd. 3, Leipzig 1918, S. 435 (Brief vom 28. 6. 1831).

32 Nach Goethes Auflistung in seinem Bericht aus Palermo, den 9. April 1787.

33 Palermo, den 9. April 1787.

weder das »Abgeschmackteste noch das Vortrefflichste« ganz unmittelbar aus einem Menschen, aus einer Zeit hervorspringe, daß man vielmehr beiden »mit einiger Aufmerksamkeit eine Stammtafel der Herkunft nachweisen könne«.[34]
Andere Passagen, die nicht so ganz in das sizilianische Idyll passen wollen, beziehen sich auf Goethes Kontakt mit den Angehörigen des Cagliostro, die in Palermo ein bescheidenes Leben führten, sowie auf seinen Besuch eines Schlachtfeldes aus dem Punischen Krieg. Im ersteren Fall geht er zwar nur beiläufig auf die Person des bekannten Betrügers ein; da er jedoch damit rechnen durfte, daß zeitgenössische Leser aus seinen sonstigen Schriften verstanden, in welchem Maß ihn dessen Umtriebe und der dadurch ausgelöste »unsittliche Stadt- Hof- und Staatsabgrund« erschreckt hatten,[35] bleibt seine innere Teilnahme kein Geheimnis. Unmittelbar deutlich wird sein Unbehagen, als er sich erinnert, wie ihm in einem von Fruchtbarkeit strotzenden Tal in der Nähe Palermos der Cicerone auseinanderlegte, »was für ungeheure Kriegstaten« einmal an dieser Stelle geschehen waren. Auf einen Schlag war da seine gelöste Stimmung verflogen: Unfreundlich, wie er schreibt, verwies er dem Mann das »fatale Hervorrufen solcher abgeschiedenen Gespenster«. Es sei schlimm genug, daß von Zeit zu Zeit die Saaten, wo nicht immer von Elefanten, doch von Pferden und Menschen zerstampft werden müßten. Man solle wenigstens die Einbildungskraft nicht mit solchem »Nachgetümmel aus ihrem friedlichen Traume aufschrecken«.[36]
Daß derartige Erfahrungen trotz Goethes Verzückung über die Schönheiten der Insel einiges Gewicht haben, erkennt man an den Reflexionen, die er während seiner Passage von Messina nach Neapel auf dem Schiff niederschrieb. Wie auch schon auf der Hinfahrt machte ihm die Seekrankheit zu schaffen, und so ist es kaum verwunderlich, daß ihm in dieser Lage

34 Palermo, den 9. April 1787.
35 *Tag- und Jahreshefte: 1789.*
36 Palermo, den 4. April 1787.

die »ganze sizilianische Reise in keinem angenehmen Lichte« erscheinen wollte. Im Widerspruch zu dem Tenor seiner vorausgehenden Schilderungen meinte er sogar, er habe »doch eigentlich nichts gesehen als durchaus eitle Bemühungen des Menschengeschlechts, sich gegen die Gewaltsamkeit der Natur, gegen die hämische Tücke der Zeit und gegen den Groll ihrer eigenen feindseligen Spaltungen zu erhalten«. Offenbar in bezug auf später getilgte Abschnitte seiner Aufzeichnungen kam er auf die vielen Bauwerke Siziliens zu sprechen, die im Laufe der Jahrhunderte der Zerstörung anheimgefallen waren: »Selinunt liegt methodisch umgeworfen, die Tempel von Girgenti niederzulegen waren zwei Jahrtausende nicht hinreichend, Catania und Messina zu verderben, wenige Stunden, wo nicht gar Augenblicke«. Bis hierher beruht der Text, wie es scheint, auf unmittelbaren Aufzeichnungen Goethes. Man darf annehmen, daß er sie als Zeugnis seiner (neben der Herfahrt von Neapel nach Palermo) einzigen Schiffsreise seines Lebens in der *Italienischen Reise* nicht missen wollte. Damit der Leser sie aber nicht allzu ernst nehmen soll, beschließt er sie mit einer nachträglich verfaßten Beherzigungsfloskel: »Diese wahrhaft seekranken Betrachtungen eines auf der Woge des Lebens hin und wider Geschaukelten ließ ich nicht Herrschaft gewinnen.«[37]

Weimar hat ihn niemals freigegeben

Das sind im wesentlichen die Hinweise in Goethes Sizilien-Bericht, aus denen sich erahnen läßt, woran er denken mochte, als er Zelter gegenüber von dem »unangenehmen Eindruck« sprach, der ihm von dieser »vergötterten Insel« geblieben war. Genügen sie, zusammen mit den früher zitierten Textstellen, insbesondere aus dem *Römischen Carneval*, um in der *Italienischen Reise* die Existenz eines Strangs nicht so »heiterer« Motive nachzuweisen? Wiegen solche Anzei-

37 Auf der See, den 13. Mai 1787.

chen von Distanz und Skepsis genug, um die Behauptung von der Dominanz des Wiedergeburtsthemas zu diskreditieren?

Derartigen Einwänden gegenüber gibt es noch ein nicht zu übersehendes Argument, nämlich die Spannung zwischen den italienischen Erfahrungen Goethes und seiner nie abgerissenen Bindung an die deutschen Verhältnisse – eine Spannung, die sich wie ein roter Faden durch das ganze Buch zieht und die man im Jargon unserer Zeit vielleicht als Weimar-Syndrom bezeichnen darf. So überzeugt der Verfasser der *Italienischen Reise* nämlich betont, im Süden ein neues Leben gefunden zu haben, so kann er seine Leser doch nicht darüber hinwegtäuschen, daß ihm bewußt ist, wie sehr er dort nach wie vor der Weimarer Welt angehörte. Seine Vergangenheit und die Probleme seiner Vergangenheit reisten mit ihm. Wie froh er sich im Süden auch fühlen mochte, stets mußte er, wie es in den *Römischen Elegien* heißt, der Zeiten gedenken, da ihn »ein graulicher Tag hinten im Norden umfing«.[38]

Im Unterschied zu so vielen anderen Reiseautoren, die sich auf das Jetzt und Hier ihrer Erlebnisse konzentrieren, richtete Goethe eigentlich jedes Wort, das er in Italien aufzeichnete, an seine entfernten Freunde: insbesondere an Charlotte von Stein, Herder und Herzog Karl August. Und aus der Art, wie er sie ansprach, wie er auf ihre Fragen reagierte, wie er oft ungeduldig auf ihre Antworten wartete, wie er wünschte, daß sie bei ihm wären oder er bei ihnen sein möge – aus all diesen im Text enthaltenen Winken gewinnt der Leser des Buchs den Eindruck, diese Freunde wären ständig gegenwärtig, ja geradezu Partner der beschriebenen Erfahrungen.

Damit trägt die *Italienische Reise* Züge eines Briefromans, wo, ähnlich wie bei den *Leiden des jungen Werthers*, die Leser nur an den Briefen eines der beiden Korrespondenten teilhaben: nur mit dem Unterschied, daß diesmal der Gesunde, sich gesund Wähnende im Zentrum der Briefe

38 *Römische Elegien* VII.

steht, während deren Empfänger, die – vom Standpunkt des Schreibers aus gesehen – Entsagenden, durch das ganze Buch hindurch stumm bleiben. Oft ist der einseitig geführte Dialog so intensiv, daß man meint, der Reisende trage seine Weimarer Probleme und Gedanken noch immer, so wie seine unfertigen Schauspiele, mit sich herum. Oder um es mit einer Anspielung auf ein Werk auszudrücken, in dem auch eine Italienreise und die Bindungen des Protagonisten an sein Herkunftsland eine erhebliche Rolle spielen: so wie Serenus Zeitblom von seinem Freund Leverkühn sagt, Kaisersaschern habe ihn niemals »freigegeben«,[39] so hat auch der Autor der *Italienischen Reise* sich nie von Weimar und seiner Weimarer Existenz lösen können.

Das Fazit unserer Betrachtungen: Die *Italienische Reise* ist nicht – wie es manche sehen wollen – ein Buch der reinen Heiterkeit. Auch hier spiegeln sich innere Spannungen, Zweifel und Disharmonien. Stimmen des Dunklen, des Dämonischen und des Erdgebundenen sind untergründig zu spüren. Indem wir auf diesen ignorierten Themenstrang des Werkes hinweisen, wird das Leitmotiv von der Wiedergeburt zwar nicht aufgehoben, aber doch in einer neuen Bewertung gesehen. Vor einem bewölkten Hintergrund beginnt das Helle noch stärker zu leuchten, als es ohne eine solche Folie möglich erschien.

39 Thomas Mann, *Doktor Faustus*, Frankfurt a. M. 1967, S. 85.

Literaturhinweise

Einem, Herbert von: Die italienische Reise. In: H. v. E.: Goethe-Studien. München 1972. S. 50–71.

Graevenitz, George von: Goethe unser Reisebegleiter in Italien. Berlin 1904.

Kiefer, Klaus H.: Wiedergeburt und Neues Leben. Aspekte des Strukturwandels in Goethes Italienischer Reise. Bonn 1978.

Marianelli, Marianello: Die Idee der Entwicklung im Spiegel von Goethes »Italienischer Reise«. In: Goethe Jahrbuch 99 (1982) S. 117–132.

Mayer, Hans: Italienische Reise. In: H. M.: Zur deutschen Klassik und Romantik. Pfullingen 1963. S. 51–81.

Michéa, René: Le »Voyage en Italie« de Goethe. Paris 1945.

Niederer, Heinrich: Goethes unzeitgemäße Reise nach Italien 1786–1788. In: Jahrbuch des Freien Deutschen Hochstifts 1980. S. 55–107.

Mühlmann, Wilhelm Emil: Goethe, Sizilien und wir. In: Germanisch-Romanische Monatsschrift, N. F. 26 (1976) S. 440–451.

EHRHARD BAHR

Wilhelm Meisters Wanderjahre oder Die Entsagenden (1821/1829)

And we have, have we not,
those priceless pages of
Wilhelm Meister?

James Joyce: *Ulysses*

Moderne Rezeption

In seinem Aufsatz über »James Joyce und die Gegenwart« erklärte Hermann Broch im Jahre 1936, daß Goethe »in den *Wanderjahren* den Grundstein der neuen Dichtung, des neuen Romans,« gelegt habe. Es sei »durchaus möglich, ja wahrscheinlich«, meinte er, daß Goethe die Entwicklung der modernen Literatur, insbesondere des modernen Romans, und der ihr zugrundeliegenden Bewußtseinsveränderungen vorausgeahnt habe. Broch stellte die kühne These auf, daß Goethe mit den *Wanderjahren* vorweggenommen habe, was hundert Jahre später mit James Joyces *Ulysses* (1922) zur Tatsache wurde: die Erfassung der modernen Welt in einem einzigen Kunstwerk.[1] Zur Begründung dieser These verwendete Broch den Hegelschen Begriff der Totalität.[2] Dabei verstand er unter Totalität im literarischen Kunstwerk die Form einer Welterfassung, in der »alles Wissen der unendlichen Mensch-

1 Hermann Broch, »James Joyce und die Gegenwart«, in: H. B., *Schriften zur Literatur 1: Kritik*, Bd. 9/1 der *Kommentierten Werkausgabe*, hrsg. von Paul Michael Lützeler, Frankfurt a. M. 1975, S. 63–91. Zum Einfluß von Joyce auf Broch s. Heinz Politzer, »Zur Feier meines Ablebens«, in: *Der Monat* 3 (September 1951) Nr. 36, S. 630–632; Breon Mitchell, *James Joyce and the German Novel, 1922–1933*, Athens, Ohio, 1976, S. 151–174.

2 Broch (Anm. 1) S. 64 ff.; Georg Wilhelm Friedrich Hegel, *Vorlesungen über die Ästhetik*, T. 3: *Die Poesie*, hrsg. von Rüdiger Bubner, Stuttgart 1971 [u. ö.], S. 158–178.

heitsentwicklung in einem einzigen simultanen Erkenntnisakt« zusammengedrängt sei. Dieser Welterfassung steht bei Broch eine »Totalität des Daseins« gegenüber, die nach »ganz neuen Ausdrucksformen« im Kunstwerk verlange. Broch erhob Totalität zur Aufgabe der Kunst und der Dichtung schlechthin. Je stärker diese »Totalität des Daseins« im Kunstwerk realisiert wird, sagte er, »desto zeitüberdauernder erweist es sich«. Dabei spielt die »adäquate Totalität der Form«, das heißt für Broch »die völlige Beherrschung sämtlicher ästhetischer Ausdrucksmittel, untergeordnet der Universalität des Inhalts«, eine besondere Rolle. Goethes *Wanderjahre* und *Faust* betrachtete er als »Totalitätskunstwerke«. Er sah in ihnen diese »adäquate Totalität der Form« verwirklicht, insofern beide Werke die traditionellen Genreformen des Romans bzw. des Dramas sprengten.[3]
Ohne sich im einzelnen auf die Frage der literarischen Widerspiegelung einzulassen, schrieb Broch den »Epochen des Wertzerfalls« eine besondere Bedeutung zu, da hier die »Abbildbarkeit« zum Problem werde:

»Je weiter die Wertzersplitterung fortschreitet, [. . .] ein desto größerer künstlerischer Aufwand wird erforderlich, um die Kräftesammlung zu bewältigen und zu bewerkstelligen, ja, es wird der Aufwand so groß und von so komplizierter Art, daß – in offenkundigem Gegensatz zu echten Wertepochen – die Totalitätswerke innerhalb der allgemeinen Kunsterzeugung nicht nur immer seltener [. . .], sondern auch immer komplizierter und unzugänglicher werden, ein Tatbestand, vor dem sich eben das Problem erhebt, ob eine Welt ständig zunehmender Wertzersplitterung nicht schließlich überhaupt auf ihre Totalerfassung durch das Kunstwerk verzichten muß und sohin ›unabbildbar‹ wird.«[4]

3 Broch (Anm. 1) S. 87.
4 Ebd., S. 66.

Um nicht dem platten Naturalismus oder der modischen »Neuheit« zu verfallen, sei das »Totalitätskunstwerk« aufgrund seiner »vorauseilenden Realität« zur Schwerverständlichkeit, wenn nicht sogar zur Unverständlichkeit gezwungen. Die »vorauseilende Realität« ist ein Bestandteil der Totalität, die von den Zeitgenossen nicht erkannt und erst im historischen Rückblick auf die Epoche sichtbar wird. Demnach wären Goethes *Lehrjahre* noch einer »wertzentrierten Epoche« zuzurechnen, in der das »Totalitätsniveau« und mit ihm das »Qualitätsniveau« noch von einer weitgehenden Einheitlichkeit bestimmt war. Mit den Worten von Broch begnügte sich »der klassische Roman [. . .] mit der Beobachtung von realen und psychischen Lebensumständen, begnügte sich, diese mit den Mitteln der Sprache zu beschreiben«.[5] In den *Wanderjahren* wurden die Sprache und das Erzählen selbst zum Problem. Das Werk gehört eindeutig einer »Epoche des Wertzerfalls« im Sinne Brochs an. Obwohl die *Lehrjahre* (1796) bereits in die Zeit nach der Französischen Revolution fielen, suchte Goethe mit diesem Roman noch einen Gegenentwurf zu den Ereignissen in Frankreich zu entwickeln.[6] Erst mit den *Wanderjahren* wurden von Goethe der durch die Französische und industrielle Revolution herbeigeführte Umbruch und die sich daraus entwikkelnden Bewußtseinsveränderungen erfaßt. In der Problematisierung und Desintegration der Erzählformen des traditionellen Romans reflektierte sich der Wertzerfall der Epoche des Absolutismus. Die Schwer-, wenn nicht gar Unverständlichkeit der *Wanderjahre* ist eindeutig durch die Rezeptions-

5 Ebd., S. 77 f.

6 Siehe dazu Hans R. Vaget, »Liebe und Grundeigentum in Wilhelm Meisters Lehrjahren. Zur Physiognomie des Adels bei Goethe«, in: *Legitimationskrisen des deutschen Adels, 1200–1900*, hrsg. von Peter Uwe Hohendahl und Paul Michael Lützeler, Stuttgart 1979, S. 137–157; Karl-Heinz Hahn, »Zeitgeschichte in Goethes Roman Wilhelm Meisters Lehrjahre«, in: *Deutsche Klassik und Revolution*, hrsg. von Paolo Chiarini und Walter Dietze, Rom 1981, S. 169–194.

geschichte dokumentiert.[7] Bis ins 20. Jahrhundert reicht die Kette der Mißverständnisse und Fehlinterpretationen der *Wanderjahre*, von denen es bis 1950 nicht einmal eine zuverlässige Textedition gab. Mit Ausnahme der frühsozialistischen Deutung von 1832–52 (Varnhagen von Ense, Hermann Hettner, Ferdinand Gregorovius, Karl Grün u. a. m.) und des Joyce-Aufsatzes von Hermann Broch wurde die »vorauseilende Realität« des Romans erst Ende der sechziger Jahre dieses Jahrhunderts erkannt.[8]

Das 19. Jahrhundert erwies sich in der Brochschen Darstellung als Inkubationszeit, in der trotz des neuen Ansatzes bei Goethe noch die traditionellen Erzählformen kultiviert werden konnten, da die alten Werthaltungen beibehalten wurden und noch immer die Hoffnung bestand, die »brennenden Fragen der Epoche« durch Theologie und Philosophie zu beantworten. Jedoch im 20. Jahrhundert sei diese Hoffnung nicht mehr gegeben. Die Philosophie und die Wissenschaften hätten sich selbst zu einer durchaus Goetheschen Skepsis bekehrt, sie hätten sich, soweit es sich um jene brennenden Fragen handelte, selbst aufgegeben, obwohl diese wie eh und je zu Recht beständen. Über Goethe heißt es bei Broch, daß »sein Ahnen und sein Wissen [. . .] hundert Jahre im voraus überblickt« hätten. Seine Nachfahren im 19. Jahrhundert, wie z. B. Balzac, Zola oder Flaubert, wären noch in der Restaurationsepoche befangen gewesen: »Sie durften sich noch darauf beschränken, ja, sie mußten es tun, zur Unterhaltung und Belehrung ihres Publikums zu schreiben.« Im 20. Jahrhundert sei dies nicht mehr möglich, da es der Geist der Epoche nicht mehr gestatte. Heute sei der Dichter gezwungen, »die Goethesche Forderung zu erfüllen und das

7 Siehe Hans Rudolf Vaget, »Johann Wolfgang Goethe: Wilhelm Meisters Wanderjahre (1829)«, in: *Romane und Erzählungen zwischen Romantik und Realismus. Neue Interpretationen*, hrsg. von Paul Michael Lützeler, Stuttgart 1983, S. 136–142.

8 Siehe Klaus F. Gille, *Wilhelm Meister im Urteil der Zeitgenossen. Ein Beitrag zur Wirkungsgeschichte*, Assen 1971, S. 306–312.

Erbe anzutreten, das ihm das Erkenntnisstreben der Menschheit übermacht hat«. Und dieses Erbe sei »die philosophische Durchdringung des Daseins in der Universalität der Weltdarstellung«.[9]
Brochs kühne These, die besonders ein Licht auf die »adäquate Totalität der Form« der *Wanderjahre* wirft, ist von der jüngsten Goethe-Forschung mehrfach aufgegriffen worden, um die Modernität des Werkes herauszustellen.[10] Aber der direkte Vergleich mit James Joyce, der auch bei Broch unterbleibt, ist bisher nicht wahrgenommen worden, besonders auch, weil Broch selbst darauf verwiesen hat, daß es verfehlt sei, neue Kunstproduktionen direkt mit Goethe zu vergleichen. Es komme lediglich darauf an, erklärte er, daß die »neue Dichtung« dem Goetheschen Anspruch gerecht werde, »das Dichterische in die Sphäre der Erkenntnis zu heben«.[11]

Goethes »Wanderjahre« und der moderne Roman (James Joyce)

Wenn hier dennoch der Vergleich zwischen Goethe und Joyce versucht wird, so geschieht dies im Bewußtsein erstens der langen Entstehungsgeschichte der *Wanderjahre* von 1798 bis 1829, in der sich das Werk von dem Plan eines traditionellen Briefromans in Fortsetzung der *Lehrjahre* zur Konzep-

9 Broch (Anm. 1) S. 206 f.

10 Siehe Joseph Strelka, »Goethes Wilhelm Meister und der Roman des 20. Jahrhunderts«, in: *German Quarterly* 41 (1968) S. 338–355; Heidi Gidion, *Zur Darstellungsweise von Goethes Wilhelm Meisters Wanderjahre*, Göttingen 1969, S. 138–140; Ehrhard Bahr, »Goethe's Wanderjahre as an Experimental Novel«, in: *Mosaic* 5 (1972) Nr. 3, S. 61–71; ders., »Realismus und Totalität: Wilhelm Meisters Wanderjahre als Roman des 19. Jahrhunderts«, in: *Formen realistischer Erzählkunst. Festschrift für Charlotte Jolles in Honour of Her 70th Birthday*, hrsg. von Jörg Thunecke, Nottingham 1979, S. 88–92; ders., »Revolutionary Realism in Goethe's Wanderjahre«, in: *Narrative Fiction. The Irvine Symposium*, Berlin / New York 1983, S. 161–175.

11 Broch (Anm. 1) S. 88.

tion eines Archivromans entwickelte, und zweitens der Unmöglichkeit eines globalen Vergleichs zwischen zwei Werken, die ungefähr hundert Jahre auseinanderliegen. Doch sind vielleicht einzelne Vergleichsmomente zu erkennen, die auf ähnliche Ansätze in der Romantechnik und -theorie schließen lassen. Dazu soll bei Goethe auf die Beschreibung der Baumwollindustrie in Lenardos Tagebuch (III,5, 368–380) und bei James Joyce auf die Beschreibung der Wasserwerke von Dublin im Ithaka-Kapitel des *Ulysses*-Romans eingegangen werden.[12] In beiden Fällen handelt es sich um Sachprosa, die sich durch technische Details und genaue Zahlenangaben auszeichnet. Bei James Joyce heißt es:

»Aus dem Roundwood-Reservoir im County Wicklow mit seiner Kubikkapazität von 2400 Millionen Gallonen durchlief er [der Wasserstrom] einen zu einem ursprünglichen Fabrikpreis von £ 5 pro Langyard erbauten unterirdischen Aquädukt aus einfach und doppelt gelegten Filterleitungen durch den Dargle, Rathdown, Glen of the Downs und Callowhill bis zu dem 22 gesetzliche englische Meilen entfernten 26 Morgen großen Reservoir in Stillorgan und von dort durch ein System von Entlastungstanks vermittels eines Gefälles von 250 Fuß bis zur Stadtgrenze an der Eustace Bridge, Upper Leeson Street, obschon der Wasserspiegel aufgrund der ausgedehnten Sommerdürre und des täglichen Verbrauchs von 12½ Millionen Gallonen bereits bis unter die Schwelle des Überlaufwehrs gefallen war, aus welchem Grund der Bezirksinspektor und Ingenieur der Wasserwerke, Mr. Spencer Harty, C. E., auf Anweisung des Wasserversorgungsamtes die Verwendung von städtischem Wasser für alle Zwecke außer-

12 *Wilhelm Meisters Wanderjahre oder Die Entsagenden* wird im folgenden nach der Ausgabe in Reclams Universal-Bibliothek, Nr. 7827 [6], Stuttgart 1982, zitiert. Angaben von Buch, Kapitel und Seite sind den Zitaten in Klammern nachgestellt. Das Joyce-Zitat erfolgt nach der Frankfurter Ausgabe, *Werke* 3.2: *Ulysses*, übers. von Hans Wollschläger, Frankfurt a. M. 1975, S. 847.

halb des reinen Verbrauchs untersagt hatte (da man der Möglichkeit ins Auge sah, wieder zu dem untrinkbaren Wasser des Grand und des Royal Canal seine Zuflucht nehmen zu müssen wie im Jahre 1893), besonders nachdem die Süd-Dubliner Armenbehörde, ungeachtet ihrer durch eine 6-zöllige Leitung zugelieferten Ration von 15 Gallonen pro Tag und Almosenempfänger, durch Ablesen ihres Zählers nach Aussage des gesetzlichen Vertreters der Stadtverwaltung, Mr. Ignatius Rice, Rechtsanwalt, einer Vergeudung von 20000 Gallonen pro Nacht überführt worden war, wodurch sie zum Schaden eines anderen Teiles der Öffentlichkeit, nämlich der sich selbstversorgenden, zahlungsfähigen, gesunden Steuerzahler, gehandelt hatte.«

Aus den *Wanderjahren*, in denen die entsprechende Sachprosa in der Ausgabe letzter Hand fast zwanzig Seiten umfaßt, seien zwei vergleichbare Abschnitte zitiert:

»Rechtsgedreht Garn gehen 25 bis 30 auf ein Pfund, linksgedreht 60 bis 80, vielleicht auch 90. Der Umgang des Haspels wird ungefähr sieben Viertel Ellen oder etwas mehr betragen, und die schlanke, fleißige Spinnerin behauptete, 4, auch 5 Schneller, das wären 5000 Umgänge, also 8 bis 9000 Ellen Garn, täglich am Rad zu spinnen« (III,5,373).

»Eine recht flinke und zugleich fleißige Weberin kann, wenn sie Hülfe hat, allenfalls in einer Woche ein Stück von 32 Ellen nicht gar zu feine Musseline zustande bringen; es ist aber sehr selten, und bei einigen Hausgeschäften ist solches gewöhnlich die Arbeit von vierzehn Tagen.
Die Schönheit des Gewebes hängt vom gleichen Auftreten des Webegeschirres ab, vom gleichen Schlag der Lade, wie auch davon, ob der Eintrag naß oder trocken geschieht. Völlig egale und zugleich kräftige Anspannung trägt ebenfalls bei, zu welchem Ende die Weberin feiner baumwollener Tücher einen schweren Stein an den Nagel des vordern

Weberbaums hängt. Wenn während der Arbeit das Gewebe kräftig angespannt wird (das Kunstwort heißt *dämmen*), so verlängert es sich merklich, auf 32 Ellen etwa ¾ Ellen und auf 64 etwa 1½ Elle; dieser Überschuß nun gehört der Weberin, wird ihr extra bezahlt, oder sie hebt's sich zu Halstüchern, Schürzen usw. auf« (III,5,380).

In beiden Fällen erweist sich die Sachprosa als Fremdkörper im Romantext. Ihre Verschiedenartigkeit ist unverkennbar. Sowohl bei Joyce als auch bei Goethe bezieht sich der Roman mit der Sachprosa auf einen Wirklichkeitsausschnitt, der im Verhältnis zur Romanhandlung weitgehend unvermittelt bleibt. Die Romanhandlung, die in den betreffenden Kapiteln höchst intime Formen der menschlichen Suche und Heimkehr thematisiert, steht in offensichtlichem Kontrast zu den objektiven, mathematisch genauen Angaben der Sachprosa. Bloom-Ulysses, auf der Suche nach einem Sohn, kehrt von seinen Irrfahrten durch Dublin in sein Ithaka in Number 7 Eccles Street zurück, begleitet von seinem geistigen Sohn Stephen-Telemachus, den er mit einer Tasse Kakao zu einem rituellen Mahl bewirtet, bevor es zum Freiermord und zur Wiedervereinigung mit seiner Gattin Molly-Penelope kommt. Die Beschreibung der Wasserwerke von Dublin erfolgt auf die Frage des anonymen Erzählers, ob das Wasser floß (*Did it flow?*), als Bloom den Kessel am Wasserhahn ansetzte, um Wasser zur Zubereitung des Kakaos zu kochen. In den *Wanderjahren* befindet sich der junge Adlige Lenardo, der Anführer des Auswandererbundes nach Amerika, auf der Suche nach seiner verloren geglaubten Jugendliebe Nachodine. Es handelt sich um eine »Leidenschaft aus Gewissen« (III,14,483). Lenardo ist der Pächterstochter erotisch schuldhaft verbunden, da sie mit ihrem Vater aus dem Pachtverhältnis entlassen und vertrieben worden war, um Lenardos Kavalierstour zu finanzieren. Lenardo steht kurz vor dem Ziel seiner Sehnsucht. Wie und in welcher Situation er die Geliebte schließlich wiederfindet, darüber gibt erst die

Fortsetzung des Tagebuches im 13. Kapitel Auskunft. Das 5. Kapitel beschränkt sich auf den Bericht von Lenardos Reise ins Gebirge zur Anwerbung von Spinnerinnen und Weberinnen für das amerikanische Projekt, wobei die Beschreibung der Arbeitsvorgänge des Spinnens und Webens im Vordergrund steht.

Im *Ulysses* und in den *Wanderjahren* wird die Sachprosa, die ihre eigene nachprüfbare Präzision und Authentizität besitzt, zu einem Teil der Fiktion des Romans umfunktioniert. Joyce hat seinen Text wahrscheinlich der Tagespresse aus dem Jahre 1904 entnommen, während Goethe seinen Text 1810 von Heinrich Meyer bezog, den der Dichter um eine »fortgesetzte technische Beschreibung« der schweizerischen Heimindustrie gebeten hatte.[13] Diese Beschreibung übernahm Goethe fast wörtlich für Lenardos Tagebuch in den *Wanderjahren*, wie die folgende Textprobe zeigt:

Heinrich Meyer:	*Goethe:*
Recht gedrehet Garn gehen 25–30 auf ein Pfund. Links gedrehet 60, 80, ja auch 90, Schneller Briefgarn 120 und noch mehr. Der Umgang des Haspels wird etwa ¼ Ellen oder etwas mehr betragen und eine fleißige Spinnerin kann 4 auch 5 Schneller d. i. 5000 Umgänge also 8 bis 9000 Ellen Garn täglich am Rad spinnen.«[14]	»Rechtsgedreht Garn gehen 25 bis 30 auf ein Pfund, linksgedreht 60 bis 80, vielleicht auch 90. Der Umgang des Haspels wird ungefähr sieben Viertel Ellen oder etwas mehr betragen, und die schlanke, fleißige Spinnerin behauptete, 4, auch 5 Schneller, das wären 5000 Umgänge, also 8 bis 9000 Ellen Garn, täglich am Rad zu spinnen« (III,5,373).

13 *Goethes Werke*, Hamburger Ausgabe, hrsg. von Erich Trunz, 10., neubearb. Aufl. München 1981 (im folgenden zit. als HA), Bd. 8, S. 520.

14 *Werke*, hrsg. im Auftrage der Großherzogin Sophie von Sachsen, Abt. 1, Bd. 25, 2, Weimar 1905, S. 264.

Wie Goethe am 3. Mai 1810 an Meyer schrieb, hatte er nach dessen Anleitung »die Baumwolle gut studiert«.[15] Ähnlich weiß man von Joyce, daß er das Ithaka-Kapitel als eine Art »mathematischen Katechismus« konzipiert hatte.[16] Sowohl bei Goethe als auch bei Joyce wird Verzicht auf die Kontinuität der Romanhandlung geleistet, um einen höheren Grad von Realität zu erreichen. Dieser Gewinn an Realität dient in erster Linie der Bestätigung der vorgegebenen Wirklichkeit, sei es nun die Stadt Dublin im Jahre 1904 oder die schweizerische Heimindustrie im Jahre 1810. In zweiter Linie geht es jedoch um die Frage, ob eine noch so präzise Widerspiegelung der Realität, wie sie in der Sachprosa erfolgt, die Innenwelt der Protagonisten wiederzugeben vermag. Bei James Joyce werden durch die wiederholten Berichte von nahezu wissenschaftlicher Präzision nur die Unbestimmtheitswerte der Texte erhöht und damit die Frage nach einer eindeutigen Erklärung der Phänomene zum Scheitern gebracht. Bei Goethe zeigt sich, daß sich unter der objektiven Sprache der Sachprosa die Sehnsucht des Protagonisten zu verbergen vermag. Dies gelingt um so leichter, als Lenardo ja wirklich an der Spinnerei und Weberei interessiert ist und einen Auftrag des Auswandererbundes zu erfüllen hat. Sein Hinweis, daß wir »ja uns immer selbst in allem [bespiegeln], was wir hervorbrachten« (III,4,367), stellt sich jedoch als Irreführung des Lesers heraus, wie die Fortsetzung des Tagebuches im 13. Kapitel beweist. Hinter der Sachprosa verheimlicht Lenardo sich und seinen Lesern – in diesem Fall Wilhelm Meister – sein Suchen und Sehnen, jedoch techni-

15 HA 8,520.

16 Zur Entstehung des Ithaka-Kapitels s. Phillip F. Herring, »Zur Textgenese des Ulysses. Joyces Notizen und seine Arbeitsmethode«, in: *James Joyces Ulysses. Neuere deutsche Aufsätze*, hrsg. von Therese Fischer-Seidel, Frankfurt a. M. 1977, S. 80–104, bes. S. 98–100; Wolfgang Iser, »Der Archetyp als Leerform. Erzählmodalitäten und Kommunikation in Joyces Ulysses«, in: W. I., *Der implizite Leser*, München 1972, S. 300–358; R. M. Adams, *Surface and Symbol: The Consistency of James Joyce's Ulysses*, New York 1962; Stuart Gilbert, *James Joyce's Ulysses*, New York 1955, S. 369–384.

scher Trieb, Reiseauftrag und Sehnsucht sind auf dasselbe Ziel ausgerichtet.

Die Strukturunterschiede zwischen den beiden Textstellen in den *Wanderjahren* und im *Ulysses* sind vor allem gradueller Art. Bei Goethe ist die Sachprosa noch durch Lenardos einführende Bemerkungen in die Romanhandlung integriert. Als Ich-Erzähler berichtet Lenardo, daß er »sorgfältig« aufschrieb, was er beobachtete, bzw. daß er »die Zeit so gut als möglich zu nutzen« beschloß, um sich »in die Vorhalle des Webens einführen zu lassen« (III,5,373. 375). Bei Joyce dagegen erfolgt die Vermittlung im Ithaka-Kapitel lediglich durch die mechanischen Fragen des anonymen Erzählers. Die Sachprosa hat keinerlei mimetische Funktion mehr, sondern präsentiert nur noch sich selbst. Nur durch das Frage-und-Antwortspiel des Erzählers erhält die Sachprosa eine Funktion im Rahmen der desintegrierten Romanhandlung, die allerdings durch die Odysseus-Analogie eine grundlegende Kontinuität erhält.[17] Im Gegensatz dazu wird die mythologische Tiefenstruktur der *Wanderjahre* nur punktuell realisiert, indem in einzelnen Romancharakteren eine Reihe mythologischer Figuren zu erkennen gegeben wird, wie z. B. in Wilhelm und Felix Kastor und Pollux, in Natalie Minerva, in Hilarie Psyche, in Flavio Orest usw.[18] Schon allein deshalb ist bei Goethe die Romanfiktion auf eine stärkere Integration angewiesen, da die grundlegende Kontinuität der Mythologie fehlt.[19]

17 Iser (Anm. 16) S. 300–306.

18 Siehe Hannelore Schlaffer, *Wilhelm Meister. Das Ende der Kunst und die Wiederkehr des Mythos*, Stuttgart 1980, S. 166–174; dazu meine Rezension dieses Werkes in *Goethe Yearbook* 2 (1984) S. 244 f.

19 Siehe Klaus-Detlef Müller, »Lenardos Tagebuch. Zum Romanbegriff in Goethes Wilhelm Meisters Wanderjahre«, in: *Deutsche Vierteljahrsschrift für Literaturwissenschaft und Geistesgeschichte* 53 (1979) S. 275–299. Müller wendet sich mit Recht dagegen, Goethes Verfahrensweise als »Vorwegnahme der modernen Montagetechnik« zu verstehen. Zum Problem der mythologischen Kontinuität im modernen Roman siehe Gregory L. Lucente, *The Narrative of Realism and Myth: Venga, Lawrence, Faulkner, Pavese*, Baltimore 1979.

Im ganzen gesehen wird man wohl in Übereinstimmung mit Hermann Brochs These Goethes Romanpoetik in den *Wanderjahren* als den Anfang einer Technik und Theorie bezeichnen dürfen, die u. a. in Joyces *Ulysses* ihren Höhepunkt fand, ohne daß man von Einfluß oder Nachfolge zu sprechen braucht. In beiden Romanen wird auf die Vermittlung von Handlungsvorgängen im traditionellen Sinne verzichtet, um mit Hilfe verschiedener Textsorten einen höheren Grad der Erkenntnis der in der literarischen Fiktion wahrzunehmenden Realitätsschichten und Bewußtseinsvorgänge zu erreichen. Dieser Gewinn wird mit einem Verlust an ästhetischer Geschlossenheit bezahlt, den wir mit dem Goetheschen Begriff der Entsagung bezeichnen wollen.

Entsagung

Schon mit dem Doppeltitel *Wilhelm Meisters Wanderjahre oder Die Entsagenden* wird auf die programmatische Bedeutung dieser Thematik für den Roman verwiesen, die im Lernen und Lehren der Entsagung durch die Figuren der literarischen Fiktion zum Ausdruck kommt. Der Begriff der Entsagung ist bei Goethe sowohl philosophisch und ethisch als auch historisch bestimmt. Es handelt sich dabei weder um Resignation noch um Notbehelf.[20] Erich Trunz und Arthur Henkel haben gezeigt, daß die Entsagung bei Goethe weder Stoizismus noch Askese ist, wenn sie vielleicht auch das »Glück der Entsagung« zu stark betont haben.[21] Aber von einem »Elend der Entsagung« bei Goethe zu sprechen, ist sicherlich eine Übertreibung in entgegengesetzter Richtung, denn Goethe versteht die Entsagung in einem Hegelschen

20 Siehe Melitta Gerhard, »Ursache und Bedeutung von Goethes Entsagung«, in: *Jahrbuch des Freien Deutschen Hochstifts 1981*, S. 110–115.

21 HA 8,536–538; Arthur Henkel, *Entsagung. Eine Studie zu Goethes Altersroman*, Tübingen ^{2}1964, S. 142–168.

Sinne als historisch notwendig.[22] Wie Helmut Brandt gezeigt hat, ist der Entsagungsbegriff aus dem italienischen Aufenthalt und dem zweiten Weimarer Jahrzehnt, das unter dem Eindruck der Französischen Revolution stand, hervorgegangen. Die zeitgerechte Entfaltung des Entsagungsbegriffes gehörte, wie Brandt erläutert, »zu den wirklich fruchtbaren Folgen, wenn nicht der Revolution, so doch der Goetheschen Auseinandersetzung mit ihr.«[23] Goethe hatte erkannt, daß sich die geschichtliche Entwicklung nicht aufhalten ließ, ja, daß ihr eine gewisse Gesetzmäßigkeit unterlag. Er antizipierte die Entwicklung der bürgerlichen Gesellschaft des 19. Jahrhunderts, ohne sich mit ihr zu identifizieren oder sie als positiv zu propagieren. In vieler Hinsicht entsprach sein Bild der sich entwickelnden Gesellschaft dem Hegelschen Entwurf der bürgerlichen Gesellschaft in den *Grundlinien der Philosophie des Rechts* von 1821.[24] Doch scheint es, daß Goethes Reaktion auf diese Entwicklung keineswegs eindeutig affirmativ, sondern vielmehr kritisch war. Mit den in der dichterischen Fiktion dargestellten Alternativen suchte er die Entwicklung kreativ zu bewältigen. Dazu gehören in den *Wanderjahren* sowohl das Projekt der europäischen Binnenwanderung als auch die Auswanderung nach Amerika, die jedoch mit ironischer Distanz und verhaltener Kritik präsentiert werden.[25]

22 Siehe Thomas Degering, *Das Elend der Entsagung. Goethes Wilhelm Meisters Wanderjahre*, Bonn 1982; dazu meine Rezension dieses Werkes in *Germanistik* 23 (1982) S. 803.

23 Helmut Brandt, »Entsagung und Französische Revolution. Goethes Prokurator- und Ferdinand-Novelle in weiterführender Betrachtung«, in: *Deutsche Klassik und Revolution* (Anm. 6) S. 198.

24 Georg Wilhelm Friedrich Hegel, *Grundlinien der Philosophie des Rechts oder Naturrecht und Staatswissenschaft im Grundrisse*, hrsg. von Bernhard Lakebrink, Stuttgart 1970 [u. ö.], S. 327–386. Siehe dazu Degering (Anm. 22) S. 61–105.

25 Ehrhard Bahr, *Die Ironie im Spätwerk Goethes: Diese sehr ernsten Scherze. Studien zum West-östlichen Divan, zu den Wanderjahren und zu Faust II*, Berlin 1972, S. 116, 127 f.; zur Frage der Utopie s. Wilhelm Voßkamp, »Utopie und Utopiekritik in Goethes Romanen Wilhelm Meisters Lehrjahre

Anhand der Figuren und Episoden des Romans läßt sich die Entsagung auf eine einfache Formel bringen: Sie beginnt zunächst immer als Verzicht und führt schließlich zu einem Ausgleich und womöglich zu einem Gewinn auf anderer Ebene. Besonders eingängig wird die Entsagung im Bereich des Eros zur Darstellung gebracht, wo sie durch den Verzicht auf den Besitz der geliebten Person zunächst physisch bedingt ist, dann aber zu einem psychischen Ausgleich führt, der weder Resignation noch Aufgabe bedeutet, sondern Fortsetzung und »Steigerung« im Goetheschen Sinne. Als Titelheld hat sich Wilhelm Meister als erster durch das Gelübde der Wanderjahre zum zeitweiligen Verzicht auf Natalie verpflichtet, die ihm am Ende der *Lehrjahre* zur Frau versprochen war. Mit der Auflage, »nicht über drei Tage [. . .] unter *einem* Dache« zu bleiben und keine Herberge zu verlassen, ohne daß er sich »wenigstens eine Meile von ihr entferne« (I,1,20), reist Wilhelm mit seinem Sohn Felix durch die Romanlandschaft. Während die Reise in Mignons Heimat nur ein Nebenziel darstellt, bleibt das Hauptziel der Auswanderung nach Amerika bis zum Ende des Romans unbestimmt und verschwommen im Hintergrund. Von größerer Bedeutung sind die Zwischenstationen mit längerem Aufenthalt, die sich aus der Situation ergeben: Felix wird für einige Jahre in die Internatserziehung der Pädagogischen Provinz aufgenommen, während Wilhelm sich der Ausbildung zum Wundarzt unterzieht. Dazu wird er seiner Wanderpflicht entbunden, doch die physische Trennung von Natalie wird nicht aufgehoben. Selbst am Ende des Romans erfolgt keine Wiedervereinigung, sondern es heißt, daß Natalie bereits mit den übrigen Mitgliedern der Turmgesellschaft »zur See« nach Amerika gegangen ist (III,14,471). Doch durch Boten und Briefe ist Wilhelm um so intensiver mit Natalie verbunden, so daß ihm schließlich in seinem letzten Brief die Lebensbeichte

und Wilhelm Meisters Wanderjahre«, in: *Utopieforschung. Interdisziplinäre Studien zur neuzeitlichen Utopie*, hrsg. von Wilhelm Voßkamp, Bd. 3, Stuttgart 1983, S. 227–249.

und die Befreiung vom Trauma des ertrunkenen Fischerknaben gelingt, indem er seine Berufung zum Wundarzt erkennt und sich zu dieser Ausbildung entschließt.[26] Aus der räumlichen Distanz zu Natalie vermag Wilhelm den Verlust des Jugendfreundes, dem eine schuldhaft erotische Verwicklung zugrunde liegt, zu bewältigen, sich seiner eigenen Identität zu versichern und das Verhältnis zu Natalie neu zu gestalten, so daß sich erst jetzt das stolze Gefühl bei ihm einstellt, ihrer wirklich wert zu sein (II,11,292–308).

Dieser Gewinn auf einer neuen Ebene läßt sich schwer mit den traditionellen Vorstellungen von Glück oder Elend erfassen, wie auch die folgende Geschichte von Lenardo, der adligen Gegenfigur zu Wilhelm, beweist. Lenardo erscheint ebenfalls von der Geliebten getrennt. Durch sein ethisches Versagen ist er zu einem ähnlichen Wanderleben wie Wilhelm verpflichtet. Er hofft, die Geliebte wiederzufinden und das Versagen gutzumachen. Doch von dieser leidenschaftlichen Suche wird ihm von Wilhelm im Zeichen der Entsagung abgeraten, damit er über der Privatsehnsucht seine Verantwortung gegenüber »dem großen Lebensgeschäfte«, der Auswanderung nach Amerika, nicht vernachlässige (II,6,247). Lenardo vermag jedoch, wie aus seinem Tagebuch ersichtlich wird, Auftrag und Sehnsucht zu vereinigen, so daß er die Geliebte als Fabrikantin bei den Spinnern und Webern wiederfindet, die er zur Auswanderung anwerben soll. Aufgrund einer früheren Heirat und des Gebotes, das der Vater den beiden auf dem Sterbebett erteilt – nämlich: einander »wie Bruder und Schwester« zu lieben (III,13,468) –, unterbleibt »eine nähere Verbindung« von Lenardo und Nachodine (III,14,482), obwohl eine solche für die weitere Zukunft nicht völlig ausgeschlossen ist. Wie bei Wilhelm und Natalie wird eine Wiedervereinigung jenseits der Grenzen des

26 Siehe dazu Vaget (Anm. 7) S. 155–157; K. R. Eissler, *Goethe: A Psychoanalytic Study, 1775–1786*, Detroit 1963, Bd. 2, S. 1448–57; H. M. Waidson, »Death by Water: or, the Childhood of Wilhelm Meister«, in: *Modern Language Review* 56 (1961) S. 44–53.

Romans in Aussicht gestellt. Von Lenardo heißt es, daß er sich in seinen Unternehmungen hauptsächlich gestärkt fühlte durch den Gedanken, die Geliebte dereinst, wenn er in Amerika Fuß gefaßt, »hinüber zu berufen, wo nicht gar selbst abzuholen« (III,14,483).

Ein abgewandeltes Entsagungsmuster findet sich in der Episode »Der Mann von funfzig Jahren«. Dort verzichtet der Titelheld zugunsten seines Sohnes Flavio auf den Besitz der geliebten Nichte, während er die Hand der schönen Witwe gewinnt, die zuvor den Sohn als zu stürmischen Liebhaber abgewiesen hat. Zurückweisung und schmerzhafter Verzicht führen in dieser Liebe überkreuz schließlich zu konkretem Besitz. Doch bei dem jüngeren Paar erscheint die Entsagung nicht als Steigerung, sondern als deutliche Nivellierung ihres Persönlichkeitspotentials. Flavios dichterische Versuche stellen sich als Dilettantismus heraus, während die von Hilarie schwergenommene Neigungsänderung am Ende des Romans als »allzu große Leichtigkeit« gedeutet wird (III,14,472).

Nicht allen Romanfiguren gelingt die Entsagung: bei der pilgernden Törin der gleichnamigen Erzählung, bei dem Barbier als Erzähler des Melusinen-Märchens und bei Odoardo bleibt es beim schmerzlichen Verzicht. Odoardos mißlungene Entsagung disqualifiziert ihn jedoch nicht vom Projekt der europäischen Binnenwanderung. Die einzigen Figuren, die außerhalb des Bannkreises der Entsagung zu stehen scheinen, sind Felix und Hersilie. Trotz des leidenschaftlichen Abbruchs ihrer Beziehung am Ende des Romans ist durch das Dingsymbol des unversehrten Schlüssels, der als semiotisches Zeichen im Text abgebildet wird (III,2,350), die Hoffnung zu einer Verbindung ohne Entsagung gegeben, wenn ihnen auch Schmerz und Verzweiflung nicht erspart bleiben. Der vermeintlich abgebrochene Schlüssel erweist sich unsichtbar durch Magnetismus zusammengehalten (III,17,493).[27]

27 Siehe Grete Ruthenberg, »Der Schlüssel in Wilhelm Meisters Wanderjahre«, in: *Erziehungskunst* 25 (1961) S. 370–373; A. G. Steer, *Goethe's Science in the Structure of Wanderjahre*, Athens, Georgia, 1979, S. 126–140.

In ihrer allgemeinen Form findet sich die Entsagung in dem sogenannten »Blatt«, in Wilhelms Mahnbrief an Nachodine-Susanne, zusammengefaßt. Dort wird die Bedingtheit des Menschen auf dreifache Weise definiert: erstens existentiell, zweitens erkenntnistheoretisch und drittens ethisch-metaphysisch. Das »Blatt« ist von zentraler Bedeutung für den Roman und stellt gleichsam ein Pendant zu Kants drei Kritiken dar: Jeder Mensch ist erstens »immerfort bedingt, begrenzt in seiner Stellung«, zweitens gelangt er »im allgemeinen zu keiner Klarheit«, und drittens wird er auf die »Beachtung der Pflicht des Tages« verwiesen, um »eine richtige Stellung gegen das Erhabene« zu gewinnen (III,13,460). So wird dem Menschen in den *Wanderjahren* im Sinne der praktischen Vernunft Entsagung verschrieben.[28]

Poetik der Entsagung

Weitaus wichtiger, wenn auch nicht so offensichtlich, ist die Entsagung, insofern sie in der Erzähltechnik und -theorie des Romans zum Ausdruck kommt. Dort ergibt sie sich zunächst aus dem Wechsel der Erzählsituation. Der allwissende auktoriale Erzähler der *Lehrjahre* wird durch den fiktiven »Redakteur« der *Wanderjahre* ersetzt und damit der Bildungsroman – wenn man sich hier aus heuristischen Gründen mit diesem Begriff zufriedengeben will – zum Archivroman umfunktioniert.[29] Das von Erich Trunz 1950 vorgelegte Interpretationsmodell von Rahmenerzählung und Novellen wird

28 Bernd Peschken, »Das ›Blatt‹ in den Wanderjahren«, in: *Goethe* 27 (1965) S. 205–230; ders., *Entsagung in Wilhelm Meisters Wanderjahren*, Bonn 1968, S. 67 f., S. 181–183.

29 Seit den Aufsätzen von Kurt May (1957) und Hans Eichner (1966) hat die Debatte um den Bildungsroman durch die Monographien von Monika Schrader (1975), Martin Swales (1978), Michael Beddow (1982) und Ivar Sagmo (1982) wieder Belebung erfahren. Vgl. dagegen Jeffrey L. Sammons, »The Mystery of the Missing Bildungsroman, or What Happened to Wilhelm Meister's Legacy?«, in: *Genre* 14 (1981) S. 229–246.

der Struktur der *Wanderjahre* nicht in demselben Maße gerecht wie das Modell des Archivromans, wie es 1968 von Volker Neuhaus aufgestellt wurde.[30] Der Übergang einzelner Erzählungen in die Rahmengeschichte läßt sich durch das Modell des Archivromans weitaus adäquater erklären. Wie Neuhaus in seinem grundlegenden Aufsatz gezeigt hat, liegen in Makariens Archiv und im Archiv des Auswandererbundes die gesammelten Erzählungen, Berichte, Aufzeichnungen, Tagebücher, Briefe und Reden von ungefähr zwanzig fiktiven Personen vor. Dazu kommen noch die Aphorismen aus den beiden Sammlungen »Betrachtungen im Sinne der Wanderer« (309–336) und »Aus Makariens Archiv« (497–524) sowie die beiden philosophischen Lehrgedichte »Vermächtnis« (336–337) und »Im ernsten Beinhaus war's« (525). Diese Texte werden vom »Redakteur« zum Zweck der Herstellung der Fiktion des Romans vorgelegt, denn um einen solchen handelt es sich, wie den Lesern ausdrücklich vom Redakteur versichert wird: »Unsere Freunde haben einen *Roman* in die Hand genommen« (I,10,132, Hervorhebung E. B.). Wie Klaus-Detlef Müller aufgewiesen hat, wird die Herausgeberfiktion in den *Wanderjahren* im Gegensatz zum Roman des 18. Jahrhunderts verwendet, wo sie zur Beglaubigung der »Wahrheit« der fiktiven Geschichte diente, wie z. B. in Wielands *Geschichte des Agathon* oder in den *Leiden des jungen Werthers*. In den *Wanderjahren* wird dem Herausgeber dagegen die Aufgabe zugewiesen, die Fiktion des Romans herzustellen und zu bewahren. Dabei wird ihm zwar keine auktoriale, aber doch eine redaktionelle Verantwortung für die erzähltechnische Anordnung und Verarbeitung der einzelnen Textsorten übertragen.[31]

30 Volker Neuhaus, »Die Archivfiktion in Wilhelm Meisters Wanderjahren«, in: *Euphorion* 62 (1968) S. 13–27. Erich Trunz ist auch in der 10., neubearb. Aufl. der Hamburger Ausgabe beim Modell der Rahmenerzählung geblieben (s. HA 8, 527–532). Eric A. Blackall hat dagegen das Modell der Archivfiktion für sein Kapitel über die *Wanderjahre* übernommen (s. E. A. B., *Goethe and the Novel*, Ithaka, N.Y. / London 1976, S. 224–235).

31 Müller (Anm. 19) S. 280 f.

Das Problem der *Wanderjahre* besteht darin, daß die Herausgeberfiktion zwar durchgängig angelegt ist, aber verhältnismäßig spät zu erkennen gegeben wird. Erst am Ende des ersten Buches erfolgt der erste eindeutig redaktionelle Eingriff. Frühere Einmischungen und Kommentare könnten auf die traditionelle Figur eines auktorialen Erzählers zurückgehen. Im Vergleich dazu gibt sich der Herausgeber bei Wieland oder im *Werther* sofort im Vorwort zu erkennen. Für die ersten zehn Kapitel der *Wanderjahre* ist die Herausgeberfiktion nur rückwirkend zu erschließen. Dieser Verzicht auf eine sofort erkennbare Erzählstruktur ist zur Poetik der Entsagung zu rechnen.

Sobald jedoch der erste Eingriff des Redakteurs in den *Wanderjahren* erfolgt, ist seine Verantwortung nicht zu verkennen. So schaltet er sich z. B. ein, um dem Leser die Lektüre eines bei Makarie vorgetragenen Aufsatzes über Mathematik zu ersparen und ihn wieder der Spannung der literarischen Fiktion zu überantworten. »Die Papiere, die uns vorliegen, gedenken wir an einem andern Ort abdrucken zu lassen«, erklärt der Redakteur und schlägt vor, »diesmal im Geschichtlichen ohne weiteres [fortzufahren], da wir selbst ungeduldig sind, das obwaltende Rätsel endlich aufgeklärt zu sehen« (I,10,132). Bei der Einführung der Erzählung »Der Mann von funfzig Jahren« werden redaktionelle Gründe für »einen fortlaufenden Vortrag« anstelle des stückhaften Erzählens geltend gemacht, ohne daß sie jedoch befolgt werden (II,3,184). Der Ablauf der erzählten Zeit zwischen Wilhelms erstem und zweitem Besuch in der Pädagogischen Provinz wird durch eine redaktionelle Zwischenrede markiert, die sich auf die »typographische Einrichtung« des Romans einläßt (II,7,267). Bei der Diskussion der Gefahren des Theaters für die Zöglinge der Pädagogischen Provinz mischt sich der Redakteur mit dem Geständnis ein, »daß er mit einigem Unwillen diese wunderliche Stelle durchgehen läßt«. Ohne damit aber Erzählzeit für eine längere Diskussion zu beanspruchen, verweist der Redakteur auf den Fortgang der literarischen Fiktion: »Wir finden keine Zeit, solchen Erinnerungen und Nachgefühlen unwillig uns hinzugeben, denn unser Freund [Wilhelm Meister] sieht sich angenehm überrascht, da ihm abermals einer von den Dreien [...] vor die Augen tritt« (II,8,282). Trotz dieser redaktionellen Unterbrechungen bleibt die Spannung der literarischen Fiktion erhalten, während gleichzeitig der Realitätsgrad der Herausgeberfiktion erhöht wird.

Auch die redaktionelle Verarbeitung von Texten ist nicht auf den ersten Blick erkenntlich. Der Auftakt der *Wanderjahre* unter den typologischen Titeln »Die Flucht nach Ägypten« und »Sankt Joseph der Zweite« erweist sich erst im Rückblick als Fiktion einer Übertragung von Wilhelms Tagebuch aus der Ich-Erzählsituation in die personale Darstellung. Einen Hinweis auf die Verarbeitung des Textes für die Eingangskapitel erhält der Leser nur indirekt durch die eingeschalteten Briefe von Wilhelm an Natalie.[32] Bei Odoardos Erzählung »Nicht zu weit«, die in einer Aufzeichnung von fremder Hand vorliegt, ist die redaktionelle Bearbeitung offensichtlicher, da der Herausgeber ausdrücklich erklärt, daß er sich »die Rechte des epischen Dichters« zur Umgestaltung des Textes in eine dramatische Erzählung angemaßt hat.

Zwei der wichtigsten Texte der *Wanderjahre*, die amerikanische Utopie (III,11,437–441) und die »ätherische Dichtung« von Makariens Position im Sonnensystem (III,15,484–487) erhalten ihre Wertigkeit durch redaktionelle Anmerkungen. Der Redakteur entschuldigt sich, die amerikanische Utopie lediglich als »Quintessenz« eines Gespräches zwischen Wilhelm Meister und Friedrich vorzulegen. Die lakonischen Resultate geben zugestandenermaßen »einen ergiebigen Text zu grenzenloser Ausführung« ab, wobei die negativen Züge des institutionellen Antisemitismus sowie der vierundzwanzigstündigen Polizeiüberwachung und Strafjustiz mit Deportation und Zwangsenteignung besonders ins Gewicht fallen.

32 Siehe Vaget (Anm. 7) S. 145; Neuhaus (Anm. 30) S. 18–21.

Der »heitere Friedrich« kann zwar nicht als zuverlässiger Informant gelten, doch der Ausblick auf die amerikanische Utopie gibt keinerlei Anlaß zu ungetrübtem Optimismus.[33]

Die »ätherische Dichtung«, die Makarie betrifft, wird als »ein Blatt aus unsern Archiven« mitgeteilt, das als nicht ganz authentisch gilt, da es »aus dem Gedächtnis geschrieben« ist. Selbst der anonyme Autor meldet Vorbehalte gegenüber dieser Romanfigur an, die einerseits als gute, alte Tante und »Familienbeichtigerin« erscheint, andererseits sich als Entelechie auf einer Planetenbahn befindet, die über die Grenzen des Sonnensystems hinausführt. Indem die Fiktivität des Textes zugestanden wird, bleibt ihm die Wertigkeit eines Gleichnisses erhalten. Die vergleichende Nebeneinanderstellung der siderischen Heiligen und der guten, alten Tante bringt ein Wunschbild zum Ausdruck, das keines Wahrheitsbeweises bedarf.[34]

Gegen Ende des Romans häufen sich die redaktionellen Eingriffe. Der Schwank »Die gefährliche Wette« wird eingeschaltet, weil der Herausgeber befürchtet, »für dergleichen Unregelmäßigkeiten fernerhin keine Stelle finden« zu können (III,8,410). Der Romanschluß stellt den Herausgeber vor besondere Probleme, »da die Pflicht des Mitteilens, Darstellens, Ausführens und Zusammenziehens immer schwieriger wird«. Er entschließt sich zu einer Art von Simultandarstellung, um dasjenige, »was [er] damals gewußt und erfahren, ferner auch das, was später zu [seiner] Kenntnis kam, zusammenzufassen und in diesem Sinne das übernommene ernste Geschäft eines treuen Referenten getrost abzuschließen« (III,14,471). Er erfüllt seine Aufgabe mit der Herausgabe

33 Siehe dazu Degering (Anm. 22) S. 1–11; Gert Mattenklott, »Der späte Goethe«, in: *Deutsche Literatur. Eine Sozialgeschichte*, hrsg. von Horst Albert Glaser, Bd. 6, Reinbek 1980, S. 296; Heinz Schlaffer, »Exoterik und Esoterik in Goethes Romanen«, in: *Goethe Jahrbuch* 95 (1978) S. 224 f. Hans R. Vaget (Anm. 7) nennt die *Wanderjahre* eine Winterreise (S. 157).

34 Bahr (Anm. 25) S. 127 f.

der personalen Darstellung von Felix' Rettung durch seinen Vater sowie durch die Bereitstellung der Aphorismen aus Makariens Archiv.

Die Herausgeberfiktion stellt einen wichtigen Teil der Poetik der Entsagung dar. Durch den Verzicht auf ästhetische Integration wird eine realistische Struktur zur Anordnung und Verbindung der einzelnen Textsorten gewonnen. Goethe hatte die *Wanderjahre* zunächst als Rahmengeschichte mit eingelegten Erzählungen konzipiert, wie sein Brief vom 27./28. Mai 1798 an den Verleger Johann Friedrich Cotta zeigt.[35] Zu diesem Zweck hatte er um 1807 Rahmenerzählungen größeren Umfangs wie Boccaccios *Decameron*, das *Heptameron* der Margarete von Navarra, die *Cent nouvelles nouvelles* von Antoine de la Sale, *Tausendundeine Nacht* sowie seine eigenen *Unterhaltungen deutscher Ausgewanderten* im Hinblick auf die Erzähltechnik studiert. Gleichzeitig begann er, einzelne der für die *Wanderjahre* bestimmten Erzählungen in Cottas *Taschenbuch für Damen* zu veröffentlichen.[36] Aber bereits mit der Veröffentlichung der ersten Fassung der *Wanderjahre* von 1821 war das traditionelle Modell der Rahmenerzählung aufgegeben und die Archivfiktion eingeführt. In der endgültigen Fassung von 1829 wurde die Archivfiktion nicht verstärkt, sondern eher verschleiert, wie sich aus der Auslassung einiger der redaktionellen Verbindungstexte in der zweiten Fassung von 1829 ersehen läßt.[37]

Die Herausgebertechnik stellt jedoch nur einen Teil der Archivfiktion dar. Aufgrund des Verzichts auf erzähltechnische Integration und auktoriale Sinngebung ist der andere

35 »Briefe eines Reisenden und seines Zöglings, unter romantischen [d. h. fiktiven] Nahmen, sich an Wilhelm Meister anschließend« (Beilage zu einem Brief an Johann Friedrich Cotta vom 27./28. 5. 1798, in: *Goethe und Cotta. Briefwechsel 1797–1832*, hrsg. von Dorothea Kuhn, Bd. 1, Stuttgart ^{2}1980, S. 23).

36 Siehe Bahr (Anm. 25) S. 101 f.; Katharina Mommsen, *Goethe und 1001 Nacht*, Berlin 1960, S. 118–121.

37 Siehe Ausgabe der *Wanderjahre* in Reclams Universal-Bibliothek (Anm. 12), S. 205–208.

Teil der Fiktionsherstellung dem impliziten Leser zugewiesen.[38] Die Archivfiktion verlangt die aktive Mitarbeit des Lesers. Die Anforderungen, die an die Vorstellungskraft des Lesers der *Wanderjahre* gestellt werden, gehen über die Normen der Erzählkunst des 18. Jahrhunderts hinaus und stellen den anderen wichtigen Bestandteil der Poetik der Entsagung dar. Mit Recht hat Hans R. Vaget den Roman als Leseexerzitium bezeichnet.[39] Durch den Verzicht auf Deutungsvorgaben wird eine realistische Form der Textaneignung gewonnen, die eine Entsprechung in der empirischen Wirklichkeitserfahrung des Lesers besitzt. Die verschiedenen Textsorten konfrontieren den Leser mit Fakten und Bewußtseinsvorgängen, über die er sich Gewißheit verschaffen muß, um zum Verständnis des Romans zu gelangen. Auf den Leser der *Wanderjahre* trifft zu, was Wolfgang Iser von den Textstrategien im Roman des 20. Jahrhunderts gesagt hat: »Der Leser soll sich der Art seines Wahrnehmens, der Form seiner passiven Synthesen zum Herstellen von Konsistenz, ja des Funktionierens seiner Reflexion bewußt werden.«[40] Die Voraussetzung dafür ist in den *Wanderjahren* insofern gegeben, als es nicht mehr um das vordergründige Erzählen von Geschichten geht, sondern um die Erfassung der durch die Archivfiktion hergestellten Realitätsschichten und Bewußtseinsspiegelungen. Damit werden die Lesererwartungen, geprägt durch den auktorialen Roman des 18. Jahrhunderts, enttäuscht und verwirrt. Die Disparität der Archivtexte zwingt den Leser zur Herstellung von Sinnzusammenhän-

38 Wie bei Wolfgang Iser (Anm. 16) geht es hier nicht um eine Typologie möglicher oder fiktiver Leser, sondern um den »im Text vorgezeichneten Aktcharakter des Lesens« (S. 9). Zum Leser in den *Wanderjahren* s. ferner Manfred Karnick, *Wilhelm Meisters Wanderjahre oder die Kunst des Mittelbaren*, München 1968, S. 186–191; Bahr, »Goethe's Wanderjahre as an Experimental Novel« (Anm. 10) S. 66–67. Wichtige Anregungen hat der Verf. von einem Vortragsmanuskript von Benjamin Bennett erhalten, der zum erstenmal konsequent Isers Theorie auf die *Wanderjahre* angewendet hat.

39 Vaget (Anm. 7) S. 142.

40 Iser (Anm. 16) S. 10.

gen, die aufgrund der komplizierten Überlieferung der verschiedenen Textsorten ständiger Revision bedürfen.
Mit dem Auftakt des Romans setzt die Irritation des Lesers ein. Zu seinem Befremden erfährt er aus Wilhelms zweitem Brief, daß die soeben personal erzählte Geschichte »Sankt Joseph der Zweite« von Wilhelm für Natalie aufgeschrieben und hier und da verändert wurde (I,3,37). Damit wird der Leser aufgefordert, die Verschiebungen der Erzählperspektive zu bedenken, die durch die doppelte Bearbeitung der originalen Ich-Erzählung des Wirts hervorgerufen wird, ohne jemals eine zuverlässige Auskunft hinsichtlich der Textüberlieferung zu erhalten. Diese Irritation findet ihre Fortsetzung bei der geheimnistuerischen Erwähnung von Wilhelms Fetisch im Gespräch mit Jarno-Montan (I,4,50). Erst neunzehn Kapitel später wird der Leser darüber aufgeklärt, daß es sich um das Besteck des Wundarztes aus den *Lehrjahren* handelte, das Wilhelm als Talisman erworben hatte und das ihn nun seinen »eigentlichen Beruf erkennen« läßt (II,11,306). Durch das bruchstückhafte Erzählen und die Bindung des Kindheitserlebnisses vom Fischerknaben an ein triviales Objekt reflektiert die Lektüre den Prozeß der Analyse des verdrängten Traumas.[41] Eine ähnliche Rolle wie das Besteck des Wundarztes spielt das geheimnisvolle Kästchen, das mitsamt dem bereits erwähnten Schlüssel die Funktion besitzt, die Entwicklung der Beziehung zwischen Felix und Hersilie zu vermitteln. Indem der geheimnisvolle Inhalt des Kästchens dem Leser vorenthalten bleibt, wird seine Kombinationsgabe zu Spekulationen angereizt.[42] Für diese Formen

41 Eissler (Anm. 26) Bd. 2, S. 1448–57.

42 Der Begriff des Goetheschen Symbols ist in Anwendung auf das Kästchen vielfach überanstrengt worden. Es handelt sich m. E. um eine Art der Metonymie. Siehe dazu Bahr, »Revolutionary Realism in Goethe's Wanderjahre« (Anm. 10) S. 169; Volker Dürr, »Geheimnis und Aufklärung: Zur pädagogischen Funktion des Kästchens in Wilhelm Meisters Wanderjahren«, in: *Monatshefte* 74 (1982) S. 11–29; Wilhelm Emrich, »Das Problem der Symbolinterpretation im Hinblick auf Goethes Wanderjahre«, in: *Protest und Verheißung*, Frankfurt a. M. ²1960, S. 48–66. Eine Zusammenfassung findet sich bei Steer (Anm. 27) S. 130–132.

der Leserirritation durch Überlagerung von Erzählperspektiven und Rezeptionsschichten, durch Aufhebung der linearen Erzählung und Vorenthaltung von Information lassen sich zahlreiche Beispiele anführen.[43]
Zur traditionellen Lesererwartung gehören das Gleichgewicht von Leserfreiheit und Lesersteuerung. Während bei den redaktionellen Anmerkungen zur amerikanischen Utopie und zum Makarien-Märchen das Bemühen um das traditionelle Gleichgewicht nicht zu verkennen ist, wird es bei den beiden Aphorismensammlungen zugunsten der Leserfreiheit aufgehoben. Hier handelt es sich im wahrsten Sinne des Wortes um Texte »zu grenzenloser Ausführung« (III,11,438). Durch die »Betrachtungen im Sinne der Wanderer«, aber auch durch die Aphorismen »Aus Makariens Archiv« wird der lineare Prozeß der Romanlektüre durch den diskontinuierlichen der Aphorismenlektüre unterbrochen bzw. abgelöst. Die Aphorismen erfordern vom Leser die Fähigkeit, die Gedankensprünge ihres Inhalts und ihrer Anordnung mitzumachen. Während die übrigen Romantexte trotz der zur Simultaneität neigenden Archivfiktion an die fortschreitende »Handlung« gebunden bleiben, stellen im Gegensatz zu Lessings Definition der Poesie im *Laokoon* die Aphorismensammlungen »koexistierende Kompositionen« zur Romanhandlung dar. Im Sinne der rhetorischen Sentenzen der Antike werden dem Leser psychologische Erfahrungen, Lebensregeln sowie naturwissenschaftliche, ästhetische und philosophische Erkenntnisse zu grenzenloser Spekulation und Kombination mit der Romanhandlung zur Verfügung gestellt. Einige Aphorismen stimmen fast genau mit Worten der Romanhandlung überein.[44] Es handelt sich hier um einen Höhepunkt der Poetik der Entsagung. Das Rohmaterial der Archive stellt ein Maximum an Desintegration dar. Doch mit dem Verzicht wird wiederum ein Gewinn erkauft: in diesem

43 Siehe Gidion (Anm. 10) S. 106–125.
44 HA 8,638. Den Hinweis auf Lessings *Laokoon* verdankt der Verf. Benjamin Bennett (Anm. 38).

Fall ein Maximum an Leserfreiheit, nämlich die bei Laurence Sterne bewunderte »Sagazität und Penetration«, die bei dem irischen Romanautor, wie es in einem Aphorismus aus »Makariens Archiv« heißt, »grenzenlos« sind. In diesem Sinne ließe sich vielleicht sogar der letzte Satz des Romans »Ist fortzusetzen« (525) auf die maximale Befreiung des Lesers vom Text beziehen.[45]

Wie sich aus den Mitteilungen an seine realen Leser entnehmen läßt, war sich Goethe der Eigenart seines Werkes vollkommen bewußt. An Josef Stanislaus Zauper schrieb er am 17. September 1821: »Zusammenhang, Ziel und Zweck liegt innerhalb des Büchleins selbst; ist es nicht aus Einem Stück, so ist es doch aus Einem Sinn.« In einem Brief vom 28. Juli 1829 an Johann Friedrich Rochlitz heißt es: »Eine Arbeit, wie diese, die sich selbst als kollektiv ankündigt, indem sie gewissermaßen nur zum Verband der disparatesten Einzelheiten unternommen zu sein scheint, erlaubt, ja fordert mehr als eine andere, daß jeder sich zueigne, was ihm gemäß ist.« Und am 23. November 1829 schrieb Goethe an dieselbe Adresse: »Mit solchem Büchlein aber ist es wie mit dem Leben selbst: es findet sich in dem Komplex des Ganzen Notwendiges und Zufälliges, Vorgesetztes und Angeschlossenes, bald gelungen, bald vereitelt, wodurch es eine Art von Unendlichkeit erhält, die sich in verständige und vernünftige Worte nicht durchaus fassen noch einschließen läßt.« In einem Gespräch mit Kanzler von Müller am 18. Februar 1830 charakterisierte Goethe die Form der *Wanderjahre* als »Aggregat«. Besonders war sich Goethe der Anforderungen an den Leser bewußt. Bereits bei den *Lehrjahren* hatte er darauf verwiesen, daß der Leser »manches nach der Intention zu supplieren« habe. In den *Wanderjahren* wurden diese Anforderungen beträchtlich erhöht. Goethe wußte wohl, daß den Lesern vieles rätselhaft

45 Siehe dazu Karl Viëtor, »Goethes Gedicht auf Schillers Schädel«, in: *Publications of the Modern Language Association of America* 49 (1944) S. 142–183; Franz Mautner, »›Ist fortzusetzen‹: Zu Goethes Gedicht auf Schillers Schädel«, in: ebd. 49 (1944) S. 1156–62.

bleiben werde, doch hoffte er, daß »der echte Leser [. . .] das alles schon wieder herausfühlen und -denken« werde. An einen Leser in Berlin schrieb er, daß ihm die *Wanderjahre* hoffentlich »manches zu denken gegeben«, und Boisserée antwortete er auf eine positive Kritik mit dem folgenden Hinweis auf Form und Wirkung: »Dem einsichtigen Leser bleibt Ernst und Sorgfalt nicht verborgen, womit ich diesen zweiten Versuch, so disparate Elemente zu vereinigen, angefaßt und durchgeführt, und ich muß mich glücklich schätzen, wenn Ihnen ein so bedenkliches Unternehmen einigermaßen gelungen erscheint.«[46] Diese Briefstellen liefern die biographischen Belege für die komplexe Poetik der *Wanderjahre*. Sie dokumentieren, daß Goethe das wechselseitige Verhältnis von Struktur und Rezeption erfaßt hatte, das dem impliziten Leser mit der Reduktion der Romanform zu einem »Aggregat« ein Maximum an Freiheit verlieh. In der offenen Form der *Wanderjahre* war damit dem impliziten Leser die Gelegenheit gegeben, eine totale und zugleich individuell erfaßte Welt literarisch-fiktiv zu realisieren.

Totalität

In Hegels *Ästhetik* findet diese Form ihre Entsprechung im Begriff der Totalität. Dieser Begriff dient dort zunächst der Bestimmung der Epopöe, die als »einheitsvolle Totalität« definiert wird. Danach findet der Begriff jedoch auch Anwendung auf den Roman als »moderne bürgerliche Epopöe«. In bezug auf die Darstellungsform heißt es, daß auch »der eigentliche Roman wie das Epos die Totalität einer Welt- und Lebensanschauung [fordert], deren vielseitiger Stoff und Gehalt innerhalb der individuellen Begebenheit zum Vorschein kommt, welche den Mittelpunkt für das Ganze

46 HA 8,521–526. Zur Bezeichnung »Aggregat« s. *Goethes Gespräche*, hrsg. von Flodoard von Biedermann, Leipzig 1910, Bd. 4, S. 217.

abgibt«.[47] Goethe mag von Hegels Vorlesungen über Ästhetik oder Philosophie der Kunst gehört haben, aber gelesen hat er die *Ästhetik* nicht, da sie erst 1835 erschien. Umgekehrt läßt sich anhand der in der *Ästhetik* angeführten Beispiele nachweisen, daß Hegel mit dem Goetheschen Werk wohl vertraut war und daß er seine Romantheorie am Beispiel der *Lehrjahre* entwickelte.

Goethes Altersdenken weist eine Affinität zu Hegels Philosophie auf. Der Begriff der Totalität ist bei Goethe durchaus im Hegelschen Sinne belegt.[48] Goethe und Hegel standen miteinander im Briefwechsel. Ihre wichtigsten Begegnungen fanden während der zweiten Arbeitsperiode an den *Wanderjahren* zwischen 1821 und 1829 statt. Nach Goethes Tod fand man in seiner Bibliothek ein Exemplar der *Phänomenologie des Geistes*, das allerdings unaufgeschnitten geblieben war. Im Jahre 1821 sandte Goethe an Hegel einen Widmungsgruß mit den Worten: »Dem Absoluten empfiehlt sich schönstens zu freundlicher Aufnahme das Urphänomen.« Später erklärte Goethe, daß er in den Grundgedanken und Gesinnungen mit Hegel übereinstimme, »man also in beiderseitigem Entwikkeln und Aufschließen sich gar wohl annähern und vereinigen könne«.[49]

Das Problem des Romans bestand für Hegel darin, daß der »*ursprünglich* poetische Weltzustand«, aus dem das Epos her-

47 Hegel (Anm. 2) S. 178. Der Begriff der Totalität ist zum erstenmal 1864 von Friedrich Spielhagen, dann 1913 von Max Wundt auf die *Wanderjahre* angewendet worden (s. Anneliese Klingenberg, *Goethes Roman Wilhelm Meisters Wanderjahre. Quellen und Komposition*, Berlin 1972, S. 22 f.).

48 *Lexikon der Goethe-Zitate*, hrsg. von Richard Dobel, Zürich 1968, Sp. 924: »denn nur durch Zusammenstellen des Verwandten entsteht nach und nach eine Totalität, die sich selbst ausspricht und keiner weitern Erklärung bedarf. *Entwurf einer Farbenlehre 2. Abt. 228.* Es gestaltet sich gewiß immer wieder im Universum derselbe besondere Mensch [...], damit es nie und zu keiner Zeit an diesem Supplement der Totalität fehle. *Riemer, 25. 11. 1824.*«

49 Siehe dazu das Nachwort zur Ausgabe der *Wanderjahre* (Anm. 12) S. 553 f. Siehe bes. Karl Löwith, *Von Hegel zu Nietzsche. Der revolutionäre Bruch im Denken des neunzehnten Jahrhunderts*, Frankfurt a. M. 1969, S. 17–43.

vorging, in der Moderne nicht mehr gegeben ist: »Der Roman im modernen Sinne setzt eine bereits zur *Prosa* geordnete Wirklichkeit voraus.« Deshalb ginge es im modernen Roman darum, der Poesie auf dem Boden der prosaischen Verhältnisse ihr verlorenes Recht wieder zu verschaffen.[50] Niemand erkannte dieses Dilemma wohl besser als Goethe, der mit dem zu Anfang vorgeführten Beispiel der Sachprosa aus den *Wanderjahren* einen Weg einschlug, wie er von Hegel in der *Ästhetik* bezeichnet worden war. Bei Hegel heißt es: »Eine der gewöhnlichsten und für den Roman passendsten Kollisionen ist deshalb der Konflikt zwischen der Poesie des Herzens und der entgegenstehenden Prosa der Verhältnisse.«[51] Genau darum handelte es sich, als Goethe seinen Freund Heinrich Meyer um die »technische Beschreibung« der schweizerischen Heimindustrie bat. Es ging ihm darum, »einen hinlänglichen realen Zettel zu einem poetischen Einschlag vorzubereiten«. Der Webevorgang wird als Metapher der literarischen Produktion verwendet. Doch war Goethe besorgt, ob »diese Verflechtung des streng-trockenen Technischen mit ästhetisch-sentimentalen Ereignissen gute Wirkung hervorbringen könne«.[52] Nach Hegel findet dieser Konflikt zwischen technischer Sachprosa und Poesie des Herzens seine Erledigung darin, »daß einerseits die der gewöhnlichen Weltordnung zunächst widerstrebenden Charaktere das Echte und Substantielle in ihr anerkennen lernen, mit ihren Verhältnissen sich aussöhnen und wirksam in dieselben eintreten, andererseits aber von dem, was sie wirken und vollbringen, die prosaische Gestalt abstreifen und dadurch eine der Schönheit und Kunst verwandte und befreundete Wirklichkeit an die Stelle der vorgefundenen Prosa setzen.«[53] Diese Worte lesen sich wie eine abstrakte Darlegung des individuellen Schicksals von Lenardo und

50 Hegel (Anm. 2) S. 177.
51 Ebd., S. 177.
52 HA 8,520.
53 Hegel (Anm. 2) S. 177 f.

Nachodine-Susanne. Mit Susannes besorgten Worten über die Gefahren des »überhandnehmenden Maschinenwesens« wird die Prosa der Verhältnisse in die Fiktion des Romans eingelassen. Darin besteht ein wichtiger Aspekt der Totalität der *Wanderjahre*, daß die Verelendung der Spinner und Weber durch die industrielle Revolution Eingang in den Roman findet. Goethe war seit seinem ersten Weimarer Jahrzehnt mit diesem Problem vertraut. Zu seinen Amtspflichten gehörte die Kontrolle der Strumpfwirkerei in Apolda. Die Manufaktur, die auf Heimarbeit beruhte, war den Schwankungen der Baumwollpreise und damit der Ausbeutung der Arbeiter ausgesetzt. In seinem Tagebuch notierte er im März 1779, daß 100 Wirkstühle stillagen und die Leute »aus der Hand in den Mund« lebten. Durch die Konkurrenz der mechanisierten englischen Textilindustrie wurde die Situation völlig unhaltbar. Aufstände der Wirkergesellen mußten 1784 und 1797 mit Hilfe des Militärs unterdrückt werden.[54]

Während Goethe bei der Arbeit an der *Iphigenie auf Tauris* (1779) die hungernden »Strumpfwürker von Apolda« aus dem Text ausschloß, um, wie er sagte, den König von Tauris reden zu lassen, wird die Verelendung der schweizerischen Spinner und Weber in den Text der *Wanderjahre* aufgenommen. Darin manifestiert sich die Totalität des Romans, daß er der Wirklichkeit gegenüber aufgeschlossen ist. An die Stelle der abgeschlossenen Ganzheit des Kunstwerks der Klassik, das immer einen Verlust an Realismus darstellt, tritt die Totalität des Kunstwerks der nachklassischen Periode Goethes, das bewußt darauf angelegt war, die Tendenzen der Epoche aufzunehmen und zur Darstellung zu bringen. Goethes Leistung läßt sich an den übrigen Problemen erkennen, die Eingang in die *Wanderjahre* fanden: das Problem der bürgerlichen Gesellschaft, der Arbeit, der Bildung, der Humanität

54 *Mit Goethe durch das Jahr. Ein Kalender für das Jahr 1983*, hrsg. von Effi Biedrzynski, Zürich 1982, S. 93.

und der Christlichkeit.[55] Darin bezeugt sich die »vorauseilende Realität« der *Wanderjahre*. Der Roman wird zum konkreten Träger der in der Epoche wirkenden Tendenzen. Mit dem Goetheschen Streben nach Totalität in Thematik, Struktur und Rezeption reichen die *Wanderjahre* ins 20. Jahrhundert, so daß Hermann Broch in dem Roman die von ihm erhobene Forderung verwirklicht sehen konnte, »das Dichterische in die Sphäre der Erkenntnis zu heben«.[56]

55 Ein Blick in Karl Löwiths Darstellung der Philosophie des 19. Jahrhunderts von Hegel zu Nietzsche (Anm. 49) genügt, um darzulegen, daß Goethe fast sämtliche Tendenzen seines Zeitalters in den *Wanderjahren* erfaßt hat.

56 Broch (Anm. 1) S. 88.

Literaturhinweise

Bahr, Ehrhard: Die Ironie im Spätwerk Goethes. ». . . diese sehr ernsten Scherze . . .« Studien zum West-östlichen Divan, zu den Wanderjahren und zu Faust II. Berlin 1972.
– Nachwort. In: Goethe: Wilhelm Meisters Wanderjahre oder Die Entsagenden. Hrsg. von E. B. Stuttgart 1982. (Reclams Universal-Bibliothek. Nr. 7827 [6].) S. 547–567.
– Revolutionary Realism in Goethe's Wanderjahre. In: Goethe's Narrative Fiction. The Irvine Goethe Symposium. Hrsg. von William J. Lillyman. Berlin / New York 1983. S. 161–175.
Brown, Jane K.: Goethe's Cyclical Narratives: Die Unterhaltungen deutscher Ausgewanderten und Wilhelm Meisters Wanderjahre. Chapel Hill, North Carolina, 1975. (University of North Carolina Studies in Germanic Languages and Literatures. 82.)
David, Claude: Goethes Wanderjahre als symbolische Dichtung. In: Sinn und Form 8 (1956) S. 113–128.
Degering, Thomas: Das Elend der Entsagung: Goethes Wilhelm Meisters Wanderjahre. Bonn 1982. (Abhandlungen zur Kunst-, Musik- und Literaturwissenschaft. 327.)
Emrich, Wilhelm: Das Problem der Symbolinterpretation im Hinblick auf Goethes Wanderjahre. In: Deutsche Vierteljahrsschrift für Literaturwissenschaft und Geistesgeschichte 26 (1952) S. 331 bis 352. Wiederabdr. in: W. E.: Protest und Verheißung. Frankfurt a. M. / Bonn 1960. ^{2}1963. S. 48–66.
Erläuterungen und Dokumente. Johann Wolfgang Goethe. Wilhelm Meisters Wanderjahre. Hrsg. von Ehrhard Bahr. Stuttgart 1982. (Reclams Universal-Bibliothek. Nr. 7827 [6].)
Gidion, Heidi: Zur Darstellungsweise von Goethes Wilhelm Meisters Wanderjahre. Göttingen 1969. (Palaestra. 256.)
Gilg, André: Wilhelm Meisters Wanderjahre und ihre Symbole. Zürich 1954. (Zürcher Beiträge zur deutschen Literatur- und Geistesgeschichte. 9.)
Henkel, Arthur: Entsagung. Eine Studie zu Goethes Altersroman. Tübingen 1954. ^{2}1964. (Hermaea. 3.)
Karnick, Manfred: Wilhelm Meisters Wanderjahre oder die Kunst des Mittelbaren. Studien zum Problem der Verständigung in Goethes Altersepoche. München 1968. (Zur Erkenntnis der Dichtung. 6.)
Klingenberg, Anneliese: Goethes Roman Wilhelm Meisters Wander-

jahre oder die Entsagenden. Quellen und Komposition. Berlin 1972. (Beiträge zur deutschen Klassik. 21.)

Müller, Klaus-Detlef: Lenardos Tagebuch. Zum Romanbegriff in Goethes Wilhelm Meisters Wanderjahre. In: Deutsche Vierteljahrsschrift für Literaturwissenschaft und Geistesgeschichte 53 (1979) S. 275–299.

Neuhaus, Volker: Die Archivfiktion in Wilhelm Meisters Wanderjahren. In: Euphorion 62 (1968) S. 13–27.

Peschken, Bernd: Entsagung in Wilhelm Meisters Wanderjahren. Bonn 1968.

Schädel, Christian Hartmut: Metamorphose und Erscheinungsformen des Menschseins in Wilhelm Meisters Wanderjahren. Zur geistigen und künstlerischen Einheit des Goetheschen Romans. Marburg 1969. (Marburger Beiträge zur Germanistik. 25.)

Steer, Alfred Gilbert: Goethe's Science in the Structure of Wanderjahre. Athens, Georgia, 1979.

Vaget, Hans Rudolf: Johann Wolfgang Goethe: Wilhelm Meisters Wanderjahre (1829). In: Romane und Erzählungen zwischen Romantik und Realismus. Neue Interpretationen. Hrsg. von Paul Michael Lützeler. Stuttgart 1983. S. 136–164.

Waidson, Herbert M.: Death by Water: or, the Childhood of Wilhelm Meister. In: Modern Language Review 56 (1961) S. 44–53.

Wergin, Ulrich: Einzelnes und Allgemeines. Die ästhetische Virulenz eines geschichtsphilosophischen Problems. Untersucht am Sprachstil von Goethes Roman Wilhelm Meisters Wanderjahre oder die Entsagenden. Heidelberg 1980.

THOMAS P. SAINE

Campagne in Frankreich / Belagerung von Mainz (1822)

Des Herrn Geheimen Zeitgenossen Erlebnis in Frankreich

In früheren Arbeiten[1] über Goethes *Campagne in Frankreich* habe ich in erster Linie romanhafte Strukturen im Aufbau dieses angeblich autobiographischen Werkes untersucht. Dabei wurde vor allem die Leitmotivik in der Beschreibung der verunglückten Campagne in Frankreich und die bewußte Gestaltung einer Erzähler-Persona hervorgehoben; das heißt, es ist nicht der bekannte Goethe, der weimarische Beamte und Schriftsteller, Intimus seines Fürsten, der die *Campagne in Frankreich* erzählt, sondern über lange Strekken hin ist es ein anderer »Goethe«, ein ziemlich schlecht informierter Privatmann, der fast keine Verbindung zum Kommando des Heeres besitzt, der aus dieser Privatperspektive, dabei oft genötigt, sich der Spekulation über das Nächstbevorstehende hinzugeben, einen nur wenig amtlichen Bericht über die Vorgänge schreibt. In dem englisch geschriebenen Aufsatz habe ich mich am Ende mit Goethes eigener moralischer Selbstentblößung beschäftigt, als er, um zu überleben und zu seiner geliebten Christiane nach Hause zurückzugelangen, das französische Landvolk genauso ausplündern und ausbeuten mußte wie der gemeine Soldat und als er seine moralische Niederlage gegen Ende des Rückzuges sozusagen im Spiegel seines physischen Aussehens wahrnahm: »Man führte uns in ein getäfeltes Zimmer auf gleicher Erde, wo im

1 »Goethe's Novel ›Campagne in Frankreich‹«, in: *Goethe's Narrative Fiction. The Irvine Goethe Symposium*, hrsg. von William J. Lillyman, Berlin / New York 1983, S. 193–223; »Goethes Roman ›Campagne in Frankreich 1792‹«, in: *Unser Commercium. Goethes und Schillers Literaturpolitik*, hrsg. von Wilfried Barner, Eberhard Lämmert [u. a.], Stuttgart 1984, S. 529–558.

schwarzmarmornen Kamin behägliches Feuer brannte. In dem großen Spiegel darüber beschauten wir uns ungern, denn ich hatte noch immer nicht die Entschließung gefaßt, meine langen Haare kurz schneiden zu lassen, die jetzt wie ein verworrener Hanfrocken umherquollen; der Bart, strauchig, vermehrte das wilde Ansehen unserer Gegenwart«.[2] In dem deutsch geschriebenen Aufsatz kam ich am Ende auf die Kritik an dem armen Herzog von Braunschweig zu sprechen, der nicht nur als Generalissimus der vereinigten deutschen Armeen bei der verunglückten Invasion Frankreichs in die Geschichte eingegangen ist, sondern auch noch 1806 die Schlacht von Jena und Auerstedt und sein Leben dazu verlieren sollte, was der Verfasser der *Campagne* natürlich wußte.

In beiden Aufsätzen habe ich Goethes Bericht mit anderen zeitgenössischen Quellen verglichen, vor allem mit Dokumenten Friedrich Christian Laukhards, der sofort nach der Kampagne seine *Briefe eines preußischen Augenzeugen über den Feldzug des Herzogs von Braunschweig gegen die Neufranken im Jahre 1792* und 1796 noch den betreffenden Teil seiner Autobiographie veröffentlichte, sowie mit dem Tagebuch von J. C. Wagner, dem Diener des Herzogs Carl August.[3] Die Gegenüberstellung von Goethes Text mit diesen beiden Quellen ist aufschlußreich für die Weise, in der er

2 *Campagne in Frankreich. Belagerung von Mainz*, mit Anm. von Ilse-Marie Barth, Stuttgart 1972 (Reclams Universal-Bibliothek, Nr. 5808 [3]), S. 94 f. Im folgenden werden Hinweise auf diese – vorzüglich kommentierte – Ausgabe in Klammern im Text gebracht.

3 Laukhard, *Briefe eines preußischen Augenzeugen . . .*, anonym veröffentlicht, 1. und 2. Pack, Germanien [Hamburg], 1793; 3. Pack, Germanien [Hamburg] 1794; 4. Pack, Upsala 1795 [in Wirklichkeit Altona]; seine Autobiographie: *F. C. Laukhards . . . Leben und Schicksale, von ihm selbst beschrieben*, dritter Theil, Leipzig 1796. Das Tagebuch von Wagner, das Goethe bei der Abfassung der *Campagne in Frankreich* vorlag, ist immer noch unveröffentlicht; Auszüge davon wurden gedruckt in Gustav Roethes Arbeit *Goethes Campagne in Frankreich 1792. Eine philologische Untersuchung aus dem Weltkriege*, Berlin 1919, und in Wolfgang Herwigs Ausgabe von Goethes *Gesprächen*, Zürich 1965.

an die Gestaltung seiner Erzähler-Persona und die Ausarbeitung seines »Romans« über die Kampagne in Frankreich heranging. Hier möchte ich Goethes versteckte Kritik am Gesamtunternehmen behandeln: Der »Roman« über den Feldzug des Herzogs von Braunschweig gegen die Neufranken und (weniger romanhaft) über die Belagerung von Mainz im Frühjahr und Sommer 1793 enthält, obwohl er sich keineswegs als polemisches oder auch nur als parteiliches Dokument gebärdet, eine vernichtende Kritik an dem deutschen Größenwahn, dem französischen König Ludwig XVI. wieder zur vollen Macht verhelfen zu wollen.

Oft ist es notwendig, zwischen den Zeilen zu lesen, denn es gibt äußerst wenige zuverlässige zeitgenössische Zeugnisse über Goethes ›wahre‹ Meinung zu den Ereignissen in Frankreich seit der Kriegserklärung Frankreichs gegen den König von Ungarn und Böhmen im April 1792 oder zu den Ereignissen des Feldzugs selbst. In den Tagebüchern findet sich nichts, was auf seine Ansichten zum Krieg und zur Kampagne in den Jahren 1792 und 1793 ein Licht wirft. Darüber schweigt sich Goethe auch in seinen Briefen fast völlig aus, ebenso wie die verschiedenen Ausgaben seiner Gespräche[4] nichts sonderlich Interessantes zu überliefern wissen. Die meinem Interesse dienlichsten Zeugnisse (ein Bericht des polnischen Preußen Trensinski, der in der Grumach-Ausgabe gedruckt wird, und der Bericht eines preußischen Artillerieoffiziers, der bei Biedermann und in der Artemis-Ausgabe veröffentlicht wurde) müssen leider beide als zweifelhaft gelten.[5] Ich glaube diesen beiden Berichten trotzdem wenigstens

4 Z. B. *Goethes Gespräche*, begr. von Woldemar Frhr. von Biedermann, 2., durchges. und stark verm. Aufl., Leipzig 1909 ff.; die Ausgabe von Wolfgang Pfeiffer-Belli im Rahmen der Artemis-*Gedenkausgabe*, Zürich 1949; die Ausgabe von Herwig (Anm. 3); die neueste Ausgabe von Ernst und Renate Grumach, *Goethe. Begegnungen und Gespräche*, Berlin 1965 ff.

5 Roethe zweifelt an der Richtigkeit von Trensinskis Bericht über eine Begegnung im Hauptquartier zu Hans am 27. 9. 1792 (und ich muß gestehen, daß in dem Trensinski-Bericht sehr grobe Mängel bezüglich des Verlaufs der Ereignisse vorkommen); im 3. Band der Grumach-Ausgabe (Anm. 4) wird der Bericht des Artillerieoffiziers unter »Zweifelhaftes« abgedruckt.

in einem Punkt: Sie überliefern uns den Goethe, der trotz aller widrigen Umstände elegant zu erscheinen weiß. Bei Trensinski erscheint Goethe als »Diplomat«, der auch im Hauptquartier der niedergeschlagenen preußischen Armee nach der Kanonade von Valmy im Frack auftaucht und noch optimistisch meint, daß die Koalitionsarmee nach Paris gelangen werde; im Bericht des preußischen Artillerieoffiziers sehen wir den wohlangezogenen Herrn, der wie ein gedrucktes Buch redet, auch über den Einsatz der Artillerie, von der er wahrlich nicht viel versteht.[6] Dieser Feldzug war eben ein solcher, bei dem auch Fräcke, Privatpersonen und Minister, Diplomaten und Schöngeister, Soldatenweiber und Mätressen mitgeschleppt wurden; nur waren nicht genug Marketender, Pferde, Brot und andere Lebensmittel, auch nicht genug gemeiner Menschenverstand dabei. Daher war der Feldzug von vornherein zum Scheitern verurteilt.[7] Das hat aber Goethe erst spät einzusehen gelernt – wann eigentlich, ist nicht genau zu eruieren, vielleicht erst beim zweiten Aufenthalt in Verdun, also auf dem Rückmarsch. Er war aber sicher dem Unternehmen gegenüber nicht von vornherein skeptisch eingestellt.

Was hat Goethe von dem Feldzug erwartet? Wie, glaubte er, würde das Unternehmen ausgehen? Wenn wir uns seine Briefe aus dem Sommer 1792 näher ansehen, finden wir, wie

6 Trensinski, s. *Goethe. Begegnungen und Gespräche* (Anm. 4) Bd. 3, S. 455–459; der Artillerieoffizier, s. *Goethes Gespräche* (Anm. 4) Bd. 1, S. 188–190 (es handelt sich hier um eine Begegnung in Verdun): »Wie überrascht war ich nun aber, als ich diesen Herrn Goethe persönlich zuerst kennen lernte: es war ein ungemein stattlicher, ansehnlicher, auf das Eleganteste angekleideter Mann in den besten Jahren, der mit einem so vornehmen Wesen auftrat, daß man ihn wirklich eher für einen Prinzen, als für einen bürgerlichen Sekretarius hätte halten können.«

7 Die beste Untersuchung des Feldzugs, aus vielen Quellen zusammengetragen, bietet der Aufsatz von Johannes Ziekursch, »Zur Geschichte des Feldzuges in der Champagne von 1792«, in: *Forschungen zur Brandenburgischen und Preußischen Geschichte* 47 (1935) S. 20–77. Ziekursch betont vor allem die Mängel der Zufuhr bei der alliierten Armee und den schlechten Zustand der zu wenigen Pferde.

gesagt, keine gewichtigen Äußerungen über die politischen Zustände Europas, keine Prognosen über die zukünftigen Verhältnisse. Es ist schon etwas verwunderlich, daß er die Erzählung der *Campagne in Frankreich* erst mit seinem Aufenthalt in Mainz am 23. August 1792 beginnt – war er doch mehr als zwei Wochen früher von Weimar abgefahren und hatte unterwegs in Frankfurt Station gemacht, bevor er dann über Mainz der Armee nachfuhr. Man darf vermuten, daß das Werk vor allem der Symmetrie wegen erst mit Mainz anfängt, da es auch mit der Übergabe von Mainz im Sommer 1793 endet. In Frankfurt hatte er wohl noch wenig von der Kriegsnähe gespürt – hatte er doch nur alte Freunde besucht, den Aufenthalt im Mutterhaus genossen, ein »Judenkrämchen« für seine geliebte Christiane besorgt.[8] Seinen alten Freund Fritz Jacobi hoffte er zu sehen, aber das war in der kurzen Zeit nicht einzurichten. Es gibt aus Frankfurt mehrere Briefe an Jacobi; in dem vom 18. August 1792 berichtet Goethe von seiner Langeweile in Gesellschaft: »Meine alten Freunde und meine zunehmende Vaterstadt habe ich mit Freuden gesehen, nur kann es nicht fehlen daß man nicht in allen Gesellschaften lange Weile habe, denn wo zwey oder drey zusammenkommen, hört man gleich das vierjährige Lied pro und contra wieder herab orgeln und nicht einmal mit Variationen sondern das crude Thema.« Für Goethes Geschmack wird zu viel über die Französische Revolution debattiert. Er mag weder vom Pro noch vom Kontra hören, und auch selbst nicht darüber spekulieren: »Deßwegen wünschte ich mich wieder zwischen die Thüringer Hügel wo ich doch Hauß und Garten zuschließen kann.« Er hat wirklich für sich selbst kein großes und spannendes Interesse am Ausgang des Unterneh-

8 Was er Christiane schon am 9. 8. von Gotha aus versprochen hat: »Von Franckfurt soll aber bald das zierlichste Krämchen ankommen« (Goethe, *Werke*, hrsg. im Auftrage der Großherzogin Sophie von Sachsen, Weimar 1887 ff., Abt. 4, Bd. 10, S. 1. Im folgenden werden Briefe aus diesem Band der *Weimarer Ausgabe* nur durch Angabe des Datums und des Empfängers nachgewiesen).

mens, besonders weil er die häuslichen Bequemlichkeiten und das Zusammensein mit seiner Christiane gegen die Unstetigkeiten des Feldlebens austauschen muß: »Gegen mein mütterlich Hauß, Bette, Küche und Keller wird Zelt und Marquetenterey übel abstechen, besonders da mir weder am Todte der Aristokratischen noch Democratischen Sünder im mindesten etwas gelegen ist.« Unparteilicheren Sinnes werden wohl wenige der deutschen Krieger ins Feld marschiert sein.

Die preußische Führung hoffte und glaubte, daß es nicht nötig sein werde, einen richtigen Krieg gegen Frankreich zu führen. Die französischen Emigranten hatten sie von dessen Schwäche überzeugt und von der mangelnden Bereitschaft der französischen Regierung, die neue Konstitution mit allen Mitteln zu verteidigen. Außerdem würden die französischen Armeen und Heerführer, so hieß es bei den Emigranten, bei der ersten Gelegenheit Farbe bekennen, nämlich die weiße Kokarde aufstecken und sich mit den deutschen Heeren vereinigen. Es sollte nur ein »militärischer Spaziergang« werden, wie es nach dem französischen Ex-Minister Calonne lautete. Massenbach berichtet in seinen Memoiren, daß er bei den Vorbereitungen für den Feldzug von Bischoffswerder den Befehl bekam, nicht zu viele Pferde einzukaufen: »Die Komödie dauert nicht lange, wir sind im Herbste wieder zu Hause!«[9] Im günstigsten Fall, so meinten Friedrich Wilhelm II. und der Herzog von Braunschweig, bräuchten sie höchstens eine militärische Demonstration an der Grenze Frankreichs zu veranstalten, um die französischen Führer zur Vernunft zurückzubringen. Der Rest werde sich von selbst ergeben und Ludwig XVI. bald wieder als mächtiger Monarch herrschen. Wenigstens aus den österreichischen Akten geht hervor, daß noch bis zum Anfang des Feldzugs die deutsche Führung kompromißbereit war, sie verlangte

9 [Ch. K. A. L.] von Massenbach, *Memoiren zur Geschichte des preußischen Staates unter den Regierungen Friedrich Wilhelm II. und Friedrich Wilhelm III.*, Amsterdam 1809, Bd. 1, S. 26.

keine Restauration des französischen Absolutismus in allen Einzelheiten.

Goethe scheint diese Hoffnungen, daß die Lage nicht unbedingt ernst werden müßte, geteilt zu haben. Einen Feldzug konnte man auch veranstalten, um einen Frieden ohne Krieg herbeizuzwingen: so viel wußte Goethe schon aus seiner Erfahrung des schlesischen Feldzuges vom Jahre 1790, der zum Reichenbacher Friedenskongreß zwischen Österreich und Preußen geführt hatte. Goethe genoß zwei gesellige Abende in Mainz im Kreise Sömmerrings, Forsters und ihrer Freunde und verfolgte seinen Weg weiter nach Trier, von wo aus er erst in die Nähe der schon nach Frankreich eingedrungenen Armee gelangen konnte. Von Trier aus schrieb er an Christiane: »Wo das Trier in der Welt liegt kannst du weder wissen noch dir vorstellen, das schlimmste ist daß es weit von Weimar liegt und daß ich weit von dir entfernt bin. [. . .] Du kannst um mich ganz unbesorgt seyn. Ich hoffe bald meinen Rückweg anzutreten.« Das ganze Abenteuer sollte wirklich nicht sehr lange dauern, auch für ihn nicht sehr gefährlich werden.

Abgesehen vom fürchterlichen Dauerregen[10] ließ sich auch in Frankreich alles gut an. Dem Herzog ging es glänzend, er war in seinem Element, und Goethe schrieb gleich, vom Lager aus, am 27. August an seinen Geheimenrats-Kollegen Voigt von den Aussichten für die Zukunft, die auch Weimar durch diesen verheißungsvollen Feldzug und die Zufriedenheit des Herzogs erwarten dürfte: »Kommt unser guter Fürst glücklich aus diesem Feldzuge zurück, so wird es für ihn ein Gewinnst von Erinnerungen und guter Laune auf sein ganzes Leben seyn, wovon wir denn alle mitgenießen werden.«[11] So mußte man sich in die Laune eines Fürsten hineinzuschicken trachten, dessen Spieltrieb sich vor allem im Kriegerischen gefiel. Ähnliche Äußerungen Goethes in bezug auf Carl

10 An Voigt vom 27. August: »Alles schilt auf den Jupiter Pluvius daß auch er ein Jacobiner geworden.«

11 Ebd.

Augusts Liebe zum militärischen Leben gibt es auch im nächsten Jahr aus dem Lager vor Mainz.[12]

Die Festungen Longwy und Verdun kapitulierten schnell, ob aus Verräterei, ob aus der allzuberechtigten Angst der Bürger vor der großen Verwüstung, die durch Belagerung und Bombardement hätte entstehen müssen, sei dahingestellt. Am 2. September schreibt Goethe voll Zuversicht aus dem Lager vor Verdun an Christiane: »Heute wird [die Stadt] sich ergeben und die Armee weiter gegen Paris gehen. Es geht alles so geschwind daß ich wahrscheinlich bald wieder bey dir bin. Es war recht gut daß ich bald ging.« Damit scheint er zu meinen, er hätte etwas Glorreiches versäumt, wenn er seine Abreise aus Weimar weiter hinausgeschoben hätte. Er verspricht, Christiane aus Paris ein »Krämchen« mitzubringen, »das noch besser als ein Judenkrämchen seyn soll«. Goethe und seine Freunde sahen sich die eroberte Stadt an, genossen die Spezialitäten des Landes und verschickten Geschenkpakete aus Verdun nach Hause. Man sorgte auch für spätere gesellige Unterhaltung. Laut Karl August Böttiger ließ sich Goethe in Verdun »Empfehlungsbriefe nach Paris an die schöne Welt geben, weil er auch gewiß überzeugt war, es ging grade nach Paris«.[13]

Der lange Aufenthalt vor Verdun scheint Goethe allerdings endlich bedenklich zu machen. Zwar betont er am 10. September Voigt gegenüber, wie interessant und belehrend das alles für ihn sei: »Den Kriegsgang unter einem so großen Feldherrn und die französische Nation zu gleicher Zeit näher kennen zu lernen giebt auch einem müssigen Zuschauer Un-

12 Am 31. 5. 1793, dem Tag nach dem französischen Ausfall auf Marienborn, der z. T. durch Truppen unter dem Kommando Carl Augusts abgewehrt worden war, schreibt Goethe an Voigt über den Herzog: »Zum Soldaten ist er gebohren und wenn man ihn in diesem Elemente sieht verdenckt mans ihm nicht daß er da gerne ist wo er sich fühlt.« Man muß gerechtigkeitshalber allerdings konstatieren, daß Goethe im Sommer 1793 vor Mainz wesentlich weniger sanguinisch über das Kriegsabenteuer urteilt als beim Anfang des Feldzugs vom Jahre 1792.

13 *Goethes Gespräche*, T. 1, Gedenkausgabe Bd. 22, Zürich 1949, Nr. 311.

terhaltung genug. Aus dem was geschieht zu schließen was geschehen wird und manchmal einen Seitenblick in die Karte zu thun giebt dem Geiste viel Beschäftigung.« Aber es ist nicht mehr die Rede von einem schnellen Ende der Kampagne oder einer baldigen Heimkehr, vielmehr sei schon zu ersehen, »daß sich die Unternehmung in die Länge zieht. Das Unternehmen ist immer ungeheuer so groß auch die Mittel sind.« Die Hoffnung, daß die Angelegenheit durch eine bloße kräftige militärische Demonstration zum Schluß geführt werden könne, war bei Verdun endgültig vorbei. Trotzdem erscheint die Lage insgesamt so ungefährlich, daß Goethe über die Hälfte dieses Briefes den Angelegenheiten zu Hause widmen kann, amtlichen und persönlichen Dingen, unter anderem der Frage, ob Voigt ihm nicht beim Kauf eines Gutes behilflich sein wolle; und gegen Ende des Briefes heißt es fast beiläufig: »Eben wird gemeldet daß man morgen wieder marschirt. Die Franzosen stehen ganz nahe, wenn sie halten, so kann viel entschieden werden.« Mit der Angst hatte es die Armee der Verbündeten noch nicht zu tun bekommen. In einem Brief vom gleichen Tag an den Kollegen Schnauß berichtet Goethe von der Gemütslage Carl Augusts, der »munter, rüstig und in seinem militärischen Wesen recht zu Hause« sei. Er berichtet, die Deutschen würden am nächsten Tag »Verdun im Rücken lassen und den Wiederspänstigen näher auf den Leib rucken«, es gäbe überall Franzosen, die mit dem Unternehmen sympathisierten: »um uns sehen wir unzählige weiße Cokarden und viele wenigstens werden mit gutem Willen und mit Freude des Herzens getragen.« Man hatte jetzt wenigstens von dem Anfang der Septembermorde Kunde bekommen, was die Deutschen nur in dem Glauben bestärkte, »daß zuletzt beyde Partheyen die Mächte segnen werden die ihnen Ruh, es sey um welchen Preis, verschaffen werden«. Diese Briefe vom 10. September sind die letzten überlieferten Briefzeugnisse Goethes vor der Kanonade von Valmy.

Aus dem Hauptquartier Hans schreibt Goethe am 25. September, also fünf Tage nach der Kanonade, an die Herzogin

Anna Amalie; selbst nach der Kanonade von Valmy findet Goethe hier noch Raum für einen Absatz über die »Cartetschen Kugeln«, die »auf dem Felde wachsen«.[14] (Es handelt sich dabei um große Kristallisierungen.) Trotz des Pferdemangels hat er den Vorsatz, einen ausreichenden Vorrat dieser Kugeln für seine Freunde und wissenschaftlichen Kollegen nach Hause mitzuschleppen. Anschließend folgt ein Bericht über die öde Landschaft.[15] Das böse Wetter wird erwähnt und humoristisch dem Freund Wieland zur Last gelegt, »weil er den König der Könige zum Demokraten gemacht und ihn von der Sache seiner Oheime, Vettern und Gevattern Lbden Lbden, wenigstens auf einige Zeit abgezogen«.[16] Erst nach solch naturwissenschaftlicher, landschaftsbetrachtender und humoristischer Einleitung kommt Goethe dazu, etwas von dem Ernst der Lage anzudeuten, und auch das geschieht im Bilde: »Da ich mein voriges Blat ansehe finde ich daß es mir ergangen ist wie jenem Töpfer der einen Topf zu machen vornahm und dem der Thon unter den Händen zur Schüssel wurde. Ew. Durchl. werden mir das gewiß verzeihen da ich in einem Augenblick schreibe da wir selbst der Thon sind der geknätet wird ohn daß ein Mensch weis ob es ein Gefäß zu Ehren oder zu Unehren werden kann.« Hier endlich erfolgt ein Bericht über Carl August, »das beste was mir übrigens in dieser Halbwüste, an welcher die alte Natur und die neue Kriegskunst um die Wette gearbeitet haben, zu sagen bleibt«, daß sich nämlich »unser Fürst recht wohl befindet und daß er, wenn er gleich wie seine treuen Diener an Corpulenz ein wenig abgenommen, dennoch ja desto mehr an übrigem Wohlseyn sich befestigt fühlt«. So eigenartig dieser Brief sein mag, er ist kaum ein Beweis dafür, daß Goethe schon am 25. September die ganze Tragweite der katastrophalen Lage eingesehen hätte. Zu dieser Zeit verhandelten

14 Diese »Kugeln« werden in der *Campagne in Frankreich* ausführlich behandelt, s. Goethe, *Werke* (Anm. 8) Abt. 4, Bd. 10, S. 61 f.

15 Vgl. auch *Campagne in Frankreich*, S. 58.

16 Goethe spielt auf Wielands *Göttergespräche* an.

nämlich die Preußen noch mit den Franzosen: die Preußen hofften noch, den französischen General Dumouriez zu überreden, mit den deutschen Armeen vereinigt auf Paris zu marschieren; die Franzosen hofften dagegen, die Preußen für die französische Sache zu gewinnen und sie von ihrem Bündnis mit den Österreichern abzubringen.[17]
Zwei Tage später, am 27. September, schreibt Goethe wiederum drei Briefe, an den Hausfreund H. F. Meyer, an Christiane und an Knebel. Hier erst scheint er die volle Ausweglosigkeit der deutschen Lage einzusehen. Das Billett an Meyer ist kurz, nur zwei Absätze: immerhin ist der ganze erste Absatz den Renovierungsarbeiten an dem Haus am Frauenplan gewidmet. In dem zweiten Absatz ist aber die Rede von der »Unruhe«, in der er selbst steckt, und das Billett endet mit der Information: »Wir stehen nicht weit von Chaalons das wir vielleicht nie sehen werden.« Also auch Paris nicht – der »Spaziergang« nach Paris ist zu Ende! In dem Brief an Christiane wird die Lage der alliierten Armee nicht auseindergesetzt, es heißt nur, »wir erleben viel Beschwerlichkeiten, besonders leiden wir vom bösen Wetter«, und es ist die Rede von seiner Hoffnung, bald wieder in Frankfurt zu sein und sich bald von diesen Beschwerlichkeiten in ihren Armen zu erholen. Nur in dem Brief an Knebel kommt etwas von der wahren Lage der Dinge zum Vorschein,[18] aber auch hier

17 Über diese Verhandlungen herrscht immer noch Ungewißheit. Die Österreicher haben sich schon 1792 geärgert, daß sie von ihren preußischen Alliierten darüber nicht ausreichend informiert wurden. Fürst Reuß, der österreichische Gesandte in Berlin, war in dem Hauptquartier Hans dabei und konnte anscheinend auch keine genügenden Informationen nach Wien vermitteln.

18 Goethe, *Werke* (Anm. 8) Abt. 4, Bd. 10, S. 26 heißt es: »Als man den Feind zu Gesicht bekam ging eine gewaltige Canonade los, es war am 20ten, und da man endlich genug hatte war alles still und ist nun schon 7 Tage still. Sogar die Vorposten schießen nicht mehr. Die Franzosen stehen ohngefähr wie vorher und von uns kann man nur über Grandpre nach Verdün gelangen. Entsetzliches Wetter, Mangel an Brod das langsam nachkommt machen diesen Stillstand noch verdrießlicher. Man fängt an den Feind für etwas zu halten den man bißhierher verachtete und (wie es zu gehen pflegt bey solchen Übergängen) für mehr zu halten als recht ist.«

scheint Goethe noch nicht in die Zukunft gesehen, noch nicht den Ernst des geschichtlichen Moments verstanden zu haben. Er scheint tatsächlich noch zu glauben, daß die Schuld des Mißlingens nicht bei den Deutschen zu suchen sei; er scheint den Feldzug fast zu loben: »In diesen vier Wochen habe ich manches erfahren und dieses Musterstück von Feldzug giebt mir auf viele Zeit zu denken. Es ist mir sehr lieb daß ich das alles mit Augen gesehen habe«. Trotz der ernsten Lage befaßt sich etwa die Hälfte des Briefes mit anderen Dingen. Es wird die Hoffnung ausgesprochen, die in so vielen seiner Briefe zum Ausdruck kommt, nämlich bald nach Hause zu gelangen, nur dieses Mal schwingt etwas von der Unsicherheit mit, in der er lebt: »[...] da aber unser Weg sehr parabolisch ist läßt sich die Bahn schwer berechnen.«

In diesem Zusammenhang ist der schon am Anfang erwähnte Bericht von Trensinski, so fragwürdig er in vielen Einzelheiten ist,[19] im ganzen doch als glaubwürdig zu betrachten. Wir müssen allerdings im Auge behalten, daß Trensinski ganze sechzehn Jahre zählte und damals gewiß den vollen Zusammenhang nicht verstand, später die Details aus den Geschichtsbüchern bzw. aus Goethes *Campagne in Frankreich* selbst ergänzen mußte. Es handelt sich bestimmt um den »ratlosen Rat« und die Lagebesprechung vom 27. September, von der Goethe in der *Campagne in Frankreich* (64 ff.) ausführlich erzählt, bei der er die Geschichten vom Heiligen Ludwig und vom Hunnenkönig Attila zum besten gab. So wie diese Geschichten in der *Campagne in Frankreich* erzählt werden, sollen sie die Hoffnung ausdrücken, daß die Deutschen noch davonkommen würden.[20] Trensinskis Bericht zeigt dagegen Goethe als einen Diplomaten im Frack, der

19 Alles, was Trensinski über Lafayette berichtet, ist schief; die Begegnung Goethes im Wagen des Herzogs mit König Friedrich Wilhelm II. ist vermutlich aus *Campagne in Frankreich* ausgezogen, usw. Vgl. *Goethe. Begegnungen und Gespräche* (Anm. 4) Bd. 3, S. 455–459.

20 Vgl. hierzu den Aufsatz des Historikers Arno Borst, »Valmy 1792 – ein historisches Ereignis?«, in: *Der Deutschunterricht* 26 (1974) S. 88–104, bes. S. 98 ff.

immer noch glaubt, daß die Deutschen nach Paris gelangen werden: »[...] unser Gottfried wird [die Franzosen] bald zur Vernunft bringen, daran zweifle ich nicht, und die Franzosen werden [Ludwig XVI.] selbst helfen; Frankreich besteht nicht allein aus Paris.«[21] Als ihm ein ergrauter Oberst widerspricht und die wahre Lage auseinanderzusetzen anfängt,[22] zieht sich der Diplomat mit folgender Begründung aus der Affäre: »Die Welt der Politik ist mir vollständig fremd; es langweilt mich, wenn ich von Märschen und Evolutionen, von Debatten und staatlichen Maßnahmen höre. Ich habe niemals ohne Langeweile die Zeitungen gelesen; alles das ist etwas so Vorübergehendes, Zeitweiliges, ja und seinem ganzen Wesen nach uns Fremdes. Es gibt andere Gebiete, in denen ich mich als Herrscher fühle«.[23] Vielleicht hat allerdings jener »ratlose Rat« des 27. September angefangen, Goethe zu einer realistischeren Einschätzung der Lage zu verhelfen. Auf jeden Fall sind die Briefe aus dem Hauptquartier Hans vom 27. September die letzten, bis Goethe die Sicherheit der luxemburgischen Grenze erreicht.

Vom 15. Oktober gibt es Briefe an Meyer, an Christiane und an Voigt, die er schon am 10. Oktober in Verdun angefangen hatte, aber nicht beenden konnte, weil die Stadt so schnell den Franzosen zurückgegeben wurde und er übereilt fliehen mußte. In diesen Briefen erscheint zum erstenmal eine Andeutung darüber, was die verbündeten Armeen insgesamt ausgestanden haben.[24] Am ausführlichsten berichtet Goethe

21 *Goethe. Begegnungen und Gespräche* (Anm. 4) Bd. 3, S. 457.

22 Ebd., S. 457 f.: »Aber Sie können doch nicht jetzt noch im Ernst glauben, daß die Franzosen uns mit offenen Armen aufnehmen wollen, wo jeder Tag zeigt, was für einen verzweifelt nationalen Charakter dieser Krieg annimmt, wo das Landvolk sein Getreide verbrennt und seine Häuser, bloß um es uns schwer zu machen? Ich gestehe, ich glaube nicht, daß es uns bald gelingen sollte, Paris auf den rechten Weg zu bringen, besonders wenn wir auf einem Fleck stehen bleiben.«

23 Ebd., S. 458.

24 So z. B. in dem Brief an Christiane: »Wie froh ich bin zurückzukehren kann ich dir nicht ausdrücken, das Elend das wir ausgestanden haben läßt sich nicht beschreiben. Die Armee ist noch zurück, die Wege sind so ruinirt, das

an Voigt, seinen Amtskollegen, und schreibt gleich am Anfang von der Unverständlichkeit, der Rätselhaftigkeit des ganzen Geschehens seit Ende August: »Es läßt sich viel über das alles sagen, es wird viel gesagt werden, und doch wird ein großer Theil dieser sonderbaren Geschichte ein Geheimniß bleiben.«[25] Die Briefe des 15. Oktober erzählen sonst nicht viel von dem, was konkret ausgestanden worden ist, und beschäftigen sich, wie die sonstigen erhaltenen Briefe aus der Periode der Kampagne, weit mehr mit persönlichen und häuslichen Angelegenheiten als mit den Ereignissen des Tages. Aber ein kurzes Postskriptum an Voigt macht aufhorchen; anscheinend hat Goethe gerade Depeschen aus Weimar erhalten und erfahren, was das Geheime Konsilium in bezug auf den Krieg beschlossen hatte: »Ich habe mit Betrübniß gesehen daß das Geheime Conseil unbewunden diesen Krieg für einen Reichskrieg erklärt hat. Wir werden also auch mit der Heerde ins Verderben rennen – Europa braucht einen 30jährigen Krieg um einzusehen was 1792 vernünftig gewesen wäre.« Hier ist ihm endlich das Licht völlig aufgegangen.

Die bekannteste Stelle der *Campagne in Frankreich* ist sicher der angebliche Kommentar zu der Kanonade von Valmy: »Von hier und heute geht eine neue Epoche der Weltgeschichte aus, und ihr könnt sagen, ihr seid dabei gewesen« (55). Der Satz ist in der Forschung von jeher umstritten gewesen, denn er scheint zu viel an Einsicht, historischem Verständnis und Weitblick vorauszusetzen. Aus unserer Untersuchung von Goethes Briefwechsel dürfte hervorgehen, wie unwahrscheinlich es gewesen wäre, wenn Goethe gleich am 20. September so etwas Einsichtsvolles gesagt hätte. Noch am 27. September wollten der Goethe der Briefe und Trensinskis

Wetter ist so entsetzlich daß ich nicht weiß wie Menschen und Wagen aus Frankreich kommen wollen.«

25 Es heißt gleich weiter: »Von den Hindernissen die durch Wittrung und Wege entstanden sind hat niemand einen Begriff als wer mit gelitten hat. Wir haben in diesen sechs Wochen mehr Mühseligkeit, Noth, Sorge, Elend, Gefahr ausgestanden und gesehen als in unserm ganzen Leben. Der Herzog ist recht wohl und ich habe mich auch gut gehalten.«

Diplomat im Frack die Ernsthaftigkeit der Lage nicht zugeben. Außerdem dürften am Abend des 20. September 1792 die Ereignisse jenes Tages nur wie eine unbequeme kleine Schlappe ausgesehen haben. Die Lage war gewiß unbequem, so unbequem, wie sie Goethe dreißig Jahre später in der *Campagne in Frankreich* beschreibt, aber die Befehlshaber der Armee erwarteten sicher, daß sie am nächsten Tag zum Angriff übergehen würden. Als dann die Lage am nächsten Tag wirklich sehr ungünstig aussah, wurden Verhandlungen angeknüpft, um den Versuch zu unternehmen, durch diplomatische Mittel das zu erreichen, was durch militärische Mittel nicht mehr zu erlangen war. Erst am 27. September sah die Situation so hoffnungslos aus, daß man das, was ursprünglich nur eine kleine Schlappe war, für eine wichtige Niederlage hätte halten können. Erst der katastrophale Rückzug und der Einbruch von Custines Armee in das Rheinland machten die Kanonade von Valmy zu einem Wendepunkt in der Weltgeschichte. Das war von Valmy aus nicht zu übersehen. Daher ist Goethes Postskriptum an Voigt am 15. Oktober um so erstaunlicher. Am 15. Oktober hatte Goethe noch nichts von Custines Einfall erfahren, und er plante noch, seinen Rückweg nach Weimar über Frankfurt zu nehmen.

Das Postskriptum an Voigt beweist, daß Goethe zwar erst spät die volle Bedeutung der kleinen Katastrophe bei Valmy einleuchtete, daß er aber doch viel früher als die meisten Politiker und Zeitgenossen die militärische und politische Tragweite von dem einzuschätzen verstand, was nun auf Europa zukam. Vielleicht war diese pessimistische Einschätzung nur die Kehrseite seiner früheren überaus optimistischen Ansicht der Lage? Wie auch immer – das Wort über die »neue Epoche der Weltgeschichte« ist höchst wahrscheinlich aus der Rückschau auf die inzwischen vergangenen dreißig Jahre in die *Campagne in Frankreich* hineinkonstruiert.[26] Aber in jenen

26 Arno Borst (Anm. 20) kommt zu dem Schluß, daß die der Kanonade von Valmy herkömmlicherweise zugeschriebene Bedeutung letzten Endes ein Beispiel dafür sei, wie die Literatur die Geschichtsschreibung beeinflußt

Sätzen an Voigt hat Goethe tatsächlich die Wellen der nächsten Jahre vorhergesehen. Wenn es nicht ein ganzer dreißigjähriger Krieg wurde, in den sich die deutschen Mächte fast besinnungslos hineingestürzt hatten, so ist die kleine Übertreibung wohl erlaubt. Es wäre weit vernünftiger gewesen, 1792 mit der französischen Regierung zu verhandeln, statt sich den Ansichten, Meinungen und maßlosen Prätentionen der geflüchteten französischen Adligen blindlings preiszugeben.

Harsche Kritik in gefälliger Form

Die preußisch-österreichische Armee ist durch ihren Rückzug im Herbst 1792 knapp davongekommen: Vermutlich hätte die französische Armee einen bedeutenden Sieg davontragen können, wenn sie die fliehenden Armeen kräftig angegriffen hätte. Daß es nicht zu einem solchen Angriff gekommen ist, lieferte den Zeitgenossen und den Historikern Stoff zum Rätselraten und Ausspinnen von Verschwörungstheorien. Die deutsche Wut über den entehrenden Mißerfolg wird auch in der *Campagne in Frankreich* reflektiert, wenn Goethe zwischen Luxemburg und Trier über das gerade Zurückliegende nachdenkt:

»Als das Schmerzlichste jedoch, was einen jeden, mehr oder weniger resigniert, wie er war, mit einer Art von Furienwut ergriff, empfand man die Kunde, die sich nicht verbergen ließ, daß unsere höchsten Heerführer mit den vermaledeiten, durch das Manifest [des Herzogs von Braunschweig] dem Untergang gewidmeten, durch die schrecklichsten Taten

habe: Die Kanonade von Valmy »bleibt ein Skandal für Kriegsfrohe und Kriegsmüde, ein Symptom für Dichter und Historiker und ein Exempel literarischer Wirkungsgeschichte« (S. 102). Goethes Roman über den Feldzug in Frankreich habe also nach den Regeln der Rezeptionstheorie auf die Historiker eingewirkt.

abscheulich dargestellten Aufrührern doch übereinkommen, ihnen die Festungen übergeben mußten, um nur sich und den Ihrigen eine mögliche Rückkehr zu gewinnen. Ich habe von den Unsrigen gesehen, für welche der Wahnsinn zu fürchten war.« (105.)

Unter den Umständen war es entweder ein Wunder oder eine Gnade, daß überhaupt ein bedeutender Teil der deutschen Armeen nach Deutschland zurückgelangte. Als sich Goethe daranmachte, das vor dreißig Jahren Geschehene zu erzählen, war die Erinnerung daran gewiß etwas höchst Peinliches; denn die Geschichte vom 1792er Feldzug war insgesamt eine schreckliche Geschichte, die deutsche Heerführer nur in tiefste Verlegenheit versetzen konnte und die nicht in allen Zügen erzählt werden konnte oder durfte. Ich habe schon den Satz aus dem Brief an Voigt vom 15. Oktober angeführt: »[. . .] und doch wird ein großer Theil dieser sonderbaren Geschichte ein Geheimniß bleiben.« In der *Campagne in Frankreich* selbst wird dieses »Geheimniß« nicht zitiert, aber an einer bedeutenden Stelle wird die Schwierigkeit thematisiert, eine befriedigende »Darstellung und Aufklärung« des Geschehenen zu vermitteln. An der Wirtstafel in Trier, wo Goethe auf dem Rückzug einige Tage verbringt, tadelt ein alter Husarenoffizier das deutsche Unternehmen, während ein Zivilist die Hoffnung ausspricht, Goethe werde eines Tages darüber schreiben: »Der alte Degen wollte davon auch nichts wissen und rief: ›Glaubt es nicht, er ist viel zu klug! was er schreiben dürfte, mag er nicht schreiben, und was er schreiben möchte, wird er nicht schreiben!‹« (111.)

Die Frage, *wie* eine solche Geschichte erzählt werden kann, steht bei Goethes Arbeit an der *Campagne in Frankreich* schon von Anfang an im Vordergrund. In den *Tag- und Jahresheften* für das Jahr 1821 heißt es: »Die Sonderung und Verknüpfung des Vorliegenden erforderte alle Aufmerksamkeit, man wollte durchaus wahr bleiben und zugleich den gebührenden Euphemismus nicht versäumen.« In seiner Beschreibung jenes »ratlosen Rats« vom 27. September zitiert Goethe den optimistischen Ausspruch des historischen Grafen von Soissons: »Laßt das Hundepack bellen und blöken; bei Gottesthron! (so pflegte er zu schwören) von diesem Tage sprechen wir noch im Zimmer vor den Damen« (65 f.). Auch Goethes Geschichte soll also in guter Gesellschaft erzählt werden können; es muß aber daran viel gemildert werden, wenn sie salonfähig werden soll. Aus Goethes Äußerungen nach Abschluß der Arbeit kann man sich mehr oder weniger ein Bild von dem machen, was ihm bei Abfassung der Schrift als Ziel vorgeschwebt hatte. Gegenüber Staatsrat Schultz äußert er sich, er habe, als ihm die Weiterarbeit an *Dichtung und Wahrheit* nicht gelingen wollte, »zum Widerwärtigsten« gegriffen, »das durch milde Behandlung wenigstens erträglich werden kann«.[27] Drei Monate später äußert Goethe wiederum zu Schultz: »Die ›Campagne‹ gefällt mir selbst jetzt besser beim Lesen als im Schreiben; das Unheil geht denn doch so leicht hintereinander weg, es ist verdrießlich, aber lastet nicht.« Am deutlichsten spricht sich Goethe gegenüber Graf Reinhard am 10. Juni 1822 aus: »Es ward mir manchmal wirklich schwindlich, indem ich das einzelne jener Tage und Stunden in der Einbildungskraft wieder hervorrief und dabei die Gespenster, die sich dreißig Jahre her dazwischen bewegt, nicht wegbannen konnte; sie liefen ein- und das anderemal wie ein böser Einschlag über jenen garstigen Zettel.«[28] Am kennzeichnendsten für seine Absichten bei der Abfassung der *Campagne in Frankreich* ist wohl eine Bemerkung gegenüber Sulpiz Boisserée vom 14. April 1822: »[. . .] indessen, denk ich, soll es noch hinreichend unterhaltend, hie und da belehrend sein.«[29]

27 »Goethe über seine autobiographischen Schriften«, in: *Goethes Werke*, Hamburger Ausgabe, hrsg. von Erich Trunz, Bd. 10, München, 7., neubearb. Aufl. 1981, S. 565.

28 Ebd., S. 564–566.

29 Ebd., S. 564.

Hier sind wir überraschenderweise bei der Horazischen Formel vom «prodesse aut delectare« angelangt, die nicht von der Geschichtsschreibung, sondern von der Dichtung gelten soll. Der Stoff ist wohl an sich schon belehrend, von Nutzen für den Leser; was bei der Bearbeitung erstrebt werden mußte, war, den Stoff nun auch unterhaltend zu machen, ihn also als Roman eines abenteuerlichen Lebensabschnitts zu gestalten, damit der Leser nicht gegen so viele Greuel widerstrebt. Daher die Fülle der Bilder, Euphemismen, Sentenzen, Leitmotive und Untertreibungen, die in der *Campagne in Frankreich* anzutreffen sind. Manchmal bedarf es auch der Ausflucht ins Naturwissenschaftliche oder ins Ästhetische, um das erlittene Schicksal bei der Lektüre erträglich zu machen. Ein Beispiel dafür ist Goethes Fasziniertheit von dem alten römischen Denkmal in Igel, nicht weit von Trier: an drei verschiedenen Stellen der *Campagne* schreibt er über dieses Denkmal, das er auch in einem Brief vom 28. Oktober 1792 an Heinrich Meyer erwähnt: »Einige schöne Alterthümer habe ich hier gefunden, besonders in der Nähe zu *Igel* ein römisches Grabmonument das mit allen seinen Aufsätzen 65 franz. Fuß hoch noch ganz dasteht und die Basreliefs *nur* von der Witterung gelitten haben. Leben Sie wohl.« Die Briefstelle deutet jedoch nichts von dem Enthusiasmus an, mit dem Goethe dreißig Jahre später über das Denkmal schrieb, das er jetzt zur Verschönerung seiner Beschreibung der Kampagne brauchte.

Wie Goethe mit seinem Stoff umgegangen ist, läßt sich an einem Beispiel leicht zeigen.[30] Die Krankheit, die die deutschen Armeen dezimierte, war eine besonders virulente Ruhr, die bei den vorherrschenden Bedingungen im Felde nicht eingedämmt werden konnte. Goethe nennt die Krankheit kein einziges Mal beim Namen. Statt dessen verwendet er Euphemismen: »die eingerissene Krankheit«, »das allge-

30 In meinen beiden Aufsätzen über Goethes »Roman« (Anm. 1) habe ich Goethes Behandlung des Stoffes ausführlich untersucht. Hier muß nur eine kurze Andeutung genügen.

meine Übel«, »die allgemeine Krankheit«, »die unglückliche Krankheit«. Goethe deutet auf keine Weise an, daß die Ruhr von Anfang der Kampagne an gewütet hatte; statt dessen setzt er die Ruhr fast wie eine Tragödienfigur ein, als eine Nemesis, um den Wendepunkt zu markieren: Die Krankheit wird zum erstenmal mit dem Datum des Tages nach der Kanonade erwähnt, an dem nur ein einziger preußischer Soldat durch Waffen getötet worden sei, »aber die eingerissene Krankheit machte den unbequemen, drückenden, hülflosen Zustand trauriger und fürchterlicher« (56). Hat Goethe die Geschichte »verschönert«, um sie salonfähiger zu machen, oder liegt hier nicht eher ein Stilprinzip zugrunde?

Es war jedoch allgemein bekannt, daß die Krankheit, die die preußische Armee befallen hatte (die Österreicher scheinen nicht in dem gleichen Maße gelitten zu haben), die Ruhr war. Die preußischen und österreichischen Führungen versuchten natürlich, so viel wie möglich die Ereignisse des Feldzugs zu verschleiern, sowohl während als noch nach der Kampagne. Goethe berichtet zum Beispiel von seiner Ankunft in Pempelfort bei Jacobi: »Der unglückliche Feldzug gab leider genugsame Unterhaltung, niemand hatte sich den Ausgang so traurig gedacht. Aber auch aussprechen konnte niemand die tiefe Wirkung eines beinahe vierwöchentlichen furchtbaren Schweigens, die sich immer steigernde Ungewißheit bei dem Mangel aller Nachrichten. Eben als wäre das alliierte Heer von der Erde verschlungen worden, so wenig verlautete von demselben« (134). Friedrich Christian Laukhard erzählt in seiner Autobiographie, daß die Preußen die an der Ruhr umgekommenen Soldaten als Deserteure ausgegeben hätten, da die Verluste so unglaublich hoch waren – offenbar eine plausiblere Erklärung. Die Österreicher (mitunter auch die Regierung) waren am schlechtesten informiert. Ein Beispiel dafür ist Leopold Aloys Hoffmann, der in seiner *Wiener Zeitschrift* tatsächlich behauptete, die alliierten deutschen Armeen hätten bei Valmy gesiegt und sich dann aus unerklärlichen Gründen zum Rückzug entschlossen. Es gab in den

Jahren nach der gescheiterten Invasion wohl einen unauslöschlichen Hunger nach Nachrichten und Informationen über den Feldzug, und es wurde vieles darüber geschrieben. Der erste ausführliche und gut informierte Bericht darüber war wahrscheinlich die Darstellung der Ereignisse durch Konrad Engelbert Oelsner in einer Reihe von Briefen, die im Herbst und Winter 1792/93 in J. W. von Archenholz' Journal *Minerva* veröffentlicht wurden.[31] Oelsner, ein junger Schlesier, der aus Liebe zur Französischen Revolution nach Paris umgesiedelt war, schrieb allerdings aus der französischen Perspektive; sein Reisegefährte, ein anonymer Engländer aus dem Kreise der Helen Maria Williams, Verfasserin von mehreren Bänden *Letters from France*, die ab 1792 in England gedruckt wurden, teilte Oelsners Sympathien, und seine Briefe wiederum wurden in die Briefe der Williams eingerückt und 1794 von Ludwig Ferdinand Huber in seinen *Friedenspräliminarien* auf deutsch mit Anmerkungen veröffentlicht. Es gab auch einige andere Autoren, die den deutschen Heerführern bzw. den deutschen Kriegszielen kritisch gegenüberstanden. Ich erwähne hier nur Laukhard, den Freiherrn von Knigge und Friedrich Wilhelm von Schütz, Herausgeber des kurzlebigen *Niedersächsischen Merkurs* in Hamburg. Schließlich gab es auch noch Schriften und Darstellungen der französischen Führer, zum Beispiel eine Autobiographie des Generals Dumouriez, die auf deutsch 1795 erschien. Diese Schriften haben, unter anderen Zeugnissen, Goethe bei Abfassung der *Campagne in Frankreich* als Quellen dienen können. Sie haben aber auch die Zeitgenossen schon ab 1792/93 über die Ereignisse und Kontroversen aufgeklärt und ihnen gewisse Einsichten geliefert.

Man muß voraussetzen, daß Goethe beim Schreiben der

31 Wegen Oelsners Franzosenfreundlichkeit hat sich Archenholz veranlaßt gefühlt, einiges zu ändern oder wegzulassen. 1799 hat Oelsner die Briefe wiederherzustellen versucht und sie im zweiten Teil seines *Luzifer oder gereinigte Beiträge zur Geschichte der Französischen Revolution* veröffentlicht.

Campagne in Frankreich mit einem gewissen Wissensstand seines Publikums rechnete. Zwar hat er, um »vor den Damen« davon erzählen zu können, das Schlimmste weggelassen; aber das Weggelassene konnten viele seiner damaligen Leser selbst aus eigener Erfahrung oder Lektüre ergänzen. Goethe war kein Polemiker. Er wollte einen Teil seiner Autobiographie schreiben, keine Kritik der Kampagne. Dennoch kann man aus dem, was so unschuldig aussieht, eine vernichtende Kritik herauslesen. Das prägnanteste Beispiel dafür ist vielleicht die Weise, in der er das berüchtigte Manifest des Herzogs von Braunschweig behandelt. Dieses Manifest, das am 25. Juli 1792 von Koblenz aus erlassen wurde, bedrohte alle Franzosen mit Strafe und Tod, wenn sie nicht sofort ihrem König Ludwig zu Hilfe eilten. Die Wirkung des Manifests ist umstritten, aber gewiß hatten diese enormen Drohungen, diese deutsche Anmaßung, einen großen Einfluß auf die Entwicklungen in Frankreich im Sommer 1792, vor allem auf den Sturz der Monarchie am 10. August. Der arme Herzog von Braunschweig hatte zu dem Manifest nur seinen Namen hergegeben. Das Manifest selbst war die Arbeit der französischen Emigranten, die den deutschen Fürsten versichert hatten, die Franzosen würden sofort ihre Revolution aufgeben, wenn sie sähen, daß es die Deutschen ernst meinten. Die Bedeutung dieses Manifests wurde schon von den Zeitgenossen bemerkt und kritisiert, zum Beispiel von Laukhard.[32] Goethe dagegen, an einer höchst bedeutenden Stelle – anläßlich der Verhandlungen nämlich, die zwischen der Kanonade und dem Beginn des Rückzuges stattfanden – vernichtet das Manifest und den Herzog nicht durch Polemik, sondern durch Ironie. Man habe erfahren, daß der Herzog von Braunschweig sein Manifest noch einmal an Dumouriez geschickt, daß darauf Dumouriez die Verhandlungen aufgekündigt und die Wiederaufnahme der Feindseligkeiten

32 Im »Ersten Pack« der *Briefe eines preußischen Augenzeugen* . . . (Anm. 3) behandelt Laukhard das Manifest und den schlimmen Einfluß der französischen Emigranten auf die deutschen Führer.

befohlen habe.[33] Gleich darauf spotten Goethe und seine Freunde über Braunschweigs Autorenstolz: »Da sähe man, was für Unheil die Autorschaft nach sich ziehe! Jeder Dichter und sonstige Schriftsteller trage gern seine Arbeiten einem jeden vor, ohne daß er frage, ob es die rechte Zeit und Stunde sei; nun ergehe es dem Herzog von Braunschweig ebenso, der, die Freuden der Autorschaft genießend, sein unglückliches Manifest ganz zur unrechten Zeit wieder produziere.« (67.) So läßt Goethe den Herzog von Braunschweig sich auf verpflichtende Weise zu etwas bekennen, was ihm gar nicht gehörte.

Es war unter den Zeitgenossen ausgemacht, daß die Emigranten an allem schuld waren. Auch Goethe schont die Emigranten nicht (obwohl sie meistens von der lächerlichen Seite, nicht von der verwerflichen gezeigt werden), und an einigen Stellen bricht eine tiefe Ironie durch, die zumal für Goethes Zeitgenossen besser erkennbar gewesen sein dürfte als für uns. Auf dem Weg zur Armee führt Goethes Reise über Grevenmachern, wo er zum erstenmal eine Abteilung des Emigrantenheeres erblickt. Man könnte fast meinen, er lobe diese französischen Streiter für König und Vaterland: »Hier fand ich das Korps Emigrierter, das aus lauter Edelleuten, meist Ludwigsrittern, bestand. Sie hatten weder Diener noch Reitknechte, sondern besorgten sich selbst und ihr Pferd. Gar manchen hab ich zur Tränke führen, vor der Schmiede halten sehen. Was aber den sonderbarsten Kontrast mit diesem demütigen Beginnen hervorrief, war ein großer, mit Kutschen und Reisewagen aller Art überladener Wiesenraum. Sie waren mit Frau und Liebchen, Kindern und Verwandten zu

33 Es war in Wirklichkeit nicht das frühere Manifest, sondern eine neue Proklamation der Diplomaten Lucchesini und Reuß. Eigentlich ist es sehr unklar, warum die Verhandlungen abgebrochen wurden. Dumouriez erfuhr auch gerade zu dieser Zeit, daß in Paris die Republik am 22. September ausgerufen worden war. Seine Soldaten bekannten sich eifrig zur Republik, und es hatte keinen Zweck mehr, mit den deutschen Führern über Maßnahmen zur Rettung des Königs zu verhandeln.

gleicher Zeit eingerückt, als wenn sie den innern Widerspruch ihres gegenwärtigen Zustandes recht wollten zur Schau tragen.« (10.) Was Goethe hier so kurz beschreibt, war wohl eine der lächerlichsten Streitkräfte in der europäischen Geschichte. Schon die Worte »meist Ludwigsritter« weisen auf ihre Kraftlosigkeit und Überalterung hin – denn der Ludwigsorden wurde erst nach langen Dienstjahren verliehen.[34] Wenn man den Mangel an Hilfskräften erwägt und die Frauen und Liebchen mitrechnet, sieht man leicht, wie wenig diese französischen Emigranten, die sich so zuversichtlich auf die Invasion ihres eigenen Vaterlandes vorbereiteten, in der Tat ausrichten konnten. Wenigstens so viel sahen auch die preußischen und österreichischen Heerführer ein: sie erlaubten den Emigranten nicht, selbständig zu agieren – wenn sie überhaupt irgendeine Unterstützung von den Deutschen bekommen wollten, mußten sie sich deutschen Einheiten anschließen.[35]

Abgesehen von der mangelhaften Planung des Gesamtunternehmens überhaupt beging die deutsche Führung ihre schlimmsten Fehler bei dem Aufenthalt in Verdun. Longwy und Verdun hatten sich so schnell ergeben, daß man leicht glauben wollte, es ginge immer so weiter nach Paris. Man eilte nicht, dem sich hinter den Argonnen zusammenziehenden Feind nachzujagen; statt dessen erholte man sich von den

34 In einem sympathischeren Bericht aus Neuwied vom 24. 10. 1791 wird besser als bei Goethe verdeutlicht, worum es sich bei diesen französischen Einheiten handelte. Es ist die Beschreibung der Männer der »Roten Kompagnie«: »Männer mit Blessuren genarbt, Männer von ersten Familien, Männer, die ruhig auf ihren Landgütern in Provinzen gelebt haben, die fast das Drittel ihrer Einkünfte dem Staate bezahlt haben . . ., diese Männer mit grauen Häuptern sieht man sich der kleinsten Disziplin unterwerfen . . . Ach! auf ihren Häuptern glänzt Tapferkeit und Winteralter. Welche Geselligkeit! welcher angenehmer Umgang! Welche Erholung bei einem grauen Franzmann!« (*Quellen zur Geschichte des Rheinlandes im Zeitalter der französischen Revolution 1780–1801*, hrsg. von Joseph Hansen, Bd. 1, Bonn 1931, S. 985).

35 Laukhard fällt ein vernichtendes Urteil über die Streitkräfte der Emigranten: »In dieser Armee war gar keine Disciplin, und Anarchie mehr als im verschrieenen Frankreich.« (Laukhard [Anm. 3] Erster Pack, S. 101.)

Strapazen des bisherigen Marsches und genoß die Dankbarkeit der Verduner Royalisten über zehn Tage lang. Ein vorsichtiger Kommandeur, wie der Herzog von Braunschweig tatsächlich einer war, hätte hier an der Maas eine Linie gezogen, alle feindlichen Stützpunkte zwischen der Maas und der deutschen und der luxemburgischen Grenze belagert und sein Winterquartier aufgeschlagen.[36] Mit der Zufuhr zeigten sich schon hier große Schwierigkeiten. Aber Friedrich Wilhelm wollte von vorsichtiger Planung nichts wissen und drängte den Herzog dazu, sich für den weiteren Marsch auf Paris zu entscheiden. Es war ja auch zu erwarten, daß die französischen Truppen bald überlaufen und zu den Deutschen stoßen würden.

Wenn man der *Campagne in Frankreich* folgt, so genießt Goethe den erholsamen Aufenthalt in Verdun so gut wie jeder andere. Aber er scheint doch schon Dinge zu registrieren, die in Wahrheit erst aus der historischen Rückschau von dreißig Jahren dargestellt sind. Die deutschen Heere waren kaum über die Grenze Frankreichs gelangt, als sie zu plündern anfingen – sie haben sogar schon in Luxemburg geplündert, weil sie Mängel litten und die Luxemburger Sympathien für die Franzosen zeigten.[37] Da will Goethe z. B. schon bemerkt haben, »daß unser Rücken nicht sehr gesichert sei« (11). In Verdun nimmt Goethe auch die patriotischen Gefühle zur Kenntnis, die den Festungskommandanten Beaurepaire und noch einen französischen gemeinen Soldaten dazu getrieben hatten, sich lieber umzubringen, als sich den Siegern zu unterwerfen.[38] Goethe selbst weiß solche Taten zu

36 Über strategische Alternativen vgl. Ziekursch (Anm. 7). Friedrich II. hatte bei strategischen Überlegungen für eine Invasion Frankreichs vorgesehen, daß die Kampagne zwei bis drei Jahre insgesamt dauern würde, bevor man Paris direkt angreifen könnte!

37 Vgl. meinen Aufsatz im Irvine-Symposion-Band (Anm. 1) S. 220 f.

38 Wegen seiner heroischen Tat wurde Beaurepaire unter der Republik als Nationalheld gefeiert. Moderne französische Historiker sind allerdings der Meinung, daß er sich nicht umgebracht hat, sondern von Verduner Royalisten ermordet wurde.

schätzen, sie erinnern an römische Tugenden aus der Zeit der Republik, aber die mitziehenden Emigranten wollen aus Haß den beiden Opfern kein ehrliches Begräbnis gestatten. Der Anlaß zu diesem Haß wird von Goethe in einem Satz angeführt, der durch seinen Anfang (»freilich«) fast wie ein Anhängsel erscheint und trotzdem die wohl entscheidende Fehleinschätzung der deutschen Führung durchscheinen läßt: »Freilich hatte man sich andere Gesinnungen versprochen, und noch sah man nicht die geringste Bewegung unter den fränkischen Truppen, zu uns überzugehen« (30). Zeitgenössische Schriftsteller wie Laukhard waren kaum so zurückhaltend mit ihrem Kommentar zu den großen Versprechungen der Emigranten[39] – so daß Goethe, als er die *Campagne in Frankreich* schrieb, dies nur noch leise anzudeuten hatte. Er brauchte sich auch dort über die Emigranten nicht ausführlich auszulassen, wo man das am ehesten erwarten würde, anläßlich seines Aufenthalts in Koblenz; als er und seine Kameraden einem Mitglied des Stadtrats für den schönen Wein danken, den sie in Koblenz umsonst genossen haben, ist die Antwort des Beamten bezeichnend genug für die Umtriebe der Emigranten: »[Er antwortete,] daß sie uns dies und noch viel mehr gönnten und nur die Fässer bedauerten, welche sie an die Emigrierten wenden müssen, welche zwar viel Geld, aber auch viel Unheil über die Stadt gebracht, ja den Zustand derselben völlig umgekehrt; besonders aber wollte man ihr Betragen gegen den Fürsten nicht rühmen, an dessen Stelle sie sich gewissermaßen gesetzt und gegen seinen Willen kühnlich Unverantwortliches unternommen« (127).

39 Vgl. Laukhard (Anm. 3) Erster Pack, S. 72: »Es erhellet offenbar, daß der Herzog durch die Emigrirten hintergangen war. Diese hatten ganz falsche Nachrichten und Schilderungen von dem gegenwärtigen Zustande Frankreichs verbreitet, und diesen Nachrichten und Schilderungen hatte der gute Fürst geglaubt.« S. 75 schreibt er, der Herzog habe gedacht, »daß der Weg von Koblenz nach Paris eben so gangbar für die preußische Armee seyn würde, als der von Halberstadt nach Koblenz. Das waren lauter Folgen der Windbeuteleien der Emigrirten!«

Die deutschen Fürsten mußten befürchten, daß die französische revolutionäre Seuche auch nach Deutschland hingetragen würde. Neben der Hoffnung, Ludwig XVI. wieder an die absolute Macht zu bringen, war es die Angst vor der ansteckenden revolutionären Krankheit, die deutsche Fürsten zu dieser Invasion bewegt hatte. Die Franzosen haben auch unter den deutschen Truppen Propaganda getrieben und deutschen Deserteuren große Vorteile und Belohnungen versprochen. Während der 1792er Kampagne in Frankreich haben solche Propagandaversuche wenig ausgerichtet. Im Oktober wurde aber die Revolution durch den Custinischen Einfall nach Deutschland selbst hinübergetragen. Goethe merkt schon von Düsseldorf aus, während seines Besuchs bei Jacobi, den Fortschritt der revolutionären Ideen in Mainz (z. B. S. 142 f.). Im Dezember konnte Frankfurt von den Hessen und Preußen wieder eingenommen werden, aber auf eine Wiedereinnahme von Mainz mußten die Deutschen bis zum nächsten Jahr warten. Als Goethe zur Belagerung von Mainz eintrifft, sind es aber nicht nur die belagerten Bürger und Franzosen innerhalb der Stadt, die von den Gedanken der Revolution ergriffen sind: das wohl am meisten Gefürchtete, nämlich die Ansteckung großer Teile der Armee selbst, hat in der Zwischenzeit angefangen, seit Goethe im Herbst nach Hause gegangen war. Dies muß man wenigstens einer Stelle in der *Belagerung von Mainz* entnehmen, wo von Vergnügungen im Felde die Rede ist. Es ist wohl plausibel, daß der Mensch die »Intervalle zwischen Gefahr, Not und Verdruß mit Vergnügen und Lustbarkeit« ausfülle (195). Aber woraus bestehen dieses Vergnügen und diese Lustbarkeit: »die Hautboisten von Thadden spielten ›Ça ira‹ und den Marseiller Marsch, wobei eine Flasche Champagner nach der anderen geleert wurde.« Laukhard, der der Französischen Revolution auch eine gute Seite abzugewinnen gewußt und auf dem Feldzug in Frankreich ungeheuer gelitten hatte, gehörte ausgerechnet diesem Regiment von Thadden an. War das ganze Regiment von revolutionären Ideen so angesteckt worden, daß die Regimentsmusiker mit Vorliebe »Ça ira« und die Marseillaise spielten? Die Marseillaise konnte allerdings als einigermaßen erhabene Musik gelten und erfreute sich einer gewissen Beliebtheit auch unter den Deutschen, aber »Ça ira« war wohl das blutdürstigste aller französischen revolutionären Lieder. Am Ende der *Belagerung von Mainz* taucht die Marseillaise noch zweimal auf: einmal bei dem Auszug der kapitulierenden Franzosen, als sie die Marseillaise in einem langsamen und traurigen Tempo spielen und Goethe sich gedrungen fühlt, die Erhabenheit dieser Spielart zu würdigen (»es war ergreifend und furchtbar und ein ernster Anblick«, 218); das andere Mal in dem wieder besetzten Mainz, als die Gäste in einem Lokal von Musikern verlangen, sie sollten »Ça ira« und die Marseillaise spielen (226). Die Marseillaise stellt immer noch eine Drohung für die Deutschen dar: Wenn die Franzosen gerade und nur kurzfristig, wie sich herausstellte, geschlagen und vertrieben worden sind, bleibt doch das kräftigste Symbol ihrer Revolution in Deutschland zurück.[40]

Die politische und militärische Führung entging Goethes Kritik nicht. Bilder der Uneinigkeit zwischen Friedrich Wilhelm II. und seinem Marschall, dem Herzog von Braunschweig, tauchen an wenigstens zwei Stellen auf (17 und 75). Fast am Ende des Rückzugs spricht der Herzog von Braunschweig Goethe an: »Es tut mir zwar leid, daß ich Sie in dieser unangenehmen Lage sehe, jedoch darf es mir in dem Sinne erwünscht sein, daß ich einen einsichtigen, glaubwürdigen Mann mehr weiß, der bezeugen kann, daß wir nicht vom Feinde, sondern von den Elementen überwunden worden«

40 Wie Goethe übrigens die Marseillaise beurteilte, können wir aus einem Brief an Fritz von Stein ersehen, der gerade von dem Großkaufmann Sieveking und seiner Revolutionsfreundlichkeit berichtet hatte; am 23. Oktober 1793 schreibt Goethe: »Herr Sibeking mag ein reicher und gescheuter Mann seyn, so weit ist er aber doch noch nicht gekommen, einzusehen, daß das Lied: Allons, enfans etc. in keiner Sprache *wohlhabenden* Leuten ansteht, sondern blos zum Trost und Aufmunterung der armen Teufel geschrieben und komponiert ist.«

(86). So sehr die deutschen Armeen auch unter dem Wetter und Regen gelitten hatten, war das doch für jeden Einsichtigen eine Ausrede.[41] Wäre Goethe selbst vielleicht auch geneigt gewesen, für den Herzog zu sprechen, so äußert sich doch für die Zeit des Trierer Aufenthalts außer in dem Gespräch mit dem alten Husarenoffizier noch weitere starke Kritik an dem Herzog. Wiederum spricht Goethe nicht selbst, er berichtet nur: »Man schonte der obersten Leitung nicht, und das Vertrauen, das man dem berühmten Feldherrn so lange Jahre gegönnt hatte, schien für immer verloren« (112). Der Herzog von Braunschweig verschwindet im weiteren Verlauf aus der *Campagne in Frankreich* und der *Belagerung von Mainz*, bis er am Ende des ganzen Werkes in dem Ausblick auf die Schlacht von Jena und Auerstedt wenigstens implizit wieder auftaucht. Nur der König, Friedrich Wilhelm, treibt noch vor Mainz sein Wesen.

Nicht nur die militärische Führung, auch die Diplomaten und die Kriegsziele werden suspekt. Auf dem Rückzug zwischen Verdun und Luxemburg erhält Goethe ein nettes Zimmer dicht am Hauptplatz in Etain, wo er vom Fenster aus das Gedränge und Durcheinander der fliehenden Franzosen und Deutschen leicht beobachten kann. Es ist fast unmöglich, sich in dieser Masse zu bewegen, und Goethe freut sich, einen Ruheplatz gefunden zu haben. Plötzlich erblickt er einen großen Reisewagen, der ihm bekannt vorkommt: »Ein hoher zweisitziger Reisewagen ragte über der Flut empor. Er ließ uns an die schönen Französinnen denken, sie waren es aber nicht, sondern Graf Haugwitz, den ich mit einiger Schaden-

41 Aus den österreichischen Akten geht hervor, daß man beim österreichischen Oberkommando und in Wien mit den militärischen Leistungen und der Führung des Herzogs äußerst unzufrieden war. Aus diplomatischen Gründen haben sich die Österreicher aber im Winter 1792/93 mit ihrer Kritik an Braunschweig und an den Preußen zurückgehalten, da sie das preußische Bündnis für die Kampagne des Jahres 1793 unbedingt brauchten. Die Österreicher kamen unter sich mehr oder weniger zu einer Übereinstimmung, die Schuld für die Katastrophe des Jahres 1792 dem Wetter zuzuschieben.

freude Schritt vor Schritt dahinwackeln sah« (95). Warum »mit einiger Schadenfreude«? Haugwitz war Goethe seit seiner Jugend bekannt, und es gab keinen Grund, ihm persönlich übelzuwollen. Die Schadenfreude wird erst verständlich (wenigstens ist das meine Vermutung), wenn man weiß, warum Haugwitz überhaupt in Frankreich war. Er war nämlich gar nicht auf der Kampagne gewesen – er war der preußische Botschafter in Wien, der gerade jetzt zum Minister für auswärtige Angelegenheiten berufen worden war. In seiner Person scheint der preußische Hauptgrund für die Teilnahme am Krieg einen Augenblick lang durch die Schleier der Manifeste und Proklamationen gegen die französischen Revolutionäre durch: Preußen hatte sich an dem Krieg gegen Frankreich in der Hoffnung beteiligt, mit österreichischer Hilfe ein großes Stück von Polen als Kriegsentschädigung zu erhalten. Österreich sollte dagegen erlaubt sein, das alte Projekt Josephs II. auszuführen, die Niederlande gegen Bayern mit preußischer Unterstützung auszutauschen. Bei Beginn des Kriegs mit Frankreich waren aber die letzten Details dieser preußisch-österreichischen Übereinkunft noch nicht ausgearbeitet gewesen, und die Verhandlungen zwischen Preußen und Österreich gingen sogar im Felde immer noch fort. Das war wohl ein Hauptgrund dafür, daß hohe österreichische Diplomaten (wie Fürst Reuß, der Gesandte in Berlin) die Kampagne in der Suite des Königs mitmachten. Sie sollten auch selbstverständlich scharf darauf sehen, daß Österreich nicht von den Preußen hintergangen werde. Es geht aus den österreichischen Akten hervor, daß Haugwitz von Wien ins Lager berufen worden war, um die letzten Forderungen Friedrich Wilhelms selbst einzuholen und sie einem österreichischen Bevollmächtigten in Verdun vorzutragen, um die Kriegsentschädigungsfrage ein für allemal auszuhandeln. Haugwitz war aus dem Lager zu Hans nach Verdun zurückgefahren, aber bevor er mit dem österreichischen Sprecher überhaupt etwas hatte verhandeln können, wurde die Stadt an die Franzosen zurückgegeben, und er mußte unverrichteterdinge in aller Eile fliehen. Mitten auf dieser Flucht wird er von Goethe mit Schadenfreude beobachtet. Wenn Goethe wußte, warum Haugwitz in Verdun war, stellt diese kleine Episode von Schadenfreude das vernichtendste Urteil über die preußische Führung und deren Kriegsziele dar: Mitten in der schlimmsten Katastrophe hatten sie noch verblendet und ernsthaft versucht, die Beute des nicht mehr zu erringenden Siegs zu teilen. War am Anfang des Krieges vorgesehen, daß auch Frankreich zu einer Kriegsentschädigung für die beiden angreifenden Partner gezwungen werden sollte, war es am Ende nur das unglückliche Polen, das durch die zweite und dann die dritte Teilung die Zeche für die deutschen Mächte allein bezahlen mußte.

Der Aufbau von *Campagne in Frankreich* und *Belagerung von Mainz* reproduziert den Prozeß von Goethes eigener Einsicht in den Gang der Dinge. 1792, beim Anfang des Feldzugs, hatte er gemeint, bald in Paris zu sein; am 15. Oktober hatte er aus Luxemburg an Voigt von dem Beginn eines dreißigjährigen Krieges geschrieben, in den auch Sachsen-Weimar hineingeschlittert war. Die Autobiographie dagegen reflektiert die Einsichten aus den nicht ganz dreißig Jahren, die dieser Krieg gedauert hat. In die Darstellung des anfänglichen Optimismus werden Vorahnungen der kommenden Katastrophe eingeschoben, auch wenn die vollen Konsequenzen der deutschen Niederlage, der unerhörte Schrecken und das Leiden der Armee, der der Sieg entgleitet, erst auf der Flucht von Hans bis Luxemburg entfaltet werden. Das Werk ist so düster wie kein anderes Werk Goethes. Auch die Wiedereinnahme von Mainz ist kein Grund mehr für einen abschließenden Lichtblick, denn die Mühen und Leiden der Belagerung brachten keine endgültige Entscheidung der Dinge. Goethe und seine Leser wußten: die Franzosen waren bald zurückgekehrt. Was wie ein Sieg bei Mainz aussah, war wohl auch schon 1793 verhältnismäßig unbedeutend, denn die Konzentration der Kriegsmittel auf die lange Belagerung hatte die deutschen Reichstruppen davon abgehalten, eine zweite Kampagne in Frankreich zu unternehmen. Was 1793 nicht geschah, konnte auch 1794 nicht mehr geschehen. Die französischen Revolutionsheere erzwangen den preußischen Austritt aus dem Krieg im Baseler Frieden vom April 1795. Das kam Preußen insofern entgegen, als es damit seine Gewinne in Polen konsolidieren konnte, führte aber auch mehr oder weniger direkt zu der preußischen Schwäche der nächsten Jahre und zu der Katastrophe von Jena und Auerstedt. Mit Recht endet Goethe die *Belagerung von Mainz* mit der düsteren Aussicht auf jene Katastrophe, mit der der Krieg ihn dann schließlich selbst heimgesucht hat. Der weimarische Herr Geheime Rat, der seinen Fürsten mit großen Erwartungen in den Krieg begleitet hatte, hatte sich bei der Abfassung der *Campagne in Frankreich* zum Herrn Geheimen Zeitgenossen seiner Gegenwart entwickelt.

Literaturhinweise

Andreas, Willy: Goethe und Carl August während der Belagerung von Mainz (1793). München 1956. Sitzungsberichte der Bayerischen Akademie der Wissenschaften. Phil.-hist. Kl. Jg. 1955. H. 9.

Lahnstein, Peter: Die Kampagne in Frankreich. Eine Studie über die Aufzeichnungen Goethes und Laukhards. In: Neue Rundschau 74 (1963) H. 4. S. 7–30.

Müller, Joachim: Goethes »Campagne in Frankreich«. Epochenkritik, Umweltanalyse und Kontraststruktur. In: Sitzungsberichte der sächsischen Akademie der Wissenschaften zu Leipzig. Phil.-hist. Kl. Bd. 117. H. 3. Berlin 1974.

Roethe, Gustav: Goethes Campagne in Frankreich 1792. Eine philologische Untersuchung aus dem Weltkriege. Berlin 1919.

Saine, Thomas P.: Goethe's Novel, Campagne in Frankreich. In: Goethe's Narrative Fiction. The Irvine Goethe Symposium. Hrsg. von William J. Lillyman. Berlin / New York 1983. S. 193–223.

– Goethes Roman, Campagne in Frankreich 1792. In: Unser Commercium. Goethes und Schillers Literaturpolitik. Hrsg. von Wilfried Barner, Eberhard Lämmert [u. a.]. Stuttgart 1984. (Veröffentlichungen der Deutschen Schillergesellschaft. Bd. 42.) S. 529–558.

Steer, Alfred G. jr.: Goethe's Social Philosophy as Revealed in Campagne in Frankreich and Belagerung von Mainz. Chapel Hill 1955.

Zastrau, Alfred: »Campagne in Frankreich« und »Belagerung von Mainz«. In: Goethe-Handbuch. ^{2}1955 ff. Sp. 1542–53 und 991–999.

ERIKA KLÜSENER

Novelle (1828)

»Die Jagd«

Goethes *Novelle* hinterläßt beim Leser immer wieder ein zwiespältiges Gefühl, sie erscheint als ein hybrides Gebilde. Der Grund dafür ist in der Entstehungsgeschichte zu suchen. Zunächst als Versepos in zeitlicher Nähe zu *Hermann und Dorothea* 1796/97 konzipiert, und zwar unter dem Titel »Die Jagd«, dann aber aufgrund von Einwendungen der Freunde Schiller und Wilhelm von Humboldt als der Form nicht angemessen verworfen, entstand das Werk schließlich dreißig Jahre später als Prosanovelle. In der ersten Konzeption hatte offensichtlich die Jagdgesellschaft selbst im Mittelpunkt stehen sollen, wie aus einem Brief Wilhelm von Humboldts an seine Frau vom 7. April 1797 hervorgeht: »Dieser Stoff ist aus höhern Ständen genommen [...]. Nur bei der Jagd [...] zeige sich noch etwas dem Heldenalter Ähnliches, weil doch da jeder selbst tätig sein, selbst Hand anlegen muß [...]. Der erste Gesang fängt mit einem Frühstück an, das nach einer geendigten Schweinsjagd genommen wird. In [...] Gesprächen findet er (ein deutscher Erbprinz) Veranlassung, über den Krieg, über das Schicksal der Staaten usw. zu reden [...]. Plötzlich kommt die Nachricht, daß in einem benachbarten kleinen Städtchen beim Jahrmarkt Feuer ausgekommen sei und bei der Verwirrung, die dadurch entsteht, wilde Tiere losgekommen wären [...]. Nun macht sich der Prinz und sein Gefolge auf, und die heroische Handlung dieses epischen Gedichts ist nun eigentlich die Bekämpfung dieser Tiere.«[1] Diese erste Exposition wurde von den Freunden in ihrem

1 Zit. nach: *Erläuterungen und Dokumente. Johann Wolfgang Goethe. Novelle*, hrsg. von Christian Wagenknecht, Stuttgart 1982 (Reclams Universal-Bibliothek, Nr. 8159 [2]), S. 64 f.

Briefwechsel mehrfach erörtert. Schiller hatte den Eindruck, daß die Art, wie Goethe seine Handlung entwickeln wolle, »mehr der Komödie als dem Epos eigen zu sein«[2] scheine. Später fand er zudem, daß »von den fürstlichen Personen und Jägern nur ein leichter Schritt zu den Ritterfiguren« sei und daß »überhaupt [. . .] der vornehme Stand [. . .] an etwas Nordisches und Feudalisches« anknüpfe, »die griechische Welt, an die der Hexameter unausbleiblich« erinnere, nähme »diesen Stoff daher weniger an«.[3]

Goethe hatte da also einen Stoff, der bei den Freunden Zustimmung, wenn nicht Begeisterung hervorrief; in welche Form dieser Stoff zu gießen sei, war man jedoch sehr geteilter Meinung. Die Ungewißheit darüber, wie der Stoff zu behandeln sei, zeigt sich schon in der Mannigfaltigkeit der Ausdrücke, mit der auf die Pläne zu diesem Werk Bezug genommen wird. Es ist abwechselnd von einem epischen Gedicht, einer Ballade in Reimstrophen, einer Fabel, einem komisch-epischen Gedicht, einem episch-romantischen Gedicht, von der Tiger- und Löwengeschichte oder einfach den Tigern und Löwen die Rede. So kam Goethe 1797 zu der Einsicht, daß wegen des gänzlichen Fehlens retardierender Momente, die nach seinen und Schillers damaligen ästhetischen Überlegungen das eigentlich Epische ausmachen, sein Stoff nicht für ein Versepos geeignet sei, da in seinem Gedicht »alles von Anfang bis zu Ende in einer graden Reihe«[4] fortschreite.

»Novelle«

Die erste Exposition war zur Zeit der endgültigen Ausarbeitung nicht auffindbar, so daß Goethe eine neue erarbeiten mußte. Am 4. Oktober 1826 schrieb er ein »Erneuertes Schema der wunderbaren Jagd«. Nach diesem beginnt die

2 Ebd., S. 68.
3 Ebd., S. 71.
4 Ebd., S. 67.

Geschichte nur mit dem Ausritt zur Jagd, und der Brand und die Konfrontation mit den wilden Tieren sind Erlebnisse der Zurückgebliebenen. Ferner hatte Goethe wahrscheinlich ursprünglich anstelle der beiden Figuren Honorio und Fürst Oheim nur einen »Schwager« der Fürstin vorgesehen, der in später wieder gestrichenen Zeilen als ein edler Verwandter geschildert wird, »zu Künsten und Wissenschaften geneigt, als Nachgeborener neben dem regierenden Fürsten, seinem Bruder diese Wohltaten der Menschheit zu fördern berufen«.[5] Es wird weiterhin auf seine »schöne Gestalt« und sein »blondes heiteres Wesen« verwiesen. Die Jugend und das wohlgebildete Äußere, die später Honorio auszeichnen, sowie das Fehlen eines zum Dienste und Schutze der Fürstin zurückgelassenen Stalljunkers legen die Vermutung nahe, daß nach diesem Schema der Schwager der Retter vor den wilden Tieren sein sollte. Noch am gleichen Tage schrieb Goethe einen zweiten Entwurf des Handlungsschemas, in dem wieder der zurückgebliebene Verwandte als Schwager bezeichnet wird, doch taucht hier schon ein Stalljunker auf. In der endgültigen Abschrift erscheint dann der Verwandte als Oheim, und der Stalljunker wird namentlich eingeführt. Er heißt hier Alfred, und Goethe wollte schon vor dem Ausritt auf »Alfreds Thätigkeit« eingehen, was er später jedoch nicht tat. Beklagte der Siebzigjährige 1819 in den *Annalen*, den Plan leider seinen Freunden nicht verhehlt zu haben, so freute er sich acht Jahre später, das ursprüngliche Konzept bei der endgültigen Ausarbeitung verloren gehabt zu haben, da es ihn »nur verwirrt« hätte. Bei der Erörterung des überraschenden Schlusses mit Eckermann betonte er zwar noch einmal, daß man nie »jemanden fragen« sollte, »wenn man etwas schreiben« wolle, da »nur der Dichter allein« wisse, »welche Reize er seinem Gegenstand zu geben fähig« sei; sah wenig später jedoch wiederum ein, daß er am Ende »mit der Prosa [. . .] am besten gefahren« sei. Denn vor allem der »am Schluß ganz ideelle Charakter der Novelle« sei in Prosa am besten zu

5 Ebd., S. 30.

geben gewesen, so wie sich vor ihrem Hintergrund »auch die Liederchen [. . .] gar hübsch« ausnähmen, »welches doch so wenig in Hexametern als in den achtzeiligen Reimen möglich gewesen wäre«.[6]

Mit verursacht wurde also das Zwitterhafte der *Novelle* sicher schon durch das Hin und Her der Entstehung, das Planen, Besprechen und Verwerfen, das Wiederaufnehmen, Neu-Konzipieren und schließliche Ausführen, nicht wiederum ohne den Blick zurückzuwenden auf die ursprünglichen Intentionen, das Spekulieren, was gewesen wäre, wenn der Dichter nicht den sicher wohlmeinenden Freunden, sondern seinem ersten Impuls gefolgt wäre, und was andererseits dem Werk gefehlt hätte an Legenden-, Märchen- und Wunderhaftem, wenn die ursprünglich vorgesehene Versform zu strenge Regeln auferlegt hätte.

Die »unerhörte Begebenheit«

Worin liegt nun die eigentümliche Faszination und Irritation, die uns die *Novelle* als zwitterhaftes Gebilde empfinden läßt? Zwei Welten von ganz unterschiedlichem Charakter berühren sich in ihr. Benno von Wiese weist auf den Widerspruch von »kultivierter Gesittung und Form auf der einen und Einbruch des Elementaren auf der anderen Seite« hin, »zwischen Gesetzlichem und Ungebändigtem«.[7] Bernhard Seuffert hat die beiden Gruppen, die Goethe hier einander gegenübergestellt hat, wie folgt charakterisiert: »Dort die Seßhaften, hier die Fahrenden, dort die Einheimischen, hier die Fremden, dort die mit Gegenwart und Vergangenheit klug Beschäftigten, für die Zukunft Vorsorgenden, hier zeitlos Existierende; dort Kultur, hier Natur.«[8] Die ganze *Novelle* durchzieht die-

6 Ebd., S. 80.
7 Ebd., S. 107.
8 Bernhard Seuffert, »Goethes ›Novelle‹«, in: *Goethe-Jahrbuch* 19 (1898) S. 144.

ser Gegensatz von Natur und Kultur oder Zivilisation. Ferner schlägt das Geschehen vom Bewegten ins Ruhige, Abgeklärte um, vom Schrecken entfesselter Gewalten ins Friedliche, Gewaltlose, vom Realen ins Ideelle, von der Prosa in die Poesie, vom Modernen ins Biblisch-Legendäre.

Auch handelt es sich um eine aus der traditionellen Zyklenform herausgelöste Novelle, die ohne definiertes Publikum sozusagen ins gesellschaftlich Leere gerichtet ist, so daß sich auch der Titel eher wie eine Verlegenheitslösung ausnimmt. Am 25. Januar 1827 erörterten Goethe und Eckermann die Titelfrage, man machte »manche Vorschläge, einige waren gut für den Anfang, andere gut für das Ende, doch fand sich keiner, der für das Ganze passend [. . .] gewesen wäre«.[9] Hat Goethe das *Märchen* in den *Unterhaltungen deutscher Ausgewanderten* als gattungs-poetologisches Beispiel verfaßt, so erscheint der Titel *Novelle* mehr wie eine Patentlösung angesichts der Schwierigkeit, die beiden Welten des Werkes unter einem Titel zu fassen. Goethe setzte kurzerhand die »unerhörte Begebenheit«, die er in bezug auf dieses Werk nie näher definiert hat, mit dem Begriff Novelle gleich und war so der Titelfindung enthoben. Auch aus einem Brief an Wilhelm von Humboldt vom 22. Oktober 1826 geht das hervor, in dem es über die Prosaausführung heißt: »[. . .] da es denn für eine Novelle gelten mag, eine Rubrik, unter welcher gar vieles wunderliche Zeug kursiert.«[10] Miteinander verwoben sind hier zwei Handlungsfäden: der Aufbruch eines Fürsten zur Jagd und der Ritt der Fürstin über den städtischen Markt zur alten Stammburg mit dem Mißgeschick, das eine exotische Schaustellerfamilie durch einen auf dem Markt ausgebrochenen Brand trifft, durch den zwei Tiere ihrer Menagerie befreit werden, ein Tiger und ein Löwe. Weiterhin hat Goethe Weimarisch-Modernes mit Historischem und Mythischem verknüpft durch Anklänge an die biblischen Legenden von

9 *Erläuterungen und Dokumente* (Anm. 1) S. 82.

10 *Goethes Werke*, Hamburger Ausgabe, hrsg. von Erich Trunz, Bd. 6, München, 10., neubearb. Aufl. 1981, S. 741.

Daniel in der Löwengrube und den Jünglingen im Feuerofen, an Hieronymus im Gehäuse und den Orpheus-Mythos sowie die von Gellius berichtete Geschichte des entflohenen Sklaven Androkles, der einen Löwen von einem schmerzenden Dorn in der Tatze befreit und dafür später von diesem im römischen Zirkus gerettet wird. Zudem beschäftigte ihn zur Zeit der Abfassung der *Novelle* die Lektüre der Lederstrumpf-Geschichten Coopers, in denen eine ähnliche Gegenüberstellung von Zivilisation und Ursprünglichkeit zu finden ist.

So nimmt es nicht wunder, daß auch die Rezeption dieses Alterswerkes die gleiche Unterschiedlichkeit von Meinungen zeigt, wie sie schon bei der Entstehungsgeschichte beobachtet werden konnte. Vom höchsten Lob der Zeitgenossen, allen voran Eckermann, reicht die Skala der Beurteilung bis zu Gottfried Benns »Geschwätz! Narrheit! Geheimratsbehaglichkeit!« und Luciano Zagaris »Edelkitsch«. Eckermann wollte das Werk über jede Kritik erhaben sehen, da »Gehalt und Kunst darin viel zu hoch stehen, als daß die Menschen wüßten, was sie damit anzufangen haben«.[11] Doch spricht Georg Gottfried Gervinus schon ein Jahrzehnt nach Goethes Tod von der *Novelle* als »dieser unsäglich geringfügigen Produktion«. Er glaubt zu sehen, »wie die lebenvollen Augen des Alten die Ermüdung überfällt [. . .], sein Pinsel wagt nicht mehr zu schildern, was die Sache verlangt, seine Erzählung wird sogar hier und da ganz schematistisch«.[12] Unterstellt Gervinus hier Altersschwäche, so bescheinigt Adolf von Grolmann nicht ganz achtzig Jahre später, sich auf Simmel berufend, gerade »Altersstärke«.[13] Er weist vor allen Dingen auf den Zusammenhang von Mensch und Landschaft sowie auf den vollendeten zeitlichen Ablauf hin vom nebelverhüll-

11 *Erläuterungen und Dokumente* (Anm. 1) S. 91.
12 Ebd., S. 96 f.
13 Adolf von Grolmann, »Goethes Novelle«, in: *Germanisch-Romanische Monatsschrift* 9 (1921) S. 187.

ten Morgen des Anfangs bis zum rötlich verklärten Abend des Schlusses. Den nach Ludwig Tieck die *Novelle* kennzeichnenden »Wendepunkt«, »von welchem aus sie sich unerwartet völlig umkehrt«,[14] setzt er dabei sehr überzeugend genau in der Mitte an, bei der das Folgende ahnungsvoll vorausnehmenden Feststellung: »Wald und Wiese hatten einen wunderbaren bänglichen Anschein«,[15] der genau 475 Zeilen vorausgehen und genau 474 folgen. Vielleicht hatte Friedrich Gundolf das Ausgeklügelte der Konstruktion im Sinn, als er das Werk 1916 »den absoluten Bildungspoesien« zurechnete. Zwar hält er es für ein »Meisterstück«, doch nur »als abstraktes Schema einer Novelle«, bei dem Goethe »mit allen Feinheiten der ausgespitzten Technik, mit allen Ateliergeheimnissen«[16] gearbeitet habe. Die Honorio-Handlung sehen Bernhard Seuffert, Erwin Wäsche und Fritz Lockemann als Kernpunkt der *Novelle*. Seuffert sieht die Bezähmung des Löwen als Symbol für Honorios Entsagung, den Dorn in der Tatze als Allegorie des Liebesschmerzes. Auch Erwin Wäsche, der die *Novelle* für »eine der wichtigsten weltanschaulichen Urkunden der deutschen Hochklassik« hält, interpretiert die »Zähmung des Löwen« als Entsprechung zur »Selbstüberwindung, zu der sich [. . .] Honorio schließlich«[17] durchringe. Fritz Lockemann glaubt, daß es in der *Novelle* zwei Wendepunkte gibt, deren erster im Ausbruch des Chaos (Brand, Tiere, Leidenschaft) liege, während der zweite durch den Durchbruch der Ordnungsmacht (Zähmung, Entsagung, Bändigung durch Gestaltung) gekennzeichnet sei. »Beide Wenden«, so meint er, »sind bezogen auf

14 Zit. nach: Benno von Wiese, *Novelle*, Stuttgart [7]1978, S. 15.

15 Johann Wolfgang Goethe, *Novelle – Das Märchen*, Stuttgart 1982 (Reclams Universal-Bibliothek Nr. 7621), S. 16. Die Zitatnachweise im Text beziehen sich auf diese Ausgabe.

16 *Erläuterungen und Dokumente* (Anm. 1) S. 97 f.

17 Erwin Wäsche, *Honorio und der Löwe. Studie über Goethes »Novelle«*, Säckingen 1947, S. 53.

die Seele Honorios, in der sich die unerhörte Begebenheit eigentlich ereignet.«[18] Dem widerspricht Benno von Wieses Definition der Novellenstruktur, nach dem die *Novelle* »in erster Linie nicht durch die Charaktergestaltung bestimmt« ist, »nicht durch die Personen und ihre Wandlungen, wohl aber durch das Geschehen selbst, das sie berichtet«.[19] Auch Kurt May glaubt, daß die klassische Lebensanschauung der ursprünglichen Konzeption in der ethischen Resignation im Schicksal des Honorio nachwirke, die Überwindung sinnlicher Leidenschaft und des Elementar-Triebhaften. Doch sieht er andererseits in der Art, wie der Dichter »durchaus verhalten, ja wie zusammengepreßt unter den Forderungen der höfisch-gesellschaftlichen Sitte« die Szene Honorio – Fürstin beschrieben habe, einen Beweis dafür, daß sie »nicht allzu wichtig« zu nehmen ist, »jedenfalls nicht als zentral«.[20] Auch Richard Thieberger ist dieser Meinung, nachdem er ebenfalls der Frage nachgegangen ist, was nun eigentlich das »unerhörte Ereignis« der *Novelle* genannt werden könne. Auf die beiden Stellen verweisend, an denen ähnliche Formulierungen gebraucht werden – nämlich auf Honorios Bezeichnung des Feuers als »unerwartet außerordentlichen Fall« (15) und auf die Beschreibung des Fürsten, der vor dem getöteten Tier als vor einem »seltsamen unerhörten Ereignis« steht (21) – kommt er zu dem Schluß, daß diese beiden Vorkommnisse nicht die exemplarische unerhörte Begebenheit sein können. Das Feuer, so stellt er fest, ist zu weit entfernt, der Tiger nicht wirklich gefährlich. Beide Ereignisse bewegten den Leser nicht genug, um ihm den Schauer des Außerordentlichen, Unerhörten zu vermitteln. Das geschehe erst in der Lösung des Schlusses. »Hier bestätigt alles unseren Eindruck, einem

18 Fritz Lockemann, *Gestalt und Wandlungen der deutschen Novelle. Geschichte einer literarischen Gattung im 19. und 20. Jahrhundert*, München 1957, S. 50.

19 Benno von Wiese, »Bildsymbole in der deutschen Novelle«, in: *Publications of the English Goethe Society* 24 (1955) S. 131.

20 Kurt May, »Goethes ›Novelle‹«, in: *Euphorion* 33 (1932) S. 294.

wirklich unerhörten Ereignis beizuwohnen.«[21] Nach Wolfgang Kayser erfaßt die Novelle »ein Geschehen als zunächst ›reales‹ und einmaliges, das heißt örtlich und zeitlich genau festgelegtes Geschehen. Im weiteren erfaßt sie es als Ereignis, das heißt nicht als geradlinige Durchführung einer Absicht, sondern gerade als plötzliche, unerwartete Fügung, die die Absicht durchkreuzt. Überall gibt es solche seltsamen Punkte, die geheimnisvoll aufeinander bezogen sind, bis das Ereignis auf dem Höhepunkt wieder schicksalbestimmend ist.«[22] Demnach vollzieht sich in Goethes *Novelle* die unerhörte Begebenheit in drei sich steigernden Phasen. Sie beginnt mit dem Feuer, durch das die Befreiung der Tiere ausgelöst wird, findet einen dramatischen Höhepunkt in Verfolgung und Tötung des Tigers und die überraschende und unerwartete Lösung im lyrisch verklärten Schluß.

Die Sprache

Die *Novelle* umfaßt aber nicht nur in Handlung und Motivik disparate Elemente, auch die Sprache hat mehrere Ebenen. Kurt May, der sich am intensivsten mit dieser befaßt hat, unterscheidet drei Sprachkomplexe, die er dialektisch interpretiert. Den ersten setzt er vom Beginn bis zum Ausbruch des Brandes an. In einer ausführlichen Analyse des ersten Abschnitts arbeitet er die Stilmittel heraus, die bei aller impressionistischen Bewegtheit der im Aufbruch befindlichen Gruppe von Jägern im morgendlichen Nebel eines fürstlichen Schloßhofes die »besondere Distanz« des Erzählers zu »der dichterischen Welt« manifestieren, »die er im Begriff ist zu erbauen«.[23] Wie auf einem vielfigurigen Bild geht es mehr

21 Richard Thieberger, *Le genre de la nouvelle dans la littérature allemande*, Nice 1968, S. 28: »Ici, tout corrobore notre impression d'assister effectivement à un événement inouï.« (Übers. E. K.)

22 Wolfgang Kayser, *Das sprachliche Kunstwerk. Eine Einführung in die Literaturwissenschaft*, Bern/München 1965, S. 354 f.

23 May (Anm. 20) S. 285.

um den atmosphärischen Gesamteindruck als den klaren Umriß. Passiv- oder Ersatzkonstruktionen mit »man« und »sich lassen« stehen anstelle positiv-aktiver Äußerungen. Diese Ausdrucksweise scheint anzudeuten, daß der Erzähler hier Abschied nimmt von seinem ursprünglichen Plan, ein heroisches Epos zu schreiben. Die nebelhafte Erinnerung eines alten Mannes entläßt »Die Jagd« in einen herbstlichen Morgen.

Auch Honorio nimmt an der Jagd nicht teil. Bedenkt man nun, daß der »Fürst – Friedrich mit Namen« (5), der im Alter dem Erzähler am nächsten kommt, und Honorio die einzigen Figuren der *Novelle* mit individuellem Vornamen sind und daß sie in dem ersten Schema der *Novelle* wahrscheinlich in einer Gestalt zusammengefaßt waren, ergibt sich die Vermutung, daß sich der Erzähler hier in Jugend und Alter aufgespalten hat. Dem entsprechen auch die Namen: ›Ehre‹ – denn Honorio ist ja einer der Kühnsten und Gewandtesten in allen ritterlichen Spielen – und ›reich an Frieden‹. Die weiteren Stilmerkmale, der Hang zu doppelten Verneinungen anstelle positiver Äußerungen, überhaupt die betonte Doppelung und Kontrapunktik, unterstreichen diese These. Kurt May macht auf »diese Sucht« aufmerksam »zu doppeln, zu spalten, damit sich das Gespaltene hinterher wieder zusammenfüge«.[24] Er beobachtet weiterhin, daß bei der Beschreibung der idyllischen Landschaft jenseits des Marktes auf der »Wallfahrt« zur alten Schloßruine das jugendliche »Fortschreiten von einer Station zur anderen nicht nachdrücklich« herauskomme. Auffallend sei das »geradezu betuliche Aufzählen der Eindrücke des Landschaftsbildes«, es erinnere »an den Gang eines sehr alten Mannes, der im Spaziergang immer wieder stehen bleibt, [. . .] und alles [. . .] mit Gelassenheit und Hingabe [. . .] ins Auge faßt«. Wenig später jedoch, und hier setzt May die der ersten antithetisch entgegengerichtete

24 Ebd., S. 289.

zweite Sprachschicht an, gerate bei der Entdeckung des Feuers die Sprache in ein plötzliches Tempo, werde »rasch, streckenweise hastig, an Höhepunkten atemberaubend«. Der Dichter habe sich jetzt so in die Bewegung der Geschichte eingelebt, daß die »Sprache [. . .] auch formal selber den Charakter der Aktion«[25] annehme. Sah also der Erzähler vorher die idyllische Landschaft mit den Augen des Oheims, so scheint er sich jetzt in den Handelnden, in Honorio, hineinversetzt zu haben. Die Konfrontation mit dem Tiger wird nicht mehr in distanzierender Langatmigkeit mit Doppelungen und Kontrasten geschildert, sondern in parataktischen Folgen, die die Atemlosigkeit des Geschehens verbildlichen. Im ersten Satz dieses Abschnittes geben die Gegenwartspartizipien sozusagen die Gleichzeitigkeit der sich überstürzenden Ereignisse wieder: »[. . .] einreitend [. . .] nicht achtend [. . .] waren sie kaum [. . .] herab« (16) – hier verzichtet der Erzähler sogar auf das zu erwartende Partizip Perfekt (herabgeritten oder -gekommen). Ebenso beginnt die Beschreibung des andringenden Tigers mit dem Partizip Präsens: »[. . .] heranspringend, wie sie ihn vor kurzem gemalt gesehen« (16), und dann erst folgen Subjekt und Prädikat des Satzes. Nach dem sehr verhaltenen Leidenschaftsausbruch Honorios, der, wie Kurt May ausdrücklich betont, schon deshalb nicht überbewertet werden dürfe, weil Goethe ihn wieder in dem alten, distanzierenden Sprachstil gebe, folgt dann der heftige Leidenschaftsausbruch der fremden Frau. Die unerwartete Plötzlichkeit ihres Erscheinens ist jedoch wiederum durch den Stil der sprachlichen Aktion charakterisiert: »hastig den Berg herauf [. . .] kam eine Frau, geradezu auf die Gruppe los« (19). Auch hier wieder dienen die Gegenwartspartizipien der Vergegenwärtigung der Gleichzeitigkeit des Geschehens: »[. . .] und kaum war Honorio, sich besinnend, aufgestanden, als sie sich heulend und schreiend über den Leichnam

25 Ebd., S. 292.

warf« (19). Hier wird deutlich, daß sich diese beiden Sprachstile nicht nur antithetisch gegenüberstehen, sondern einander auch durchdringen.

Mit der fremden Familie gewinnt die *Novelle* ihre dritte sprachliche Dimension, die sich, den drei Personen entsprechend, auf drei Stufen vollzieht, von der Totenklage der Frau über die mit »natürlichem Enthusiasmus« (24) vorgetragene Rede des Mannes zu dem das Wunder besingenden Lied des Kindes. Auf die mannigfachen Anklänge in der Sprache der von den meisten als »morgenländisch« interpretierten Familie ist schon vielfach eingegangen worden, so daß hier eine kurze Zusammenfassung genügen mag. Herman Meyer erwähnt die intensiven alttestamentarischen Studien Goethes im Frühjahr 1797. In den Mittelpunkt stellt er die »von hoher Weisheit« geprägte Rede des Mannes, die freilich von der Klage der Frau und dem Gesang des Kindes nicht zu trennen sei. Sie ist gekennzeichnet durch synonymische und antithetische Zweigliedrigkeit und verweist somit auf den biblischen Parallelismus. Der »natürliche Enthusiasmus« der Sprechweise bewirke eine Aufhebung der Zeitunterschiede, alles sei Gegenwart. Zugleich macht er die ungeheure Komplexität, die ständige Überlagerung von Motiven deutlich, die sich hier gerade auch im Sprachlichen enthüllt. Meyer stellt fest, daß das Thema von Anfang bis zum Ende Gesang sei – mit diesem Wort schließt die Rede (s. S. 24) –, ja daß der Mann sich selbst besinge. Sein Fazit lautet: »Kurzum: in Goethes Verwendung des Daniel-Motivs ist das Element des Gesanges von wesentlichster Bedeutung.«[26] Da Daniel jedoch in der Bibel nicht singt, nimmt Meyer eine Angleichung an die vorhergehende Geschichte der im Feuerofen singenden Jünglinge an, deren Gesang wiederum der Rede des Vaters der morgenländischen Familie verwandt sei.

Kurt May interpretiert die Familiengemeinschaft als »Figuren aus einer anderen höheren Welt«, ihre Sprache erscheine nur

26 Herman Meyer, *Natürlicher Enthusiasmus. Das Morgenländische in Goethes »Novelle«*, Heidelberg 1973, S. 34.

in der direkten Rede. Er setzt daher den Wendepunkt der Geschichte »stilistisch-gehaltig« mit »dem ersten Wort des unglücklichen Weibes«[27] an. In dieser dritten Sprachschicht werde das »lösende, erlösende Prinzip« angekündigt. Da der Erzähler vorgibt, die fremdartigen Worte der Frau übersetzen zu müssen, wird deutlich, daß er hier beginnt, als Dichter zu sprechen, der die ursprüngliche Erfahrung von Welt in verständliche Sprache umsetzt. Die vielen Anklänge an andere Werke Goethes in der Rede des Mannes bestätigen dies. Bei der Umfassung des Weltkreises spannt sich der Bogen von der anorganischen Natur, dem Felsen, über die organische Natur, die Pflanzen und Tiere, zum Menschen wie in *Ein Gleiches*. Emil Staiger hat auf die Ähnlichkeit der Darstellung der unvermeidlichen, ja oft unwissenden Zerstörung der Lebewesen in der Natur in dieser Rede und im Werther-Brief vom 18. August hingewiesen. Die Doppelung und Antithetik, die vor allen Dingen im Sprachlichen zum Ausdruck kommt, weist ferner auf die gleichzeitige Arbeit am zweiten Teil des *Faust*, des Mannes mit den zwei Seelen in der Brust, der am Schluß erlöst werden kann in geeinter Zwienatur. Ferner finden wir in der Helena-Phantasmagorie den Wechselgesang der Familie Euphorion, Helena, Faust sowie ein ähnliches Übergehen von der Sprache zum Gesang. In diesem Sinne zieht Kurt May sein Fazit: »Drei Sprachkomplexe, drei Welterfahrungen des Dichters gestaltend: der zweite im Gegensatz zum ersten, der dritte als Durchdringung des ersten und zweiten«.[28] Es ist die Frage, ob diese biblisch-mythische, unverständlich-rührende Gegensprache zur gehoben-gesellschaftlichen, distanzierenden Sprache der Exposition heute überhaupt noch goutierbar ist. Sie zeigt ein Rückstreben des alten Erzählers in Kindheit und Vergangenheit und macht deutlich, daß Goethe sich mit dieser Erzählung auf dem sehr schmalen Grat zwischen dem Erhabenen und dem Lächerlichen bewegte, vor allem des Fehlens jegli-

27 May (Anm. 20) S. 295.
28 *Erläuterungen und Dokumente* (Anm. 1) S. 105.

cher ironischer Brechung wegen. Warum hält der Mann hier diese Rede, da doch Eile geboten ist? Ein gefährlicher Löwe ist los, da muß doch jede auch mit noch so viel natürlichem Enthusiasmus vorgetragene Rede von Übel sein. Oder ist der Löwe vielleicht gar nicht gefährlich? Solcherart ist das Dilemma des Novellenlesers.

Der Raum

Eckermann berichtet unter dem 15. Januar 1827: »Während des Lesens hatte ich die außerordentliche Deutlichkeit zu bewundern, womit alle Gegenstände [. . .] vor die Augen gebracht waren [. . .], so daß man genötiget war, sich das Dargestellte geradeso zu denken, wie der Dichter es gewollt hatte.«[29] Goethe bemerkte dazu: »Ich habe [. . .] die Natur bis in ihre kleinsten Details nach und nach auswendig gelernt, dergestalt, daß wenn ich als Poet etwas brauche, es mir zu Gebote steht und ich nicht leicht gegen die Wahrheit fehle.«[30] Vertreter der positivistischen Richtung waren vor allem daran interessiert, welche Gegend, welches Schloß und welche Ruine Goethe für die trotz aller distanzierenden Betrachtungsweise so suggestive Darstellung seines Schauplatzes als Vorbild gedient habe. Am überzeugendsten ist die Vermutung von Spyrion Wukadinovic, daß Goethe eine Reise zum Fürsten Lobkowitz auf Schloß Eisenberg in Böhmen unweit der Ruine Hassenstein, der Stammburg des Fürsten, im Jahre 1810 verarbeitet habe. Dafür spricht auch, daß der Fürst ein großes Teleskop besaß, für die damalige Zeit eine ziemliche Seltenheit. In Christian Wagenknechts *Erläuterungen und Dokumenten* zur *Novelle* ist ein Lageplan mit Wegskizze abgebildet, der zeigt, wie klar Goethe seinen Schauplatz herausgearbeitet hat. Dabei verblüffen die Mittel, mit denen ihm dies gelungen ist. Nach dem Aufbruch des Fürsten eilt

29 Ebd., S. 75 f.
30 Ebd., S. 80.

seine Frau ans »treffliche Teleskop« (4), das seit dem Vorabend, an dem man die alte Stammburg auf dem gegenüberliegenden Berge betrachtet hatte, noch am Fenster steht. Sie richtet es nun auf eine unter der Burg liegende steinige Fläche, über die sie bald, wie erhofft, die Jagdgesellschaft ziehen sieht. So wird der Schauplatz der Tigertötung zunächst durch die »annähernden Gläser« herangeholt. Dann tritt der Oheim ein, der der Fürstin die von einem auf der alten Burg lebenden Künstler angefertigten Zeichnungen der Ruine vorlegt.

Durch die Erläuterungen des Oheims zu den einzelnen Blättern ersteht der Schauplatz der letzten Szene, »von verschiedenen Seiten anschaulich« (5) gemacht, vor dem geistigen Auge: der Burghof, zu dem ein Hohlweg hinaufführt, der jedoch wegen des Zusammensturzes eines Torturmes »seit undenklichen Jahren von niemand betreten« (6) wurde, mit der Ringmauer, den Galerien und gewölbten Sälen. Die Natur hat sich so dieser Trümmer bemächtigt, daß die Beschreibung an einen Urwald erinnert. Realität und Natur werden so zunächst durch das Medium der Kunst nahegebracht, was heißt, nicht in zufälligen, sondern in künstlerisch gewählten Ansichten, so daß das Ideal der Burg wichtiger erscheint als das tatsächlich Vorhandene. »Danken wir«, frohlockt denn auch der Oheim, »dem wackeren Künstler, der uns so löblich in verschiedenen Bildern von allem überzeugt, als wenn wir gegenwärtig wären.« Und zum Abschluß ist er davon überzeugt, daß jeder, der diese Zeichnungen, die den Gartensaal »zieren« sollen, sieht, »wünschte, dort oben in dem wirklichen Anschauen des Alten und Neuen [. . .] seine Betrachtungen anzustellen« (8). Wirklich schauen jedoch in der *Novelle* weder der Oheim noch die Fürstin die alte Stammburg an. Doch bringt der Wunsch, die Ruine zu besuchen, die Fürstin mit ihren Begleitern auf den Weg, den sie über den Markt nehmen möchte. Bereitete das Betrachten der Zeichnungen auf den Schauplatz der Löwenzähmung vor, so dient das sich anschließende Gespräch über den Markt der Vorbereitung auf diesen etwas außerhalb des räumlichen Mittelpunktes liegenden Schauplatz. Schon gleich zu Anfang wird dieser vergegenwärtigt durch die Erinnerung an einen Besuch am Vortag, bei dem der Fürst, dessen Vater seine Lehren aus der Französischen Revolution gezogen hatte, seine Gemahlin die »Betriebsamkeit seines Länderkreises« (4) bemerken läßt. Auch der Markt ersteht in der Unterhaltung zwischen Fürstin und Oheim eher als gesellschaftlicher Ort. Die Fürstin wiederholt ihre am Tage zuvor erhaltene »Lektion«. Wie schon bei dem Exkurs über den Vater des Fürsten, bei dem erklärt wird, daß die Gleichheit in diesem kleinen Staatswesen als Zusammenwirken »in gleicher Betriebsamkeit [. . .] jeder nach seiner Art« (3) aufgefaßt wird, ist hier das Plus, auf das es »zu dieser Jahrszeit« (9) beim Markt ankomme, als das Einigende zwischen Fürst und Volk gesehen, da es die »Summe des ganzen Staatshaushaltes, so wie der kleinsten häuslichen Wirtschaft« (9) sei. Der Markt ist als Medium gesehen zwischen Stadt und Land, Gebirge und Ebene, Hoch und Niedrig, denn, als die Fürstin ihn mit ihrem kleinen Gefolge überquert, drängt sich das Volk so heran, daß man nur mit Mühe vorwärts kommt. Zugleich dient der Markt aber auch der vorbereitenden Vorwegnahme späterer Ereignisse. Der Oheim erinnert sich nämlich eines Brandes, den er auf einer Reise erlebte und mit dessen Schilderung er die Fürstin schon mehrmals geängstigt hatte. Später, bei dem wirklichen Brand, der nur aus großer Entfernung wahrgenommen wird – man sieht nur »wenigen Rauch« (14), die Flamme ist durch das Tageslicht gedämpft –, verdrängt sogar die ausführliche Beschreibung des erinnerten Brandes die Schrecken des gegenwärtigen, obgleich dieser Brand die Erinnerung an eine Erinnerung ist. So ist auch diese Brandschilderung wieder eher die Beschreibung eines Brandes an sich, ein greller Nachtbrand, »[. . .] Flamme nach Flamme, rechts und links [. . .] Bretter prasselten, [. . .] Latten knackten, Leinwand flog auf, [. . .] Fetzen trieben in der Höhe sich umher« (15). Man hat daher diesen Brand in neueren Inter-

pretationen auch als Metapher für die Französische Revolution gesehen.[31]
Die zweite Vorwegnahme erfolgt durch das Vorbeireiten am Gebäude der Tierschau mit den zum Besuch einladenden kräftigen Bildern in heftigen Farben, und zwar gerade zur Fütterungszeit, so daß der Löwe Gelegenheit hat, seine »Wald und Wüstenstimme« (11) zu erheben. Später wird sich der Tiger der Fürstin so nähern, wie die marktschreierischen Plakate ihn schilderten. Vor den Toren der Stadt breitet sich dann jedoch die lieblichste Idylle aus, die alle bänglichen Gedanken vergessen macht. Der Weg führt also vom Stadtschloß aus über den Markt durch die heiterste ländliche Kultur mit Fluß, Quelle, Wald und Wiese, Frucht- und Lustgärten zur wilden Natur der alten Stammburg. Man hat schließlich einen »höheren freieren Standpunkt« erreicht, und sieht, wenn auch »noch in bedeutender Entfernung« (12) das alte Schloß vor sich. Nun wendet man aber den Blick zurück und betrachtet von den vorher in umgekehrter Richtung angeschauten Standpunkten aus den Markt, den Fluß und das Stadtschloß. Doch möchte man immer noch eine bessere Aussicht erreichen, »wie es [. . .] bei dem Umblick auf so hoher Stelle zu geschehen pflegt« (12). Rosemary Picozzi Balfour bemerkt dazu: »In both the language and the events depicted [. . .] Goethe continually stresses the sense of sight [. . .]. Running through the story is the motif of ›better view‹ which enhances or corrects existing outlooks on various aspects of life.«[32] Nach einem weiteren Ritt zu einem noch besseren Aussichtsort kann man schon fast aus der Vogelperspektive alles noch besser in der klarsten Beleuchtung sehen, da auch die Sonne nun schon fast im Zenit steht: das Stadtschloß mit allen Flügeln, Kuppeln und Türmen, die obere

31 So kann sich etwa Dieter Borchmeyer des »Eindrucks nicht erwehren, daß in der furchtbaren Erinnerung des Fürst-Oheims der Gedanke an die Revolution mitschwingt« (Dieter Borchmeyer, *Höfische Gesellschaft und französische Revolution bei Goethe*, Kronberg [Taunus] 1977, S. 337).

32 *Erläuterungen und Dokumente* (Anm. 1) S. 109.

und die untere Stadt, das ganze wohlgeordnete kleine Staatswesen, über das in dieser Mittagsstunde »eine heitere Stille« (14) gebreitet ist. Doch ist diese idyllische Rückschau sozusagen die Stille vor dem Sturm, denn nun entdeckt Honorio durch das mitgenommene Fernrohr den Marktbrand. Trotz der Beschwichtigungen, daß in der Stadt wie auf dem Schloß alle »Feueranstalten in bester Ordnung« (15) seien, ist die Fürstin besorgt, »sie glaubte einen aufflammenden Blitz gesehen, einen Schlag gehört zu haben (15). Und so bekommen Wald und Wiese plötzlich jenen »wunderbaren bänglichen Anschein« (16). Mit der Tötung des Tigers und der anschließenden Klage der fremden Frau wendet sich das Geschehen der *Novelle* in die Höhe, »zu dem Zauberschlosse« (23). Die Gefahr ist noch nicht gebannt, der Löwe ruht hinter der höheren Ringmauer. Doch hat der Vater mit seiner hymnischen Rede alle »wie beschwichtigt« (26). An diesem Schluß haben nur noch vier Personen teil, Honorio, der zur Bewachung des zum Burghof führenden Hohlwegs beordert wurde, der Wärtel, die Mutter und das Kind. Auf die Gefahr machen das Gewehr, dessen sich der Wärtel bemächtigt hat, die Doppelbüchse Honorios sowie die Anstalten für ein Feuer aufmerksam, das den Löwen eventuell zurückdrängen soll. Doch ist die Mutter von zuversichtlicher Heiterkeit. Ihr ungebrochenes Vertrauen in die Natur rechnet auf »Gott und Kunst, Frömmigkeit und Glück« (28). Die allgemeine Befriedung kommt auch in der tiefen Versunkenheit Honorios zum Ausdruck. Die segnenden Worte der Frau stehen in Einklang mit der sich zum Abendfrieden wendenden Natur. Die Sonne senkt sich und läßt in ihrem rötlichen Glanz den sinnenden Jüngling so schön erscheinen, daß die sich noch einmal Umwendende glaubt, »nie einen schönern [. . .] gesehen zu haben« (27). Honorio gelangt also auch nicht in den fast magisch beschworenen inneren Burghof des »Zauberschlosses«, der seit »undenklichen Jahren« von keinem Menschen mehr betreten worden ist, aber er kommt ihm von den Zurückgebliebenen am nächsten. Die letzten Worte der Frau weisen ihn in eine neue Richtung, der untergehenden Sonne nach, nach Westen, in die neue Welt.

Wukadinovic kommt in seiner Studie von 1909, in der er die Einflüsse der Cooper-Lektüre auf die *Novelle* untersucht, zu erhellenden Parallelen. Auch in den Cooper-Romanen zeigt sich der Gegensatz zwischen Zivilisation und Ursprünglichkeit vor allem im Sprachlichen. Die zeremoniell-bedeutungsvolle Sprache Chingachgooks entspricht etwa der der morgenländischen Familie. Doch auch im Räumlichen scheint dieser Einfluß spürbar, wenn etwa die unberührte Natur um die Ruine, in der seit hundertfünfzig Jahren »keine Axt [. . .] geklungen« (6) hat, als »Wildnis« (6) bezeichnet wird. Auch scheint das Bild des mit der Doppelbüchse im Schoß ruhenden Honorio von einer Beschreibung Wildtöters angeregt. In diesem Zusammenhang denkt man auch an das bekannte Amerika-Gedicht: »Amerika, du hast es besser / [. . .] / Hast keine verfallene Schlösser / [. . .] / Dich stört nicht im Innern / [. . .] / Unnützes Erinnern«. So erscheint Honorio, der wie Bernhard Seuffert schon festgestellt hat, auch die einzige Figur der *Novelle* ist, »die vom Anfang bis zum Schlusse [. . .] in Sicht« bleibe, als die zukunftsweisende Gestalt der im Konservativen verhafteten Gesellschaft dieses Mini-Fürstentums. Auf ihm ruht (wie später auf dem siegreichen Kind) der Abglanz des Tages, er braucht ihm nur zu folgen und die alte, in Konventionen erstarrte Welt hinter sich zu lassen.

In der letzten Szene gipfelt das Geschehen inhaltlich wie räumlich, und in dem Ort dieses Geschehens überlagern sich mehrere Bildebenen in komplexer Weise. Einerseits ist er der versunkene Ort alter Geschlechter, also durchaus nordisch feudalistisch gesehen. Damit steht er in Verbindung mit der fürstlichen Familie sowie mit Stadt und Markt und ragt herüber aus dem alten »Jagd«-Konzept, eine im Kampf mit der Natur liegende Ruine, nun der Restauration würdig. Von dem Wärter wird dieser Ort dann als die »Arena des Schauspiels« (28) bezeichnet und läßt so die Androkles-Thematik aufscheinen, die zugleich an Hieronymus erinnert. Wenig später wird der Schloßhof dann zur Löwengrube, in die die Mutter und der Wärtel von der Galerie hinabschauen. Denn das Kind führt den besänftigten Löwen tatsächlich in den Burghof, und es heißt weiter: »Sorgfältig zog er die verletzende Spitze hervor, [...] und verband die greuliche Tatze des Untiers, so daß die Mutter sich vor Freuden mit ausgestreckten Armen zurückbog« (29). Diese Szene erinnert deutlich an die Darstellung des Titelkupfers der ersten Ausgabe von Carl von Mosers *Daniel in der Löwengrube*, auf dem sich der König Darius oben auf der Galerie mit ausgestreckten Armen über den friedlich zwischen den Löwen schlafenden Daniel wundert.[33]

Bei Betrachtung des Räumlichen in der *Novelle* fällt auf, daß man einerseits immer mehr Distanz durch immer höhere und bessere Aussichtspunkte zu schaffen bemüht ist, sich andererseits jedoch distanzüberwindender Mittel bedient. So entsteht ein ständiger Wechsel von Entfernung und Annäherung. Durch annähernde Vorausschau und Rückwendung ist der Raum achsial definiert, durch die Aufwärtsbewegung am Schluß symbolisch. Daß der Markt nicht auf der Achse zwischen Schloß und Burg liegt, sondern seitlich am Fluß, zeigt, daß er nicht Mittelpunkt des Geschehens ist, sondern nur auslösendes Moment. Im Mittelpunkt steht der innere Hof der alten Burg, in den bezeichnenderweise kein Vertreter der zivilisierten Seite gelangt. So erscheint er als eine Art mythisch erinnerter Innenraum, tiefere Schichten der Menschheitsentwicklung symbolisierend, wobei nordische Vergangenheit, biblische Legende und heidnisch-antiker Mythos zusammengefaßt sind.

33 Ebd., S. 47.

Die unerwartete Blume

Von hier her wird noch einmal deutlich, daß Goethe sich mit dieser Erzählung auf einem sehr schmalen Grat bewegte. Das kommt nicht nur inhaltlich zum Ausdruck, denn das Kunststück beim Experiment des Schlusses ist, wie der Vater betont und der Fürst später wiederholt, das Tier »unschädlich und unbeschädigt wieder zurück[zu]bringen« (22). Das zeigt sich auch in der sprachlichen und räumlichen Realisation. Goethe hat für seine Konstruktion des Geschehens das bekannte biologische Bild von dem kräftigen Blätterwerk der realen Exposition gebraucht, dem unerwartet die Blume der Poesie entsprieße,[34] das im Gegensatz etwa zu Gundolfs »ausgespitzter Technik«[35] steht. So zeigt sich das Irritierende des Werkes noch einmal in der Unterschiedlichkeit der Rezeption. Das verklärte Kind als siegreicher Überwinder und der friedliche Löwe waren zuviel für Gottfried Benn. In seiner besonderen historischen Situation konnte er diese »Blume« nicht akzeptieren. Mit dem besten Willen ist er an dieses ganze 27 Druckseiten umfassende Alterswerk herangegangen, er hat es »ungemein gespannt, langsam, Wort für Wort«[36] gelesen und kommt zu dem Schluß, daß es doch eher eine lächerliche Karikatur, »zu einfach«, sei. Freilich muß er sich erst in seine Aversion hineinsteigern. Enthüllend ist etwa das »vielleicht« beim »lächerlich« und die Frageform aller drei Äußerungen. Doch schließlich gerät er ins Polemisieren: »Schaumig direkt! Goldig [. . .] aber *faul*! [. . .] Kann denn aus diesen Deutschen etwas werden, wenn ihre Heroen das Leben so harmonisch, gutartig u. ›im Grunde‹ so nett und lieblich u. so symbolisch ihnen darstellen?«[37] Doch hatte Friedrich Nietzsche, dessen Parodie aus den Liedern des »Prinzen Vogelfrei«: »Gott, der

34 Ebd., S. 78 f.
35 Ebd., S. 77 f.
36 Brief an F. W. Oelze vom 17. 1. 1836, zit. nach: *Erläuterungen und Dokumente* (Anm. 1) S. 99 f.
37 *Erläuterungen und Dokumente* (Anm. 1) S. 100.

verfängliche, ist Dichtererschleichniß«, von Benn hier auch angeführt wird, seinen ersten Eindruck von Goethe eben durch dieses Werk erhalten, das ihm damit geradezu zum Inbegriff des Goetheschen wurde. Er verband damit eine Vorstellung von verklärt reiner »Herbstlichkeit im Genießen und im Reifwerdenlassen, [. . .] etwas Goldenes und Versüßendes, etwas Mildes«.[38] Andererseits finden sich auch bei anderen Autoren, die Goethes *Novelle* durchaus positiv sehen, versteckte kritische Hinweise. So hebt Adolf von Grolmann die »gelegentlich fast künstelnde Sachlichkeit« hervor, spürt Kurt May »den übermäßigen Drang zur Ordnung in Sprache bis zum Schematischen«[39] durch und berührt sich hier mit der vernichtenden Kritik von Gervinus. Auch sieht May den höfischen Kreis »auf den Grundton des Einklangs der Neigungen gestimmt, auf eine spannungslose, etwas fad und flach wirkende Harmonie der Kräfte«.[40] Herman Meyer nennt Goethes Stilmittel »kuriose Kunstgriffe«[41] und nähert sich damit der grundlegenden Kritik Gundolfs. Emil Staiger, der das Werk aufs höchste lobt, muß andererseits zugeben, daß »der große Plan eines klassischen Epos zu einem unscheinbaren Gebilde zusammengeschrumpft«[42] sei. Martin Swales ist überrascht durch »the obliqueness« des Werkes.[43]

Offenbar wollte Goethe in diesem Werk, das schon so viel gelobt und abgelehnt wurde, eine im Leben unerreichbare Harmonisierung und Humanisierung erreichen. Das Feuer und die exotischen Tiere weisen darauf hin, daß Goethe sich bei der Abfassung dieses Werkes noch einmal mit der Frage befaßt hat: Wie halt ichs mit der Revolution? Die Französische Revolution war lebendige Gegenwart zur Zeit des ersten

38 Ebd., S. 101.
39 Grolmann (Anm. 13) S. 185; May (Anm. 20) S. 288.
40 May (Anm. 20) S. 291.
41 Herman Meyer, S. 623.
42 *Erläuterungen und Dokumente* (Anm. 1) S. 103.
43 Martin Swales, *The German Novelle*, Princeton University Press 1977, S. 60.

Planes und lag zur Zeit der Ausführung mehr als dreißig Jahre zurück. Obgleich Goethe die Ziele der Revolution bejahen mußte, hatte er doch nicht »die mindeste Ahnung [. . .], was denn Besseres, ja nur anderes daraus erfolgen solle«.[44] So erscheint die *Novelle* auch wie ein fast mit Starrsinn noch einmal beschworenes Bild der alten Ordnung, im besten Sinne geregelt, mit Tätigkeit für den gemeinsamen »Länderkreis«, »jeder nach seiner Art«, in einem Staatswesen, dessen Überschaubarkeit besonderes Anliegen ist. Auch die Konzentration auf die Form unterstreicht dies, die ausgewogene Konstruktion im Räumlichen wie im Zeitlichen. Die fremde Familie und die exotischen Tiere treiben den Gang der Handlung ins Unerwartete und sind zugleich ein Gegenbild, repräsentieren eine naturhafte Seinsweise in dieser zivilisierten Ordnung. Der orphische Schluß, der wieder in antithetischem Gegensatz zum Anfang steht (denn all die sich im Morgengrauen erkennen lassenden Jagdzurüstungen werden am Ende nicht gebraucht), legt aber auch noch einen anderen Gedanken nahe. Das orphische Kind steht auch für den Dichter. Erwin Wäsche hat schon darauf hingewiesen, daß in Honorio, dem Fürsten und dem Oheim drei Mannesalter verkörpert seien. Wenn wir das Kind in diesen Zirkel einbeziehen, ergibt sich ein Rückstreben des alten Erzählers ins Innere und in die Vergangenheit. Zunächst steht der Oheim im Vordergrund, später kommt der Fürst hinzu. Beide reiten in die Stadt zurück. Honorio gelangt fast bis zum letzten Schauplatz. Er verkörpert die Jugend, hier gesehen als Möglichkeit zu einem neuen, besseren Anfang. Daß er mit dem Kind verbunden ist, geht daraus hervor, daß das Kind als Überwinder dargestellt ist und daß wir wissen, daß auch Honorio überwinden wird. Das Kind endlich ist ganz eins mit der Natur, ein Zustand, der nur noch im erinnernden Rückblick, in der Dichtung möglich ist. Dem entspricht der Schauplatz dieser verklärten Szene, der Hof der alten Burg.

44 *Erläuterungen und Dokumente* (Anm. 1) S. 139.

Dieser ist hier verbunden mit einer der Lieblingsgeschichten des Kindes Goethe, der von Daniel in der Löwengrube. Dazu stimmt auch das Bekenntnis vom 10. Januar 1829 in einem Brief an Schultz, daß sich die *Novelle* »vom tiefsten Grunde« seines Wesens losgelöst habe. Das Gewaltsame dieser Harmonisierung gegensätzlicher Konzeptionen aber, das sich in der sprachlichen wie in der räumlichen Realisation zeigt und auch an Entstehungs- und Wirkungsgeschichte ablesbar ist, wird den Leser sicher weiterhin das Zwitterhafte dieses Werkes empfinden lassen. So wird die *Novelle* auch in Zukunft ihre Leser entweder faszinieren oder irritieren.

Literaturhinweise

Borchmeyer, Dieter: Höfische Gesellschaft und französische Revolution bei Goethe. Adliges und bürgerliches Wertsystem im Urteil der Weimarer Klassik. Kronberg (Taunus) 1977.

Düntzer, Heinrich: Goethes Novelle und die guten Frauen. In: Erläuterungen zu den deutschen Klassikern. Abt. 1. Bd. 16. Leipzig 1873.

Erläuterungen und Dokumente. Johann Wolfgang Goethe. Novelle. Hrsg. von Christian Wagenknecht. Stuttgart 1982. (Reclams Universal-Bibliothek. Nr. 8159 [2].)

Gervinus, Georg Gottfried: Geschichte der poetischen National-Literatur der Deutschen. T. 5. Leipzig 1842.

Grolmann, Adolf von: Goethes Novelle. In: Germanisch-Romanische Monatsschrift 9 (1921) S. 181–187.

Lockemann, Fritz: Gestalt und Wandlungen der deutschen Novelle. München 1957.

May, Kurt: Goethes »Novelle«. In: K. M.: Form und Bedeutung. Interpretationen deutscher Dichtung des 18. und 19. Jahrhunderts. Stuttgart 1957. Zuerst in: Euphorion 33 (1932) S. 277–299.

Meyer, Herman: Raumgestaltung und Raumsymbolik in der Erzählkunst. In: Studium Generale 10 (1957) S. 620–630.

– Natürlicher Enthusiasmus. Das Morgenländische in Goethes »Novelle«. Heidelberg 1973.

Picozzi Balfour, Rosemary: The Field of View in Goethe's »Novelle«. In: Seminar 12,2 (May 1976) Summary S. 63.

Seuffert, Bernhard: Goethes »Novelle«. In: Goethe-Jahrbuch 19 (1898) S. 133–166.

Staiger, Emil: Goethe: Novelle. In: Meisterwerke deutscher Sprache aus dem neunzehnten Jahrhundert. Zürich ^{2}1948. S. 136–164.

– Goethe. 1814–1832. Zürich/Freiburg 1959. S. 179–198.

Swales, Martin: The German Novelle. Princeton University Press 1977.

Thieberger, Richard: Le genre de la nouvelle dans la littérature allemande. Nice 1968. (Publications de la faculté des lettres et sciences humaines de Nice. 2.)

Wäsche, Erwin: Honorio und der Löwe. Studie über Goethes »Novelle«. Säckingen 1947.

Wiese, Benno von: Novelle. Stuttgart ^{2}1963.

Wukadinovic, Spyrion: Goethes »Novelle«. Der Schauplatz – Coopersche Einflüsse. Halle a. d. S. 1909.

Die Autoren der Beiträge

Ehrhard Bahr

Geboren 1932. Studium der Germanistik, Anglistik und Philosophie in Heidelberg, Freiburg i. Br., Kansas, Köln, Berkeley. Dr. phil. Professor für deutsche Literatur an der University of California, Los Angeles, California.

Publikationen:

Georg Lukács. Berlin 1970 (auch engl. und franz.). – Die Ironie im Spätwerk Goethes: Diese sehr ernsten Scherze: Studien zum West-östlichen Divan, zu den Wanderjahren und zu Faust II. Berlin 1972. – Ernst Bloch. Berlin 1974. – Kant, Erhard, Hamann, Herder, Lessing, Mendelssohn, Riem, Schiller, Wieland: Was ist Aufklärung? Thesen und Definitionen (Hrsg.). Stuttgart 1974. – Internationales Verzeichnis der Goethe-Dissertationen, 1952–1976 (Mithrsg.). Ann Arbor, Michigan, 1978. – Nelly Sachs. München 1980. – Humanität und Dialog. Lessing und Mendelssohn in neuer Sicht (Mithrsg.). Detroit/München 1982. – Wilhelm Meisters Lehrjahre (Hrsg.). Stuttgart 1982. – Wilhelm Meisters Lehrjahre: Erläuterungen und Dokumente (Hrsg.). Stuttgart 1982. – Wilhelm Meisters Wanderjahre (Hrsg.). Stuttgart 1982. – Aufsätze zur Literatur des 18.–20. Jahrhunderts.

Sigrid Bauschinger

Geboren 1934. Studium der Germanistik, Romanistik und Philosophie in Kiel, Freiburg i. Br. und Frankfurt a. M. Dr. phil. Professor für deutsche Literatur an der University of Massachusetts, Amherst.

Publikationen:

Amerika in der deutschen Literatur. Neue Welt, Nordamerika, USA (Hrsg., mit Horst Denkler und Wilfried Malsch). Stuttgart 1975. – Else Lasker-Schüler. Ihr Werk und ihre Zeit. Heidelberg 1980. – Aufsätze zur deutschen Literatur des 20. Jahrhunderts, besonders zu deutsch-jüdischen Autoren, zur Exilliteratur und zur Rezeption der deutschen Literatur in den USA.

Peter Boerner

Geboren 1926. Studium der Germanistik, Geschichte und Philosophie in Frankfurt a. M. und Brügge. Dr. phil. Professor für neuere deutsche Literatur und Vergleichende Literaturwissenschaft an der Indiana University, Bloomington, Indiana.

Publikationen:

Goethe: Sämtliche Werke in 45 Bänden (Hrsg.). München 1961–63. – Goethe: Tagebücher (Hrsg.). Zürich 1964. – Johann Wolfgang von Goethe. Reinbek 1964. – Tagebuch. Stuttgart 1969. – Historia von D. Fausten (Hrsg.). Wiesbaden 1978. – Aufsätze zur Literatur des 18. und 19. Jahrhunderts und über internationale Literaturbeziehungen.

Dieter Borchmeyer

Geboren 1941. Studium der Germanistik und katholischen Theologie in München. Professor für Theaterwissenschaft an der Universität München.

Publikationen:

Tragödie und Öffentlichkeit. Schillers Dramaturgie. München 1973. – Höfische Gesellschaft und Französische Revolution bei Goethe. Kronberg (Ts.) 1977. – Die Weimarer Klassik. Königstein (Ts.) 1980. – Dienst und Herrschaft – Ein Versuch über Robert Walser. Tübingen 1980. – Das Theater Richard Wagners. Idee – Dichtung – Wirkung. Stuttgart 1982. – Goethe: Frühes Theater / Klassisches Theater. 2 Bde. (Hrsg.). Frankfurt a. M. 1982. – Richard Wagner: Dichtungen und Schriften. Jubiläumsausgabe in zehn Bänden (Hrsg.). Frankfurt a. M. 1983. – Friedrich Nietzsche: Der Fall Wagner. Schriften und Aufzeichnungen über Richard Wagner (Hrsg.). Frankfurt a. M. 1983. – Wagner-Parodien (Hrsg., mit Stephan Kohler). Frankfurt a. M. 1983. – Hauptmitarbeiter der *Geschichte der deutschen Literatur vom 18. Jahrhundert bis zur Gegenwart* (Hrsg. Viktor Žmegač). Kronberg/Königstein (Ts.) 1978 ff. – Abhandlungen zur allgemeinen Literaturwissenschaft, zur deutschen Literaturgeschichte vom 18.–20. Jahrhundert und zur Theatergeschichte. – Programmheftautor der Bayreuther Festspiele und der Bayerischen Staatsoper. – Journalistische Arbeiten (bes. *Süddeutsche* und *Frankfurter Allgemeine Zeitung*).

Gisela Brude-Firnau

Geboren 1936. Studium der Germanistik, Romanistik und Philosophie in Tübingen, Aix-en-Provence, Berlin und New Haven. Dr. phil. Professor für deutsche Literatur an der University of Waterloo, Waterloo, Ontario.

Publikationen:

Materialien zu Hermann Brochs »Die Schlafwandler« (Hrsg.). Frankfurt a. M. 1972. – Vision und Politik – Die Tagebücher Theodor Herzls (Hrsg.). Frankfurt a. M. 1976. – Aufsätze über Goethe, Theodor Herzl, Heinrich Mann, Otto Weininger, Hermann Broch, Wilhelm II., Manès Sperber, Herbert Achternbusch.

Wolfgang Dietrich

Geboren 1956. Studium der Germanistik und Italianistik in München. Freier Schriftsteller und Bildhauer in Feldafing.

Publikationen:

Wie sie erröten, die Pflastersteine. 36 Gedichte. München 1981. – Antonio Mura. Das Gesamtwerk. Nachdichtung von W. D. München 1981. – Münchner Literaturalmanach (Hrsg., mit Zafer Senocak). München 1984. – Die erotische Novelle in Stanzen. München. (In Vorb.) – Literarische Arbeiten in Zeitschriften.

Hans-Wolf Jäger

Geboren 1936. Studium der Philosophie, Katholischen Theologie und Germanistik in Saarbrücken, Freiburg i. Br. und München. Dr. phil. Professor für deutsche Literaturgeschichte an der Universität Bremen.

Publikationen:

Politische Kategorien in Poetik und Rhetorik in der zweiten Hälfte des 18. Jahrhunderts. Stuttgart 1970. – Politische Metaphorik im Jakobinismus und im Vormärz. Stuttgart 1971. – Der literarische Vormärz (zusammen mit anderen). München 1973. – J. H. Campe: Briefe aus Paris (Hrsg.). Hildesheim 1977. – J. W. Goethe: Die Leiden des jungen Werthers (Hrsg.). München ^{2}1980. – Reise und soziale Realität am Ende des 18. Jahrhunderts (Hrsg.). Heidelberg 1983. –

Aufsätze zur Geschichte der Lehrdichtung, zum Theater im 18. Jahrhundert, zur Reiseliteratur. – Mithrsg. der *Neuen Bremer Beiträge* (1983 ff.).

Erika Klüsener

Geboren 1926. Studium der Germanistik, Anglistik, Kunstgeschichte in Münster, München und St. Louis. Dr. phil. Professor für deutsche Literatur an der Clarion University of Pennsylvania, Clarion, Pennsylvania.

Publikationen:

Else Lasker-Schüler in Selbstzeugnissen und Bilddokumenten. Reinbek bei Hamburg 1980 (^{2}1983). – Aufsätze über Kleist und zu kulturhistorischen Themen. – Übersetzung von Büchern über Kunst und Architektur vom Englischen ins Deutsche.

Wulf Köpke

Geboren 1928. Studium der Germanistik, Philosophie und Psychologie in Hamburg, Freiburg i. Br. und Paris. Dr. phil. Germanistikprofessor an der Texas A&M University, College Station, Texas.

Publikationen:

Erfolglosigkeit. Zum Frühwerk Jean Pauls. München 1977. – Johann Gottfried Herder – Innovator through the Ages (Hrsg.). Bonn 1982. – Lion Feuchtwanger. München 1983. – Exilforschung. Ein internationales Jahrbuch (Mithrsg.). München 1983. – Aufsätze zur Goethezeit und zum 20. Jahrhundert, besonders Exilliteratur, Lehrbücher, Arbeiten zur Unterrichtsmethodik.

Helmut Koopmann

Geboren 1933. Studium der Germanistik, Anglistik und Philosophie in Bonn und Münster. Dr. phil. Professor für Neuere deutsche Literaturwissenschaft an der Universität Augsburg.

Publikationen:

Die Entwicklung des ›intellektualen Romans‹ bei Thomas Mann. Bonn ^{3}1980. – Friedrich Schiller. 2 Bde. Stuttgart ^{2}1977. – Schiller-

Kommentar. 2 Bde. München 1969. – Das Junge Deutschland. Analyse seines Selbstverständnisses. Stuttgart 1970. – Beiträge zur Theorie der Künste im 19. Jahrhundert (Mithrsg.). 2 Bde. Frankfurt a. M. 1971/72. – Heinrich Heine (Hrsg.). Darmstadt 1975. – Thomas Mann (Hrsg.). Darmstadt 1975. – Thomas Mann. Konstanten seines literarischen Werks. Göttingen 1975. – Thomas Mann 1875–1975 (Mithrsg.). Frankfurt a. M. 1977. – Heinrich Heine. Bd. 11 der Hist.-krit. Ausgabe. Düsseldorf 1978. – Mythos und Mythologie in der Literatur des 19. Jahrhunderts (Hrsg.). Frankfurt a. M. 1979. – Schillerforschung 1970–1980. Ein Bericht. Marbach a. N. 1982. – Der klassisch-moderne Roman in Deutschland. Stuttgart 1983. – Handbuch des deutschen Romans (Hrsg.). Düsseldorf 1983. – Bertolt Brecht – Aspekte seines Werkes, Spuren seiner Wirkung (Mithrsg.). München 1983. – Heinrich Mann. Sein Werk in der Weimarer Republik (Mithrsg.). Frankfurt a. M. 1983. – Literatur und Religion (Mithrsg.). Freiburg i. Br. 1984. – Aufsätze zur Literatur des 18. bis 20. Jahrhunderts.

Eberhard Lämmert

Geboren 1924. Studium der Literaturwissenschaft, Geschichte und Geologie in Bonn und München. Dr. phil. Professor für Allgemeine Literaturwissenschaft an der Freien Universität Berlin.

Publikationen:

Bauformen des Erzählens. Stuttgart 1955 (^{6}1975). – Wilhelm Scherer – Erich Schmidt. Briefwechsel (Hrsg., mit Werner Richter). Berlin 1963. – Friedrich von Blanckenburg. Versuch über den Roman. (Hrsg.). Stuttgart 1965. – Germanistik – eine deutsche Wissenschaft (mit Walter Killy, Karl Otto Conrady und Peter von Polenz). Frankfurt a. M. 1967 (^{4}1970). – Deutsche Gegenwartsliteratur. Eine Auswahl von Büchern der im Nachkriegsdeutschland und in der Bundesrepublik verlegten deutschsprachigen Schriftsteller, zusammengestellt mit Eberhard Huge. Frankfurt a. M. 1969. – Reimsprecherkunst im Spätmittelalter. Eine Untersuchung der Teichnerreden. Stuttgart 1970. – Romantheorie. Dokumentation ihrer Geschichte in Deutschland. 2 Bde. (Hrsg.). Köln 1971/75. – Handbuch der deutschen Exilpresse / Handbook of the German Exile Press (Hrsg., mit Lieselotte Maas). 3 Bde. 1976 ff. – Funk-Kolleg Literatur. 2 Bde. (Hrsg., mit Helmut Brackert). Frankfurt a. M. 1977. – Literaturwissenschaft. Grundkurs 1 und 2. 2 Bde. (Hrsg., mit Helmut Brackert und Jörn Stückrath). Reinbek bei Hamburg 1981. – Leben im Exil. Probleme der Integration deutscher Flüchtlinge im Ausland 1933–1945. (Hrsg., mit Wolfgang Frühwald, Wolfgang Schieder, Walter Hinck und Hermann Weber). Hamburg 1981. – Erzählforschung. Ein Symposium (Hrsg.). Stuttgart 1982. – Zahlreiche Aufsätze zur Literatur des 18., 19. und 20. Jahrhunderts.

Paul Michael Lützeler

Geboren 1943. Studium der Literaturwissenschaften, Philosophie und Geschichte in Berlin, Edinburgh, Wien, München und Bloomington. Dr. phil. Professor für deutsche und vergleichende Literaturwissenschaft an der Washington University, St. Louis, Missouri.

Publikationen:

Hermann Broch – Ethik und Politik. München 1973. – Kommentierte Werkausgabe Hermann Broch. 13 Bde. (Hrsg.). Frankfurt a. M. 1974–81. – Legitimationskrisen des deutschen Adels 1200–1900 (Hrsg., mit Peter Uwe Hohendahl). Stuttgart 1979. – Deutsche Literatur in der Bundesrepublik seit 1965 (Hrsg., mit Egon Schwarz). Königstein 1980. – Romane und Erzählungen der deutschen Romantik. Neue Interpretationen (Hrsg.). Stuttgart 1981. – Europa: Analysen und Visionen der Romantiker (Hrsg.). Frankfurt a. M. 1982. – Romane und Erzählungen zwischen Romantik und Realismus. Neue Interpretationen (Hrsg.). Stuttgart 1983. – Brochs Verzauberung. Materialien (Hrsg.). Frankfurt a. M. 1983. – Deutsche Romane des 20. Jahrhunderts. Neue Interpretationen (Hrsg.). Königstein 1983. – Hermann Broch. Eine Biographie. Frankfurt a. M. 1985. – Aufsätze über Lessing, Goethe, Schiller, Kleist, Arnim, Hebbel, Heinrich Mann, Oskar Maria Graf, Hermann Broch, Exilliteratur, DDR-Literatur, Literatur der Studentenbewegung, Literatur aus Österreich und zur Editionstheorie.

Thomas P. Saine

Geboren 1941. Studium der Germanistik in New Haven, Tübingen und Houston. Dr. phil. Professor der Germanistik an der University of California, Irvine, California.

Publikationen:

Die ästhetische Theodizee. Karl Philipp Moritz und die Philosophie des 18. Jahrhunderts. München 1971. – Georg Forster. New York 1972. – Aufsätze über Aufklärung, Französische Revolution, Edelmann, Liscow, Goethe, Knigge, Forster. – Hrsg. des *Goethe Yearbook*, 1982 f. – Mithrsg. von *The German Quarterly*, 1978/81, und von *Goethe's Works in English*, Boston, 1983 f.

Hans Rudolf Vaget

Geboren 1938. Studium der Germanistik und Anglistik in München, Cardiff, Tübingen und New York. Dr. phil. Professor für deutsche und vergleichende Literaturwissenschaft am Smith College, Northampton, Massachusetts.

Publikationen:

Dilettantismus und Meisterschaft. Zum Problem des Dilettantismus bei Goethe. München 1971. – Thomas Mann. Studien zu Fragen der Rezeption (mit Dagmar Barnouw). Bern 1975. – Goethe. Der Mann von sechzig Jahren. Mit einem Anhang über Thomas Mann. Königstein 1982. – Thomas Mann – Kommentar zu sämtlichen Erzählungen. München 1984. – Aufsätze zu Merck, Goethe, Moritz, R. Wagner, Fontane, Thomas Mann u. a. in Zeitschriften und Sammelbänden.

David E. Wellbery

Geboren 1947. Studium der Germanistik in Mainz und New Haven. Dr. phil. Professor für deutsche Literatur an der Stanford University, Stanford, California.

Publikationen:

Lessing's ›Laocoon‹: Semiotics and Aesthetics in the Age of Reason. Cambridge 1984. – Goethe: »Harzreise im Winter.« Eine Deutungskontroverse (zusammen mit Klaus Weimar). Paderborn 1984. – Perspektiven der Literaturwissenschaft. Acht Modellanalysen am Beispiel Kleists ›Erdbeben in Chili‹ (Hrsg.). München 1984. – Aufsätze über Goethe, Hoffmann, Rilke und zu Fragen der Literaturtheorie.

Interpretationen

IN RECLAMS UNIVERSAL-BIBLIOTHEK

Lessings Dramen

Wolfgang Kuttenkeuler: Miß Sara Sampson. »... nichts als ›Fermenta cognitionis‹« – Helmut Göbel: Minna von Barnhelm oder Das Soldatenglück. Theater nach dem Siebenjährigen Krieg – Horst Steinmetz: Emilia Galotti – Thomas Koebner: Nathan der Weise. Ein polemisches Stück? UB Nr. 8411 [3]

Dramen des Sturm und Drang

Rainer Nägele: Johann Wolfgang Goethe, Götz von Berlichingen – Barbara Becker-Cantarino: Jakob Michael Reinhold Lenz, Der Hofmeister – Helmut Scheuer: Friedrich Maximilian Klinger, Sturm und Drang – Ulrich Karthaus: Johann Anton Leisewitz, Julius von Tarent – Peter Michael Lützeler: Jakob Michael Reinhold Lenz, Die Soldaten – Klaus R. Scherpe: Friedrich Schiller, Die Räuber. UB Nr. 8410 [3]

Goethes Erzählwerk

Eberhard Lämmert: Goethes empirischer Beitrag zur Romantheorie – Hans Rudolf Vaget: Die Leiden des jungen Werthers – Wulf Köpke: Wilhelm Meisters theatralische Sendung – Hans-Wolf Jäger: Reineke Fuchs – Sigrid Bauschinger: Unterhaltungen deutscher Ausgewanderten – Helmut Koopmann: Wilhelm Meisters Lehrjahre – Dieter Borchmeyer: Alexis und Dora – Paul Michael Lützeler: Hermann und Dorothea – Wolfgang Dietrich: Die Geheimnisse, Achilleis, Das Tagebuch – David E. Wellbery: Die Wahlverwandtschaften – Gisela Brude-Firnau: Aus meinem Leben. Dichtung und Wahrheit – Peter Boerner: Italienische Reise – Ehrhard Bahr: Wilhelm Meisters Wanderjahre oder Die Entsagenden – Thomas P. Saine: Campagne in Frankreich/Belagerung von Mainz – Erika Klüsener: Novelle. UB Nr. 8081 [5]

Georg Büchner

Michael Voges: Dantons Tod – Walter Hinderer: Lenz. – Burghard Dedner: Leonce und Lena – Alfons Glück: Woyzeck. UB 8415 [3]

Erzählungen und Novellen des 19. Jahrhunderts. Band 1

Walter Münz: Ludwig Tieck, Der blonde Eckbert/Der Runenberg – Gerhart Hoffmeister: Bonaventura, Nachtwachen – Dirk Grathoff: Heinrich von Kleist, Die Marquise von O ... – Paul Michael Lützeler: Heinrich von Kleist, Michael Kohlhaas – Günter Oesterle: E. T. A. Hoffmann, Der goldne Topf – Dagmar Walach: Adelbert von Chamisso, Peter Schlemihls wundersame Geschichte – Thomas Koebner: E. T. A. Hoffmann, Der Sandmann – Gerhard Kluge: Clemens von Brentano, Geschichte vom braven Kasperl und dem schönen Annerl – Alexander von Bormann: Joseph von Eichendorff, Aus dem Leben eines Taugenichts – Gerhard Schulz: Johann Wolfgang Goethe, Novelle. UB Nr. 8413 [5]

Erzählungen und Novellen des 19. Jahrhunderts. Band 2

Heinz Rölleke: Annette von Droste-Hülshoff, Die Judenbuche – Rosemarie Hunter-Lougheed: Adalbert Stifter, Brigitta – Hinrich C. Seeba: Franz Grillparzer, Der arme Spielmann – Wolfgang Braungart: Eduard Mörike, Mozart auf der Reise nach Prag – Thomas Koebner: Gottfried Keller, Romeo und Julia auf dem Dorfe – Bernd Neumann: Gottfried Keller, Kleider machen Leute – Hans Zeller: Conrad Ferdinand Meyer, Das Amulett – Winfried Freund: Theodor Storm, Hans und Heinz Kirch – Volker Hoffmann: Theodor Storm, Der Schimmelreiter. UB Nr. 8414 [5]

Fontanes Novellen und Romane

Otfried Keiler: Vor dem Sturm – Hans Ester: Grete Minde – Bettina Plett: L'Adultera – John Osborne: Schach von Wuthenow – Gerhard Friedrich: Unterm Birnbaum – Walter Hettche: Irrungen, Wirrungen – Christian Grawe: Quitt, Effi Briest – Peter Wruck: Frau Jenny Treibel – Paul Irving Anderson: Der Stechlin – Hugo Aust: Mathilde Möhring. UB Nr. 8416 [4]

Dramen des Naturalismus

Werner Bellmann: Gerhart Hauptmann, Vor Sonnenaufgang – Heide Eilert: Hermann Sudermann, Die Ehre – Helmut Scheuer: Arno Holz / Johannes Schlaf: Die Familie Selicke – Peter Sprengel: Gerhart Hauptmann, Die Weber – Helmut Scheuer: Johannes Schlaf, Meister Oelze – Wolfgang Trautwein: Gerhart Hauptmann, Der Biberpelz – Jutta Kolkenbrock-Netz: Max Halbe, Der Strom – Peter Sprengel: Gerhart Hauptmann, Die Ratten. UB Nr. 8412 [3]

Gedichte und Interpretationen

Bd. 1: Renaissance und Barock. UB Nr. 7890 [5] – Bd. 2: Aufklärung und Sturm und Drang. UB Nr. 7891 [5] – Bd. 3: Klassik und Romantik. UB Nr. 7892 [5] – Bd. 4: Vom Biedermeier zum Bürgerlichen Realismus. UB Nr. 7893 [5] – Bd. 5: Vom Naturalismus bis zur Jahrhundertmitte. UB Nr. 7894 [5] – Bd. 6: Gegenwart. UB Nr. 7895 [5] – alle 6 Bände auch als Kassette erhältlich

Gedichte und Interpretionen

Deutsche Balladen. Herausgegeben von Gunter E. Grimm. UB Nr. 8457 [6]

Philipp Reclam jun. Stuttgart